expresiones en matemáticas

Dra. Karen C. Fuson y
Dra. Sybilla Beckmann

Observa cómo cobra vida el tucán en su bosque tropical a medida que descubres y resuelves retos matemáticos.

Descarga la aplicación *Math Worlds AR* disponible para dispositivos Android o iOs.

Grado 6

Volumen 1

This material is based upon work supported by the
National Science Foundation
under Grant Numbers
ESI-9816320, REC-9806020, and RED-935373.

Any opinions, findings, and conclusions, or recommendations expressed in this material are those of the author and do not necessarily reflect the views of the National Science Foundation.

Printed in the U.S.A.

ISBN 978-1-328-51971-9

1 2 3 4 5 6 7 8 9 10 2331 27 26 25 24 23 22 21 20 19 18

4500711068 A B C D E F G

Unidad 1

Tasas, razones y proporciones

LA GRAN IDEA 1 - Multiplicación y tasas

LA GRAN IDEA 2 - Situaciones especiales de tasas y gráficas

LA GRAN IDEA 3 - Resolver problemas con razón y proporción

LA GRAN IDEA 4: Identificar, resolver y escribir situaciones de proporción

Unidad 2

Área de polígonos

LA GRAN IDEA 1: Derivar fórmulas de área y resolver problemas: paralelogramos y triángulos

LA GRAN IDEA 2: Derivar fórmulas de área y resolver problemas: Trapecios y otros polígonos

Unidad 3 | Operaciones con números enteros, fracciones y decimales

LA GRAN IDEA 1: Multiplicación y división de números enteros y decimales

LA GRAN IDEA 2: Relacionar, componer y descomponer decimales y fracciones

LA GRAN IDEA 3: Multiplicar fracciones y dividir con fracciones y números enteros

LA GRAN IDEA 4: Dividir una fracción por una fracción

Unidad 4

Área de superficie de prismas y pirámides

LA GRAN IDEA 1: Plantillas y área de superficie de los prismas

LA GRAN IDEA 2: Plantillas y área de superficie de las pirámides

Recursos del estudiante

Dear Family:

Your child is learning math in an innovative program called *Math Expressions.* The program emphasizes understanding and fluency. Your child will

- connect math to daily life.
- solve a problem by understanding and representing the situation and then finding the solution.
- work with and explain strategies to other students.

Visualizing and talking about math is very important. This approach helps children feel that they can learn math. They do learn math, enjoy doing so, and feel good about themselves as math learners.

Recent research shows that effort is important in getting smarter and in doing well in math. This is called effort-produced ability. Students who work hard, think and participate in class, and do their homework do learn math. So encourage your child to work hard and to know that he or she can learn math.

Your child will have math homework almost every day. Homework is important for math learning. Make a special time for homework in a quiet place. Ask your child to explain to you some problem he or she did.

To make concepts clearer, the *Math Expressions* program uses some special methods and visual supports. Some of these for Unit 1 are shown on the back of this letter.

If your child has problems with math, please contact me to see how we can work together to help your child.

Thank you. You are vital to your child's learning.

Sincerely,
Your child's teacher

Rate, Ratio, and Proportion in Unit 1

In our math class, we are exploring the ideas of rate, ratio, and proportion.

A rate tells how much is used repeatedly in a given situation. For example, \$8 *per package* means \$8 *for each package* or \$8 *for every package*.

The ratio of one number to another is a simple way to express the relative size of two quantities or measurements.

A proportion is an equation that shows two equivalent ratios.
It can be written 6:14 = 15:35 or 6:14 :: 15:35.

In a proportion problem, one of the four numbers is unknown.
For example:

> Grandma made applesauce using the same number of bags of red apples and bags of yellow apples. Her red apples cost \$6 and her yellow apples cost \$14. I used her recipe but made more applesauce. I paid \$35 for my yellow apples. How much did my red apples cost?

Factor Puzzle

	Red	Yellow	
	3	7	
2	6	14	2
5	15	35	5
	3	7	

The problem makes this proportion:

$$6:14 = c:35$$

To solve this proportion, we can put the ratios in a Factor Puzzle.

$$c \text{ is } 3 \times 5 = 15$$

The Factor Puzzle is from the rows of the ratio table that are × 2 (• 2) and × 5 (• 5) of the basic ratio 3:7. Factor Puzzles enable your child to understand and solve challenging proportion problems.

Discuss with your child how you use proportions in your life, such as when you double a recipe.

Ratio Table

	Bags	R : Y
		3 : 7
	1	3 : 7
• 2	2	6 : 14
	3	9 : 21
	4	12 : 28
• 5	5	15 : 35
	6	18 : 42
	7	21 : 49
	8	24 : 56
	9	27 : 63

Estimada familia:

Su hijo está aprendiendo matemáticas mediante un innovador programa llamado *Expresiones en matemáticas.* Este programa enfatiza la comprensión y el dominio de los conocimientos. Con este programa, su hijo aprenderá a:

- relacionar las matemáticas con la vida diaria.
- resolver problemas mediante la comprensión y la representación de diferentes situaciones.
- trabajar con diferentes estrategias y a explicarlas a otros estudiantes.

La visualización y las charlas matemáticas son muy importantes. Cuando se usan, facilitan el aprendizaje. Mediante ellas el alumno aprende, disfruta mientras lo hace, y adquiere una buena autoestima como estudiante de matemáticas.

Estudios recientes han demostrado que esforzarse es muy importante para el desarrollo de la inteligencia y el estudio de las matemáticas. A este proceso se le llama adquisición de destrezas mediante esfuerzo. Para aprender, los estudiantes deben trabajar, concentrarse y participar durante la clase, y realizar tareas en la casa. Por esto, le pedimos que anime a su hijo a completar sus trabajos.

Casi diariamente su hijo tendrá tarea para la casa. La tarea es una parte muy importante del aprendizaje de las matemáticas. Para realizarla, designe un tiempo especial en un lugar tranquilo. Al terminar, pida a su hijo que le explique cómo resolvió algunos de los problemas.

Para lograr que los conceptos sean más claros, el programa *Expresiones en matemáticas* utiliza algunos métodos especiales y refuerzos visuales. Algunos de los que corresponden a la Unidad 1 se muestran en la parte de atrás.

Si su hijo tiene problemas en la asignatura de matemáticas, por favor comuníquese conmigo para que unidos hallemos la mejor manera de ayudarlo.

Gracias. Usted es imprescindible para el aprendizaje de su hijo.

Si tiene cualquier pregunta, por favor comuníquese conmigo.

Atentamente,
El maestro de su hijo.

Tasa, razón y proporción en la Unidad 1

En nuestra clase de matemáticas, estamos estudiando los conceptos de tasa, razón y proporción.

Una tasa indica cuánto se usa algo repetidamente en una situación dada. Por ejemplo, \$8 *por paquete* significa \$8 *por cada paquete*.

La razón de un número a otro es una manera simple de expresar el tamaño relativo de dos cantidades o medidas.

Una proporción es una ecuación que muestra dos razones equivalentes. Puede escribirse así:

6:14 = 15:35 o 6:14 :: 15:35.

En un problema de proporción, uno de los cuatro números es un número desconocido. Por ejemplo:

> La abuela hizo compota de manzana con la misma cantidad de bolsas de manzanas rojas y bolsas de manzanas amarillas. Las manzanas rojas cuestan \$6 y las amarillas cuestan \$14. Usé su receta, pero hice más compota de manzana. Pagué \$35 por las manzanas amarillas. ¿Cuánto me costaron las manzanas rojas?

Rompecabezas de factores

	Rojo	Amarillo	
	3	7	
2	6	14	2
5	15	35	5
	3	7	

El problema se representa con esta proporción:

6:14 = *c*:35

Para resolver esta proporción, podemos hacer un rompecabezas de factores con las razones.

c es 3 × 5 = 15

El rompecabezas de factores se hace con las hileras de la tablas de razones que son × 2 (• 2) y × 5 (• 5) de la razón básica 3:7. Los rompecabezas de factores permiten que su hijo comprenda y resuelva problemas difíciles de proporciones.

Comente con su hijo acerca de situaciones de su vida diaria en las que se usen proporciones, como cuando dobla alguna receta de cocina.

Tabla de razones

		R : A
	Bolsas	3 : 7
	1	3 : 7
• 2	2	6 : 14
	3	9 : 21
	4	12 : 28
• 5	5	15 : 35
	6	18 : 42
	7	21 : 49
	8	24 : 56
	9	27 : 63

razón básica	**razones equivalentes**
tasa constante	**factor**
plano de coordenadas (primer cuadrante)	**máximo común divisor**

Razones que representan la misma comparación. Las razones equivalentes tienen la misma razón básica.

Razón en su mínima expresión.

Ejemplos:

La razón básica para $\frac{25}{30}$ es $\frac{5}{6}$.

La razón básica para $\frac{12}{24}$ es $\frac{1}{2}$.

Uno de dos o más números multiplicados para formar un producto.

Ejemplo:

$12 \cdot 4 = 48$

factor (12) factor (4)

En una tabla de tasas en la cual las unidades son números enteros consecutivos, la diferencia constante de los valores que se muestran en la segunda columna. También es el valor en la segunda columna cuando el número de unidades es igual a 1.

Mayor de los factores que comparten dos o más números.

Ejemplo:

15 es el MCD de 30 y 45.

Plano formado por un par de rectas numéricas perpendiculares que se intersecan en el 0 de cada recta. Las rectas numéricas perpendiculares se llaman ejes. El plano de coordenadas está dividido en cuatro cuadrantes por los ejes "x" y "y".

A la derecha, se encuentra el primer cuadrante del plano de coordenadas.

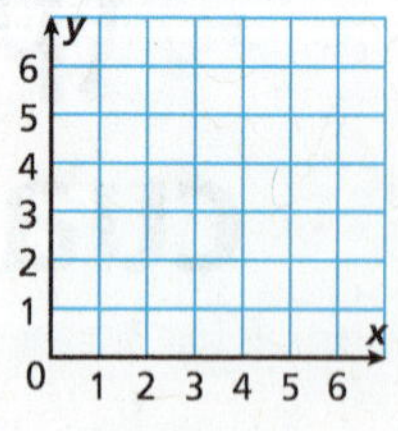

par ordenado

tabla de tasas

producto

tabla de razones

proporción

resolver una proporción

Tabla de dos columnas que muestra el número de unidades de la primera columna y el valor asociado a cada número dado de unidades en la segunda columna. Cuando las unidades se ordenan como números de conteo consecutivo, los valores de la segunda columna mostrarán una diferencia constante; esta diferencia constante es la tasa unitaria.

Dos números dentro de un paréntesis con una coma entre ellos. Los pares ordenados pueden representar puntos en el plano de coordenadas y se escriben como (x, y).

Ejemplo:
(5, 3) es un par ordenado, donde $x = 5$ e $y = 3$.

Tabla que muestra razones equivalentes.

Resultado de una multiplicación.

Ejemplo:
$12 \cdot 4 = 48$

48: producto

Calcular el número desconocido en una proporción cuando se desconoce uno de los cuatro números en la proporción.

Ecuación que indica que dos razones son iguales.

precio unitario

coordenada x

tasa unitaria

eje y

eje x

coordenada y

Primer número en un par ordenado (***x***, *y*).

Tasa unitaria asociada al precio o costo.

Ejemplo:
4 dólares por libra

Recta numérica vertical en el plano de coordenadas.

Valor asociado con 1 unidad.

Ejemplos:
5 millas por hora
3 dólares por semana
2 manzanas por día

Segundo número en un par ordenado (*x*, ***y***).

Recta numérica horizontal en el plano de coordenadas.

Nombre ______________________________

VOCABULARIO
factores
producto

Analizar patrones en la tabla de multiplicación

Busca patrones en las tablas de multiplicación.

Tabla 1

●	1	2	3	4	5	6	7	8	9
1	1	2	3	4	5	6	7	8	9
2	2	4	6	8	10	12	14	16	18
3	3	6	9	12	15	18	21	24	27
4	4	8	12	16	20	24	28	32	36
5	5	10	15	20	25	30	35	40	45
6	6	12	18	24	30	36	42	48	54
7	7	14	21	28	35	42	49	56	63
8	8	16	24	32	40	48	56	64	72
9	9	18	27	36	45	54	63	72	81

Tabla 2

●	1	2	3	4	5	6	7	8	9
1	1	2	3	4	5	6	7	8	9
2	2	4	6	8	10	12	14	16	18
3	3	6	9	12	15	18	21	24	27
4	4	8	12	16	20	24	28	32	36
5	5	10	15	20	25	30	35	40	45
6	6	12	18	24	30	36	42	48	54
7	7	14	21	28	35	42	49	56	63
8	8	16	24	32	40	48	56	64	72
9	9	18	27	36	45	54	63	72	81

Estrategias para buscar factores

Escribe los factores y el producto desconocidos.

1. **Tabla 3**

●			___		___				
___			6		10				
___			21		*n*				

Rompecabezas de factores

	___	___
___	6	10
___	21	

Resolver rompecabezas de factores

Escribe los factores y el producto desconocidos.

2 **Tabla 4**

●		___					___		
___		6					21		
___		16					*n*		

Rompecabezas de factores

	___	___	
___	6	21	___
___	16		___
	___	___	

3 **Tabla 5**

●	2	4	7	1	5	3	6	8	9
3	6	12	21	3	15	9	18	24	27
1	2	4	7	1	5	3	6	8	9
4	8	16	28	4	20	12	24	32	36
2	4	8	14	2	10	6	12	16	18
7	14	28	49	7	35	21	42	56	63
9	18	36	63	9	45	27	54	72	81
5	10	20	35	5	25	15	30	40	45
8	16	32	56	8	40	24	48	64	72
6	12	24	42	6	30	18	36	48	54

Rompecabezas de factores

	___	___	
___		6	___
___	35	15	___
	___	___	

Comprobar la comprensión

Explica qué relación existe entre un rompecabezas de factores y la tabla de multiplicación.

Nombre ______________________________

Practicar con rompecabezas de factores

Resuelve cada rompecabezas de factores.

1

20	15
8	

2

8	14
	21

3

	28
24	32

4

24	
32	36

5

20	35
	56

6

	16
35	56

7

21	24
28	

8

	10
63	18

9

35	
15	24

10

24	28
54	

11

56	63
	81

12

54	63
24	

13

36	63
8	

14

32	36
	63

15

	54
56	48

Crear rompecabezas de factores

Crea tus propios rompecabezas de factores. Cámbialos con un compañero.

16

17

18

19

20

21

22

23

24

25

26

27

Comprobar la comprensión

Describe el primer paso para resolver un rompecabezas de factores.

Nombre ______________________________

Buscar el total

Noreen comenzó a ahorrar dinero. Todos los días, colocaba tres monedas de $1 en su alcancía. Escribe cuánto dinero tenía cada día.

Noreen comenzó con una alcancía vacía.	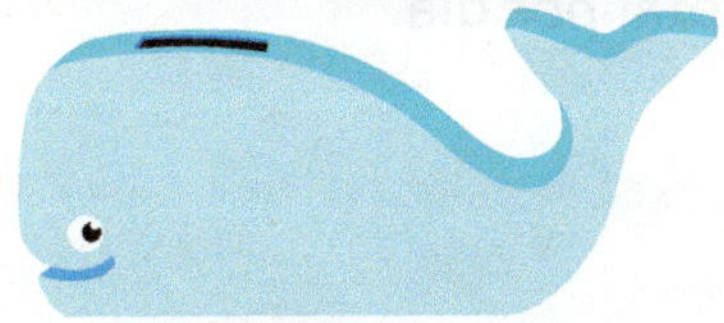	Noreen comenzó con $0 en su alcancía.
1 El día 1, Noreen puso $3 en su alcancía.		En el día 1, Noreen tenía $ ______ en su alcancía.
2 El día 2, Noreen puso $3 en su alcancía.		En el día 2, Noreen tenía $ ______ en su alcancía.
3 El día 3, Noreen puso $3 en su alcancía.		En el día 3, Noreen tenía $ ______ en su alcancía.
4 El día 4, Noreen puso $3 en su alcancía		En el día 4, Noreen tenía $ ______ en su alcancía.
5 El día 5, Noreen puso $3 en su alcancía.		En el día 5, Noreen tenía $ ______ en su alcancía.
6 El día 6, Noreen puso $3 en su alcancía.		En el día 6, Noreen tenía $ ______ en su alcancía.

Noreen siguió poniendo $3 en su alcancía todos los días.

7 En el día 10, Noreen tenía ______ en su alcancía.

8 En el día 12, Noreen tenía ______ en su alcancía.

Completar la tabla de tasas

VOCABULARIO
tabla de tasas

Esta **tabla de tasas** muestra los ahorros de Noreen.

9 Completa el resto de la tabla para mostrar cuánto dinero ahorró Noreen cada día y cuál fue el total por día.

Días	Dólares
1	3
2	6
3	

(entre filas: + 3, ___, ___, ___, ___, ___, ___)

10 ¿Qué escribiste entre cada fila? ___

11 ¿Qué indica el número entre cada fila?

___

___

___

Identificar tablas de tasas

Estas tablas muestran cuatro formas diferentes en las que Noreen podría haber ahorrado dinero. Completa cada tabla. Luego, decide cuáles son tablas de tasas y cuáles no. Explica la razón.

12

Días	Dólares
1	2
2	
3	
4	
5	
6	

(entre filas: + 2, + 2, + 2, + 2, + 2)

___

___

___

___

___

Nombre ____

Identificar tablas de tasas (continuación)

13

Días	Dólares
1	4
2	12
3	18
4	20
5	24
6	28

14

Días	Dólares
1	7
2	14
3	21
4	28
5	35
6	42

15

Días	Dólares
1	3
2	5
3	5
4	9
5	11
6	14

Practicar la resolución de rompecabezas de factores

Resuelve cada rompecabezas de factores.

16

	32
27	72

17

10	12
	54

18

	24
21	28

19

8	
12	27

20

24	30
28	

21

	12
10	8

22

56	24
35	

23

	24
28	21

24

16	56
	21

Crea tus propios rompecabezas de factores. Cámbialos con un compañero.

25

26

27

Comprobar la comprensión

Utiliza la tabla del Ejercicio 14. En el día 7, Noreen habrá ahorrado _____ dólares.

Nombre ______________________________

VOCABULARIO
tasa unitaria
tasa constante

Tasas y multiplicación

1. Pedro y Pilar juntan caracoles. Todos los días agregan 4 caracoles al tanque. ¿Cuántos caracoles tienen después de 5 días?

____

2. Para el Problema 1, podemos crear una tabla de tasas para buscar la respuesta para cualquier número de días. Completa el resto de la tabla de tasas. Escribe las multiplicaciones a la izquierda de la tabla.

3. En la tabla de tasas, ¿dónde podemos encontrar la respuesta para el Problema 1? ¿Por qué se encuentra ahí?

____

____

____

____

	Unidad	Producto	
	Días	Caracoles	
	1	4	+ 4
____	2	8	____
____	3		____
____	4		____
____	5		

Multiplicación y tasas de grupos iguales

Un problema de tasas puede pensarse como una multiplicación de grupos iguales. El multiplicador es una unidad que permite calcular el número de grupos. La **tasa unitaria** es la cantidad en el grupo 1.

número de grupos iguales	•	cantidad en el grupo 1	=	total
multiplicador	•	tasa unitaria	=	producto
número de días	•	4 caracoles por día	=	cantidad total de caracoles

Si la misma tasa se repite, entonces es una **tasa constante**. Busca palabras específicas que indiquen una tasa constante.

La tasa es 4 caracoles *todos* los días.

La tasa es 4 caracoles *cada* día.

La tasa es 4 caracoles *por* día.

Identificar situaciones de tasas

Decide si existe una tasa constante en cada situación. Si existe, escribe la tasa y completa la tabla de tasas.

4 En el zoológico, viven 7 canguros en cada casa de canguros.

¿Existe una tasa constante? ______

______ ______ por ______.

	Unidad	Producto	
	______	______	
___ •	1		+ ___
___ •	2		+ ___
___ •	3		+ ___
___ •	4		

5 En las últimas 3 semanas, Ben miró 3 películas, luego 4 y después 3.

¿Existe una tasa constante? ______

______ ______ por ______.

	Unidad	Producto	
	______	______	
___	1		+ ___
___	2		+ ___
___	3		+ ___
___	4		

6 Tara hizo 9 dibujos en cada página de su cuaderno de bocetos.

¿Existe una tasa constante? ______

______ ______ por ______.

	Unidad	Producto	
	______	______	
___ •	1		+ ___
___ •	2		+ ___
___ •	3		+ ___
___ •	4		

7 Cris prepara bolsas de regalo. Pone 3 lápices en la primera bolsa, 5 lápices en la segunda bolsa y 4 lápices en la tercera bolsa.

¿Existe una tasa constante? ______

______ ______ por ______.

	Unidad	Producto	
	______	______	
___	1		+ ___
___	2		+ ___
___	3		+ ___
___	4		

Comprobar la comprensión

Usa una de las tablas de los problemas 4 a 7 para describir cómo una tabla de tasas muestra multiplicación de grupos iguales.

Nombre ______________________________

¿Es razonable una tasa constante?

Para cada situación de tasa, completa la información y la tabla de tasas. Rotula las columnas en la tabla.

Comenta lo que asumes para que la situación sea una situación de tasa en el mundo real.

1. Todos los días de esta semana, Joanne hizo 3 lanzamientos libres.

____ ________ por ________.

Unidad	Producto
________	________
1	
5	

+ ____
+ ____
+ ____
+ ____

2. Efrain hace 8 dibujos en cada página de su cuaderno de bocetos.

____ ________ por ________.

Unidad	Producto
________	________
1	
5	

+ ____
+ ____
+ ____
+ ____

3. Abby usa 2 tazas de harina para cada hogaza de pan que cocina.

____ ________ por ________.

Unidad	Producto
________	________
1	
5	

+ ____
+ ____
+ ____
+ ____

4. Eusebio plantó 7 plantas de tomate en cada jardín que tiene a su cargo.

____ ________ por ________.

Unidad	Producto
________	________
1	
5	

+ ____
+ ____
+ ____
+ ____

¿Es una tabla de tasas?

Decide si cada tabla es una tabla de tasas. Explica por qué sí o por qué no.

5. ______ ______

1	9
2	18
3	27
4	36
5	45

____

____

6. ______ ______

1	4
2	5
3	9
4	10
5	14

____

____

7. ______ ______

1	11
2	22
3	33
4	44
5	55

____

____

8. ______ ______

1	3
2	5
3	8
4	10
5	13

____

____

9. Inventa un problema sobre una tabla y rotula la tabla.

Tablas de tasas y dibujos matemáticos para completar

Para cada situación de tasa, busca la tasa unitaria y escríbela usando la palabra *por*. Crea una tabla de tasas que incluya la información provista en la primera fila de la tabla. Sigue haciendo la **tabla de tasas para completar**. Luego, crea un dibujo matemático para la primera fila de cada tabla de tasas.

10. La tienda vendió 5 bolsas de naranjas a $30.

______ ______ por ______.

Unidad	Producto
______	______

11. El jardín rectangular del abuelo tiene 24 plantas de pimienta en las primeras 4 hileras.

______ ______ per ______.

Unidad	Producto
______	______

Comprobar la comprensión

Completa el enunciado. Abby compró 3 tarros de cacahuates por $6.
La tasa unitaria es ______ dólares.

Unidad 1
Prueba rápida 1

Nombre ____________________ Fecha ____________

Resuelve cada rompecabezas de factores.

1

	___	___	
___	12	24	___
___	27		___
	___	___	

2

	___	___	
___		10	___
___	56	16	___
	___	___	

¿Es una tabla de tasas? *Sí* o *No*. Explica cómo lo sabes.

3

Horas	Millas
1	3
2	6
3	10
4	15
5	21

4

Horas	Millas
1	6
2	12
3	18
4	24
5	30

Completa la tabla de tasas. Luego, escribe la tasa unitaria.

5

Segundos	Pies
1	
2	4
	6
4	
	10

Tasa unitaria: ____________

Comprobar la estrategia 1

Nombre ____________________ Fecha ____________

1 Sanaz pone 6 margaritas en cada ramo de flores que hace. Completa la tabla de tasas. Rotula las columnas en la tabla.

1	
5	

2 Usa la palabra *por* para describir la tasa.

3 Describe cómo cambian las cantidades en la segunda columna. ¿Es constante el cambio?

4 Escribe un problema diferente sobre la tabla de tasas de arriba.

Nombre ______________________

VOCABULARIO
- precio unitario
- eje *x*
- eje *y*
- plano de coordenadas

Situaciones de precio unitario

Estas tres tablas de tasas muestran los precios de tres tipos diferentes de granola. Cada una tiene un precio unitario diferente. Completa los valores desconocidos en cada tabla.

1 Tabla 1

Cantidad de libras	Costo en dólares
1	3
2	
3	
	12
5	
6	
	21

2 Tabla 2

Cantidad de libras	Costo en dólares
1	6
2	
3	
	24
	30
10	
	600

3 Tabla 3

Cantidad de libras	Costo en dólares
1	
8	
	10
6	30
	100
	20
5	

¿Cuál es el error?

Queridos estudiantes de matemáticas:

Hice esta gráfica para mostrarles las primeras tres filas de la tabla 1. Cuando intenté dibujar el triángulo de tasa unitaria, descubrí que cometí un error.

¿Pueden ayudarme a encontrarlo?

Su amigo,
el Pingüino Confundido

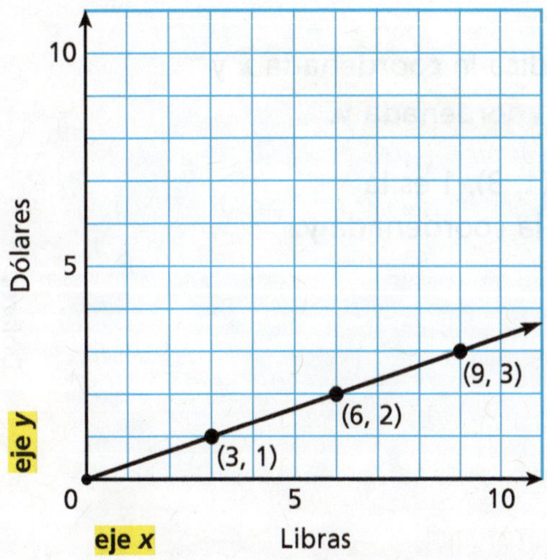

4 Escribe una respuesta para el Pingüino Confundido. Luego, dibuja la gráfica correcta en el plano de coordenadas de arriba.

____

____

Relacionar tabla, ecuación y gráfica

VOCABULARIO
par ordenado
coordenada *x*
coordenada *y*

Ahora deberás buscar patrones y relaciones en la Tabla 1 de la página 19.

Cantidad de libras	Costo en dólares
1	3
2	
3	
	12
5	
6	
7	21

Cantidad de libras	• Tasa unitaria	=	Costo en dólares
p	• r	=	c
1	• 3	=	3
2	• 3	=	☐
3	• 3	=	☐
☐	• 3	=	12
5	• 3	=	☐
6	• 3	=	☐
☐	• 3	=	21

Cantidad de libras		Costo en dólares
1	• 3	(3)
2	• 3	
3	• 3	
	• 3	12
5	• 3	
6	• 3	
	• 3	21

La tasa unitaria está marcada con un círculo. Imagina que la tasa unitaria escrita en la línea vertical se multiplica por el número en la columna izquierda para obtener el número en la columna derecha.

Cada punto en la gráfica corresponde a un **par ordenado**. (0, 0) y (1, 3) son pares ordenados.

El primer número indica la **coordenada *x*** y el segundo indica la **coordenada *y***.

En el par ordenado (1, 3), 1 es la coordenada *x* y 3 es la coordenada *y*.

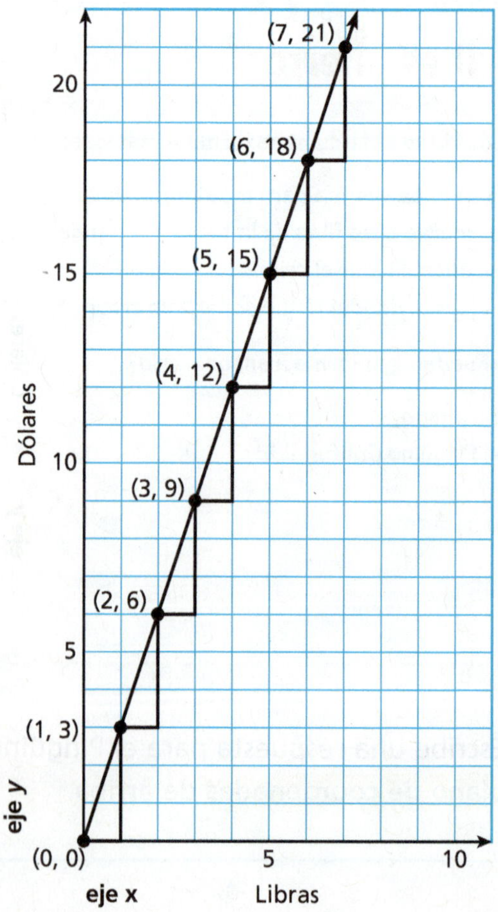

Comprobar la comprensión
En la gráfica, dibuja una recta para mostrar una tasa unitaria de $2.

Nombre ____________________

Situaciones de velocidad constante

1 Danny corrió en la competencia de atletismo de sexto grado.

Tiempo	Distancia
Segundos	**Yardas**
1	
3	15
9	
	10
50	

a. Tasa unitaria: ___ ________ por ______

b. ¿Cuáles son los lados del triángulo de tasa unitaria para la gráfica?

c. Dibuja la gráfica.

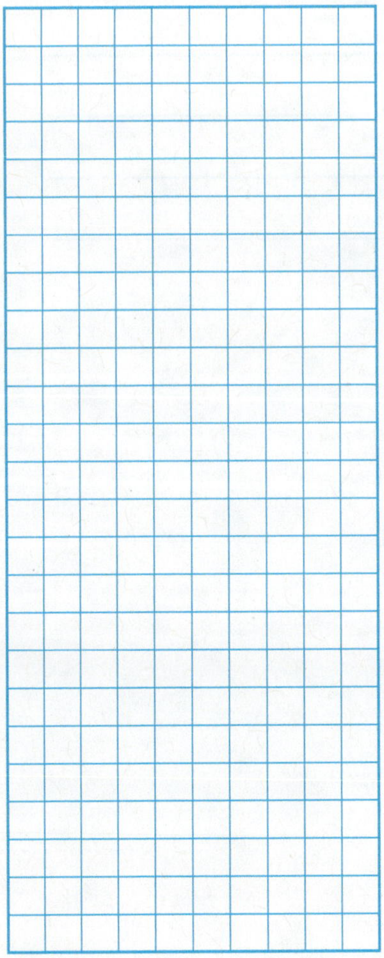

2 Julie anduvo en bicicleta en el festival de bicicletas.

Tiempo	Distancia
Horas	**Millas**
1	
2	
4	44
	33

a. Tasa unitaria: ___ ________ por ______

b. ¿Cuáles son los lados del triángulo de tasa unitaria para la gráfica?

c. Dibuja la gráfica.

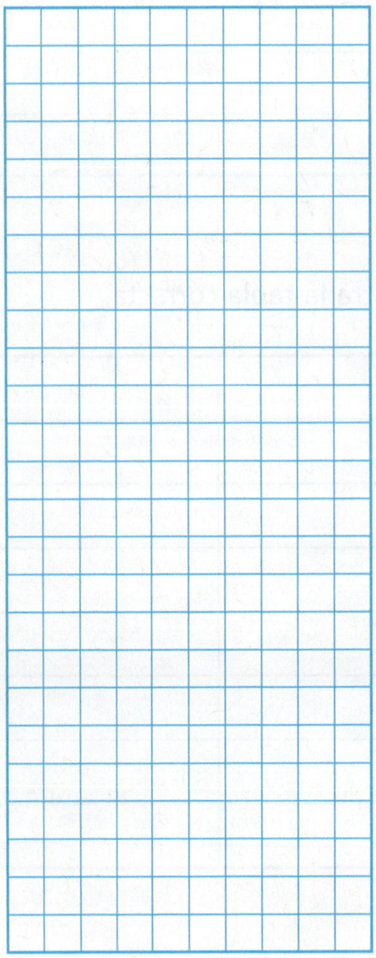

¿Cuál es el error?

Queridos estudiantes de matemáticas:

Mi amigo Gavin corrió en la competencia de atletismo de sexto grado. Su tasa unitaria fue 4 yardas por segundo. Hice esta tabla con los tiempos y las distancias de Gavin. Él dice que mi tabla no es correcta. ¿Pueden ayudarme?

Su amigo,
el Pingüino Confundido

Tiempo	Distancia
Segundos	**Yardas**
4	1
8	2
12	3
16	4
32	8
36	9

3. Escribe una respuesta para el Pingüino Confundido.

4. Muestra la tabla correcta.

Nombre ______________________________

Repaso de situaciones de tasas

5 Utiliza la gráfica para completar las filas de la tabla de tasas. Marca con un círculo la tasa unitaria en la tabla. Dibuja el triángulo de tasa unitaria en la gráfica.

Tiempo	Distancia
Segundos	Yardas
3	
1	
	8
5	
	16

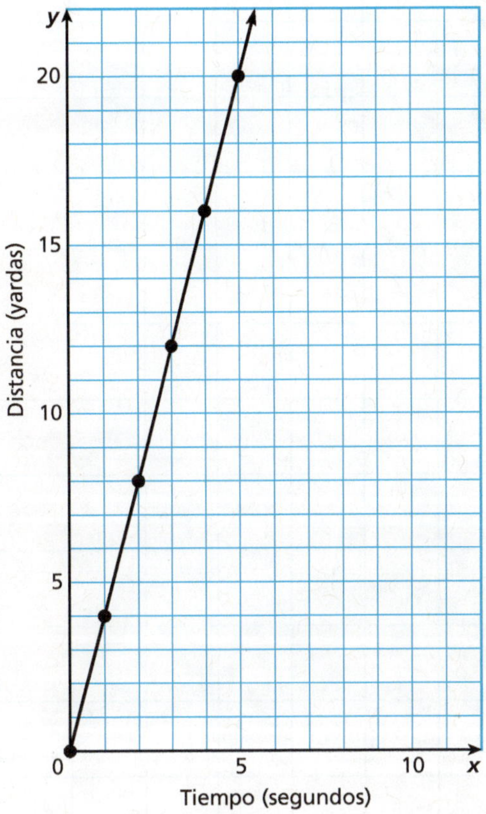

Resuelve cada problema de tasas.

6 Ron gana $5 por hora por barrer hojas. ¿Cuánto ganará en 6 horas?

____

7 El Sr. Martin hace 50 galletas por hora. ¿Cuántas galletas hará en 3 horas?

____

8 Margo compra 4 libras de duraznos por $12. ¿Cuál es la tasa unitaria?

____

9 Karen camina 6 millas en 2 horas. ¿Cuál es la tasa unitaria?

____

10 **En la siguiente página** Crea una tabla de tasas para 1 a 5 libras y dibuja una gráfica para la situación del Problema 8.

Comprobar la comprensión

Completa este enunciado. Si se amplía la gráfica del Ejercicio 5, llegará hasta el punto __________.

Unidad 1
Prueba rápida 2

Nombre ______________________ **Fecha** ______________

Utiliza la siguiente tabla de tasas para los Ejercicios 1 a 4.

1 Completa la tabla de tasas.

Libras de tomates	Costo en dólares
1	
	6
3	9
	12
5	

2 ¿Cuál es la tasa unitaria para esta tabla?

____

3 Dibuja la gráfica para la tabla de tasas.

4 Muestra el triángulo de tasa unitaria en tu gráfica.

Resuelve.

Muestra tu trabajo.

5 En la tienda de artículos deportivos, el precio de venta de 6 pares de guantes de béisbol para batear es $54. A esa tasa, ¿cuál es el costo unitario por par?

____

Comprobar la estrategia 2

Nombre ______________________ **Fecha** ______________

Utiliza la siguiente situación para los ejercicios 1 a 3.

Una compañía de catering prepara 3 onzas de filete para cada invitado.

1. Rotula y completa la tabla de tasas.

2. Marca con un círculo la tasa unitaria en la tabla de arriba.

3. Dibuja una gráfica para mostrar la información en la tabla de arriba. Muestra el triángulo de tasa unitaria.

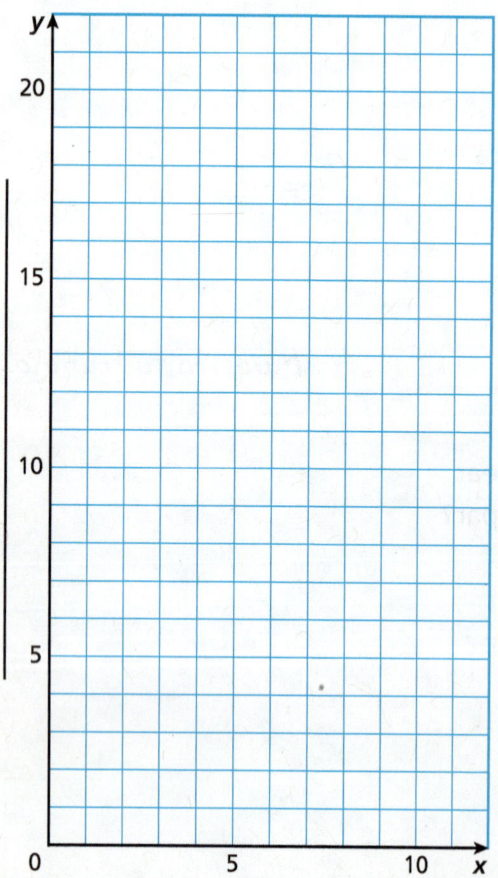

Nombre ______________________

VOCABULARIO
tabla de razones

Tablas de razones como tablas de tasas vinculadas

Noreen ahorra $3 por día y Tim ahorra $5 por día. Comenzaron a ahorrar el mismo día. La tabla de tasas vinculadas y la **tabla de razones** muestran los ahorros de Noreen y Tim.

Tabla de tasas vinculadas

Días	Noreen	Tim
	(3)	(5)
1	3	5
2	6	10
3	9	15
4	12	20
5	15	25
6	18	30
7	21	35

Tabla de razones

	Noreen	Tim	
	(3)	(5)	
	3	5	
+ 3	6	10	+ 5
+ ___	9	15	+ ___
+ ___	12	20	+ ___
+ ___	15	25	+ ___
+ ___	18	30	+ ___
+ ___	21	35	+ ___
+ ___			+ ___

1. ¿En qué se asemejan las tablas? ¿En qué se diferencian?

____

____

____

2. ¿Qué representan los números marcados con un círculo en la parte superior de cada tabla?

____

3. Completa los números a la izquierda y a la derecha de la tabla de razones para mostrar los aumentos constantes de Noreen y Tim.

Utiliza las tablas para responder cada pregunta.

4. Noreen ahorró $12.

¿Cuánto dinero ahorró Tim? ___________

¿Qué día lo hizo? ___________

5. Tim ahorró $35.

¿Cuánto dinero ahorró Noreen? ___________

¿Qué día lo hizo? ___________

6. ¿Qué día tendrá Noreen $30 en su alcancía? ___________

¿Por qué? ____

Entonces, ¿cuánto tendrá Tim? ___________

Relacionar dibujos y tablas de razones

Comenta las relaciones que observas.

- ¿Qué relación existe entre la tabla de razones y la tabla de multiplicación?
- ¿Qué relación existe entre la tabla de razones y las dos tablas de tasas?
- ¿Cómo se muestran los aumentos constantes en el dibujo y en la tabla de razones?

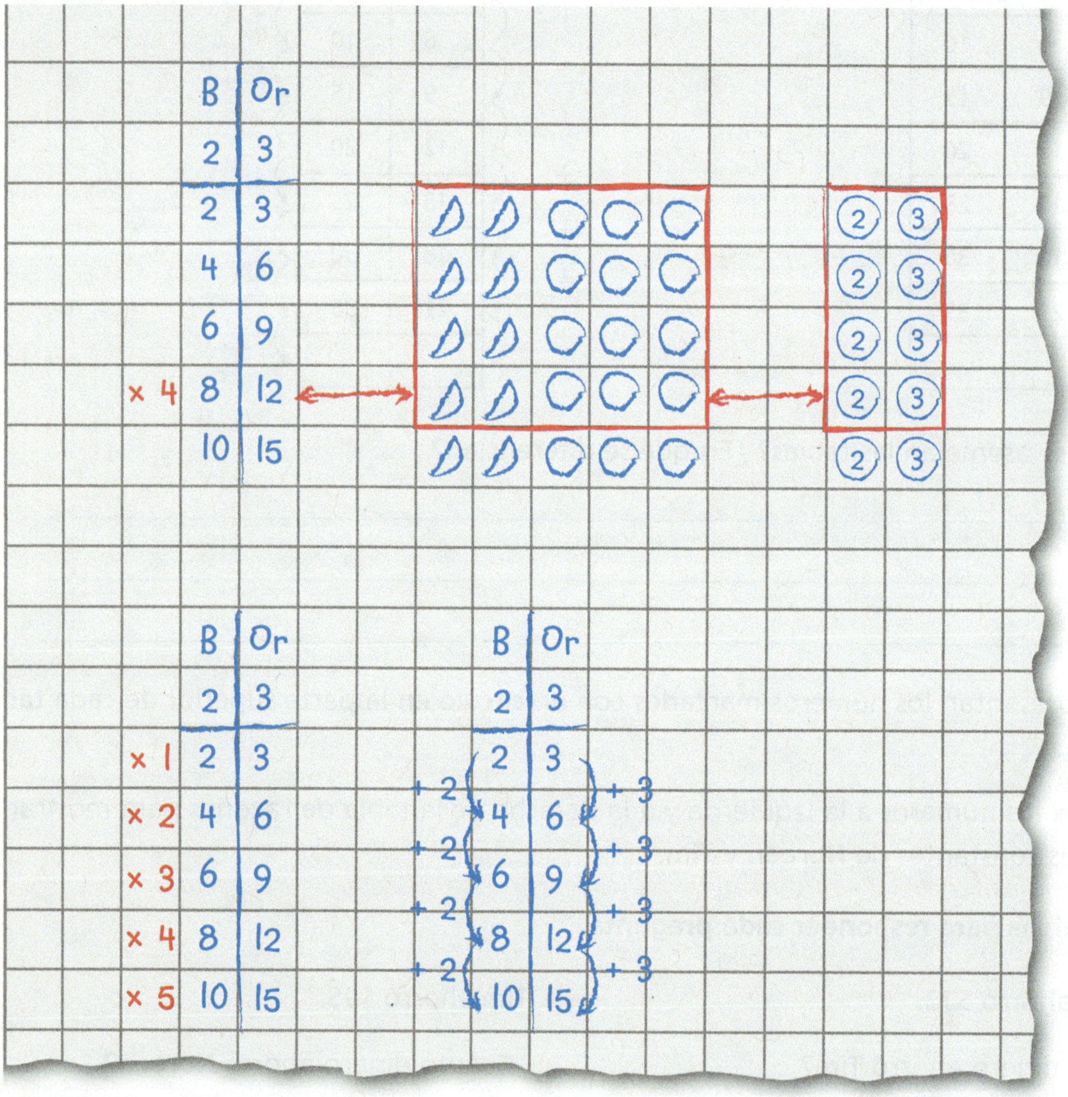

Comprobar la comprensión

Incluye una fila más de números en la primera tabla de razones de arriba. Luego, dibuja más imágenes y números marcados con círculos para que coincidan con los de la fila nueva.

Nombre ______________________

Crear una tabla de razones

Crea una tabla de razones para cada situación. Asegúrate de rotular las columnas.

1. Noreen hace 2 dibujos en cada página de su cuaderno de bocetos. Tim hace 5 dibujos en cada página de su cuaderno de bocetos.

2. Dos bandas desfilan en el campo de fútbol. La Banda 1 desfila en filas de 5 y la Banda 2 desfila en filas de 7.

3. John puede plantar 7 plantas de tomate en el mismo tiempo que le lleva a Joanna plantar 4 plantas de tomate.

Tabla de razones 1

	______	______	
+ ______			+ ______
+ ______			+ ______
+ ______			+ ______
+ ______			+ ______
+ ______			+ ______

La unidad de vinculación es ______________.

Tabla de razones 2

Filas	______	______

La unidad de vinculación es ______________.

Tabla de razones 3

______	______

La unidad de vinculación es ______________.

Lenguaje y símbolos de razones

4. La razón de los dibujos de Noreen con respecto a los dibujos de Tim es ________ a ________.

5. **a.** La razón de las personas en la Banda 1 con respecto a las personas en la Banda 2 es ________ a ________ que se escribe 5:7.

   b. Si la Banda 1 tiene 15 personas en el campo, la Banda 2 tiene ________ personas en el campo. Esto es ________ filas.

6. **a.** Las plantas de tomate de John y Joanna tienen una razón de ________ a ________.

   b. Esto se escribe ________ : ________.

   c. Si John planta 42 plantas de tomate, Joanna planta ________.

   d. Si Joanna planta 8 plantas de tomate, John planta ________.

Reconocer tablas de razones y no razones

VOCABULARIO
razón básica
razones equivalentes

7 Comenta cuáles son tablas de razones y por qué. Cuenta las historias de las razones para cada tabla y cuáles son la unidad de vinculación y las etiquetas de columnas para cada historia.

Tabla A

4	7
8	14
12	21
16	28
20	35
24	42
28	49
32	56

Tabla B

3	5
6	12
9	18
12	20
15	24
18	30
21	33
24	42

Tabla C

2	9
4	18
6	27
8	36
10	45
12	54
14	63
16	72

Tabla D

2	3
5	6
7	9
11	12
13	15
16	18
20	21
22	24

Razones básicas y razones equivalentes

Una **razón básica** contiene los números enteros mínimos posibles. 4:7 es una razón básica porque ningún número entero (excepto 1) puede dividirse en partes iguales entre 4 y 7.

Las razones equivalentes están formadas por múltiplos de la fila de la razón básica. Las razones equivalentes se escriben como 8:14 = 20:35 u 8:14 :: 20:35.

8 Para las tablas que son tablas de razones, úsalas para escribir cuatro pares de razones equivalentes.

A. ____________ ____________ ____________ ____________

B. ____________ ____________ ____________ ____________

C. ____________ ____________ ____________ ____________

D. ____________ ____________ ____________ ____________

Comprobar la comprensión

Explica cómo utilizar la tabla de multiplicación para hacer una tabla de razones con una razón básica de 3:7. Nombra dos razones equivalentes a 3:7.

Nombre ____________________

VOCABULARIO
proporción
resolver una proporción

Rompecabezas de factores y proporciones

Dos razones equivalentes forman una **proporción**. Cualquiera de las dos filas de una tabla de razones forma una proporción. En un problema de proporción, se desconoce uno de los cuatro números. **Resolver una proporción** implica hallar ese número desconocido

Problema de proporción:

La abuela hizo compota de manzana con la misma cantidad de bolsas de manzanas rojas y bolsas de manzanas amarillas. Las manzanas rojas cuestan $6 y las amarillas cuestan $14. Usé su receta, pero hice más compota de manzana. Pagué $35 por las manzanas amarillas. ¿Cuánto me costaron las manzanas rojas?

Tabla de razones

Bolsas	R : A
1	:
2	:
3	:
4	:
5	:
6	:
7	:
8	:
9	:

El problema se puede solucionar resolviendo esta proporción:

6:14 = c:35

Para resolver esta proporción, debes buscar el valor de c.

1. Completa la tabla de razones para el problema.
2. Encierra en un círculo las filas de la tabla de razones que forman el problema.
3. **a.** ¿Cuál es el valor de c? ______

   b. ¿Cuál es la solución del problema? ______

Ya sabes cómo resolver rompecabezas de factores. Es más rápido hacer un rompecabezas de factores que una tabla entera de razones.

Rompecabezas de factores

Rojas	Amarillas
6	14
	35

4. Escribe los números del problema de proporción en el rompecabezas de factores. Resuelve el rompecabezas de factores.
5. En la tabla de razones, ¿dónde se encuentran los números arriba y abajo del rompecabezas de factores? ______
6. En la tabla de razones, ¿dónde se encuentran los números a la izquierda y a la derecha del rompecabezas de factores? ______

   Escribe estos dos números con un signo de multiplicación a la izquierda de la columna Amarillas en la tabla de razones.
7. ¿Dónde se encuentra tu respuesta en la tabla de razones? ______

Resolver problemas de proporción

Utiliza rompecabezas de factores para resolverlos. Noreen y Tim realizan estas actividades durante la misma cantidad de tiempo, pero a sus propias tasas constantes.

Tabla de razones

N		T
	:	
	:	
	:	
	:	
	:	
	:	
	:	
	:	
	:	

8 **a.** Noreen ahorró $20 mientras que Tim ahorró $35. Cuando Noreen haya ahorrado $24, ¿cuánto habrá ahorrado Tim? ______

b. Completa la tabla de razones. Marca con un círculo las filas que forman el rompecabezas de factores y escribe los multiplicadores para esas filas.

Rompecabezas de factores

N T

---

9 Mientras que Noreen planta 6 plantas de tomates, Tim planta 10. Cuando Noreen haya plantado 21 plantas de tomates, ¿cuántas habrá plantado Tim?

______ plantas

N T

---

10 Cuando Noreen haya juntado 6 adhesivos, Tim habrá juntado 21. ¿Cuántas adhesivos tendrá Noreen cuando Tim tenga 56?

______ adhesivos

N T

---

11 Noreen hizo 72 lagartijas mientras que Tim hizo 32. Cuando Tim haya hecho 12 lagartijas, ¿cuántas habrá hecho Noreen?

______ lagartijas

Comprobar la comprensión

Dibuja tu propio rompecabezas de factores y escribe una proporción que este podría describir.

Nombre ______________________________

Suposiciones

Escribe suposiciones para crear un problema de proporción. Crea y rotula un rompecabezas de factores para el problema. Marca el número desconocido y resuelve el rompecabezas y el problema.

1. Dos bandas desfilan en filas en el campo de fútbol. Cuando la Banda A tiene 15 personas en el campo, la Banda B tiene 6. Cuando la Banda B tenga 14 personas en el campo, ¿cuántas personas tendrá la Banda A?

   Solución del problema: _____ personas

2. Un acuario tiene 32 peces ángel por cada 12 caracoles. ¿Cuántos caracoles habrá cuando haya 72 peces ángel?

   Solución del problema: _____ caracoles

3. Ann hizo 35 carteles mientras que Jim hizo 14. ¿Cuántos carteles habrá hecho Jim cuando Ann haya hecho 15?

   Solución del problema: _____ carteles

Rompecabezas de factores equivalentes

Para cada problema, Ann y Jim hacen carteles durante la misma cantidad de tiempo a sus propias tasas constantes.

Indica cómo estos rompecabezas de factores se relacionan entre sí y con los problemas de proporciones.

Rompecabezas de factores 1

	Ann	Jim	
	5	2	
7	35	14	7
3	15	6	3
	5	2	

Problema de proporción 1

Ann hizo 35 carteles mientras que Jim hizo 14. Cuando Ann haya hecho 15 carteles, ¿cuántos habrá hecho Jim?

Rompecabezas de factores 2

	Jim	Ann	
	2	5	
7	14	35	7
3	6	15	3
	2	5	

Problema de proporción 2

Jim hizo 14 carteles mientras que Ann hizo 35. ¿Cuántos carteles habrá hecho Jim cuando Ann haya hecho 15?

Rompecabezas de factores 3

	Ann	Jim	
	5	2	
3	15	6	3
7	35	14	7
	5	2	

Problema de proporción 3

Cuando Ann hace 15 carteles, ¿cuántos hace Jim? Ann hace 35 carteles mientras que Jim hace 14.

4 Escribe la pregunta invertida con trampa para cada rompecabezas de factores.

Rompecabezas de factores 1: ______________________________

Rompecabezas de factores 2: ______________________________

Rompecabezas de factores 3: ______________________________

Comprobar la comprensión

Completa el enunciado. Puedes cambiar las ____________ o las ____________ en un rompecabezas de factores y aun así tener la misma relación proporcional.

Unidad 1
Prueba rápida 3

Nombre ______________________ Fecha ______________

Completa cada tabla de razones.

1

Niños		Niñas
◯	:	◯
	:	5
8	:	10
	:	15
16	:	

2

Sal		Pimienta
◯	:	◯
7	:	2
	:	4
21	:	
	:	8

¿Es una tabla de razones? Escribe *Sí* o *No*.

3 ______________

Círculos	Cuadraros
◯	◯
2	3
4	6
6	9
8	12
10	15

Explica por qué la tabla es o no una tabla de razones.

____

____

____

____

____

Resuelve.

Muestra tu trabajo.

4 Olivia utiliza 3 onzas de zanahorias por cada 4 onzas de papas para hacer sopa. Si utiliza 16 onzas de papas, ¿cuántas onzas de zanahorias debería utilizar?

____

5 Holly y Gavin ahorran dinero a sus propias tasas constantes. Holly ahorró \$15 mientras que Gavin ahorró \$20. Cuando Holly haya ahorrado \$24, ¿cuánto habrá ahorrado Gavin?

____

Comprobar la estrategia 3

Nombre ______________________ Fecha ____________

Resuelve cada rompecabezas de factores.

1 La fotografía de Hung tiene 8 pulgadas de ancho y 12 pulgadas de largo. Quiere agrandar la fotografía para que tenga 30 pulgadas de largo. ¿Cuál debería ser el ancho de la fotografía si quiere la misma razón de largo que de ancho?

______________________ pulgadas de largo

2 Linda utiliza 15 tomates y 6 cebollas para hacer sopa. Quiere hacer más, pero solo le quedan 2 cebollas. ¿Cuántos tomates debería usar para mantener la misma razón de tomates con respecto a las cebollas?

______________________ tomates

Nombre ______________________________

Rompecabezas de factores y proporciones numéricas

Muestra el rompecabezas de factores para cada proporción.

1. $a:32 = 15:40$
2. $16:36 = t:63$
3. $21:d = 27:18$
4. $27:45 :: 21:b$
5. $21:f :: 12:20$
6. $63:28 :: h:36$

Patrones dentro de rompecabezas de factores y proporciones

Se prepararon estas proporciones.
¿Qué patrones observaste?

7. 2 • 5 : 2 • 12 =
13 • 5 : 13 • 12

	5	12
2	2 • 5	2 • 12
13	13 • 5	13 • 12

8. 2 • 5 : 2 • 67 =
39 • 5 : 39 • 67

	5	67
2	2 • 5	2 • 67
39	39 • 5	39 • 67

9. $a \bullet c : a \bullet d =$
$b \bullet c : b \bullet d$

	c	d
a	$a \bullet c$	$a \bullet d$
b	$b \bullet c$	$b \bullet d$

Diferenciar problemas de proporción y de no proporción

Marca con un círculo el número de cada problema de proporción y, luego, resuélvelo con un rompecabezas de factores. Marca con un círculo la razón básica en cada rompecabezas de factores. Si un problema no es un problema de proporción, explica por qué.

Muestra tu trabajo.

10. La empresa Peachy Paint utilizó 20 latas de pintura azul y 15 latas de pintura amarilla para formar pintura verde saltamontes. Tienen 8 latas más de pintura azul. ¿Cuántas latas de pintura amarilla necesitan para hacer más pintura verde saltamontes?

11. En la clase de arte del Sr. Tally se usan 2 paquetes de marcadores por semana. En la clase de arte del Sr. Petro se usan 3 paquetes en una semana, 2 paquetes en la siguiente semana y continúa el mismo patrón. Si el Sr. Tally usó 14 paquetes, ¿cuántos uso el Sr. Petro?

12. Jason mantiene una razón constante de peces de agua dulce con respecto a los peces de colores en su estanque. En el verano, el estanque de Jason tenía 14 peces de agua dulce por cada 6 peces de colores. Ahora tiene 27 peces de colores. ¿Cuántos peces de agua dulce tiene ahora?

13. Tom tiene 12 años. Es 8 años mayor que su hermana Sylvia. ¿Cuántos años tenían Tom y Sylvia hace 3 años?

Comprobar la comprensión

Describe una situación de proporción con un número desconocido. Luego, dibuja el rompecabezas de factores que coincida con la situación.

Nombre ____________________

VOCABULARIO
máximo común divisor

Proporciones con razones básicas

Estas proporciones usan una razón básica. Muestra una solución simple en el MathBoard.

1. 2:3 :: 10:*a*

   a = __________

2. *b*:7 :: 20:28

   b = __________

3. ¿Cuál es la razón básica de 21:35? __________

Cómo usar el máximo común divisor

El **máximo común divisor** de dos números enteros es el máximo número entero que divide ambos números sin ningún residuo.

La manera más rápida de encontrar la razón básica es usar el máximo común divisor. También puedes usar dos o más pasos para hallar la razón básica.

4. Analiza las estrategias de Sam y Asha para encontrar la razón básica de 24:36.

Estrategia de Sam

Escribí 24 a 36 en la tabla de razones y dividí ambos números entre 6. Luego, descubrí que podía dividir los números en la nueva razón 4 a 6 entre 2 para obtener 2 a 3. Ningún número entero (excepto 1) divide 2 y 3 en partes iguales, entonces 2 a 3 es la razón básica.

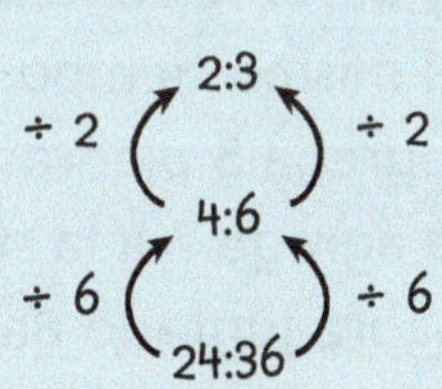

Estrategia de Asha

Sé que 24 es 2 veces 12 y que 36 es 3 veces 12, entonces 12 es el divisor común. 24 y 36 están en la fila 12 de la tabla de multiplicación. Entonces, la razón básica es 2 a 3.

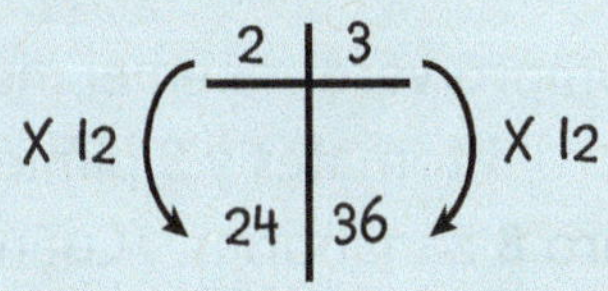

Resuelve. Muestra tu trabajo.

5. La razón básica de 60:140 es __________.

6. La razón básica de 50:225 es __________.

Identifica y resuelve problemas de razones básicas

Resuelve cada problema de proporción. Marca con un círculo el número del problema que no es un problema de proporción y explica por qué no lo es.

7. En una calle, hay 2 perros por cada 5 gatos. Si 16 perros viven en la calle, ¿cuántos gatos hay?

8. Tengo 60 canicas azules y 105 rojas. ¿Cuál es la razón básica de las azules con respecto a las rojas?

9. ¿Cuál es la razón básica de azul con respecto al amarillo en una mezcla de 15 latas de pintura azul y 21 latas de pintura amarilla?

10. Seis galletas de Susan pesan lo mismo que 5 galletas de Tara. ¿Cuántas galletas de Susan pesan lo mismo que 15 galletas de Tara?

11. Ali compró verdura en el mercado. Compro 6 tomates y 9 pimientos. Luego, compro 8 zanahorias. ¿Cuántas cebollas compró Ali?

12. Andrew y Barbara comenzaron a juntar piedras al mismo tiempo. Cada semana, Andrew agrega 5 piedras a su colección y Barbara agrega 7 a la suya. ¿Cuántas piedras habrá juntado Barbara cuando Andrew haya juntado 30?

Comprobar la comprensión

Describe dos maneras de encontrar la razón básica de 24:36.

Nombre ______________________________

Analizar soluciones

Amelie y Barry resolvieron este problema.

> La Sra. Slater quiere hacer 5 sándwiches por cada 3 invitados en una fiesta. Si hay 30 invitados, ¿cuántos sándwiches debería hacer la Sra. Slater?

Solución de Amelie

La proporción es 5:3 :: 30:*s*.

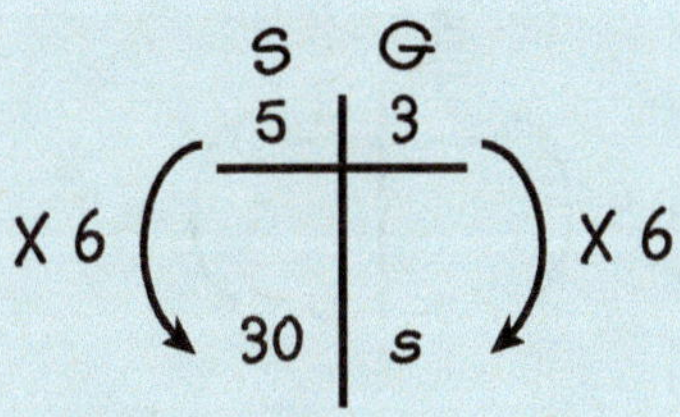

Porque este es un problema de proporción, $5 \times 6 = 30$, y $3 \times 6 = s$.

La Sra. Slater debería hacer 18 sándwiches.

Solución de Barry

La proporción es 5:3 :: *s*:30.

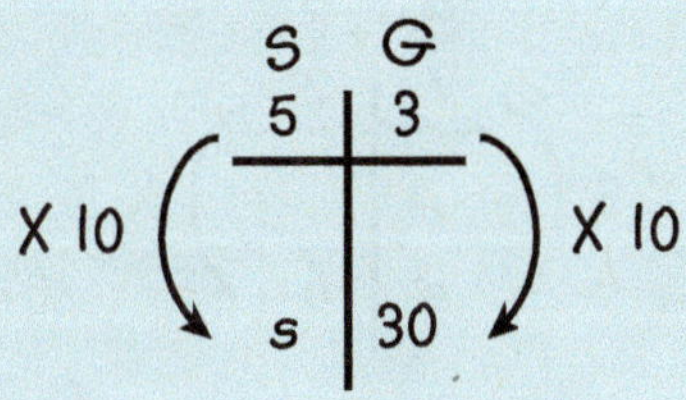

Porque este es un problema de proporción, $5 \times 10 = s$, y $3 \times 10 = 30$.

La Sra. Slater debería hacer 50 sándwiches.

1. ¿Quién resolvió el problema correctamente?

____

____

2. Explica el error en la solución incorrecta.

____

____

____

____

____

Analizar soluciones (continuación)

Takara y Dixon resolvieron este problema.

> Shari usa 7 frutillas por cada 2 bananas en su ensalada de frutas. Si tiene 6 bananas, ¿cuántas frutillas usará?

Solución de Takara

La proporción es 7:2 :: *s*:6.

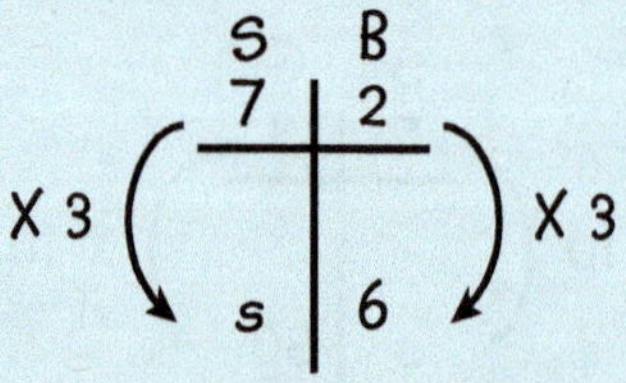

Como $2 \times 3 = 6$, $7 \times 3 = s$. Entonces, $s = 21$.

Shari usará 21 frutillas.

Solución de Dixon

La proporción es 7:2 :: *s*:6.

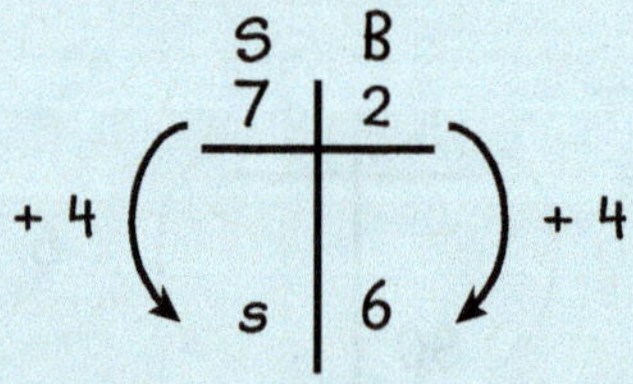

Como $2 + 4 = 6$, $7 + 4 = s$. Entonces, $s = 11$.

Shari usará 11 frutillas.

3 ¿Quién resolvió el problema correctamente?

____

____

4 Explica el error en la solución incorrecta.

____

____

____

Comprobar la comprensión

Observa el problema de arriba. Completa este enunciado. Si Shari tenía 12 bananas, debía usar _____ frutillas.

Nombre ____________________

Analizar modelos a escala

Los trenes a escala son versiones miniatura de los trenes reales. La escala de un modelo es una razón que compara las dimensiones de un modelo de tren con las dimensiones de un tren real.

Los aficionados de los trenes usan razones y proporciones a escala para diseñar esquemas para sus modelos de trenes. Puedes usar razones y proporciones a escala para encontrar las dimensiones de los modelos de trenes.

Resolver y compartir soluciones

1. La famosa locomotora Big Boy se fabricó en la década de 1940. La locomotora tenía 132 pies de largo. ¿Qué largo tiene aproximadamente el modelo a escala S de la locomotora Big Boy? (Pista: usa 128 pies en vez de 132 pies en tu cálculo).

   ____

2. La primera locomotora a vapor de los EE. UU. tenía 159 pulgadas de largo y fue apodada la Tom Thumb porque era muy pequeña. ¿Qué largo tiene aproximadamente el modelo a escala N de la locomotora Tom Thumb?

   ____

3. Un contenedor real tiene 76 pies de largo. ¿Qué largo tiene aproximadamente el modelo a escala G de un contenedor?

   ____

Relacionar tiempo y distancia

Todos los años, se presenta una exhibición de un jardín de flores de invierno y un modelo de tren en el Invernadero de Lincoln Park en Chicago. Los edificios están hechos con materiales de plantas, como ramas, hojas, corteza y cápsulas de semillas.

Supón que el modelo de tren viaja a una velocidad de 2 pies por segundo.

4. Haz una tabla para mostrar la distancia que recorre el tren en 5 segundos.

Tiempo	Distancia
Segundos	**Pies**
1	
2	
3	
4	
5	

5. Haz una gráfica de la relación entre tiempo y distancia.

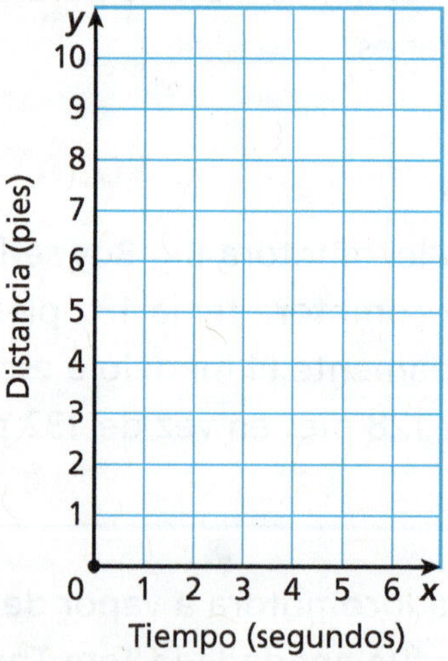

6. En la foto anterior, el edificio más bajo de la derecha es 3 veces más alto que el tren. El edificio más alto, de la izquierda, es 4 veces más alto que el tren. Si los vagones tienen 6 pulgadas de alto, ¿cuál es la altura aproximada de cada estructura?

____

____

Unidad 1
Prueba rápida 4

Nombre ____________________ Fecha ____________

Busca el valor desconocido.

1 $5:c :: 30:42$

$c =$ ________

2 $12:16 :: 3:m$

$m =$ ________

Escribe la razón básica.

3 La razón básica para 6:21 es ________.

Resuelve.

Muestra tu trabajo.

4 Un canal de televisión tiene 20 minutos de comerciales por cada 60 minutos de programación. ¿Cuál es la razón básica de minutos de comerciales con respecto a los minutos de programación de ese canal?

____

5 ¿Cuál es la razón básica de rojo con respecto al amarillo en una mezcla de 12 latas de pintura roja y 27 latas de pintura amarilla?

____

Comprobar la estrategia 4

Nombre ______________________ Fecha ______________

Resuelve.

Muestra tu trabajo.

1. En un mapa, 5 pulgadas representan 80 millas. Si dos ciudades están a 400 millas de distancia, ¿a cuántas pulgadas de distancia están en el mapa?

2. a. Lin utiliza 24 tazas de vegetales por cada 16 tazas de caldo para hacer un guiso. ¿Cuál es la razón básica de tazas de vegetales con respecto a las tazas de caldo?

   b. ¿Cuántas tazas de vegetales debería utilizar Lin con 10 tazas de caldo?

3. Lachlan necesita 4 gotas de colorante por cada 30 mililitros de agua. Si utiliza 1,200 mililitros de agua, ¿cuántas gotas de colorante necesita?

4. Escribe un problema para estas razones equivalentes: $4{:}15 = m{:}45$.

 Nombre ____________ Fecha ____________

1 ¿Es este un problema de razones equivalentes? Escribe Sí o No. Explica por qué o por qué no.

Gina coloca 3 tazas de nueces y 2 tazas de pasas de uvas en cada grupo de mezcla de frutos secos que prepara. Si utiliza 12 tazas de nueces, ¿cuántas tazas de pasas de uvas usará?

____

2 Las razones 2:3 y 8:12 son equivalentes.

2a. Utiliza palabras y una imagen para explicar por qué 2:3 y 8:12 son razones equivalentes.

2b. Selecciona todas las razones de abajo que son equivalentes a las razones en tu dibujo.

- ○ 4:6
- ○ 9:10
- ○ 6:9
- ○ 12:18

2c. ¿Cuál es otra razón equivalente a 2:3? Explica cómo cambiarías tu dibujo para mostrar que esa razón es equivalente.

Razón equivalente: ______________

Nombre ____________________ Fecha ____________________

Resuelve cada rompecabezas de factores.

3

12	20
21	

4

	63
40	35

5 ¿Es cada tabla una tabla de tasas? Elije Sí o No. Luego, explica por qué.

5a. Tabla 1

Minutos	Millas
1	5
2	10
5	25
7	35
9	45

○ Sí ○ No

5b. Tabla 2

Minutos	Millas
1	5
2	10
5	15
7	20
9	25

○ Sí ○ No

6 Utiliza la tabla.

6a. Completa la tabla de tasas.

Libras	Dólares
1	
	6
3	
4	12
	15

6b. ¿Cuál es la tasa unitaria para esta tabla?

____

6c. Dibuja la gráfica para la tabla de tasas.

6d. Muestra el triángulo de tasa unitaria en la gráfica.

Nombre ______________________ Fecha ______________

Utiliza los números en los azulejos para completar cada tabla de razones. Puedes usar cada número más de una vez.

2	3	4	5
6	10	11	12
13	14	25	28

7

Rosas	Margaritas
◯	◯
	9
4	
8	12
	15

8

Manzanas	Naranjas
◯	◯
21	
6	8
	16
9	

9 Cuando el valor desconocido se reemplaza por el valor provisto, ¿son equivalentes las razones? Elige Sí o No.

9a. 4:9 :: 12:*a*

$a = 3$ ○ Sí ○ No

$a = 27$ ○ Sí ○ No

9b. *c*:10 :: 12:15

$c = 8$ ○ Sí ○ No

$c = 18$ ○ Sí ○ No

10 La razón básica para 12:20 es *a*:*b*.

Elige un número de cada columna para identificar la razón básica.

a	*b*
○ 2	○ 1
○ 3	○ 3
○ 5	○ 5
○ 8	○ 7
○ 12	○ 9

11 ¿Es una tabla de razones? Escribe Sí o No y, luego, explica tu respuesta. Si es una tabla de razones, escribe la razón básica en la primera fila.

Lápices	Bolígrafos
◯	◯
7	6
14	12
21	24
28	38
35	42

 Nombre ________________ Fecha ________________

12 Busca la correspondencia de cada situación con su tasa unitaria.

9 cajas por $54	6 paquetes por $42	12 tabletas por $24	4 libras por $12
•	•	•	•
•	•	•	•
1 a 2	1 a 3	1 a 6	1 a 7

13 Un panadero utiliza 3 tazas de harina de trigo integral y 6 tazas de harina blanca para hornear una tanda de pan.

Parte A

Escribe una razón que compare la cantidad de harina de trigo integral con la cantidad de harina blanca.

____

Parte B

El panadero hornea una segunda tanda de pan y utiliza 4 tazas de harina de trigo integral y 12 tazas de harina blanca. En la segunda tanda, ¿es la razón de las dos cantidades de harina equivalente a la razón de las dos cantidades de la primera tanda? Explica por qué sí o por qué no.

Parte C

Un cliente quiere comprar pan de la tanda que contiene más harina de trigo integral y menos harina blanca. ¿De qué tanda debe comprar el cliente? Argumenta tu respuesta.

14 Los tomates cuestan $2 por libra. ¿Cuál es el precio de 6 libras de tomates?

$ ________

Nombre ______________________ Fecha ______________

15 Melinda recorre 18 millas en 2 horas en su bicicleta. Si anda a una velocidad constante, selecciona las respuestas a continuación que corresponden a las razones equivalentes a su velocidad. Selecciona todas las razones equivalentes.

- ○ 27 millas en 4 horas
- ○ 9 millas en 1 hora
- ○ 36 millas en 2 horas
- ○ 27 millas en 3 horas
- ○ 36 millas en 4 horas

16 La tienda Grow Green Garden vende 3 macetas de especias a $12. La tienda Green Thumb Garden vende 4 macetas de las mismas especias por $15.

16a. ¿Cuál es la tienda que tiene el menor precio unitario? Utiliza datos matemáticos para argumentar tu respuesta.

16b. Supón que quieres comprar 24 macetas de especias. ¿Qué debes suponer si decides comprarlas en la tienda Green Thumb?

16c. Completa los números que faltan en cada tabla. Luego, rotula cada tabla con el nombre de la tienda que representa.

____

Macetas	Costo ($)
	30
12	
16	
	75

____

Macetas	Costo ($)
6	
9	
	48
15	

Nombre ______________________ Fecha ______________________

17 Abby ahorra $3 por semana y Luis ahorra $8. Según esta razón, completa la siguiente tabla para determinar cuánto dinero ahorran Abby y Luis a lo largo del tiempo.

Abby ($ de ahorro por semana)	Luis ($ de ahorro por semana)
3	8
	24
12	
21	
	72

18 Greg mezcla 6 latas de pintura negra con 8 latas de pintura blanca para obtener pintura gris. ¿Cuántas latas de pintura negra deberá mezclar con 48 latas de pintura blanca para obtener el mismo color gris?

Muestra tu trabajo en el siguiente espacio.

______ latas

19 Escribe y resuelve el problema para este par de razones equivalentes con un valor desconocido:

$$6:10 = 21:d$$

Explica por qué tu problema es sobre razones equivalentes.

Nombre ______________________ **Fecha** ______________

Tasas

La semana pasada, Harry comenzó a andar en bicicleta y recorrió 4 millas cada día. Quiere registrar la cantidad total de millas y comparar la distancia que recorre con respecto a la distancia que recorre su amiga Peyton.

Responde las siguientes preguntas para ayudar a Harry.

1. Si la situación de Harry es una situación de tasas, ¿cuál es la tasa unitaria? Si no es una situación de tasa, explica por qué.

2. Completa la tabla con la cantidad de días y millas que recorre Harry.

- ¿Cuántas millas recorre Harry en 3 días? Explica y muestra tu trabajo.

- ¿Cuántos días tardará Harry para recorrer 60 millas? Explica y muestra tu trabajo.

3. Peyton anda en bicicleta y recorre la misma cantidad de millas cada día. Cuando Harry recorre 16 millas, Peyton recorre 20 millas. ¿Cuántas millas recorre Peyton cada día? Muestra o explica cómo obtuviste la respuesta.

4. ¿Cuántos días tardará Peyton para recorrer 60 millas? Explica.

Nombre ______________________________ Fecha ______________

5 Busca la razón de la cantidad de días que tarda Harry para recorrer 60 millas con respecto a la cantidad de días que tarda Peyton para recorrer 60 millas. ¿Qué relación existe entre esto y la razón de la tasa unitaria de Harry con respecto a la tasa unitaria de Peyton? Explica por qué.

6 Peyton y Harry quieren ir de campamento y el destino final está a 20 millas de distancia. ¿Cuánto tiempo tardaría Harry para llegar al destino final? Explica tu respuesta.

- ¿Cuándo debería salir Peyton con respecto a Harry para llegar al destino final el mismo día?

7 Peyton recorre un total de 50 millas y Harry anda en bicicleta la misma cantidad de días. Busca el número de millas que habría recorrido Harry. Explica tu respuesta.

Dear Family:

Students will be learning about geometry throughout the school year. This Unit is about two kinds of measurement—perimeter and area. Perimeter is a measurement of length—the distance around a figure or an object. Area is a measurement of the amount of surface enclosed or covered by a figure or an object without gaps or overlaps.

We measure area in square units, such as square inches (in.²) or square centimeters (cm²).

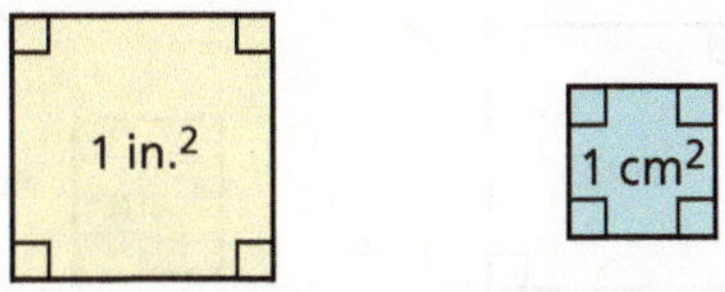

Your child will learn to calculate the area and perimeter of these figures.

Rectangle
2 pairs of parallel sides
4 right angles

Parallelogram
2 pairs of parallel sides

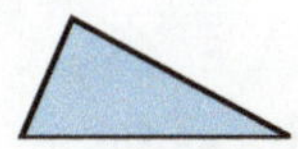

Triangle
3 sides

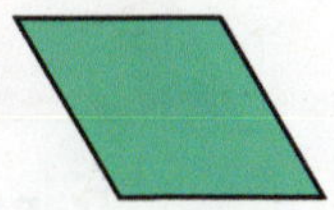

Rhombus
2 pairs of parallel sides
4 sides the same length

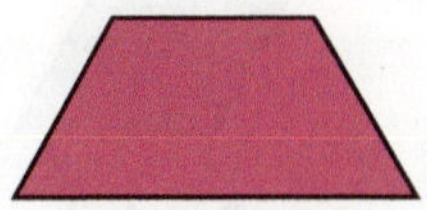

Trapezoid
exactly one pair of parallel sides

Pentagon
5 sides

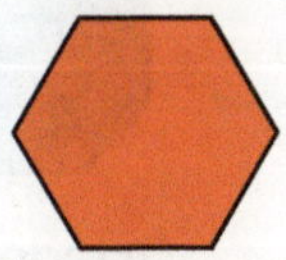

Hexagon
6 sides

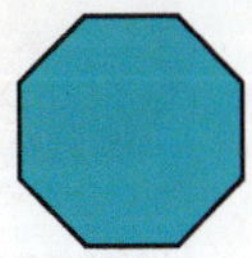

Octagon
8 sides

Complex Figure
composed of simpler figures

Students will also estimate the perimeter and area of *irregular figures* that are drawn on grid paper. Irregular figures cannot be decomposed into simpler figures that students are familiar with. So, students cannot calculate the exact perimeter or area.

Students will also graph polygons on a coordinate grid to find side lengths using x– and y–coordinates and to find perimeter and area.

If you have any questions or comments, please contact me.

Sincerely,
Your child's teacher

Calculating Perimeter and Area

Rectangle

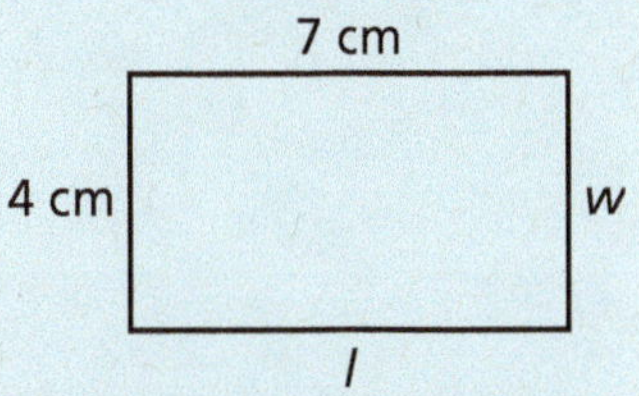

Perimeter $= 2l + 2w$
Perimeter $= 2 \times 7 + 2 \times 4$
Perimeter $= 14 + 8 = 22$ cm

Area $= l \times w$
Area $= 7 \times 4 = 28\ cm^2$

Parallelogram

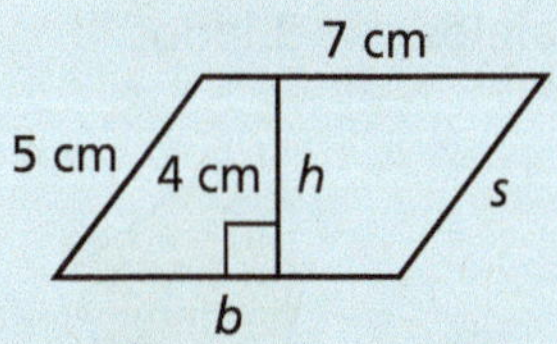

Perimeter $= 2b + 2s$
Perimeter $= 2 \times 7 + 2 \times 5$
Perimeter $= 14 + 10 = 24$
Perimeter $= 24$ cm

Area $= b \times h$
Area $= 7 \times 4 = 28$
Area $= 28\ cm^2$

Triangle

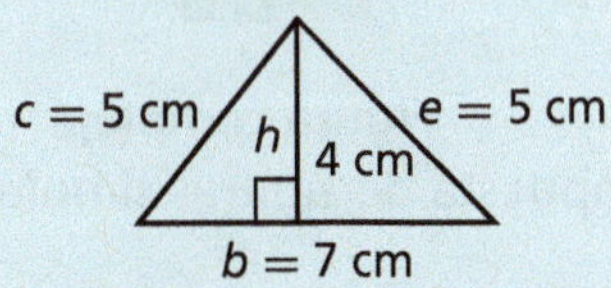

Perimeter $= c + b + e$
Perimeter $= 5 + 7 + 5 = 17$
Perimeter $= 17$ cm

Area $= \frac{1}{2} b \times h$
Area $= \frac{1}{2}(7 \times 4)$
Area $= 14\ cm^2$

Estimada familia:

Durante el año escolar, los estudiantes aprenderán geometría. En esta unidad estudiaremos dos tipos de mediciones: perímetro y área. El perímetro, que es una medición de longitud, es la distancia que rodea a una figura o un objeto. El área es la medición de la superficie que cubre un objeto sin espacios ni traslapos.

Medimos el área en unidades cuadradas, como pulgadas cuadradas (pulg²) o centímetros cuadrados (cm²).

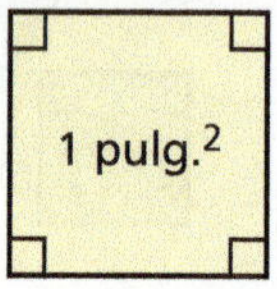

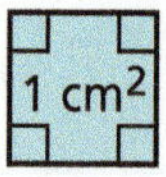

Su hijo aprenderá a calcular el área y el perímetro de estas figuras.

Rectángulo
2 pares de lados paralelos
4 ángulos rectos

Paralelogramo
2 pares de lados paralelos

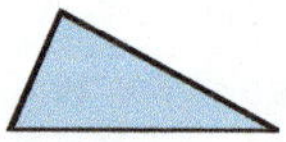

Triángulo
3 lados

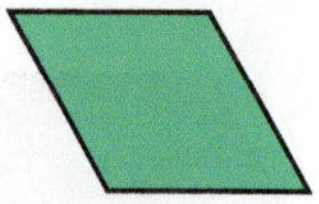

Rombo
2 pares de lados paralelos
4 lados del mismo largo

Trapecio
exactamente un par de lados paralelos

Pentágono
5 lados

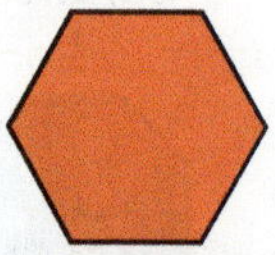

Hexágono
6 lados

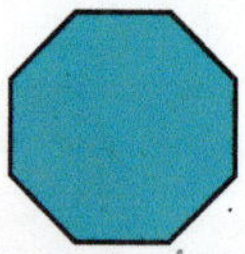

Octágono
8 lados

Figura compleja
compuesta de figuras simples

Los estudiantes también estimarán el perímetro y el área de las *figuras irregulares* que se dibujan en papel cuadriculado. Las figuras irregulares no se pueden descomponer en figuras más simples las cuales son más familiares para los estudiantes. Por lo tanto, los estudiantes no pueden calcular el perímetro o área exacta.

Los estudiantes también trazarán polígonos en una cuadrícula de coordenadas, usando las coordenadas x– y y– para hallar el largo de los lados, el perímetro y el área.

Si tiene alguna pregunta, por favor comuníquese conmigo.

Atentamente,
El maestro de su hijo

Calcular el perímetro y el área

Rectángulo

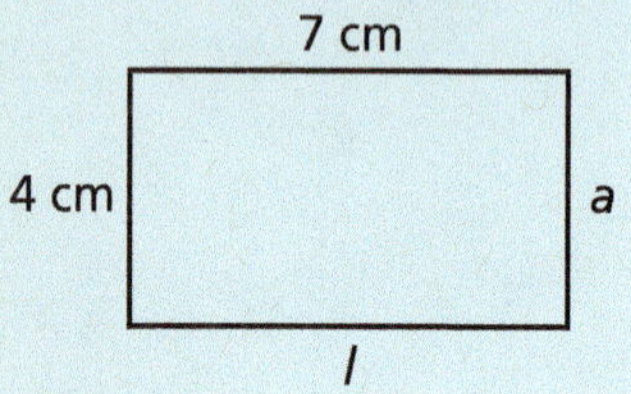

Perímetro $= 2l + 2a$
Perímetro $= 2 \times 7 + 2 \times 4$
Perímetro $= 14 + 8 = 22$ cm

Área $= l \times a$
Área $= 7 \times 4 = 28$ cm^2

Paralelogramo

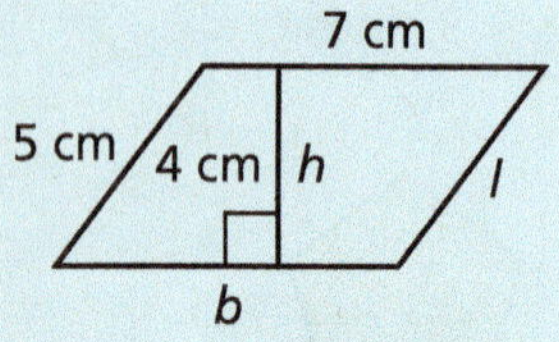

Perímetro $= 2b + 2l$
Perímetro $= 2 \times 7 + 2 \times 5$
Perímetro $= 14 + 10 = 24$
Perímetro $= 24$ cm

Área $= b \times h$
Área $= 7 \times 4 = 28$ cm^2

Triángulo

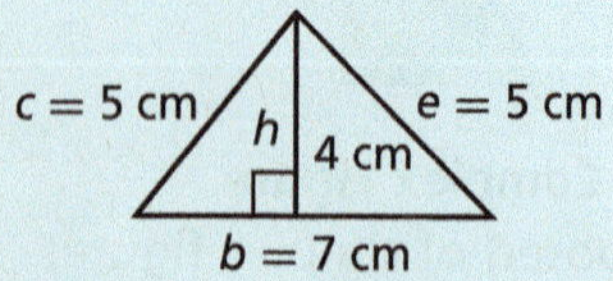

Perímetro $= c + b + e$
Perímetro $= 5 + 7 + 5 = 17$
Perímetro $= 17$ cm

Área $= \frac{1}{2} b \times h$
Área $= \frac{1}{2}(7 \times 4)$
Área $= 14$ cm^2

triángulo acutángulo	**base de un rectángulo**
área	**base de un triángulo**
base de un paralelogramo	**figura compleja**

Cualquier lado de un rectángulo puede ser la base.

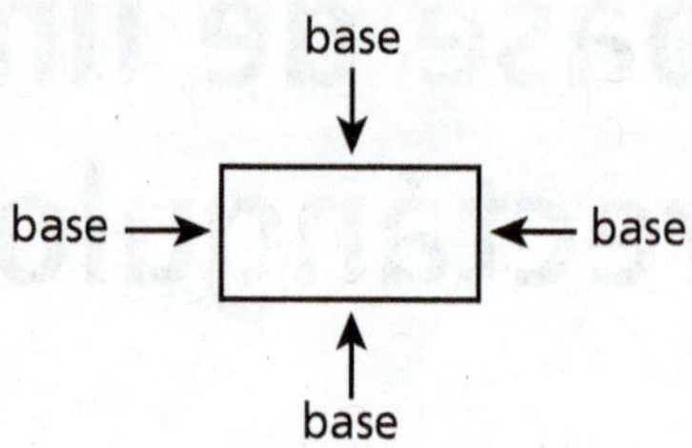

Triángulo con tres ángulos agudos. Un ángulo agudo tiene una medida mayor que 0° y menor que 90°.

Ejemplos:

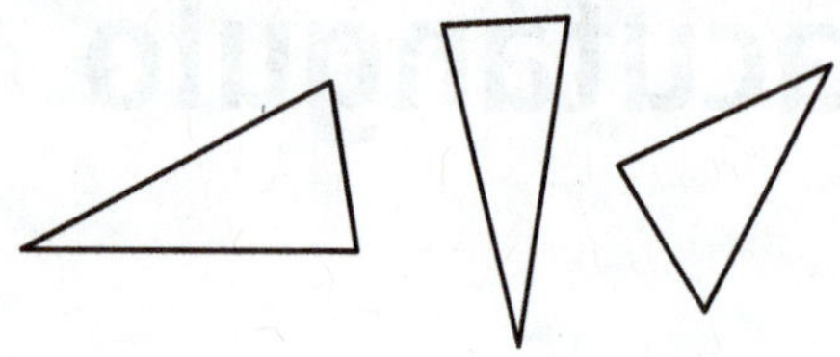

Cualquier lado de un triángulo puede ser la base.

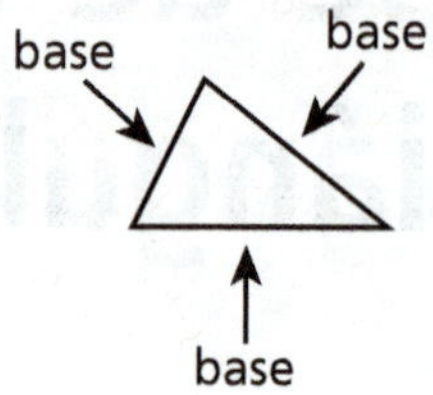

Cantidad de superficie cubierta o rodeada por una figura. El área se mide calculando el número de unidades del mismo tamaño necesarias para cubrir la figura sin brechas ni superposiciones.

Figura que se forma al combinar figuras geométricas simples, como rectángulos y triángulos.

Ejemplos:

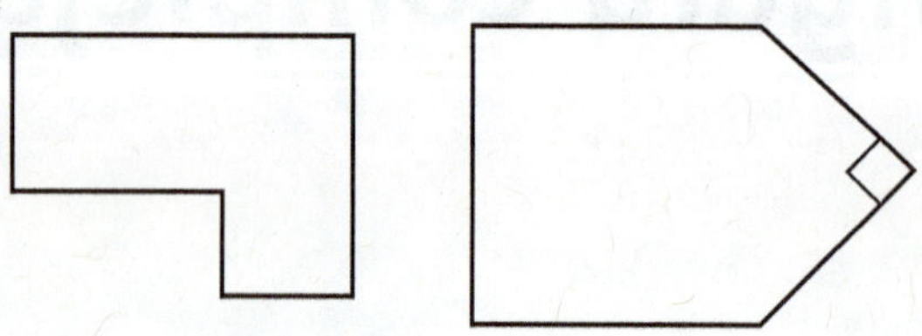

Cualquier lado de un paralelogramo puede ser la base.

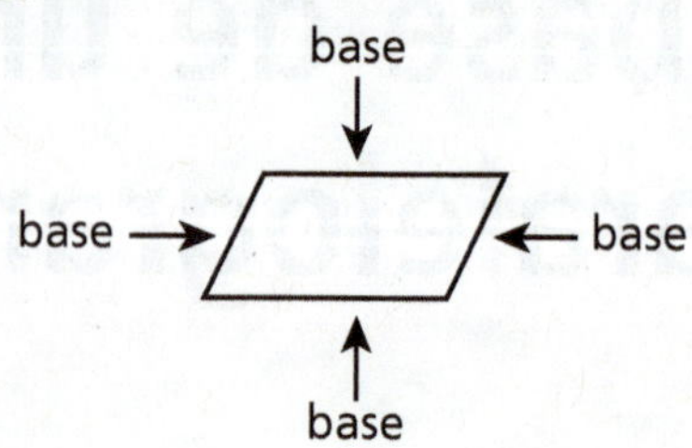

coordenadas

altura de un rectángulo

dimensiones

altura de un triángulo

altura de un paralelogramo

hexágono

Cualquier lado de un rectángulo puede ser la altura.

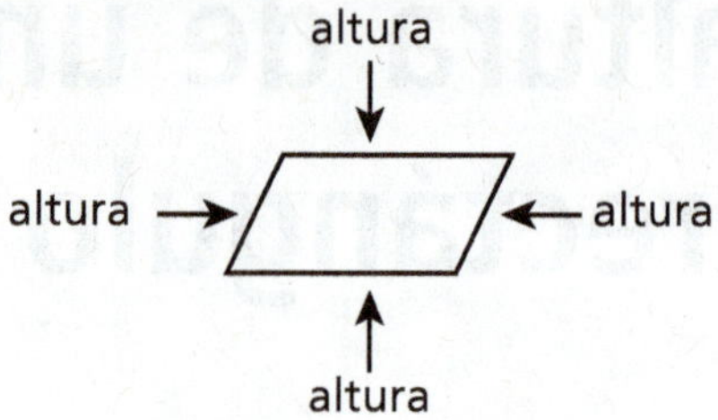

Cada punto del plano de coordenadas corresponde a un par ordenado de números conocidos como sus coordenadas.

Distancia perpendicular de una base a un vértice que no esté en la base. Calcular esta distancia puede requerir la extensión de la base.

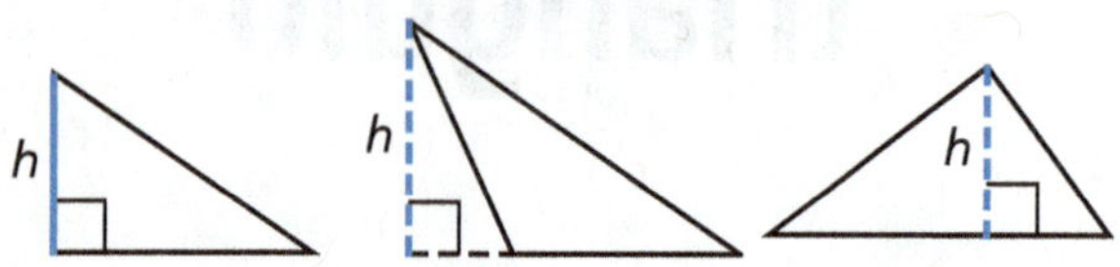

Alto, largo y ancho de una figura.

Ejemplos:

Un segmento de recta solo tiene largo, entonces tiene una sola dimensión.

Un rectángulo tiene largo y ancho, entonces tiene dos dimensiones.

Un cubo tiene largo, ancho y altura, entonces tiene tres dimensiones.

Polígono con seis lados.

Ejemplos:

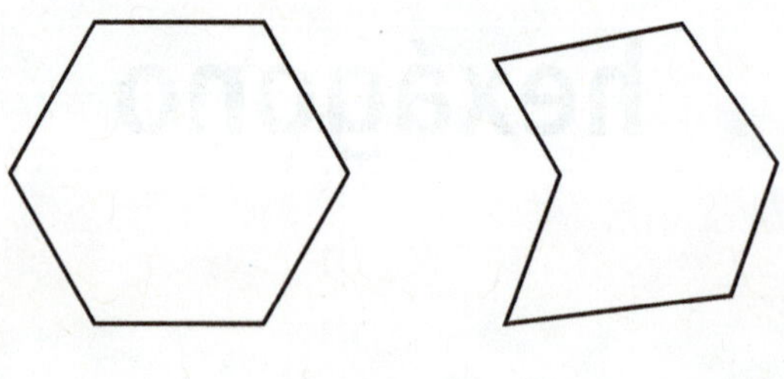

Distancia perpendicular desde la base hasta un vértice que no esté en la base. Para calcular esta distancia quizás se requiera extender la base.

Ejemplos:

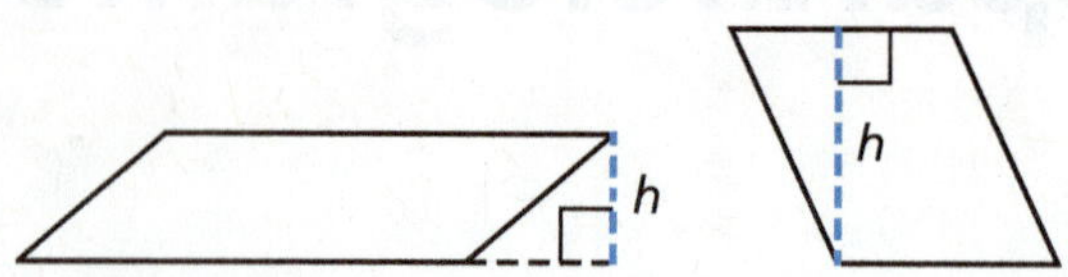

triángulo obtusángulo

pentágono

octágono

perímetro

paralelogramo

perpendicular

Polígono con cinco lados.

Ejemplos:

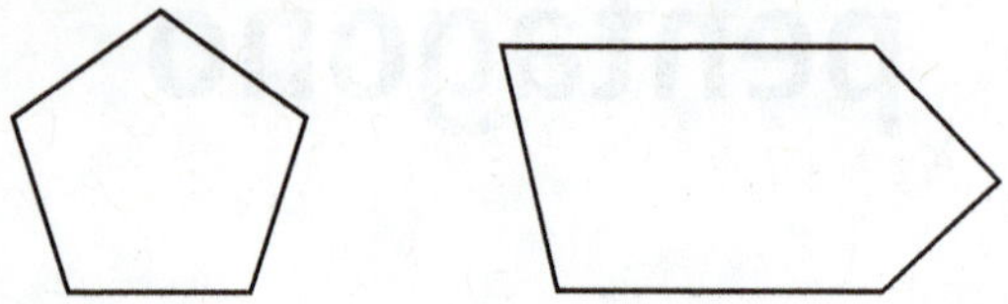

Triángulo con un ángulo obtuso. Un ángulo obtuso mide más de 90° pero menos de 180°.

Ejemplos:

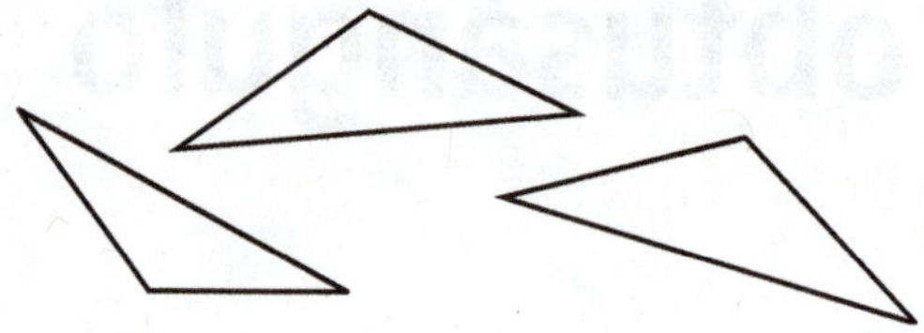

Distancia alrededor de una figura. Es el número total de unidades de longitud del mismo tamaño requerido para formar los lados sin brechas ni superposiciones.

Polígono con ocho lados.

Ejemplos:

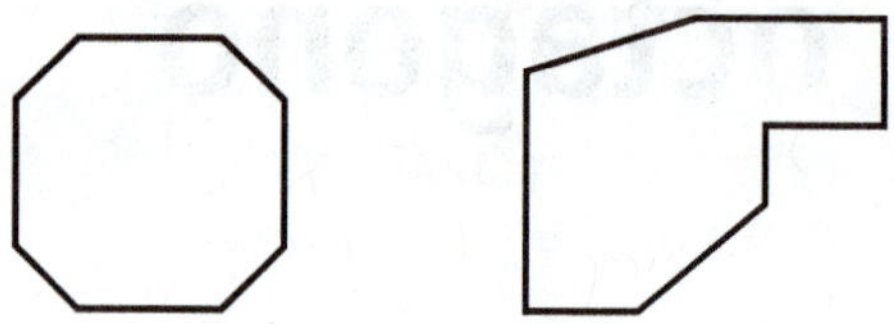

Rectas, segmentos de rectas o rayos son perpendiculares si forman un ángulo recto. Un ángulo recto tiene una medida igual a 90°.

Ejemplo:

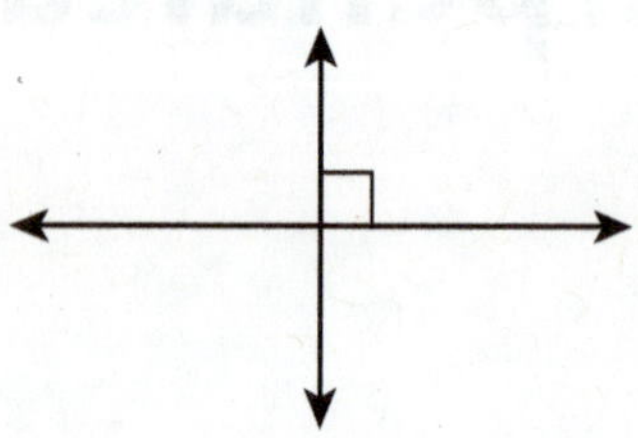

Cuadrilátero en el cual ambos pares de lados opuestos son paralelos y los ángulos opuestos son congruentes.

Ejemplos:

polígono regular	**centímetro cuadrado (cm^2)**
rombo	**teselado**
triángulo rectángulo	**trapecio**

Unidad de área equivalente al área de un cuadrado con lados que miden un centímetro.

Polígono con todos los lados de la misma longitud.

Ejemplos:

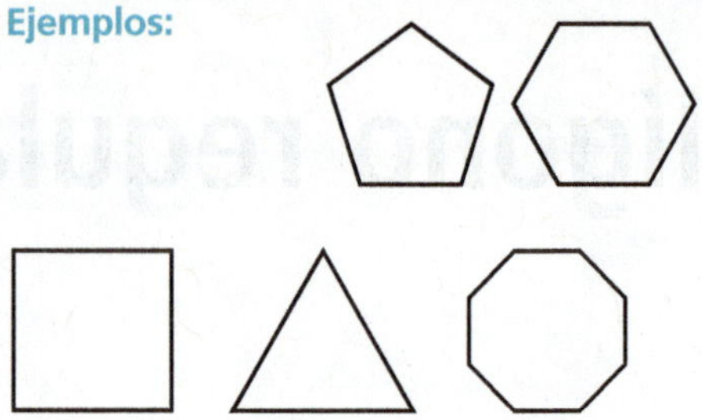

Patrón de figuras cerradas que cubren completamente una superficie sin brechas ni superposiciones.

Ejemplo:

Paralelogramo con todos los lados de la misma longitud.

Ejemplos:

Cuadrilátero con exactamente un par de lados paralelos.

Ejemplos:

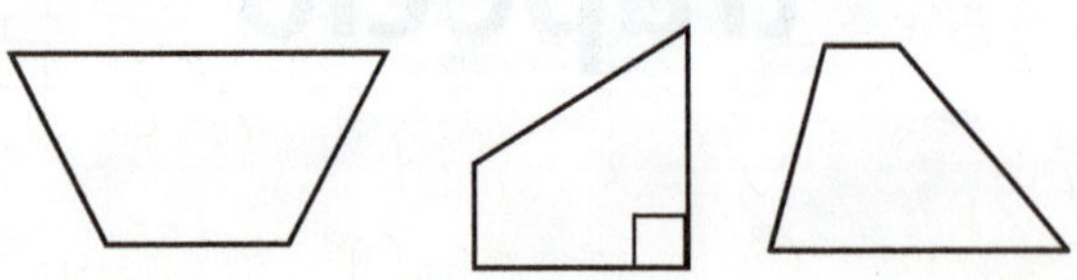

Triángulo con un ángulo recto. Un ángulo recto mide 90°.

Ejemplos:

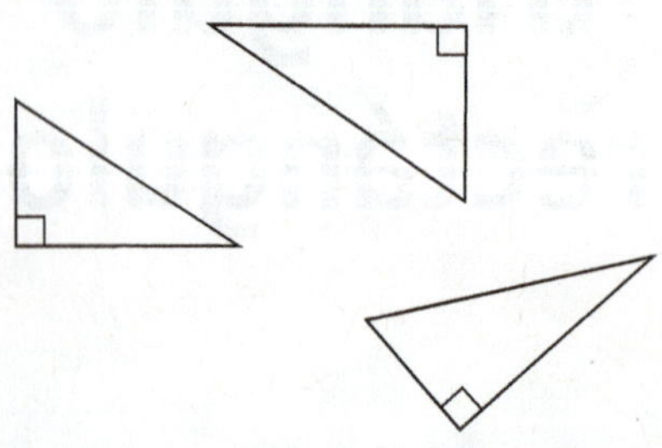

vértice

Punto común a dos lados de un ángulo o polígono o tres aristas de un cuerpo geométrico. El punto de una pirámide.

Ejemplos:

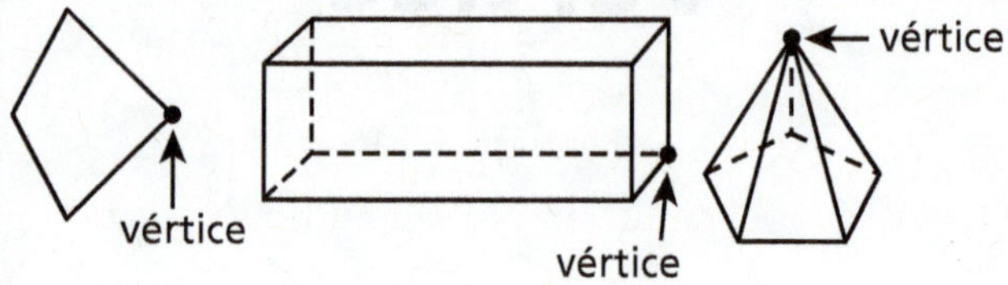

Nombre ____________________

VOCABULARIO
perímetro
área
centímetro cuadrado (cm²)

Fórmulas para perímetro y área

1. Observa los siguientes rectángulos.
¿Qué es el **perímetro**?
¿Qué es el **área**?

____

____

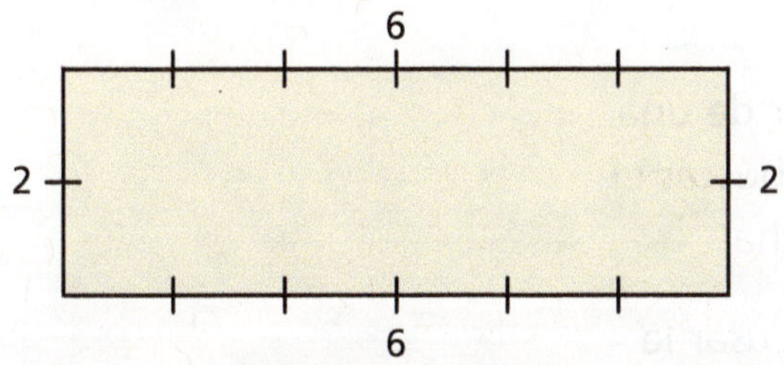

Perímetro = 16 cm

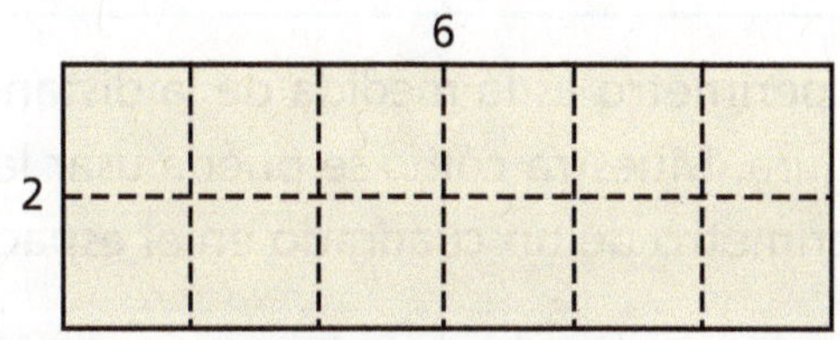

Área = 12 cm^2

En el MathBoard, dibuja los rectángulos que se describen en los ejercicios 2 a 5. Marca cada centímetro con una marca de verificación y escribe una ecuación que muestre cómo buscar el perímetro. Luego, marca y sombrea los **centímetros cuadrados (cm^2)** y escribe una ecuación que muestre cómo buscar el área.

	Longitud	Ancho	Perímetro	Área
	6 cm	2 cm	$2 + 6 + 2 + 6 = 16$ $P = 16$ cm	$6 \times 2 = 12$ $A = 12$ cm^2
2	4 cm	3 cm		
3	8 cm	1 cm		
4	5 cm	5 cm		
5	10 cm	4 cm		
6	*l*	*a*		

La última fila de la tabla debe mostrar tus fórmulas para el perímetro y área.

Perímetro y área de un cuadrado

La figura a la derecha es un cuadrado. Se provee la longitud de un lado del cuadrado.

76 cm

7. Explica por qué conoces las longitudes de los tres lados del cuadrado.

8. El perímetro es la medida de la distancia alrededor de una figura. Muestra cómo se puede usar la suma para buscar el perímetro de un cuadrado en el espacio a la derecha.

9. En el espacio a la derecha muestra cómo se puede usar la multiplicación para calcular el perímetro.

10. **Comentar** Para calcular el área de un rectángulo, buscamos el producto de las medidas de dos de sus lados adyacentes. ¿Por qué se puede usar esta fórmula también para calcular el área de un cuadrado?

11. Calcula el área del cuadrado en el espacio a la derecha. Luego, escribe una fórmula para el área de un cuadrado.

Responde cada pregunta.

12. Si duplicamos cada dimensión de un rectángulo que no es cuadrado, ¿cómo afectará al perímetro y área de ese rectángulo? Muestra un ejemplo para argumentar tu respuesta.

13. Si duplicamos cada dimensión de un cuadrado, ¿cómo afectará al perímetro y área de ese cuadrado? Muestra un ejemplo para argumentar tu respuesta.

Nombre ______________________________

¿Cuál es el error?

Queridos estudiantes de matemáticas:

Hoy fui a la pinturería a comprar pintura para el techo del comedor.

El techo es un rectángulo que mide 12 pies de largo y 10 pies de ancho. Le dije al empleado que necesitaba pintura para pintar 120 pies. Me dijo que cometí un error.

¿Puedes decirme en qué me equivoqué?

Su amigo,
el Pingüino Confundido

14 Escribe una respuesta para el Pingüino Confundido.

____

____

____

Queridos estudiantes de matemáticas:

Parece que necesito ayuda nuevamente. Estoy cosiendo unos flecos en los bordes de una bandera. La bandera es un rectángulo de 96 pulgadas de largo y 54 pulgadas de ancho. Compré 150 pulgadas de flecos. ¡Comencé a coser los flecos y se acabaron antes de terminar!

¿Qué calculé mal? ¿Qué cantidad de flecos necesito para cubrir toda la bandera?

Su amigo,
el Pingüino Confundido

15 Escribe una respuesta para el Pingüino Confundido.

____

____

____

____

Buscar la longitud lateral o el área

Busca la longitud lateral o el área de cada rectángulo o cuadrado.

16
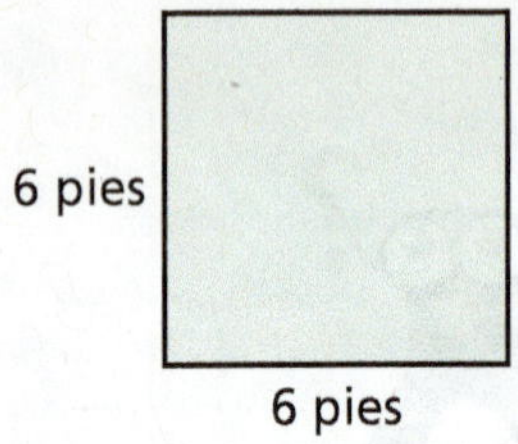

$A =$ ____________

17
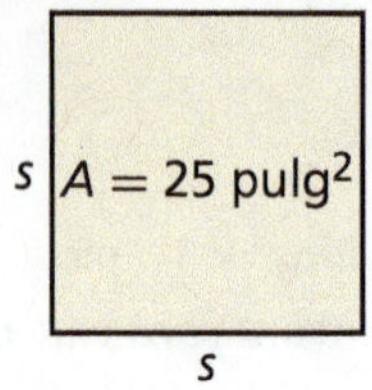

$s =$ ____________

18
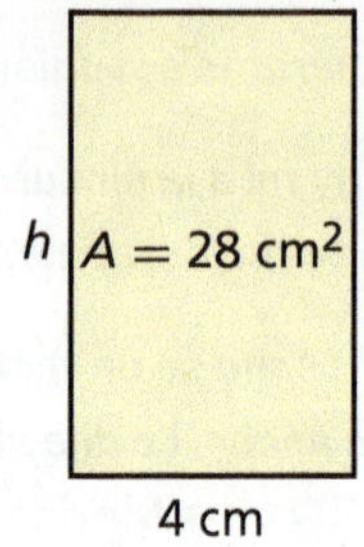

$h =$ ____________

19
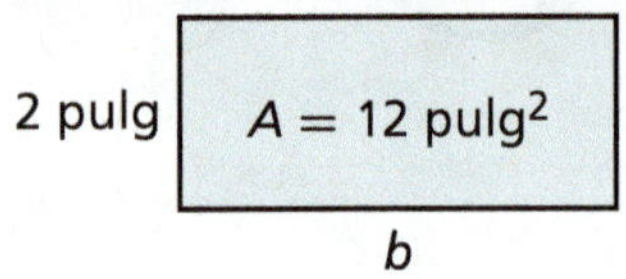

$b =$ ____________

20
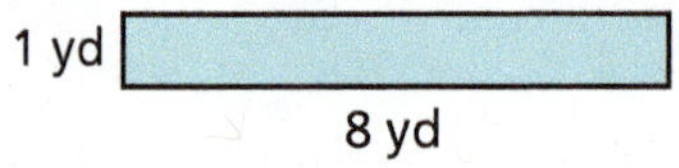

$A =$ ____________

21
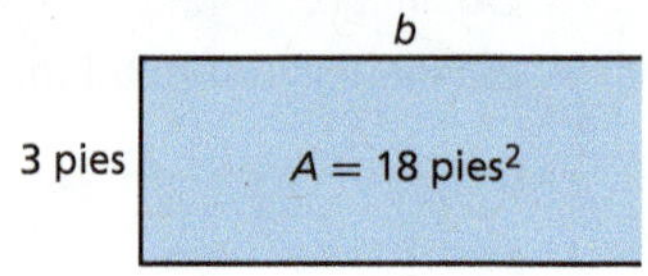

$b =$ ____________

Resolver problemas

22 Stephen hizo un dibujo de su hermana que mide 8 cm de largo y 5 cm de ancho. Quiere hacer un marco de cinta de color. ¿Cuánta cinta necesitará?

____

23 Ben quiere colocar azulejos en un patio. Cada azulejo es cuadrado y tiene un área de 1 pie^2. ¿Cuántos azulejos necesitará para cubrir un patio de 5 pies por 7 pies?

____

24 Janine pidió 200 pies cuadrados de alfombra para cubrir el piso de la sala rectangular. La longitud de la sala mide 20 pies. ¿Cuál es el ancho?

____

Comprobar la comprensión

Completa cada enunciado.

____________ es la cantidad de superficie que abarca un objeto.

____________ es la distancia alrededor de un objeto.

Nombre ____________________

VOCABULARIO
altura de un rectángulo
base de un rectángulo
altura de un triángulo
base de un triángulo

Relacionar el área de un triángulo rectángulo con el área de un rectángulo

1 **a.** Observa la Figura A. ¿Cuál es el área del rectángulo?

____

b. Dibuja una línea diagonal y forma dos triángulos. ¿Cuál es el área de cada triángulo? ¿Por qué piensas eso?

____

____

____

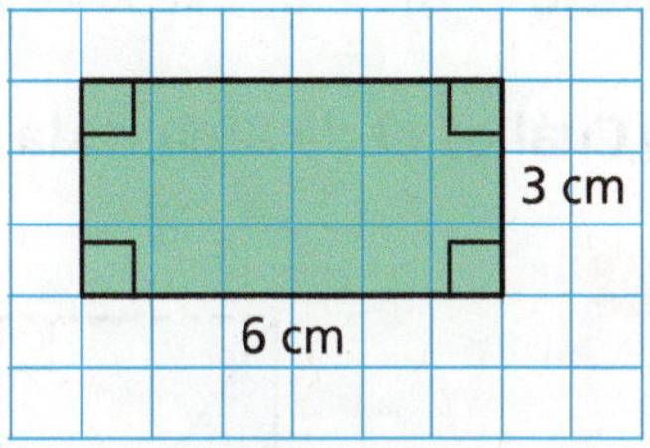

Figura A

---

2 **a.** Observa la Figura B. ¿Cómo se comparan las áreas de los dos triángulos amarillos? ____________________

b. ¿Cómo se comparan las áreas del rectángulo y el triángulo rectángulo grande? Explica tu razonamiento.

____

____

c. Escribe y utiliza una fórmula para buscar el área del rectángulo o el triángulo rectángulo grande.

____

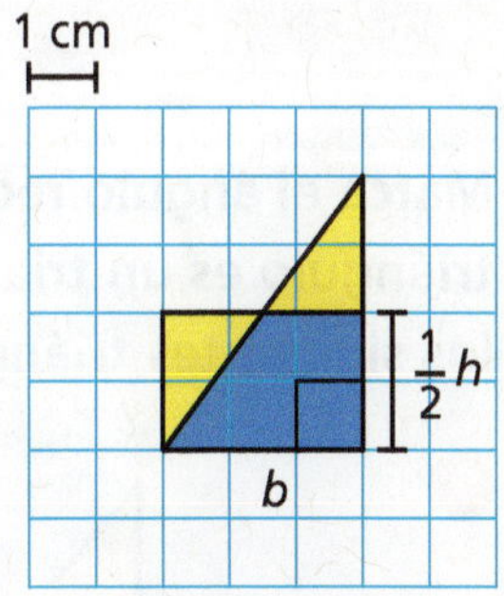

Figura B

---

3 **a.** Observa la Figura C. ¿Tienen el rectángulo y el triángulo rectángulo grande las mismas áreas? Explica cómo lo sabes.

____

____

____

____

b. Escribe y utiliza una fórmula para buscar el área del triángulo rectángulo grande.

____

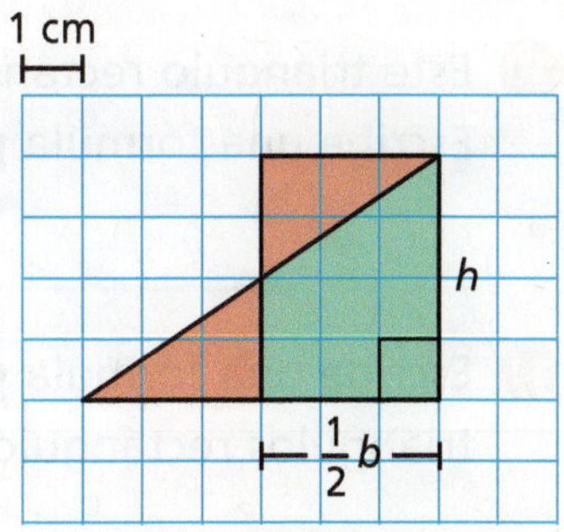

Figura C

VOCABULARIO:
triángulo rectángulo

Área y perímetro de triángulos rectángulos

Un triángulo con un ángulo recto (esquina del cuadrado) se llama **triángulo rectángulo**. El área de cualquier triángulo rectángulo es la mitad del área de un rectángulo con la misma base y altura o la misma área que un rectángulo con la mitad de la base o altura. Estos rectángulos se llaman rectángulos relacionados.

¿Cuál es el de área cada triángulo rectángulo que se muestra a continuación?

4
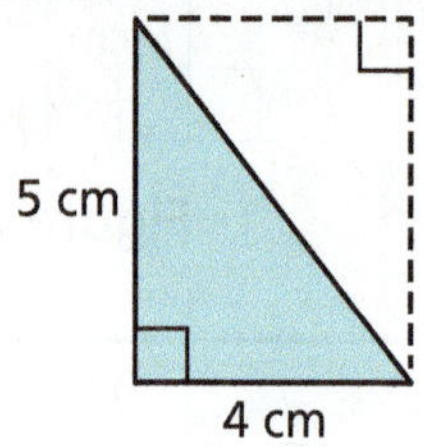

A = ________________

5
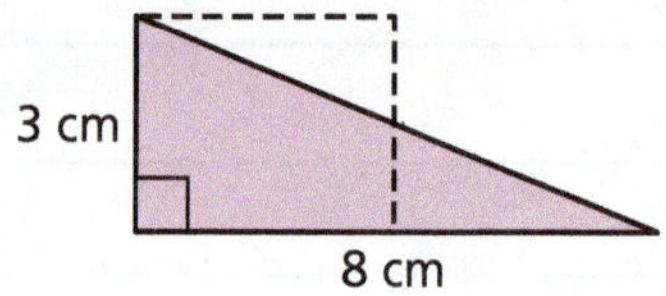

A = ________________

6
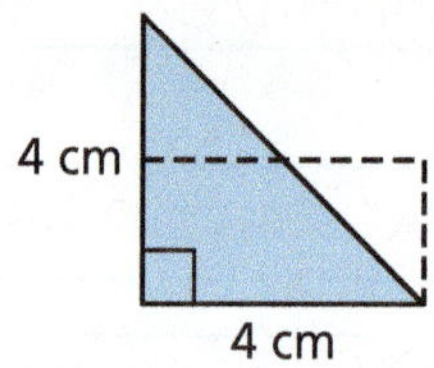

A = ________________

Marca el ángulo recto con una casilla pequeña para mostrar que un triángulo es un triángulo rectángulo. Busca el área de cada uno de los siguientes triángulos rectángulos.

7
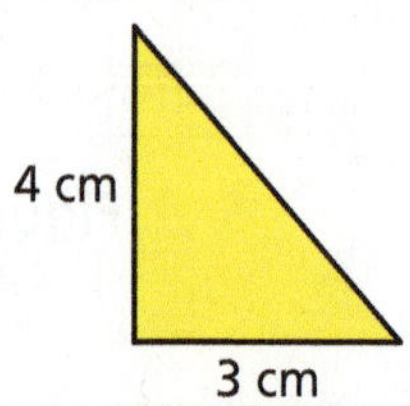

A = ________________

8
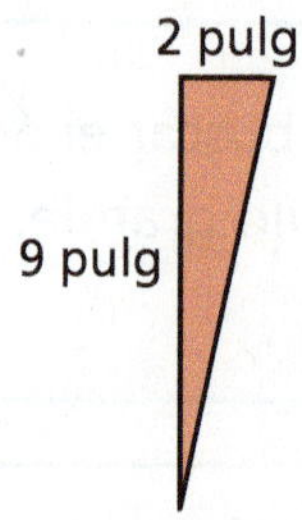

A = ________________

9
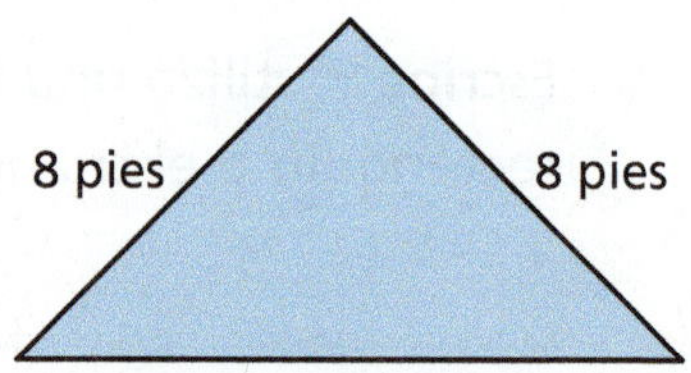

A = ________________

10 Este triángulo rectángulo tiene lados con longitud *c*, *d* y *e*. Escribe una fórmula para el área de triángulos rectángulos.

____

11 Escribe una fórmula para el perímetro de triángulos rectángulos.

____

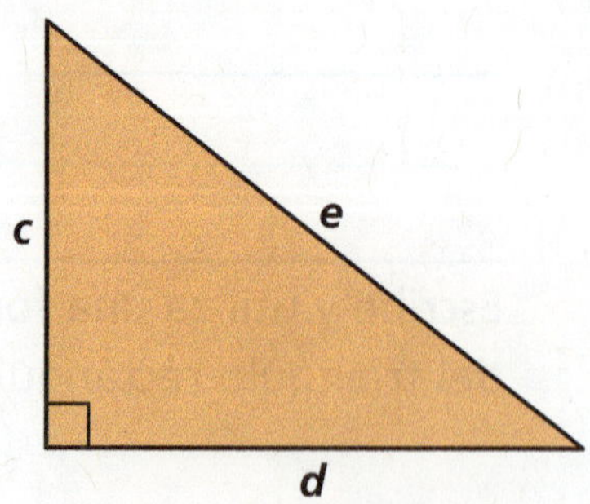

Nombre ______________________

¿Cuál es el error?

Queridos estudiantes de matemáticas:

Hoy busqué el área de un banderín que tiene forma de triángulo rectángulo con una base de 8 pulg y una altura de 6 pulg. Así es como busqué la respuesta.

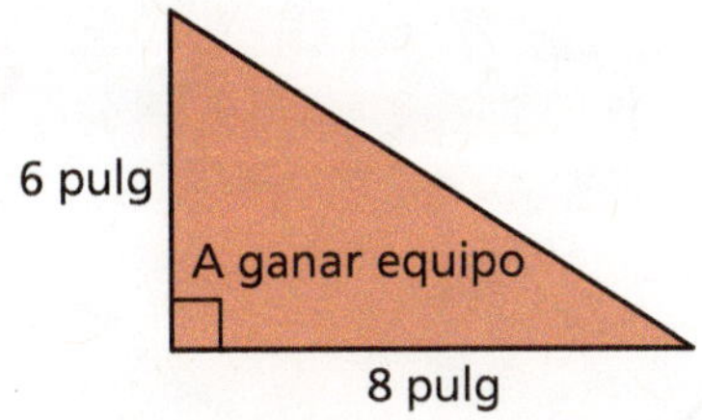

$A = \frac{1}{2}bh = 8 \times 6 = 48 \quad A = 48 \text{ pulg}^2$

Entonces, el área del banderín mide 48 pulg^2.

¿Tengo razón? Si no, corrige mi trabajo y explícalo abajo.

Su amigo,
el Pingüino Confundido

12 Escribe una respuesta para el Pingüino Confundido.

13 Muestra dos maneras de multiplicar para calcular el área del triángulo rectángulo.

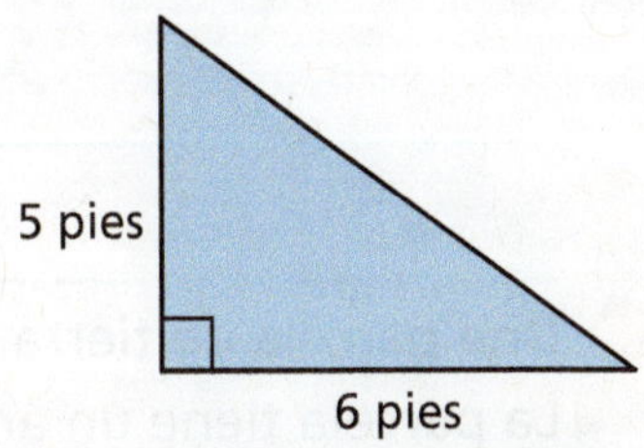

Problemas sobre el área de triángulos rectángulos

Busca el área del triángulo rectángulo.

14
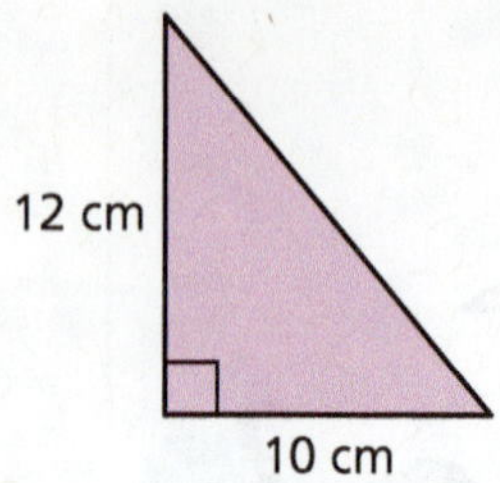

$A =$ ______________

15
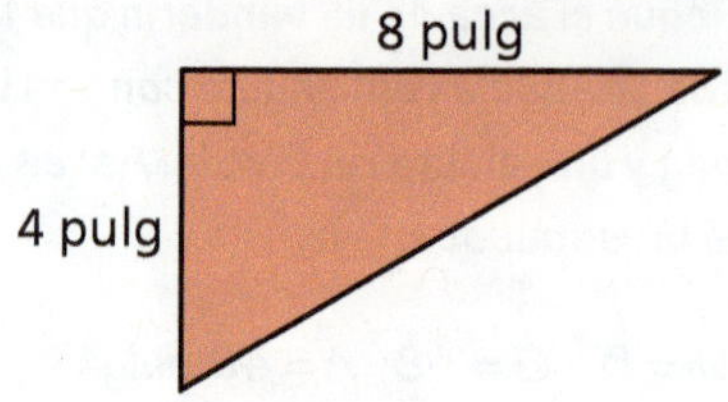

$A =$ ______________

Busca la longitud del lado desconocido del triángulo rectángulo.

16
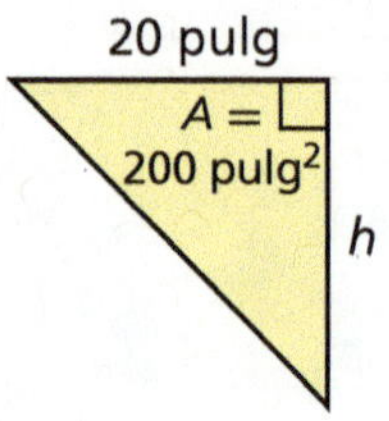

$h =$ ______________

17
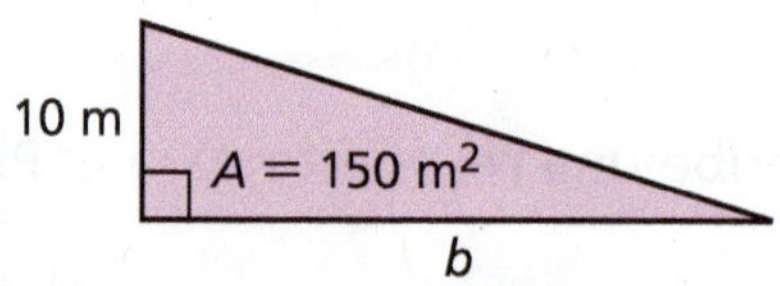

$b =$ ______________

Resuelve.

18 Un galón de pintura púrpura cubre 400 pies^2. ¿Cuántos galones se necesitarán para pintar de púrpura un lado de este edificio? Deja la mitad del área para las ventanas que no se pintarán.

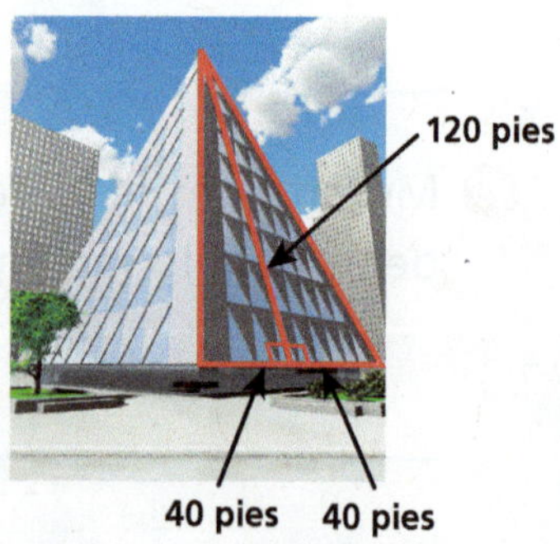

____

____

19 Una parcela de tierra tiene forma de triángulo rectángulo. La parcela tiene un área de 2,400 pies cuadrados. La base del triángulo mide 80 pies. ¿Cuál es la altura del triángulo? ______________

Comprobar la comprensión

Dibuja un triángulo rectángulo y uno de sus rectángulos relacionados. Explica cómo utilizar el rectángulo para buscar el área del triángulo.

Nombre ______________________

VOCABULARIO
altura de un paralelogramo
paralelogramo
perpendicular
base de un paralelogramo

Experimento con paralelogramos

La **altura** de un **paralelogramo** es un segmento de recta **perpendicular** a la **base**.

Corta cada uno de los siguientes pares de paralelogramos y, luego, corta el segmento de recta con línea de puntos que indica cada altura. Cambia las partes. Une los extremos inclinados.

¿Qué figura formaste?

____

¿Piensas qué esto sucederá siempre cuando la altura se conecte con la base y el lado opuesto? ¿Por qué?

____

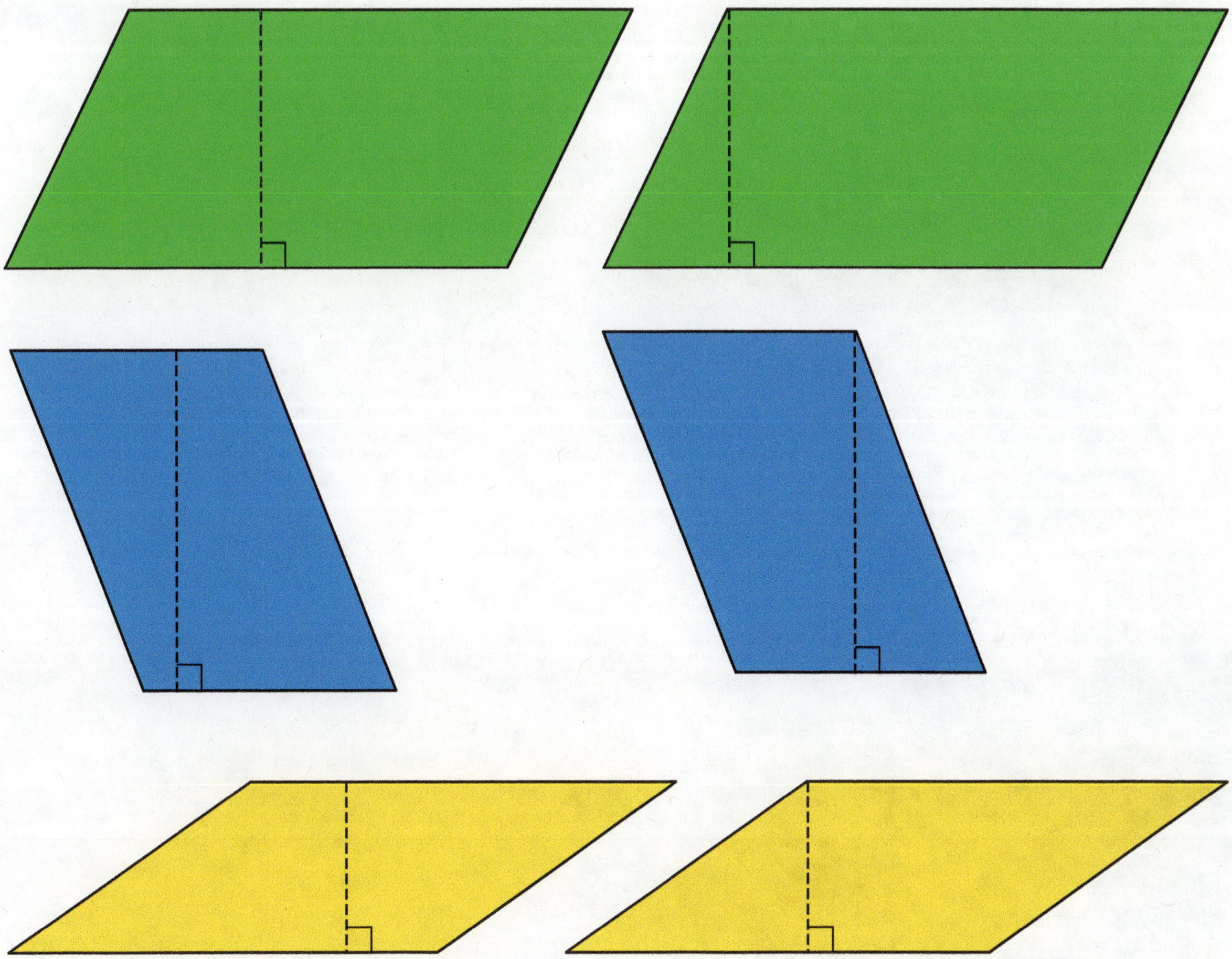

Nombre ______________________________

Solución de Erica

Así es como Erica buscó el área de un paralelogramo sin vértices sobre la base.

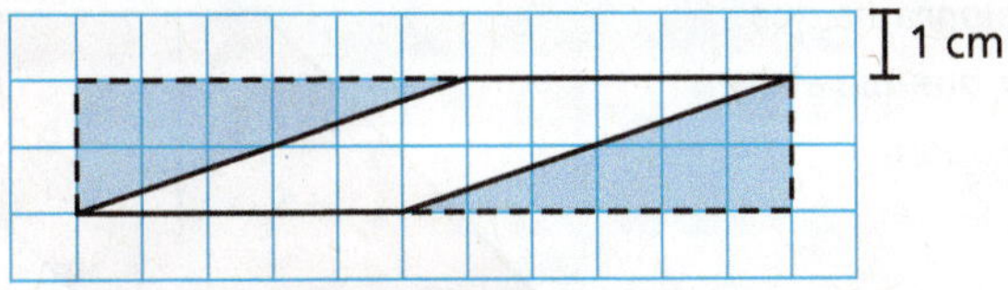

Área del rectángulo - Área de dos triángulos rectángulos = Área del paralelogramo

$$11 \times 2 \quad - \quad 2\left(\frac{1}{2} \times 6 \times 2\right) \quad = $$

$$22 \quad - \quad 12 \quad = \quad 10$$

Entonces, el área del paralelogramo mide 10 cm^2.

1 ¿Puedes calcular el área del paralelogramo de arriba usando la fórmula $A = bh$? Explica.

____

____

____

Busca el área del paralelogramo. Muestra tu trabajo.

2

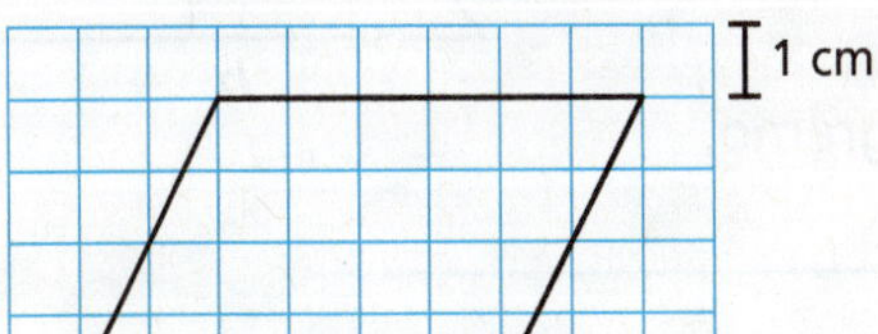

$A =$ ______________

3

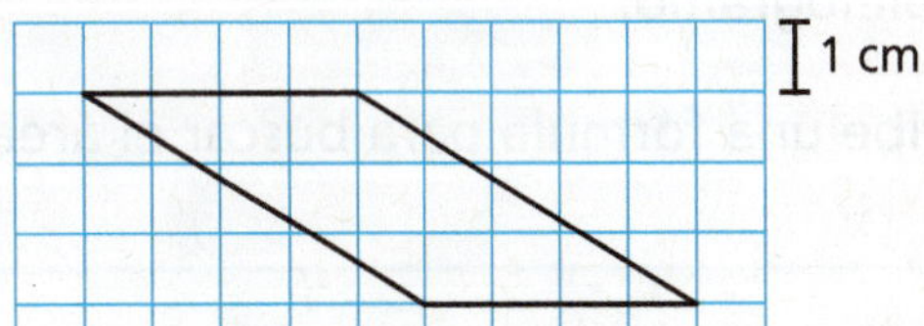

$A =$ ______________

¿Cuál es el error?

Queridos estudiantes de matemáticas:

Hoy hice un diseño con el paralelogramo que se muestra a la derecha. Luego, busqué el área del paralelogramo. Así es como busqué la respuesta.

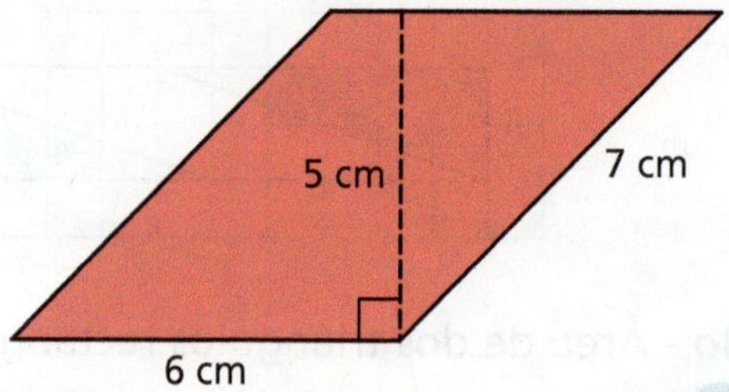

$A = \text{base} \times \text{altura}$

$A = 6 \times 7 = 42$

Entonces, el área del paralelogramo mide 42 cm^2.

¿Tengo razón? Si no, corrige mi trabajo

y explícalo abajo.

Su amigo,
el Pingüino Confundido

4 Escribe una respuesta para el Pingüino Confundido.

____

____

Calcular el área de un paralelogramo

Este paralelogramo tiene la altura *h*. La medida de la base es *b*. El lado es *l*. 5 Escribe una fórmula para buscar el área del paralelogramo.

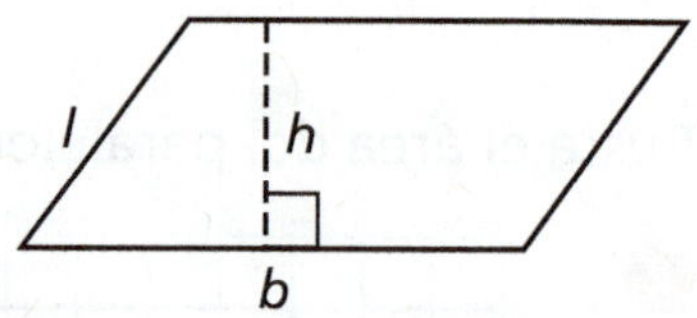

5 Escribe una fórmula para buscar el área del paralelogramo.

____

6 ¿Qué medida de las que se muestran no se utiliza para buscar el área?

____

7 Escribe una fórmula para buscar el perímetro del paralelogramo.

____

8 ¿Qué medida de las que se muestran no se utiliza para buscar el perímetro?

____

Nombre ____________________

Calcular el área de un rombo

VOCABULARIO
rombo

Un **rombo** es un paralelogramo con todos los lados de la misma longitud.

Coloca una marca de verificación junto a cada rombo.
Luego, busca el perímetro y área de cada figura.

9.

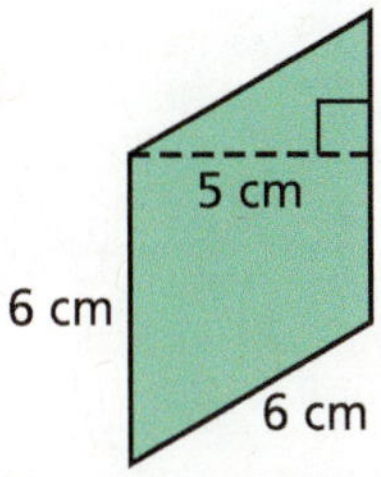

$A =$ ____________________

$P =$ ____________________

10.

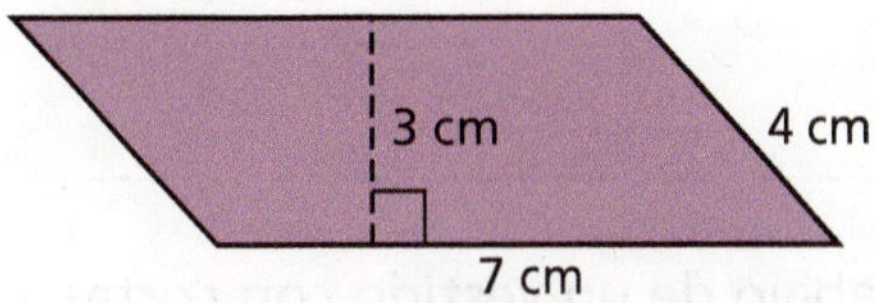

$A =$ ____________________

$P =$ ____________________

11.

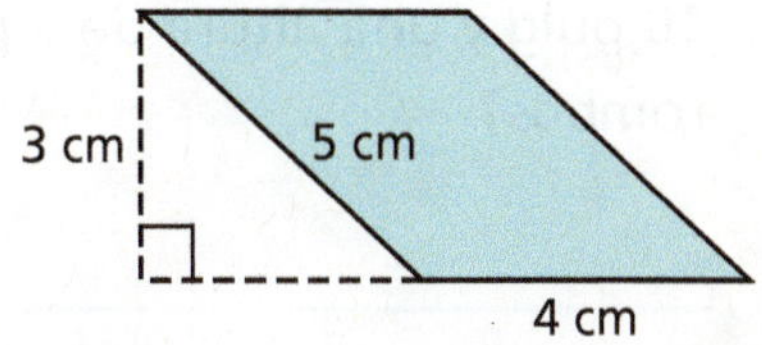

$A =$ ____________________

$P =$ ____________________

12.

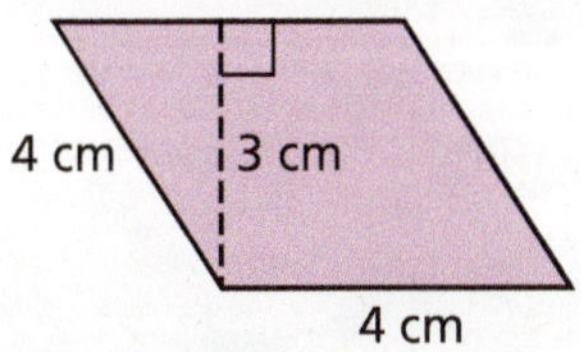

$A =$ ____________________

$P =$ ____________________

13.

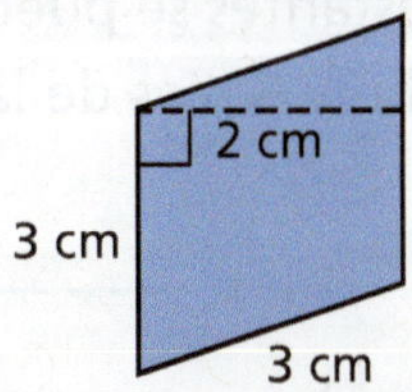

$A =$ ____________________

$P =$ ____________________

14.

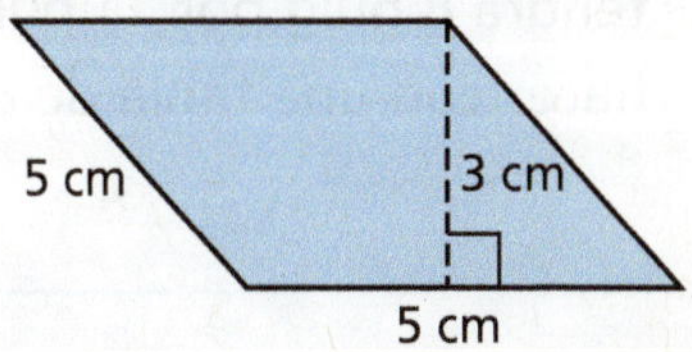

$A =$ ____________________

$P =$ ____________________

Resuelve.

15. Un rombo tiene una base de 11 cm y un área de 110 cm^2.
¿Cuál es la altura del rombo?

____

16. ¿Cuál es el área del rombo de la derecha?
Explica cómo calculaste el área.

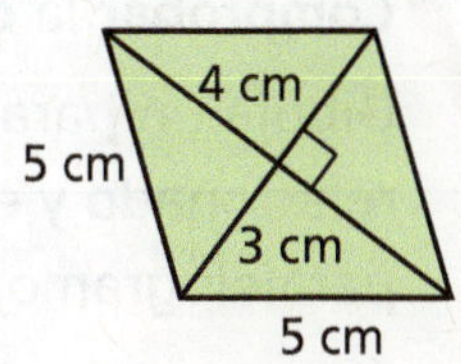

____

____

Resolver problemas del mundo real

Resuelve.

Muestra tu trabajo.

17 Jun diseña un patrón para una alfombra. Utilizará rombos con triángulos en el medio. Cada rombo tendrá lados de 10 pulg y una altura de 9 pulg. ¿Cuál es el área de cuatro rombos?

____

18 Deirdre diseña la parte de abajo de un vestido con cortes de rombos de diferentes telas de colores. Cada rombo tiene una base de 3 pulg y una altura de 2 pulg. ¿Cuánta tela azul necesitará para hacer 12 rombos?

____

19 Lionel hace estantes en forma de rectángulo. Cada estante tendrá 8 pulg por 11 pulg. ¿Cuántos estantes se pueden hacer con una tabla de 8 pulg de ancho y 8 pies de largo?

____

20 La altura de un triángulo rectángulo mide cuatro veces la altura de otro triángulo rectángulo. Las longitudes de las bases de los dos triángulos son iguales. ¿Cómo se comparan las áreas de los triángulos?

____

____

21 El patio de Lin es un cuadrado con un perímetro de 120 pies. ¿Cuál es el área del patio?

____

Comprobar la comprensión

Dibuja un paralelogramo. Luego, dibuja su rectángulo relacionado y explica cómo usarlo para buscar el área del paralelogramo.

Nombre ______________________________

VOCABULARIO
triángulo
acutángulo
triángulo
obtusángulo

Experimento con triángulos

Los siguientes triángulos acutángulos son exactamente iguales. Córtalos y gira uno para que los lados *a* queden juntos. ¿Qué figura formaste? Haz lo mismo con los lados *b* y *c*. ¿Qué figuras se forman?

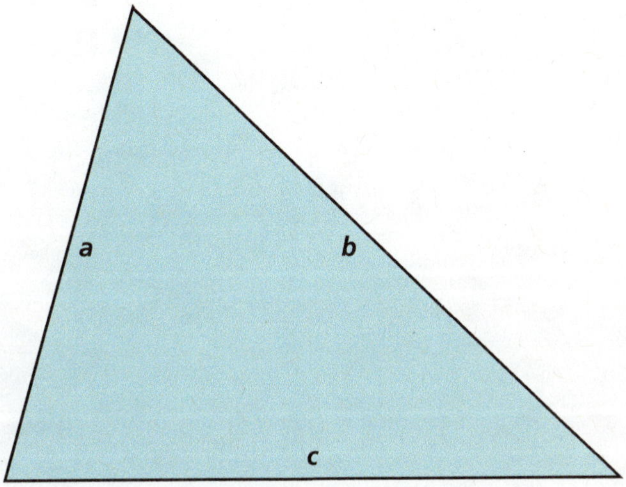

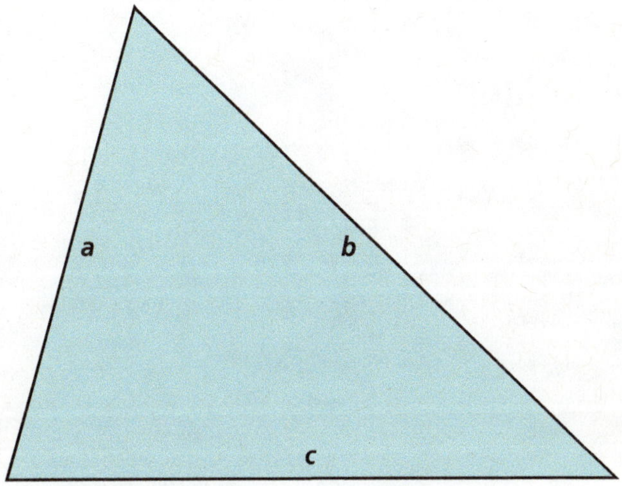

Los siguientes triángulos obtusángulos son exactamente iguales. Córtalos y gira uno para que los lados *x* queden juntos. ¿Qué figura formaste? Haz lo mismo con los lados *z* e *y*. ¿Qué figuras se formaron?

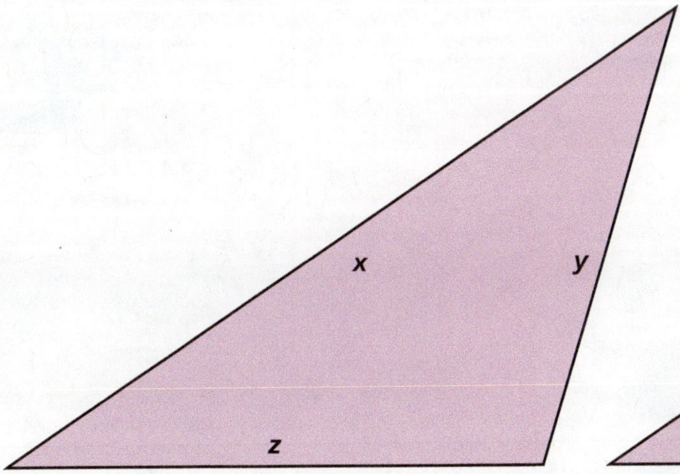

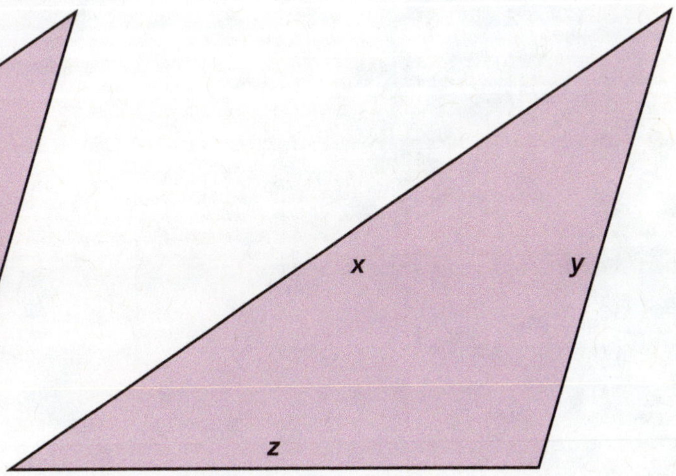

Nombre ______________________________

Dibujar paralelogramos y triángulos

Responde las siguientes preguntas sobre el triángulo *ABC*.

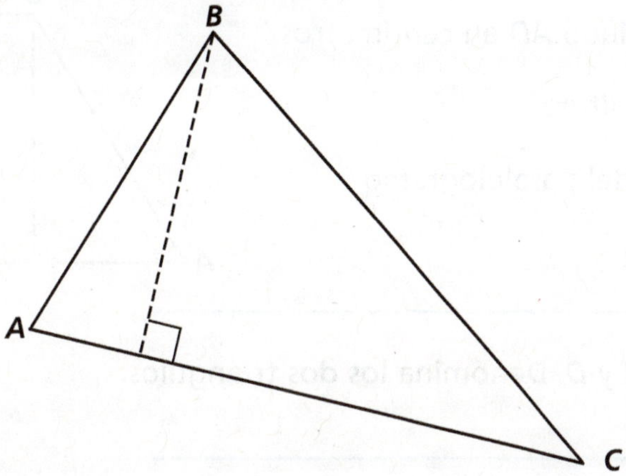

1. Mide y rotula el lado *AC* del triángulo en centímetros.

2. Mide y rotula la altura.

3. ¿Cuál es el área del triángulo? ____________

4. Utiliza tu regla para dibujar un segmento de recta desde *B* que sea paralelo a *AC*.

5. Dibuja un segmento de recta desde *C* que sea paralelo a *AB*. Rotula el punto *D* donde se unen los segmentos de recta nuevos.

6. Un paralelogramo relacionado tiene la misma base y altura que su triángulo o rectángulo relacionado. ¿Cuál es el área del paralelogramo relacionado *ABDC*?

   ____

7. Utiliza las instrucciones en los ejercicios 1 a 6 para este triángulo obtusángulo. Busca el área del triángulo *ABC* y el área del paralelogramo *ABDC*.

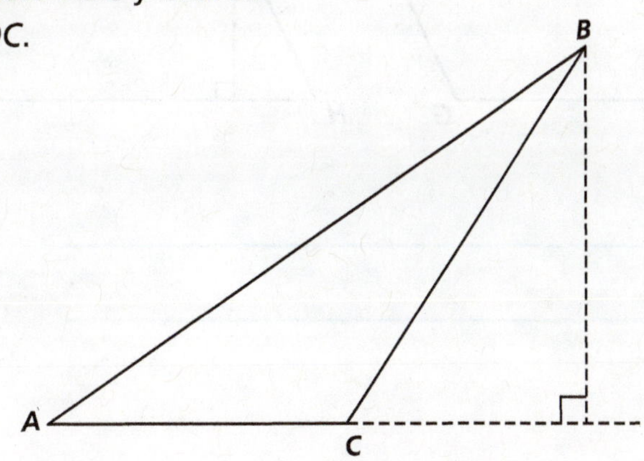

Dibujar paralelogramos y triángulos (continuación)

Completa.

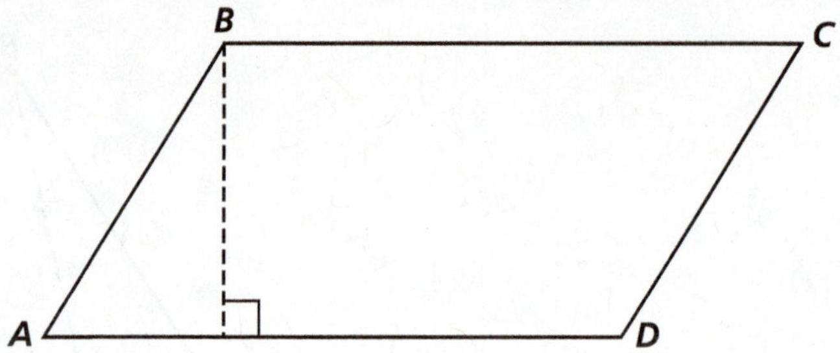

8 Mide y rotula el lado *AD* en centímetros.

9 Mide y rotula la altura.

10 ¿Cuál es el área del paralelogramo *ABCD*?

____

11 Une los puntos *B* y *D*. Denomina los dos triángulos.

____

12 ¿Cuál es el área de cada triángulo?

____

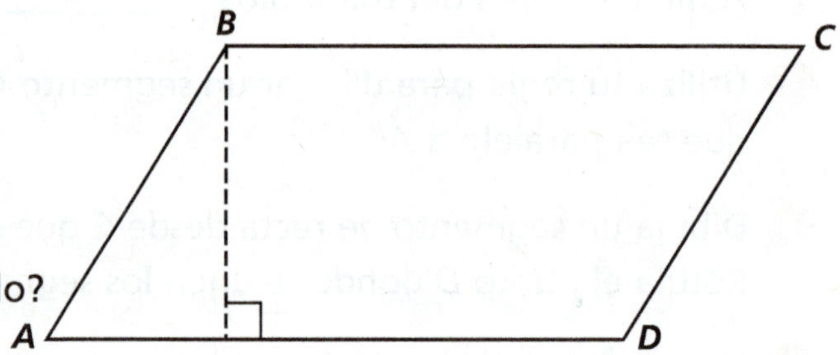

13 Divide el paralelogramo *ABCD* en dos triángulos obtusángulos.

14 ¿Cuál es el área de cada triángulo obtusángulo?

____

15 Dibuja dos diagonales diferentes para el paralelogramo *EFGH*. Denomina los triángulos. Mide en centímetros y, luego, busca el área de cada triángulo.

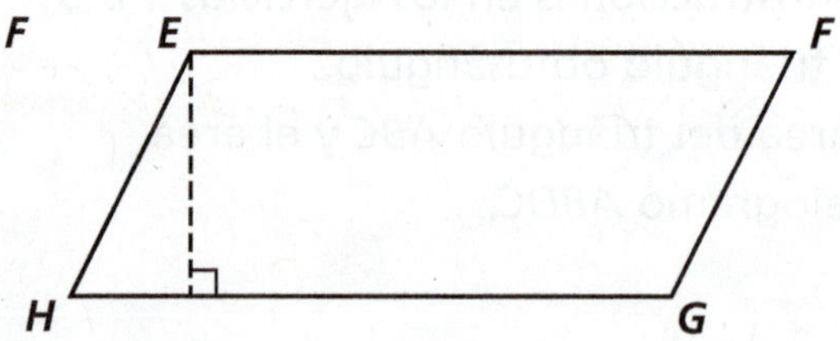

____

____

Nombre ______________________

Calcular el área de un triángulo

VOCABULARIO
vértice

Responde las siguientes preguntas.

16 ¿Qué diferencia existe entre el área del triángulo sombreado y el área del paralelogramo?

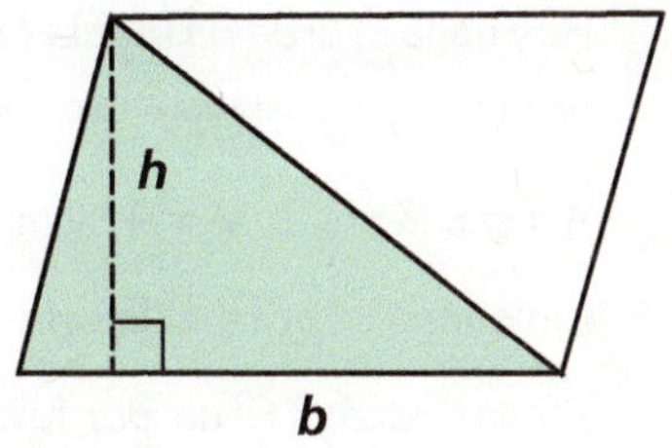

____

17 ¿Cuáles son las medidas que necesitas para buscar el área de cualquier triángulo?

____

____

18 Escribe una fórmula para el área de cualquier triángulo.

____

El paralelogramo y el triángulo sombreado que se muestran aquí tienen una base de 4 cm y una altura de 3 cm.

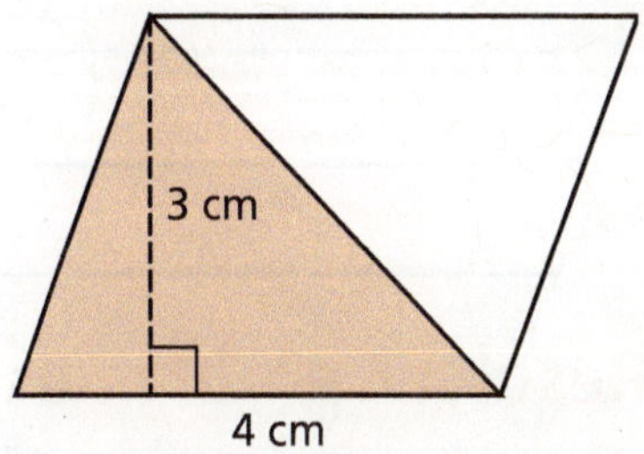

19 ¿Cuál es el área del paralelogramo?

____

20 ¿Cuál es el área del triángulo?

____

La altura de un triángulo es un segmento de recta dibujado desde un vértice perpendicular a la base. A veces, debe extenderse la base para dibujar la altura.

El punto *A* es un vértice del triángulo *ADC*.

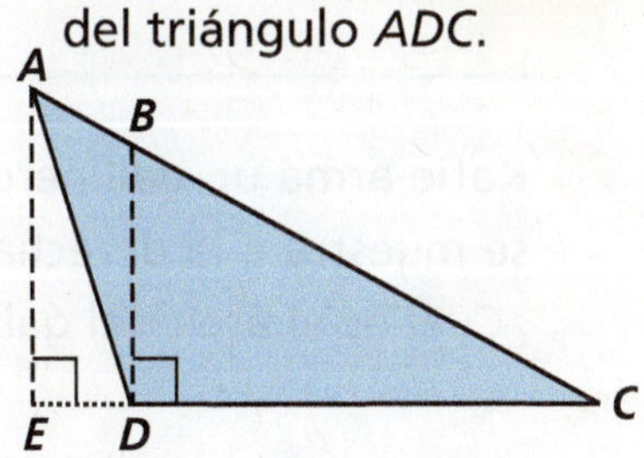

21 ¿Cuál es el segmento de recta que muestra la altura del triángulo *ADC*?

____

22 ¿Cuál es el segmento de recta que muestra la altura del triángulo *XYZ*?

____

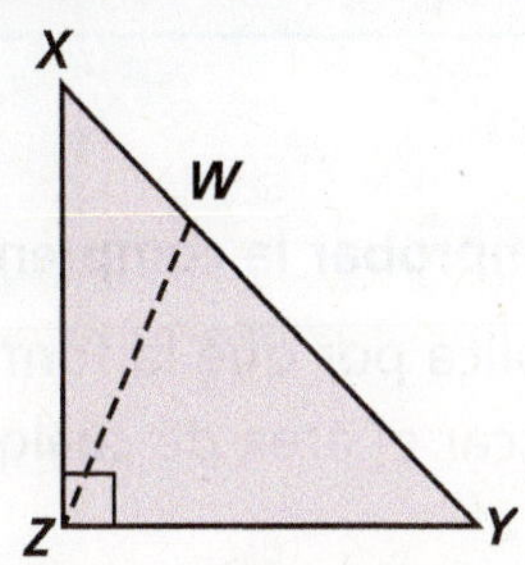

23 ¿Cuáles son las semejanzas y diferencias de las alturas de los triángulos acutángulos, obtusángulos y rectángulos?

____

____

¿Cuál es el error?

Queridos estudiantes de matemáticas:

Hoy hallé el área de la vela del modelo de velero mostrado a la derecha.

$A = 6 \times 7 = 42 \quad A = 42\ cm^2$

Entonces, el área de la vela es 42 cm^2.

¿Tengo razón? Si no, por favor corrige mi trabajo y explícalo abajo.

Tu amigo,
El Pingüino Confundido

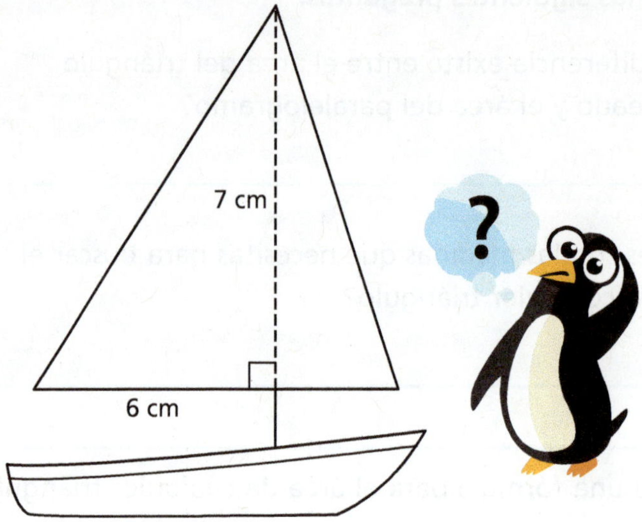

24 Escribe una respuesta para el Pingüino Confundido.

Resolver problemas del mundo real

25 Nico plantó zanahorias en la figura triangular que se muestra a la derecha. Busca el área plantada con zanahorias.

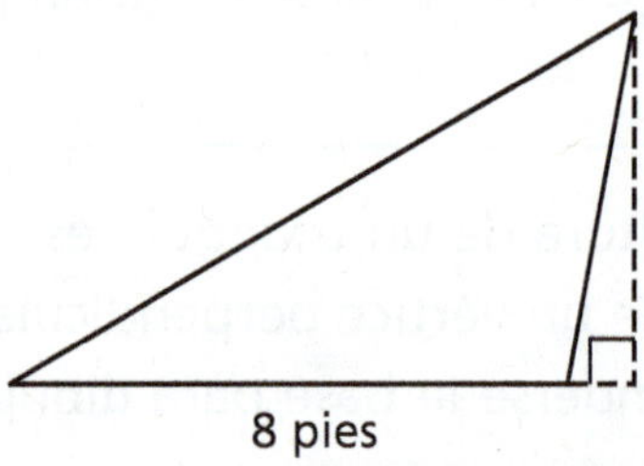

26 Katie arma un gallinero para sus gallinas como se muestra a la derecha. ¿Qué cantidad de reja necesita? ¿Cuál es el área del gallinero?

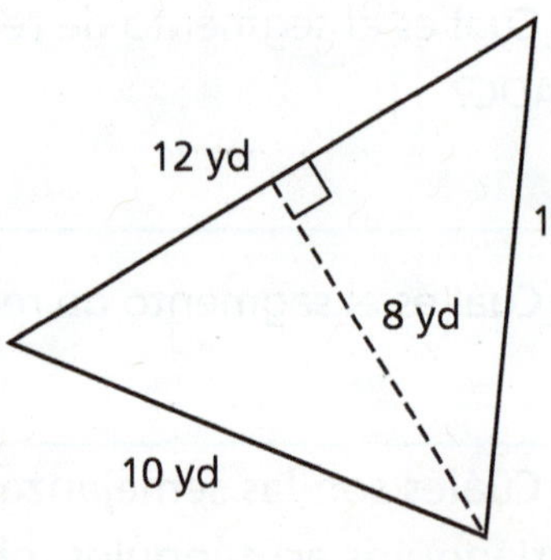

Comprobar la comprensión

Explica por qué la fórmula $A = \frac{1}{2}bh$ puede utilizarse para buscar el área de cualquier triángulo.

Nombre ______________________________

Seleccionar las medidas correspondientes

Comenta las dimensiones que necesitas para buscar el perímetro de un triángulo.

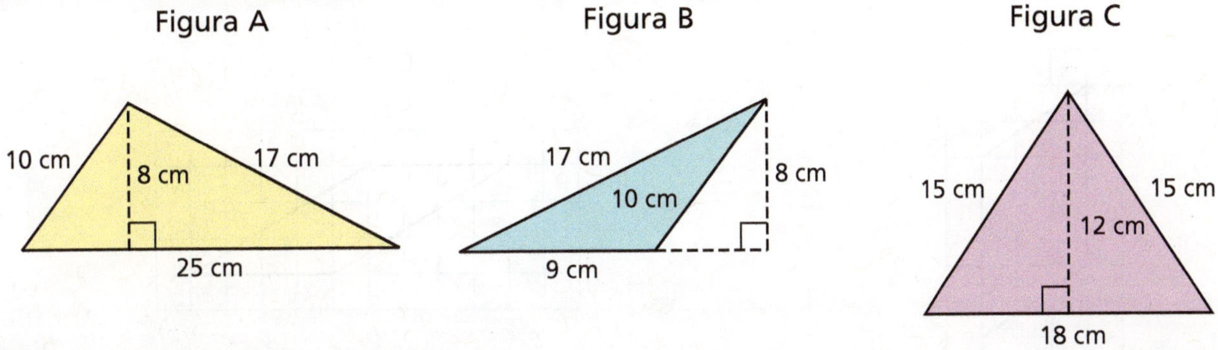

Busca el perímetro de cada triángulo.

1. Figura A ________
2. Figura B ________
3. Figura C ________

Comenta las dimensiones que necesitas para buscar el área de un triángulo. Busca el área de cada triángulo.

4. Figura A ________
5. Figura B ________
6. Figura C ________

Comenta las dimensiones que necesitas para buscar el perímetro y área de un paralelogramo.

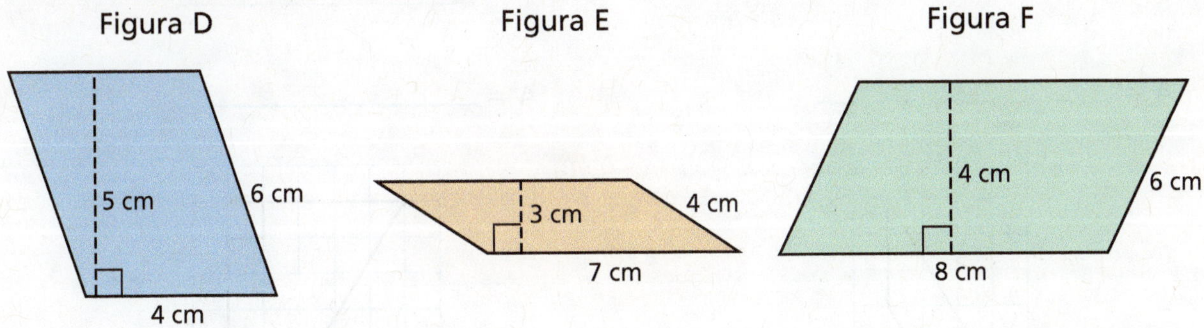

Busca el perímetro de cada paralelogramo.

7. Figura D ________
8. Figura E ________
9. Figura F ________

Busca el área de cada paralelogramo.

10. Figura D ________
11. Figura E ________
12. Figura F ________

Elegir una base

Elige una base y una altura correspondiente con longitudes que puedas buscar sin una regla. Luego, busca el área. Cada cuadrado representa un 1 cm^2.

13

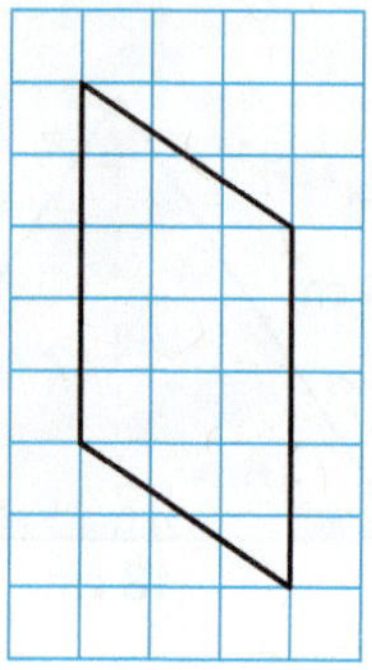

$A =$ ______________________

14

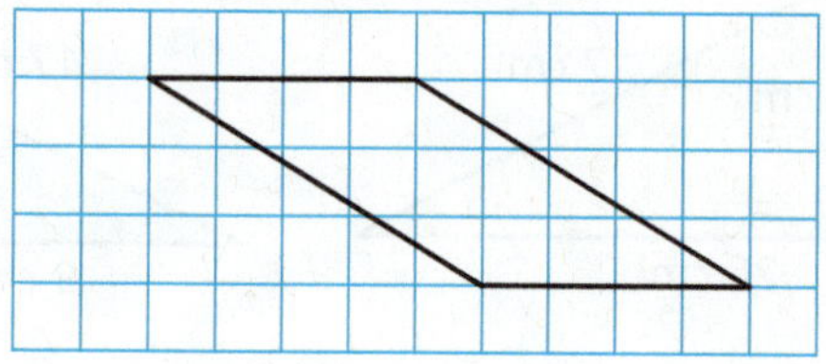

$A =$ ______________________

15

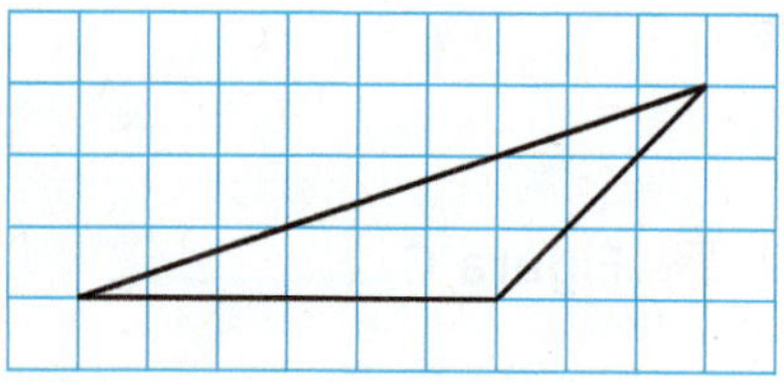

$A =$ ______________________

16

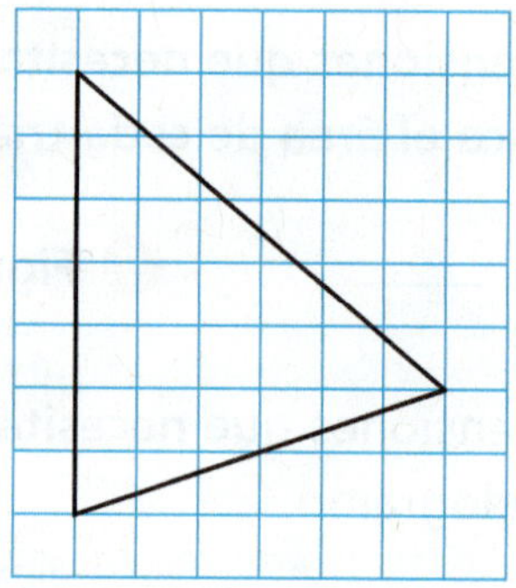

$A =$ ______________________

17

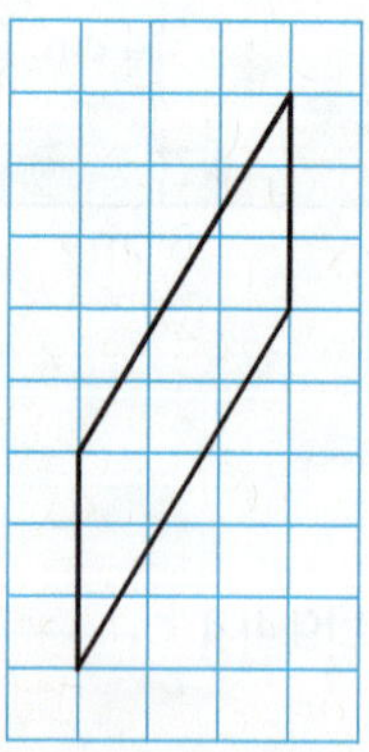

$A =$ ______________________

18

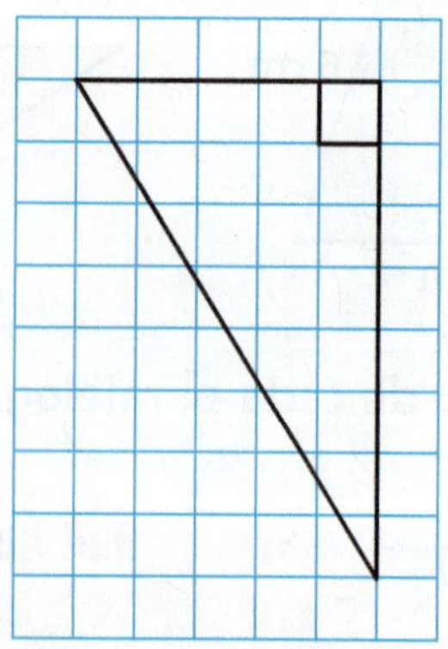

$A =$ ______________________

Nombre ______________________

Práctica buscar perímetro y área

Busca el perímetro 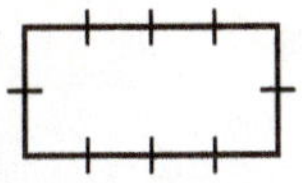 **y el área** 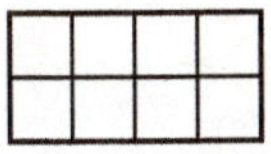
de cada figura.

19

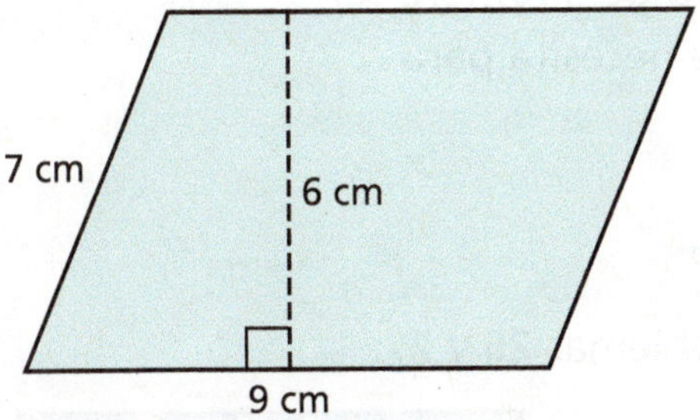

P = ______________

A = ______________

20

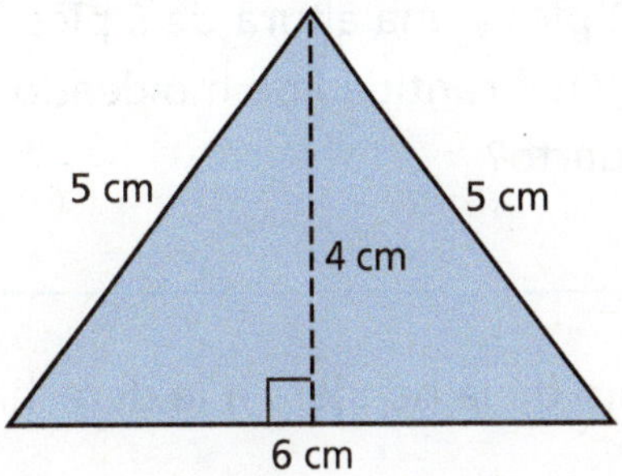

P = ______________

A = ______________

21

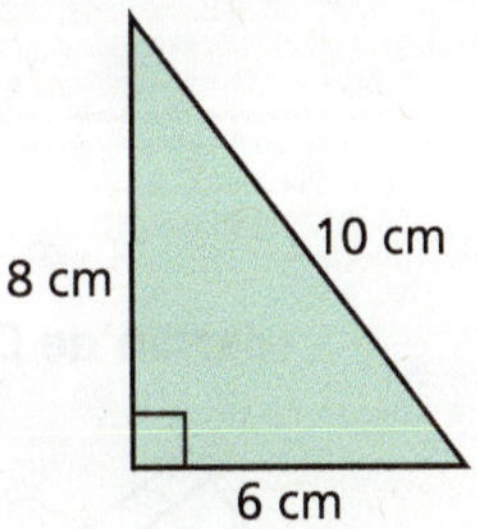

p = ______________

A = ______________

22

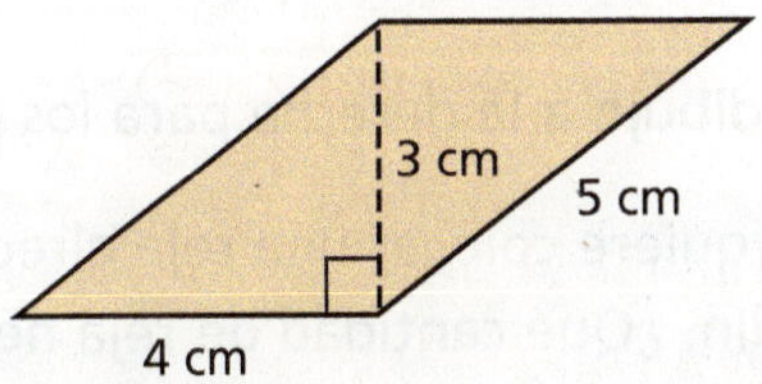

P = ______________

A = ______________

23

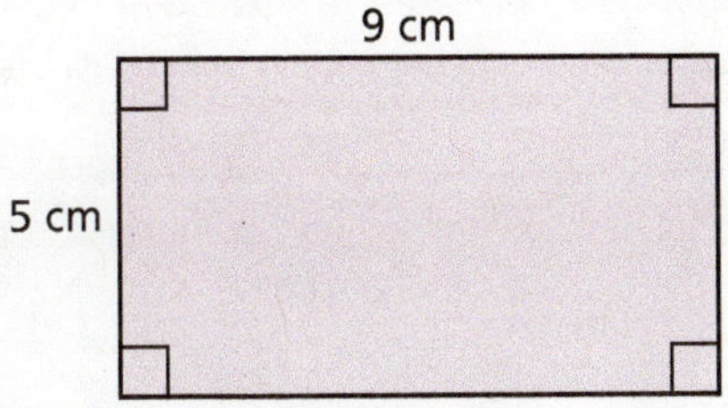

P = ______________

A = ______________

24

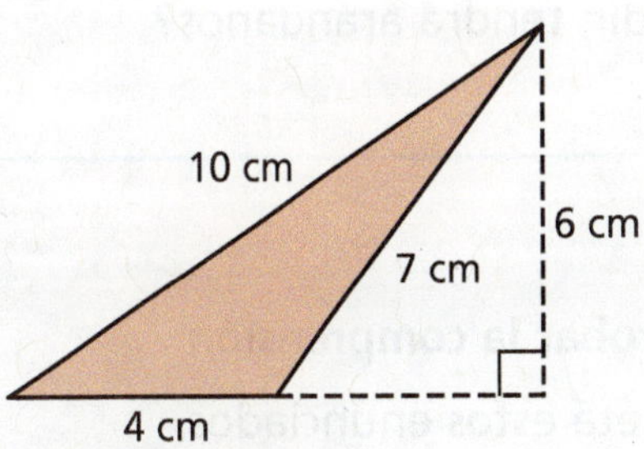

P = ______________

A = ______________

Resolver problemas del mundo real

Resuelve. Haz un dibujo para ayudarte.

25 El piso del cuarto de juegos de un ático tiene forma de rombo con una base de 12 pies y una altura de 6 pies. ¿Qué cantidad de alfombra se necesita? ¿Qué cantidad de moldeado de madera se necesita para cubrir el cuarto?

____

Utiliza el dibujo de la bandera a la derecha para los problemas 26 y 27.

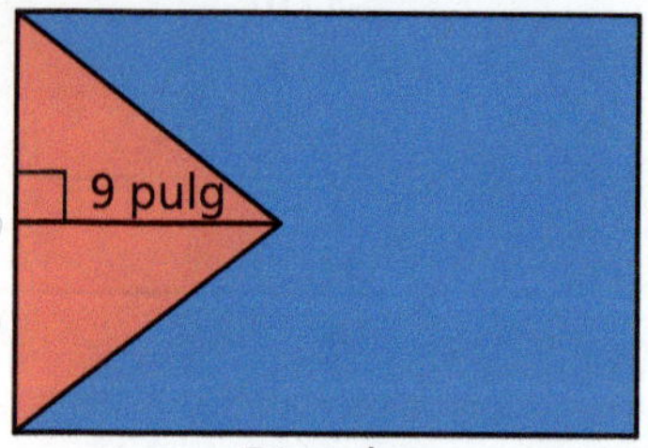

26 Se coserá una cinta alrededor del borde de la parte trasera de la bandera. ¿Cuánta cinta se necesita?

____

27 ¿Qué porcentaje de la bandera es azul?

____

Utiliza el dibujo a la derecha para los problemas 28 y 29.

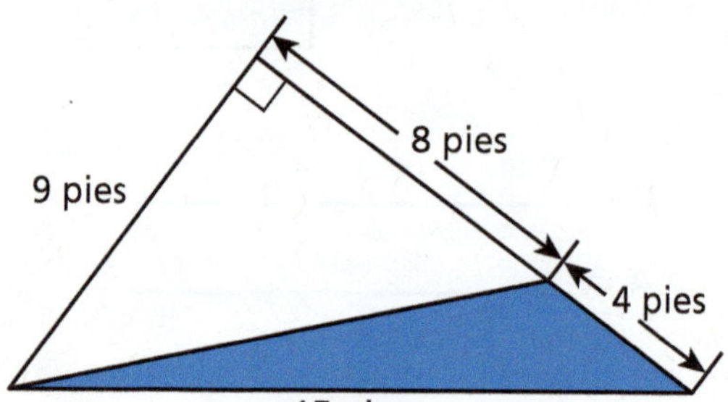

28 David quiere colocar una reja alrededor de todo el jardín. ¿Qué cantidad de reja necesitará David?

____

29 David quiere plantar arándanos en la parte sombreada del jardín. No sabe la altura de la parte sombreada, pero tiene un plan para buscar el área con las dimensiones que tiene. ¿Qué parte del jardín tendrá arándanos?

____

Comprobar la comprensión

Completa estos enunciados.

Para buscar el perímetro de un paralelogramo, utilizas las longitudes de todos los _______________. Para buscar el área, utilizas las longitudes de la _______________ y _______________.

Unidad 2
Prueba rápida 1

Nombre ______________________ **Fecha** ____________

Busca la medida desconocida.

1
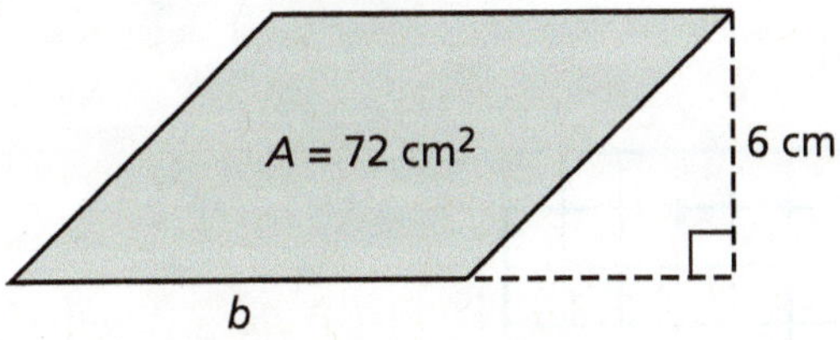

$b =$ ____________

2
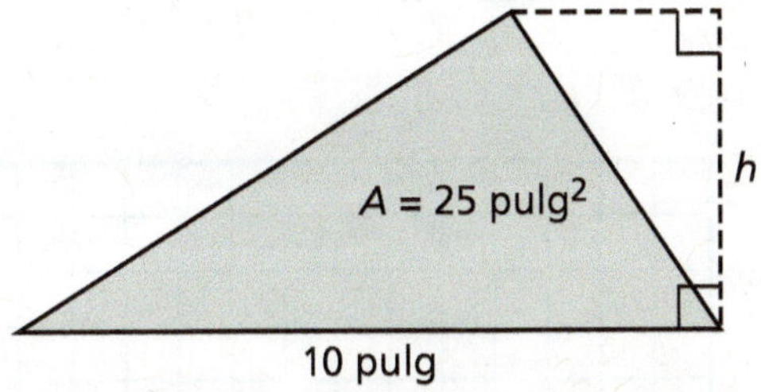

$h =$ ____________

Calcula el perímetro y área de cada figura.

3
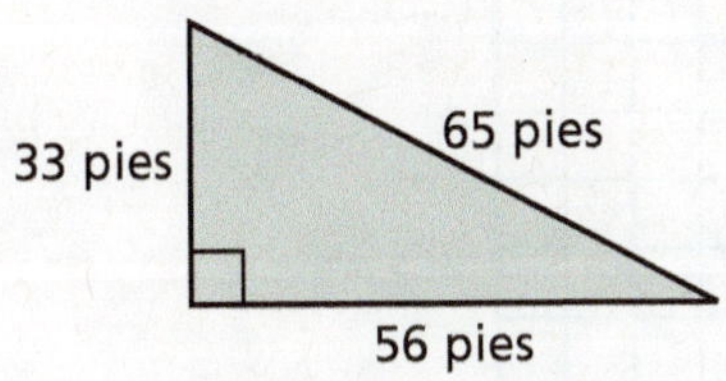

$P =$ ____________

$A =$ ____________

4
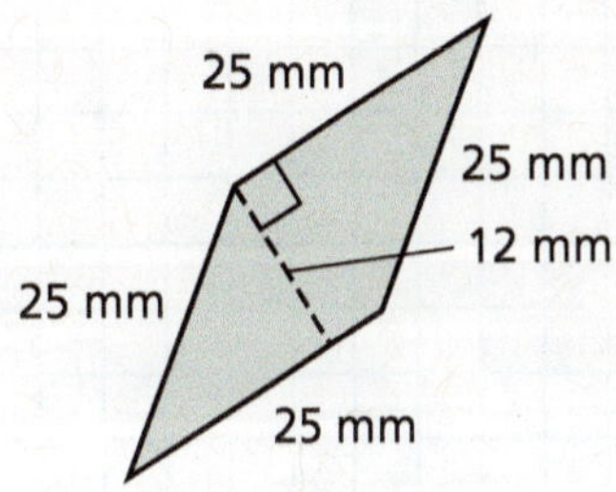

$P =$ ____________

$A =$ ____________

Resuelve.

Muestra tu trabajo.

5 Karen plantó flores y arbustos en el jardín trasero que tiene forma de triángulo rectángulo. El jardín tiene un área de 20 pies cuadrados. La base mide 10 pies. ¿Cuál es la altura?

____

Comprobar la estrategia 5

Nombre ____________________ Fecha ____________

1 Dibuja dos paralelogramos con un área de 9 unidades cuadradas cada uno.

2 Explica cómo seleccionaste las dimensiones para los paralelogramos.

Nombre ______________________________

VOCABULARIO
trapecio

Experimentar con trapecios

Un trapecio es un cuadrilátero con exactamente un par de lados paralelos. En cada uno de los siguientes trapecios, la línea discontinua forma dos triángulos. ¿En qué se parecen la base y altura de los dos triángulos con las bases y altura del trapecio?

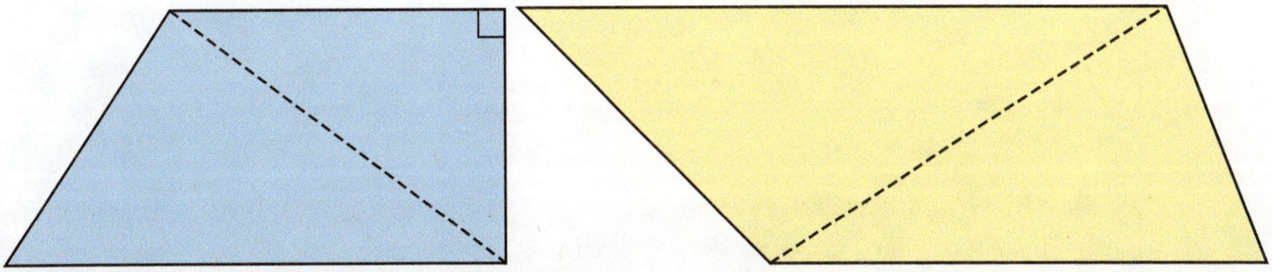

Los siguientes trapecios son exactamente iguales. Recórtalos y gira uno para que puedas colocar juntos los lados *a*. ¿Qué figura formaste?

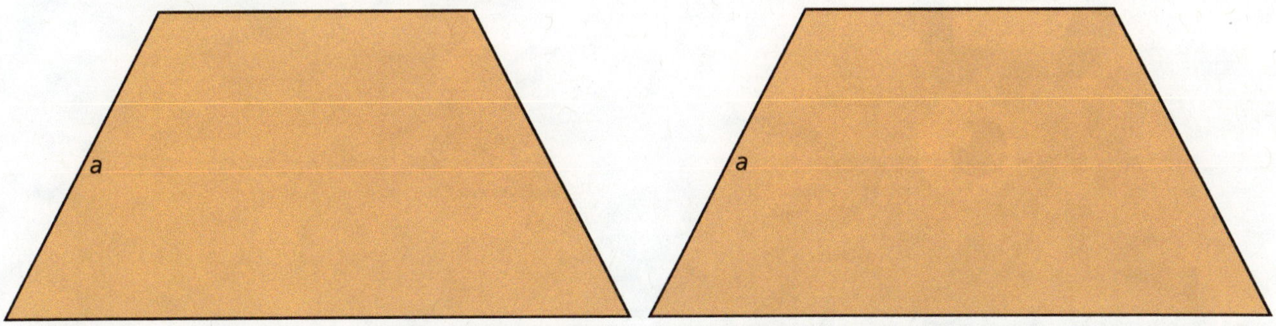

El siguiente trapecio tiene una línea media que une los puntos medios de los lados inclinados. Mide la longitud de la línea media y las longitudes de las bases del trapecio. ¿Cómo se compara la longitud de la línea media con la suma de las bases? Recorta el trapecio. Luego, corta a lo largo de las líneas discontinuas y gira los triángulos para formar un rectángulo.

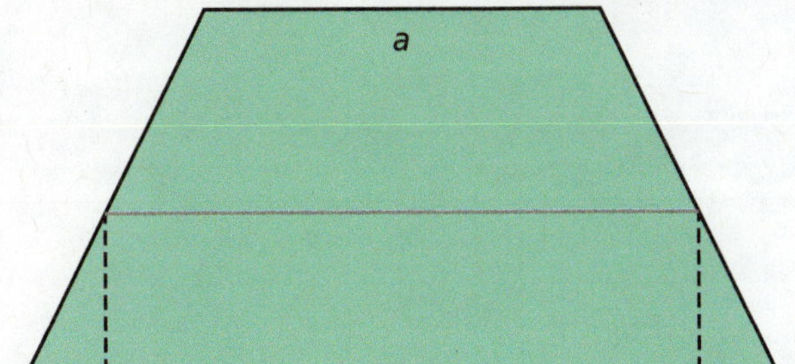

Nombre Fecha

Experimento con trapecios (continuación)

Corta cada trapecio isósceles por la línea de puntos. Gira una parte. Une las partes para formar una figura de cuatro lados con lados opuestos paralelos. ¿Qué figura formaste? Luego, junta las partes de otra manera para formar otra figura con lados opuestos paralelos y cuatro ángulos rectos. ¿Qué figura formaste?

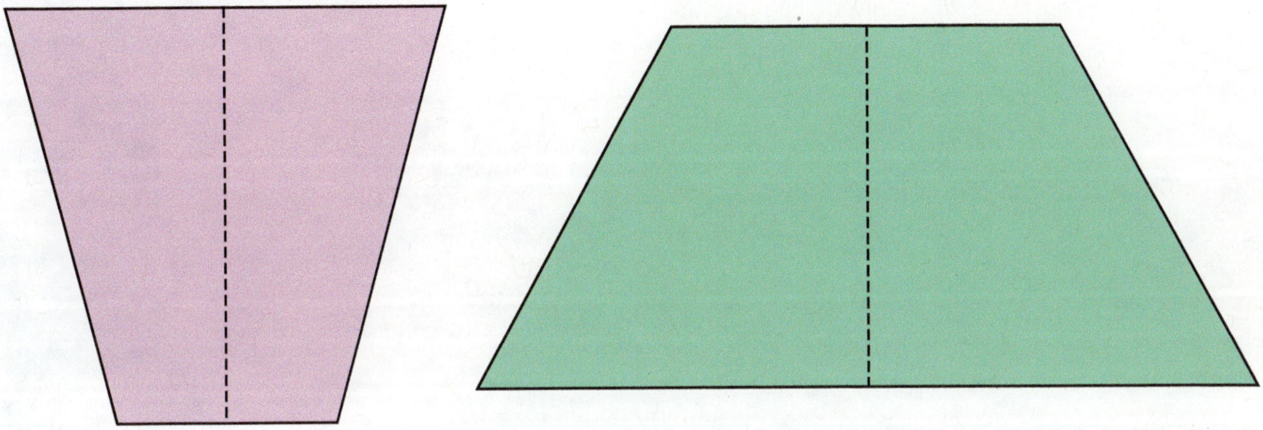

La altura de un trapecio es un segmento perpendicular entre sus bases paralelas. Dibuja dos alturas en cada trapecio isósceles. Ubica las alturas para hacer tres figuras sobre las que conoces las fórmulas de área. ¿Qué figuras formaste?

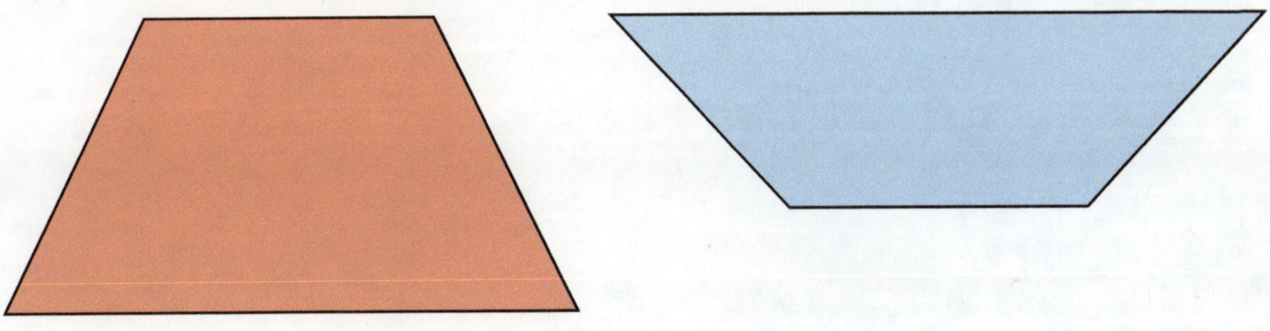

Nombre ______________________

Calcular el área de un trapecio

Toshi dividió un trapecio en dos triángulos y rotuló la altura y las bases como se muestra.

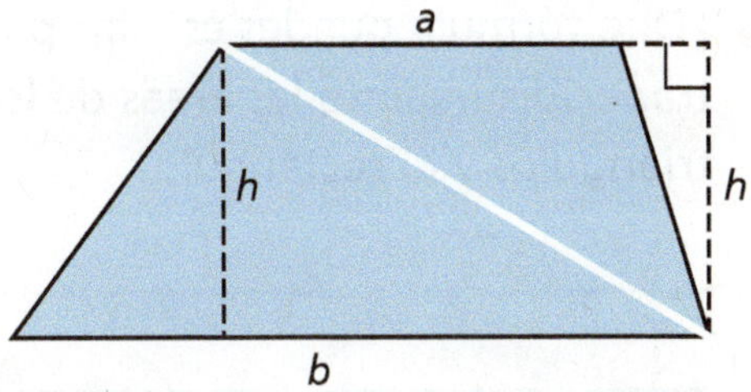

1 ¿Qué fórmula puedes escribir para el área del trapecio sumando las áreas de los dos triángulos?

____

Kaia unió dos copias de un trapecio isósceles para formar un paralelogramo y rotuló la altura y las bases como se muestra.

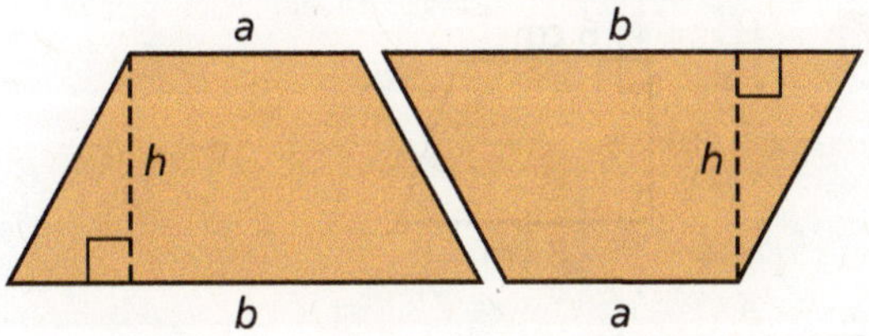

2 ¿Qué fórmula puedes escribir para el área de un trapecio usando una fórmula para el paralelogramo?

____

El trapecio verde tiene las bases a y b. Jorge dibujó un segmento de recta con una longitud de $\frac{1}{2}(a + b)$ que une los puntos medios de los dos lados del trapecio. Jorge cortó el triángulo verde a la derecha y lo invirtió para formar un rectángulo.

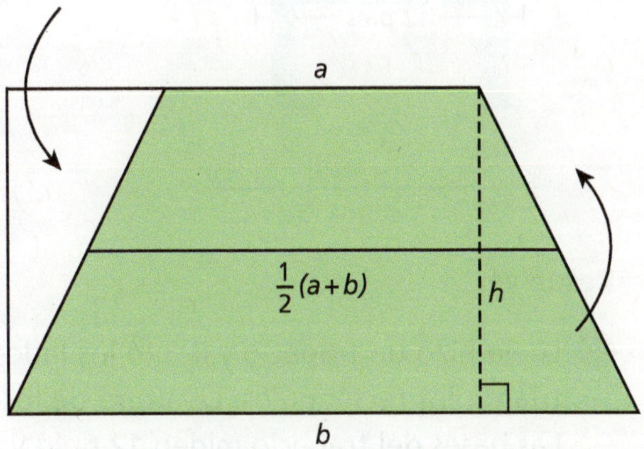

3 ¿Qué fórmula puedes escribir para el área de un trapecio usando una fórmula para el rectángulo que se formó?

____

Robert cortó un trapecio isósceles con las bases *a* y *b* en dos partes iguales, invirtió una parte y las unió para crear un paralelogramo.

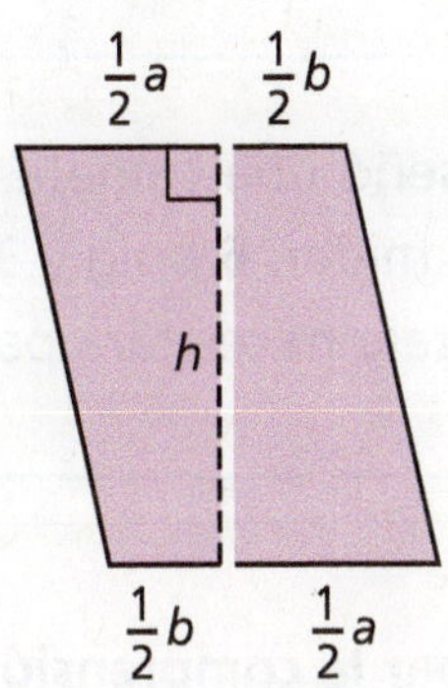

4 ¿Qué fórmula puedes escribir para el área del trapecio usando una fórmula para el paralelogramo?

____

Ana dividió un trapecio isósceles en dos triángulos y un rectángulo.

5 ¿Qué fórmula puedes escribir para el área del trapecio sumando las áreas de los dos triángulos y el rectángulo?

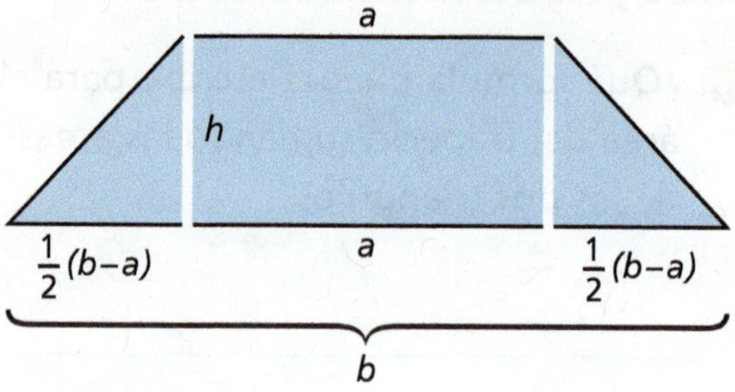

Buscar el área de un trapecio

6 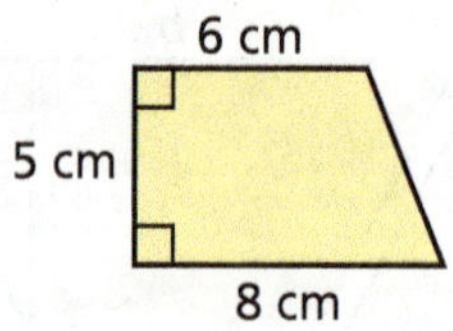

7 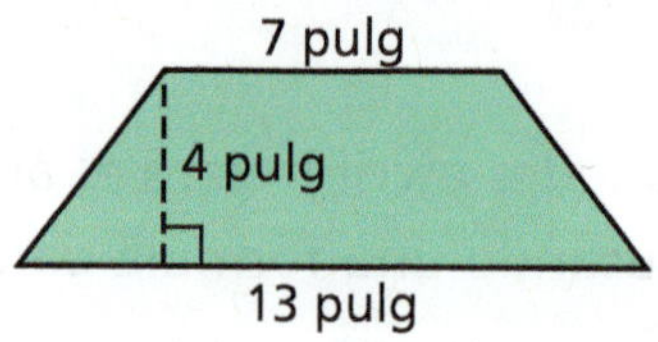

8 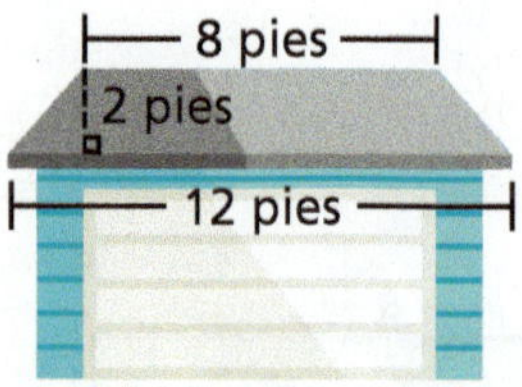

9 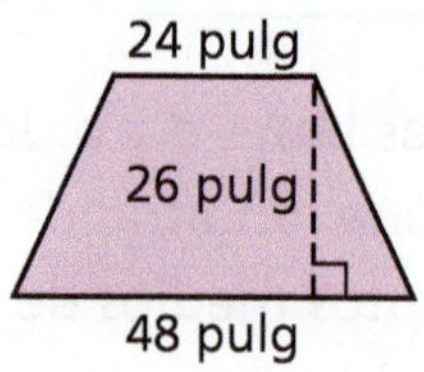

Resuelve.

10 Leela hizo un trapecio y dobló los lados inclinados en dos triángulos rectángulos. La altura de los triángulos mide 16 pulg. Las bases del trapecio miden 12 pulg y 24 pulg. ¿Cuál es el área del trapecio?

11 Carlos diseñó una cometa con forma de trapecio. Los lados paralelos miden 6 pulg y 36 pulg. La altura mide 34 pulg. ¿Cuánta tela necesitará para hacer dos cometas con este diseño?

Comprobar la comprensión

Explica cómo buscar el área de cualquier trapecio.

Nombre ______________________________

VOCABULARIO
figura compleja

Visualizar figuras

1 Busca el área del triángulo.

____

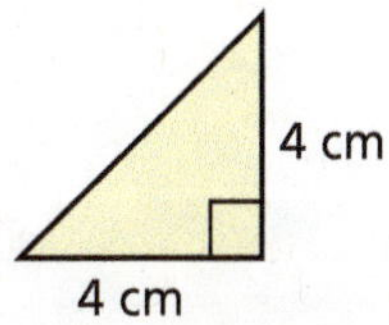

2 Busca el área del rectángulo.

____

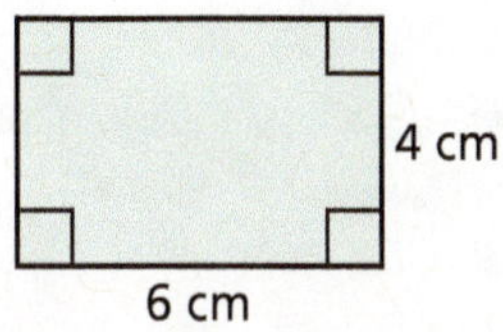

3 Busca el área de la **figura compleja**.

____

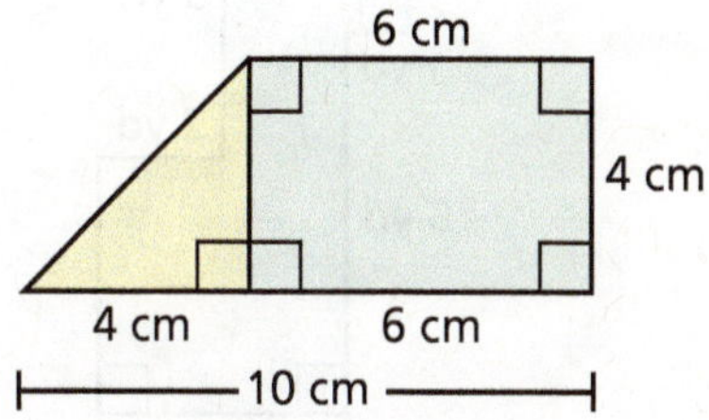

Buscar el área y perímetro de figuras complejas

Busca el área y perímetro de estas figuras complejas.

4 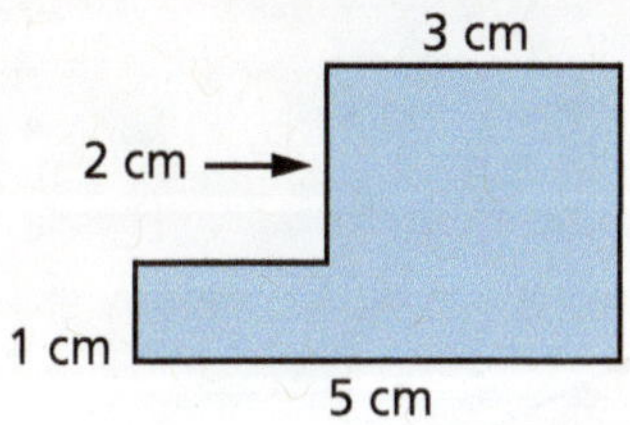

P = ______________________

A = ______________________

5 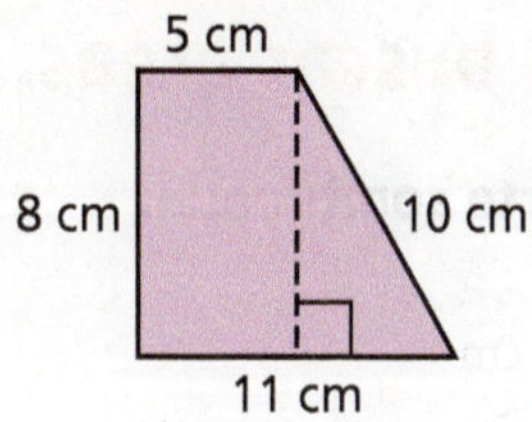

P = ______________________

A = ______________________

6 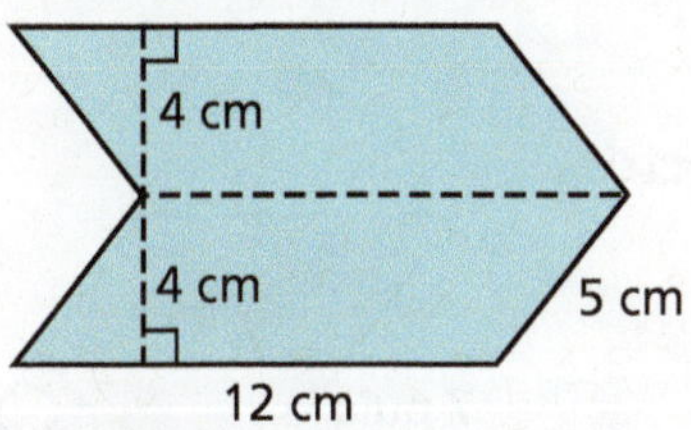

P = ______________________

A = ______________________

7 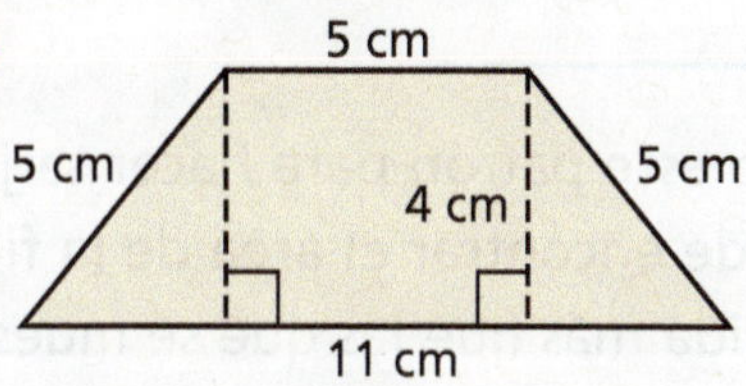

P = ______________________

A = ______________________

8 Vadim necesita saber el área de esta figura compleja, por eso llama a su amiga Serena. Serena dice que puede encontrar el área si Vadim hace solo tres mediciones. ¿Cuáles son las tres mediciones que debe hacer Vadim?

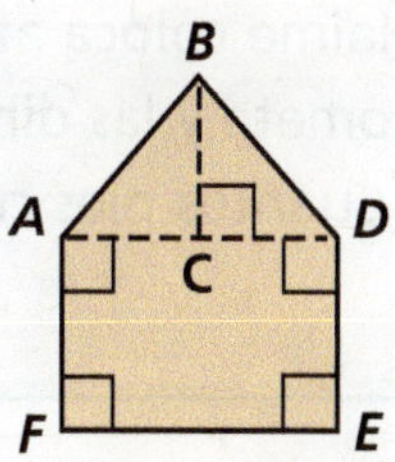

____

Buscar el área y perímetro de figuras complejas (continuación)

Busca el perímetro y el área.

9 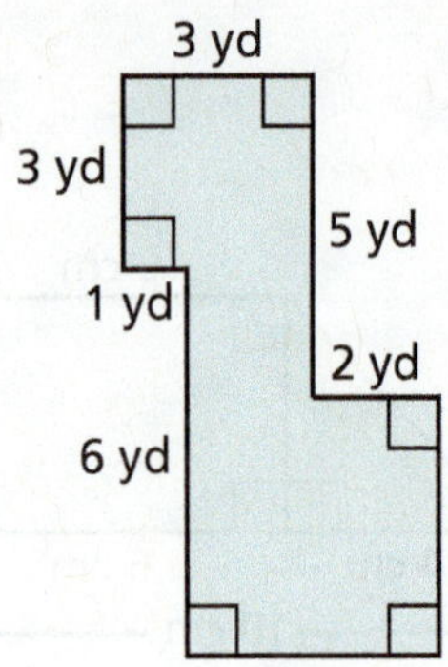

$P =$ ______ $A =$ ______

10 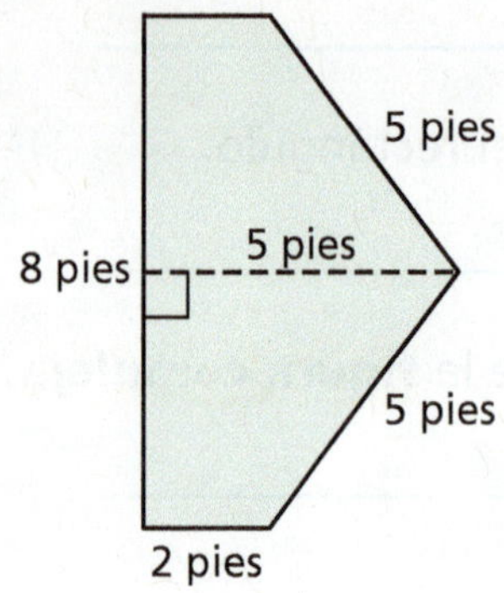

$P =$ ______ $A =$ ______

Estrategias para buscar áreas

Busca el área de la parte sombreada.

11 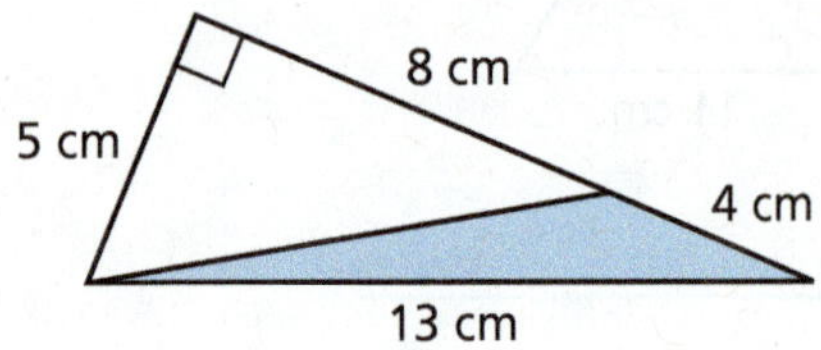

______

12 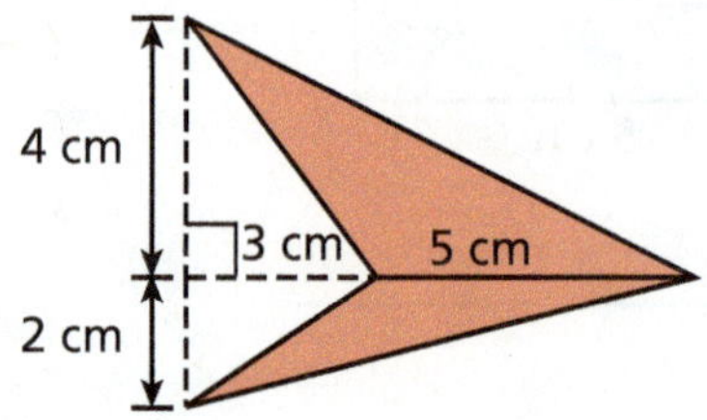

______

13 Monique hizo este patrón para hacer tarjetas para un proyecto. Dice que puede encontrar el área de la figura sin tomar ninguna medida más que las que se muestran en la figura. ¿Es correcto? Explica.

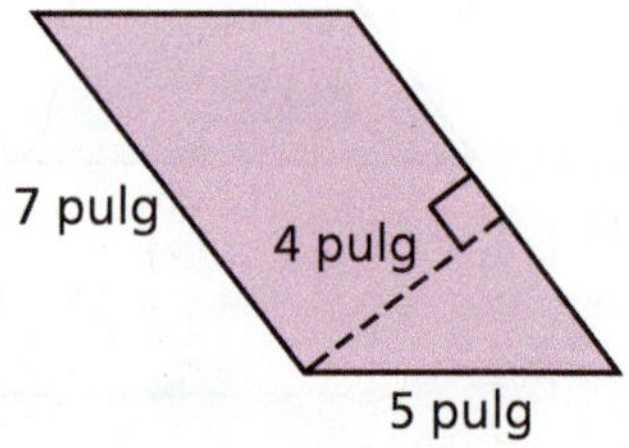

______

______

14 Haime coloca azulejos en un patio que tiene forma de cometa y las dimensiones que se muestran a la derecha. ¿Cuántos pies cuadrados de azulejos necesita?

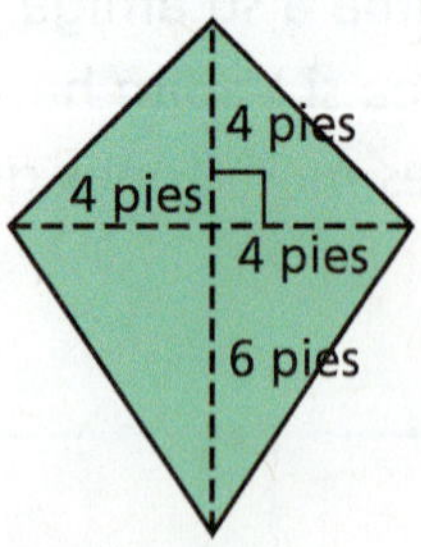

______

Comprobar la comprensión
Explica cómo buscar el área de una figura compleja.

Nombre ______________________

VOCABULARIO
pentágono
hexágono

Área de un pentágono regular

1. ¿Cuántos triángulos isósceles del mismo tamaño hay dentro de un **pentágono** regular?

____

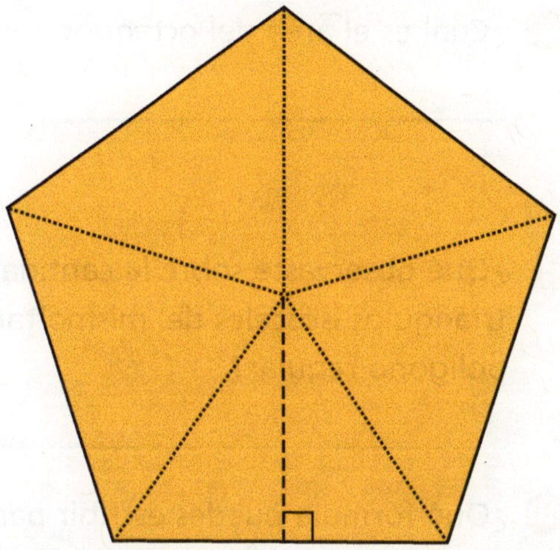

2. Mide la base y altura del triángulo isósceles redondeadas al centímetro más cercano.

____

3. Utiliza tus medidas de la base y altura para buscar el área aproximada del triángulo.

____

4. Utiliza tu aproximación para el área del triángulo para calcular el área del pentágono.

____

Área de un hexágono regular

5. Calcula el área del **hexágono** regular buscando el área del triángulo isósceles. Muestra tu trabajo.

____

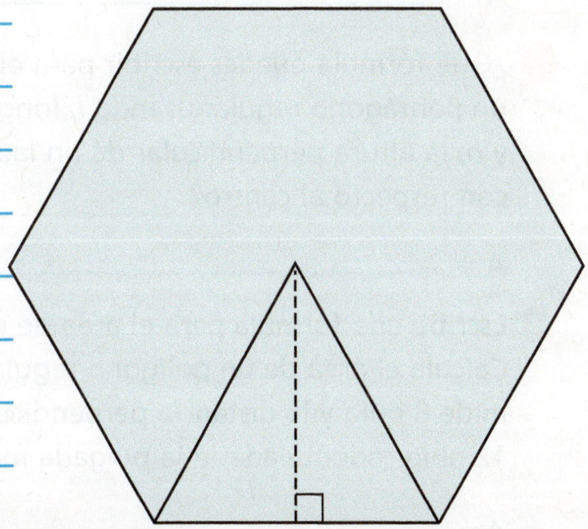

6. La altura del triángulo se redondea al cm más cercano. Busca el área del hexágono regular *ABCDEF* con las medidas dadas.

____

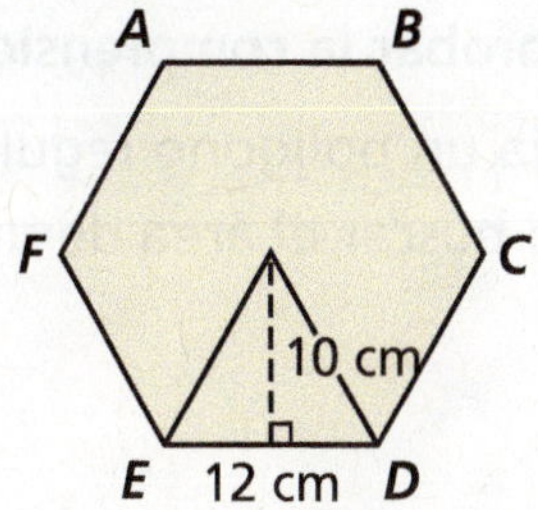

Área de un octágono regular

VOCABULARIO
octágono
polígono regular

7 ¿Cuántos triángulos isósceles del mismo tamaño hay en un **octágono** regular? ______

8 ¿Cuál es el área del octágono regular *ABCDEFGH*?

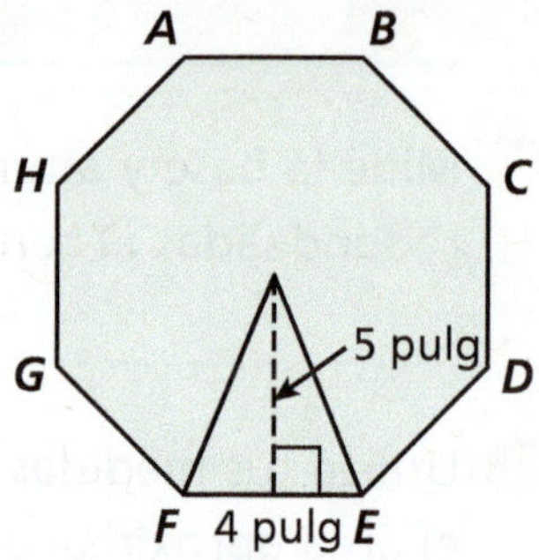

______

Área de polígonos regulares

9 ¿Qué observaste sobre la cantidad de lados y la cantidad de triángulos isósceles del mismo tamaño dentro de un polígono regular?

______

10 ¿Qué fórmula puedes escribir para el área de un octágono regular usando *l*, longitud de lado, y *h*, la altura perpendicular de un lado con respecto al centro?

Triángulos en un octágono regula

$A = bh$

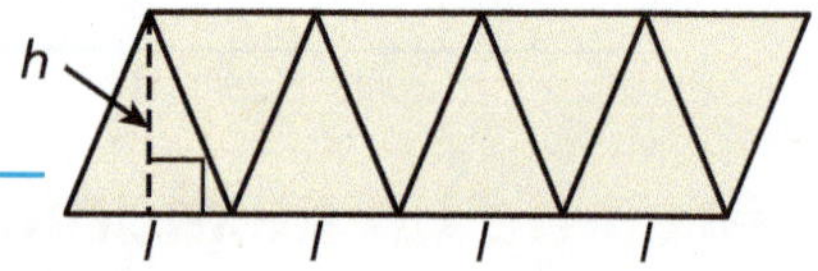

$bh =$ ______

11 ¿Cómo puedes escribir la fórmula, $A = 4lh$, de otra forma para usar el número de lados en un octágono?

$A =$ ______

12 ¿Qué fórmula puedes escribir para el área de un pentágono regular usando *l*, longitud de lado, y *h*, la altura perpendicular de un lado con respecto al centro?

Triángulos en un pentágono regular

$A = \frac{1}{2}bh$

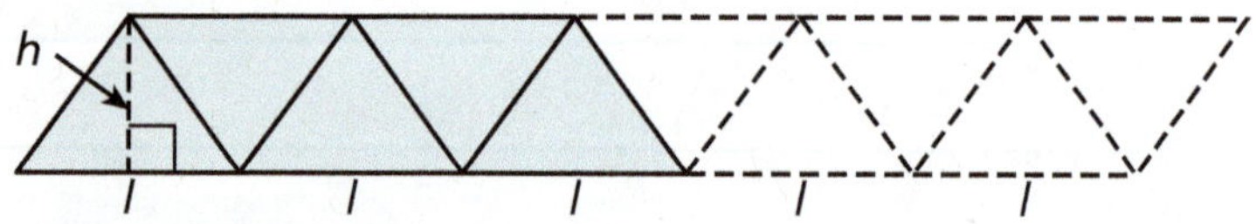

$A =$ ______

13 Escribe una fórmula para el área de un polígono regular con *n* lados. Calcula el área de un polígono regular con 10 lados. Cada lado mide 8 pulg y la distancia perpendicular con respecto al centro mide 12 pulg redondeadas a la pulgada más cercana.

$A =$ ______

Comprobar la comprensión

Dibuja un polígono regular y utilízalo para explicar cómo buscar el área de un polígono regular.

Nombre ______________________________

VOCABULARIO
coordenadas

Dibujar un polígono

1. En la cuadrícula a la derecha dibuja un polígono donde puedas buscar el área con un número par de unidades para la base (o bases) y altura. Los vértices deben estar ubicados de tal manera que puedan representarse por **coordenadas** de números enteros.

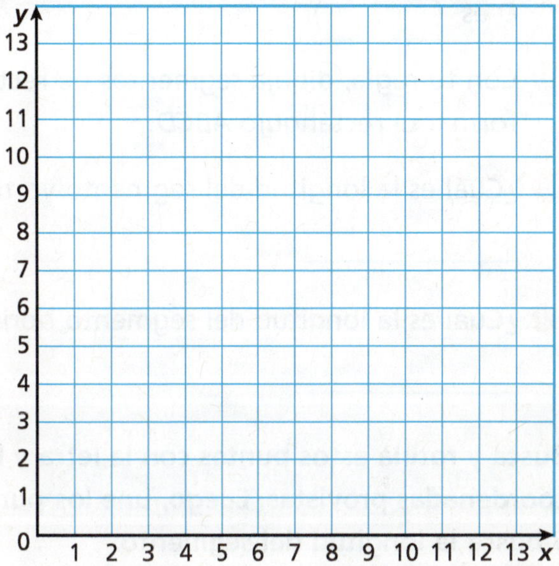

2. ¿Qué polígono dibujaste?

____

3. Nombra las coordenadas de los vértices de tu polígono.

____

4. Busca el área del polígono.

____

5. En la cuadrícula a la derecha dibuja otro polígono que tenga la misma forma que el polígono anterior. La base (o bases) y altura del nuevo polígono deben medir la mitad del largo del polígono anterior.

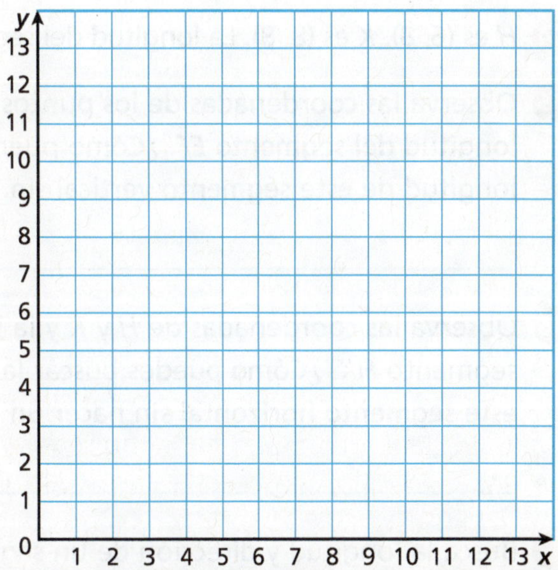

6. Nombra las coordenadas de los vértices de tu polígono.

____

7. Busca el área del polígono nuevo.

____

8. ¿En qué se parece el área del polígono que dibujaste en el Problema 1 al área del que dibujaste en el Problema 5?

____

Buscar longitudes de los segmentos

9 ¿Qué punto podrías dibujar para formar el rectángulo *ABCD*?

D es (___ , ___).

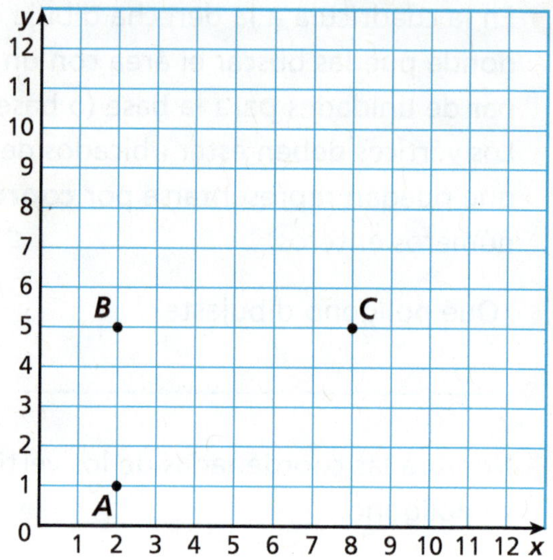

10 Con tu regla, dibuja segmentos de recta para formar el rectángulo *ABCD*.

11 ¿Cuál es la longitud del segmento vertical *AB*?

___

12 ¿Cuál es la longitud del segmento horizontal *BC*?

___

Busca y rotula estos puntos con la letra y las coordenadas provistas. Luego, une los puntos y busca la longitud del segmento.

13 *E* es (1, 9). *F* es (1, 12). La longitud del segmento *EF* mide

___.

14 *H* es (6, 8). *K* es (8, 8). La longitud del segmento *HK* mide ___.

15 Observa las coordenadas de los puntos *E* y *F* y la longitud del segmento *EF*. ¿Cómo puedes buscar la longitud de este segmento vertical sin hacer un dibujo?

___

16 Observa las coordenadas de *H* y *K* y la longitud del segmento *HK*. ¿Cómo puedes buscar la longitud de este segmento horizontal sin hacer un dibujo?

___

17 Busca la longitud y dirección de un segmento de recta con los puntos finales en (12, 10) y (12, 2) sin hacer un dibujo.

___

18 Busca la longitud y dirección de un segmento de recta con los puntos finales en (0, 7) y (6, 7) sin hacer un dibujo.

___

Nombre ____________________

Buscar perímetros y áreas de polígonos en el plano de coordenadas

19 La longitud del segmento de recta *AC* es 6 unidades. Rotula las coordenadas del punto *C* sin contar los espacios.

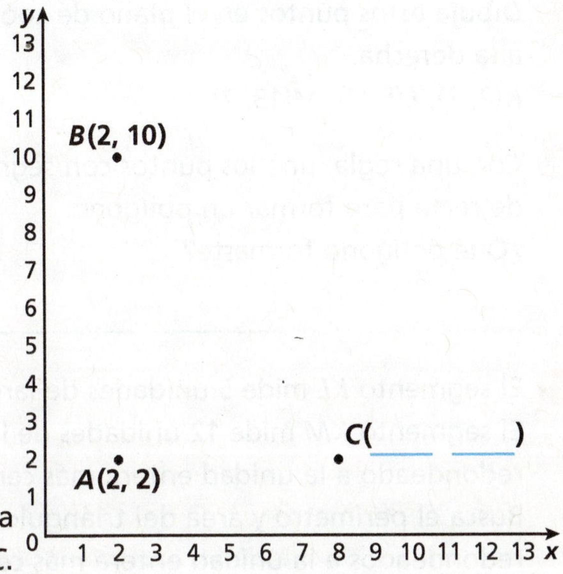

20 Con una regla, dibuja los segmentos de recta que conectan los puntos *A*, *B* y *C* para formar un polígono. ¿Qué polígono formaste?

____

21 El segmento *BC* mide 10 unidades de largo. Busca el perímetro y área del triángulo rectángulo *ABC*.

P = ____________________

A = ____________________

22 Con una regla, dibuja segmentos de recta para formar el polígono *DEFH*. ¿Qué polígono formaste?

____

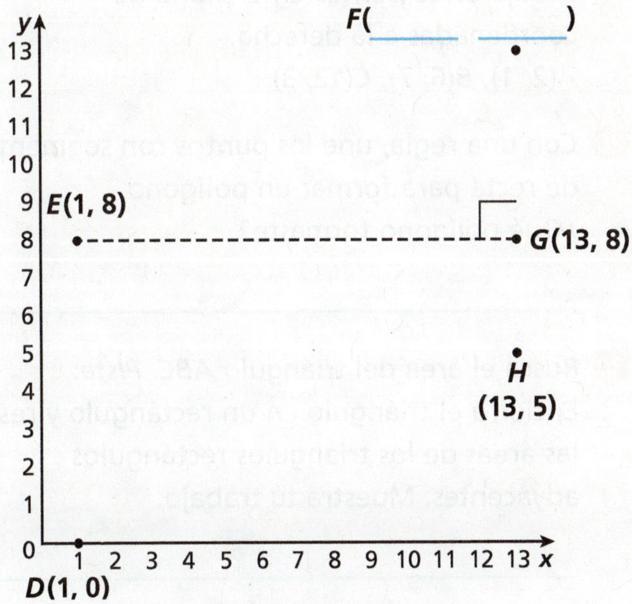

23 El segmento *FH* mide 8 unidades de largo. Rotula las coordenadas del punto *F* sin contar los espacios.

24 El segmento *EF* mide 13 unidades de largo. Busca el perímetro y área del paralelogramo *DEFH*.

P = ____________________

A = ____________________

Buscar perímetros y áreas de polígonos en el plano de coordenadas (continuación)

25 Dibuja estos puntos en el plano de coordenadas a la derecha.
K(2, 3), *L*(5, 7), *M*(13, 7)

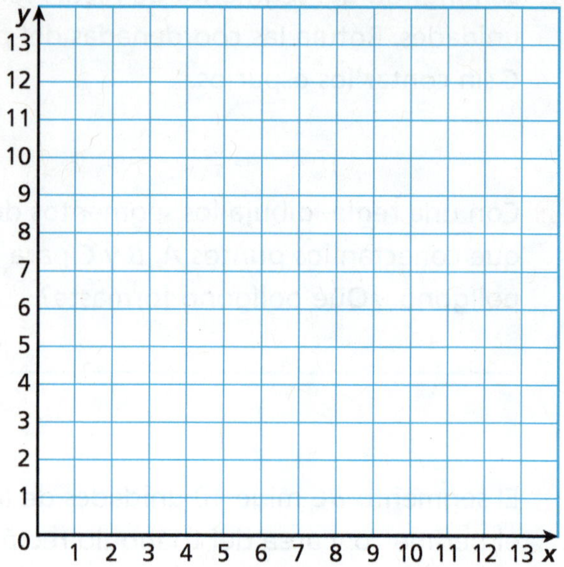

26 Con una regla, une los puntos con segmentos de recta para formar un polígono.
¿Qué polígono formaste?

____

27 El segmento *KL* mide 5 unidades de largo. El segmento *KM* mide 12 unidades de largo redondeado a la unidad entera más cercana. Busca el perímetro y área del triángulo *KLM* redondeados a la unidad entera más cercana.

P = ________________________

A = ________________________

28 Dibuja estos puntos en el plano de coordenadas a la derecha.
A(2, 1), *B*(6, 7), *C*(12, 3)

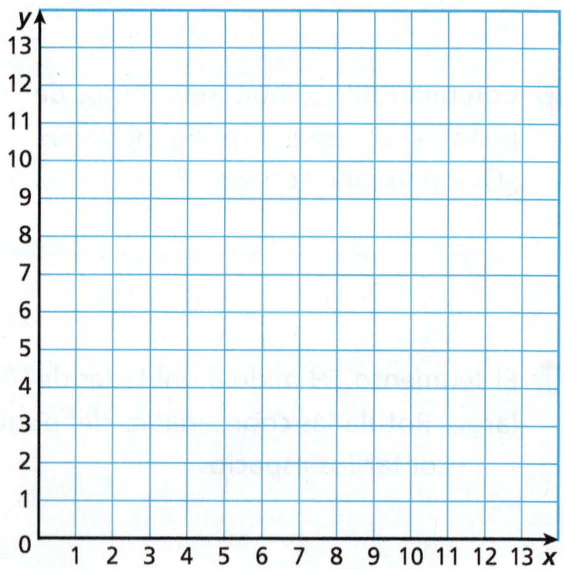

29 Con una regla, une los puntos con segmentos de recta para formar un polígono.
¿Qué polígono formaste?

____

30 Busca el área del triángulo *ABC*. *Pista*: Encierra el triángulo en un rectángulo y resta las áreas de los triángulos rectángulos adyacentes. Muestra tu trabajo.

____

____

____

Nombre ______________________________

Resolver problemas del mundo real

31 Un inspector marcó los límites de una propiedad con alfileres de metal en estas coordenadas en un mapa topográfico.

A(1, 1), *B*(1, 10), *C*(7, 10), *D*(13, 1)

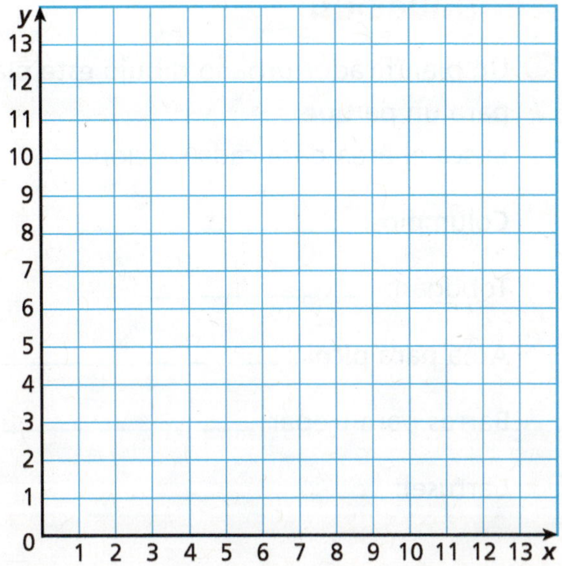

a. ¿Cuál es el área de la propiedad?

A = ______________________

b. Se marcó el lugar para una casa con vértices en (4, 4), (4, 6), (7, 6) y (7, 4). Busca la longitud y el ancho del lugar sin dibujar los vértices. Comprueba tu respuesta con un dibujo.

____

32 Un diseñador de interiores coloca azulejos en la pared de un baño y utiliza azulejos de 6 unidades de largo y 3 unidades de ancho. La esquina inferior izquierda del primer azulejo se colocó en (0, 0). En la segunda fila de azulejos, la esquina inferior izquierda del primer azulejo entero se colocó en (3, 3).

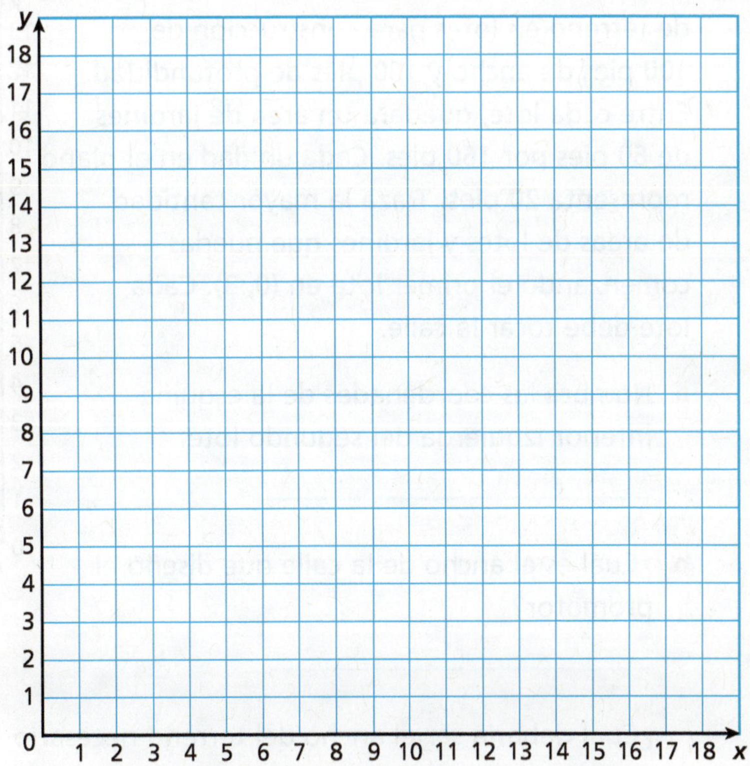

a. ¿Cuántos azulejos enteros y cuántas mitades se necesitarán para una sección de 18 por 18 de la pared?

____

b. Explica cómo buscaste la respuesta.

____

____

____

Resolver problemas del mundo real (continuación)

33 Un planificador urbano dibujó este plano para un parque.
Busca el área para cada sección.

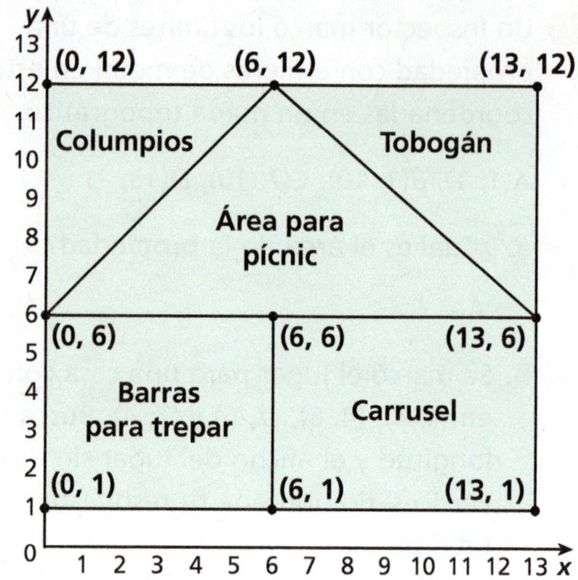

Columpios: ______________________

Tobogán: ______________________

Área para pícnic: ______________________

Barras para trepar: ______________________

Carrusel: ______________________

34 Un promotor inmobiliario divide una sección de terreno en lotes para construcción de 100 pies de ancho y 160 pies de profundidad. Entre cada lote, quedará un área de jardines de 60 pies por 160 pies. Cada unidad en el plano representa 20 pies. Traza la mayor cantidad de áreas de lotes y jardines que puedas comenzando el primer lote en (0, 3). Cada lote debe tocar la calle.

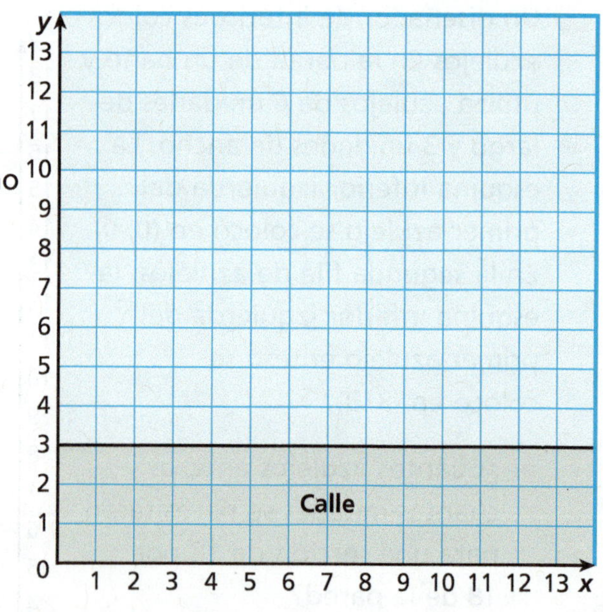

a. Nombra las coordenadas de la esquina inferior izquierda del segundo lote.

____

b. ¿Cuál es el ancho de la calle que diseñó el promotor?

____

c. ¿Cuál debería ser el ancho del terreno necesario para hacer cuatro áreas de lotes y cuatro áreas de jardines?

____

Nombre ____________________

Calcular el perímetro y área de una figura irregular

Calcula el perímetro y área de cada figura. Cada cuadrado en la cuadrícula mide 1 centímetro cuadrado.

35

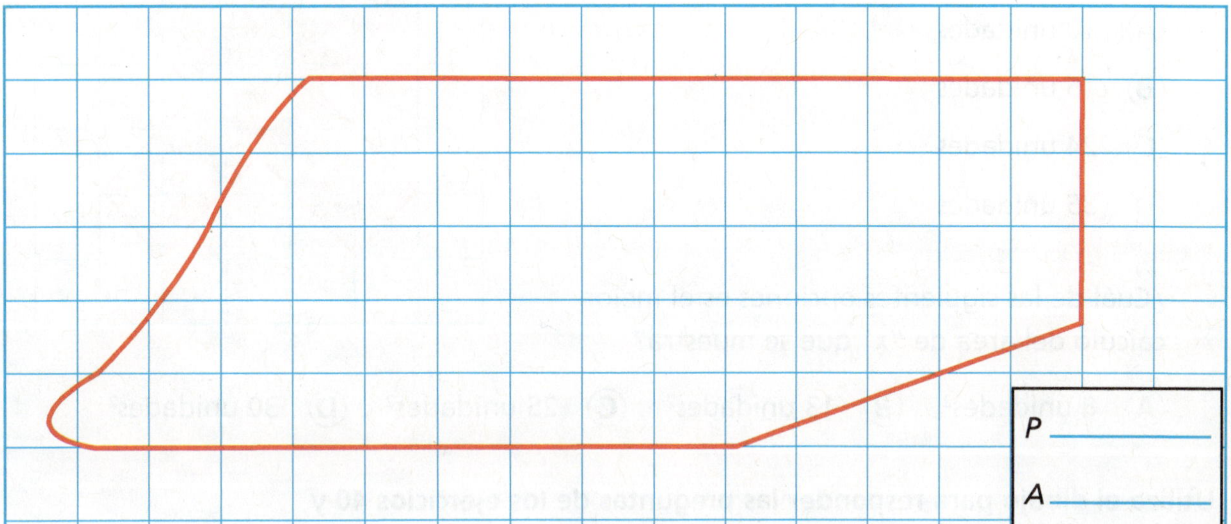

P ________

A ________

36

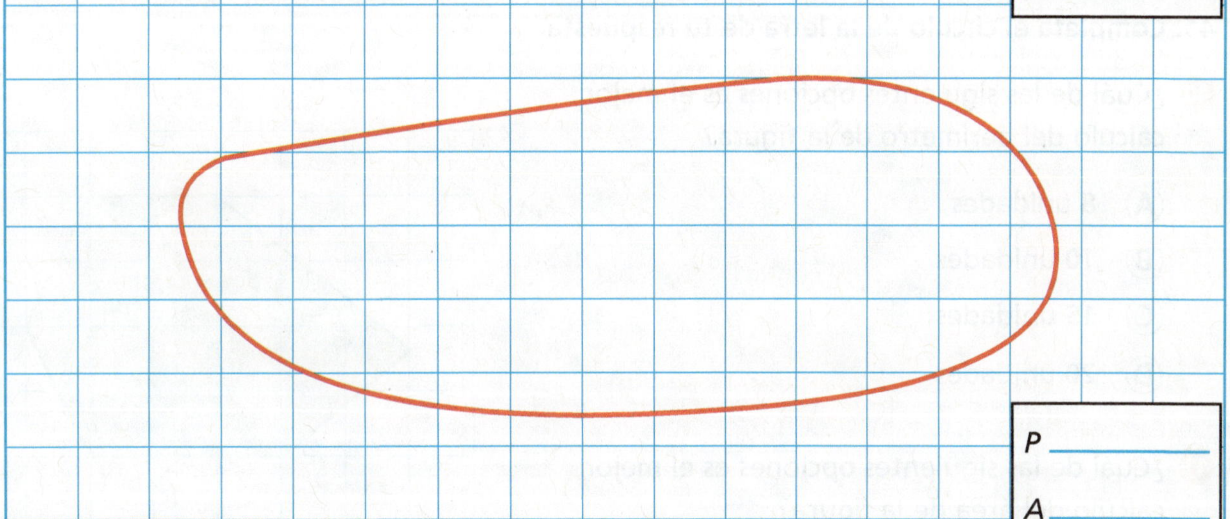

P ________

A ________

37

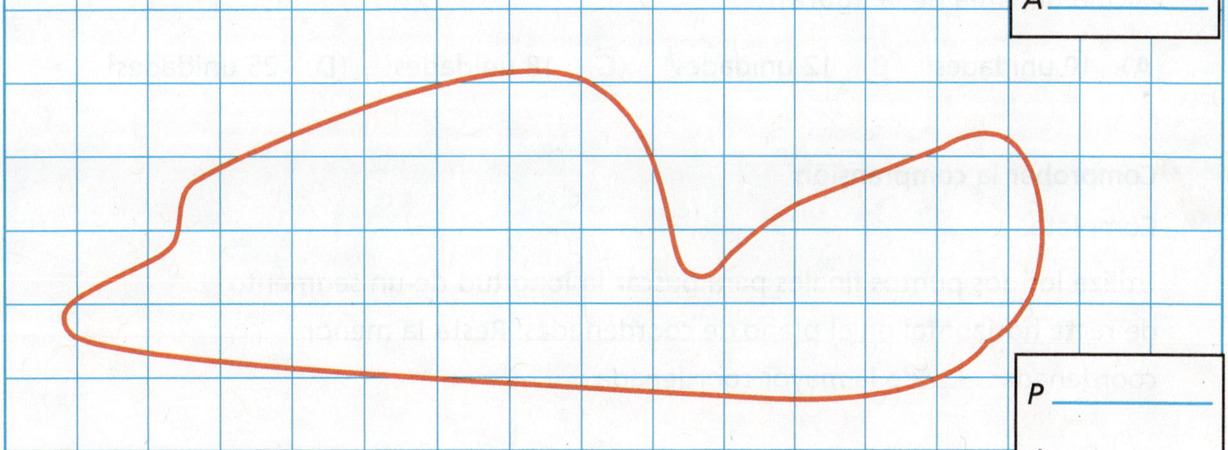

P ________

A ________

Utiliza el dibujo para responder las preguntas de los ejercicios 38 y 39. Completa el círculo de la letra de tu respuesta.

38 ¿Cuál de las siguientes opciones es el mejor cálculo del perímetro de "x" que se muestra?

Ⓐ 10 unidades

Ⓑ 15 unidades

Ⓒ 24 unidades

Ⓓ 35 unidades

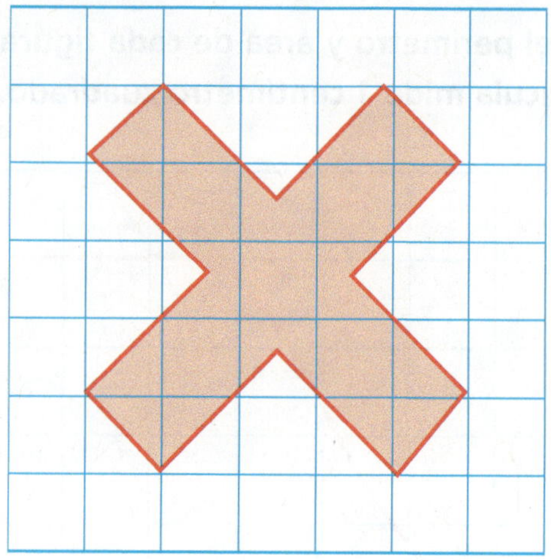

39 ¿Cuál de las siguientes opciones es el mejor cálculo del área de "x" que se muestra?

Ⓐ 8 unidades^2 Ⓑ 13 unidades^2 Ⓒ 25 unidades^2 Ⓓ 30 unidades^2

Utiliza el dibujo para responder las preguntas de los ejercicios 40 y 41. Completa el círculo de la letra de tu respuesta.

40 ¿Cuál de las siguientes opciones es el mejor cálculo del perímetro de la figura?

Ⓐ 8 unidades

Ⓑ 10 unidades

Ⓒ 15 unidades

Ⓓ 20 unidades

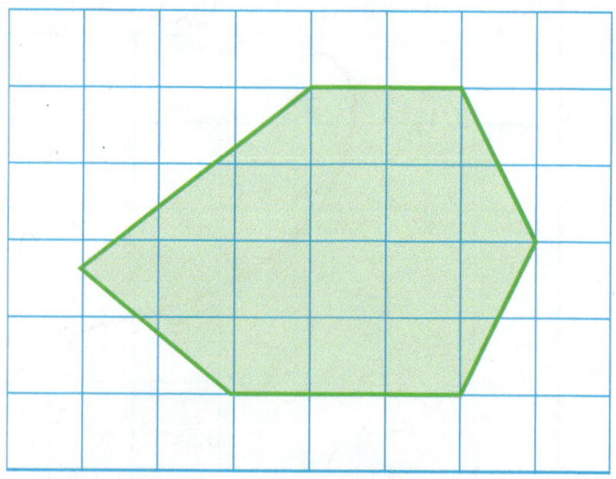

41 ¿Cuál de las siguientes opciones es el mejor cálculo del área de la figura?

Ⓐ 10 unidades^2 Ⓑ 12 unidades^2 Ⓒ 18 unidades^2 Ⓓ 25 unidades^2

Comprobar la comprensión

Completa.

Utiliza los dos puntos finales para buscar la longitud de un segmento de recta horizontal en el plano de coordenadas. Resta la menor coordenada ____ de la mayor coordenada ____ .

Nombre ______________________

VOCABULARIO
teselado

Analizar teselados

En esta unidad, utilizamos cuadrados como unidades de área estándar. Se puede utilizar cualquier figura como una unidad de área estándar mientras que la figura cubra una superficie sin brechas ni superposiciones.
El área de esta colmena puede medirse en hexágonos.

Un **teselado** es un patrón de figuras cerradas que cubren completamente una superficie sin brechas ni superposiciones.
Esta colmena es un teselado de una figura, un hexágono.

1. Corta una de estas figuras de Teselados (TRB M48). Dibújala a continuación para mostrar cómo puede cubrir una superficie sin brechas ni superposiciones.

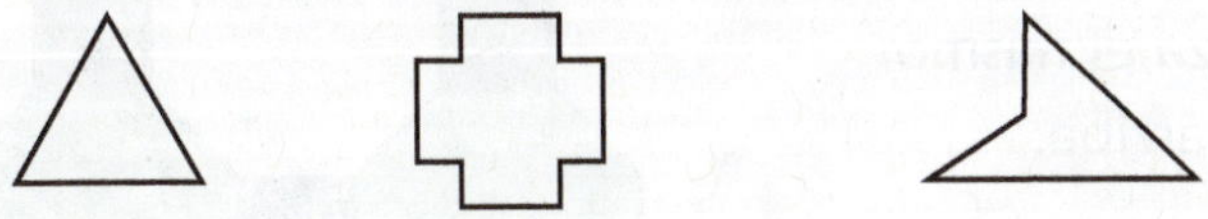

¿Cuál es el área de tu teselado usando la figura que seleccionaste como unidad de área?

____

Figuras con teselado

No todas las figuras se pueden usar como unidad de área estándar.

Por ejemplo, un círculo no forma un **teselado,** no cubre una superficie sin brechas ni superposiciones.

Corta las figuras de Teselados (TRB 48). ¿Se puede usar cada figura como una unidad de área estándar? Si es así, dibuja un teselado para demostrarlo. Calcula el área de tus teselados en cm².

2 triángulo rectángulo

____

3 pentágono regular

____

4 trapecio

____

5 octágono regular

____

Se puede hacer un teselado con más de una figura como se muestra en el siguiente patrón de baldosas para piso.

6 Utiliza un transportador para medir los ángulos de las figuras donde sus vértices se juntan en un punto. Calcula la suma de los ángulos. Realiza el mismo procedimiento para los teselados de arriba. ¿Qué conclusión puedes sacar?

____

____

____

7 Describe cómo puedes calcular el área cubierta por las baldosas que se muestra en cm².

____

____

Unidad 2
Prueba rápida 2

Nombre ____________ Fecha ____________

Resuelve.

1 Un triángulo rectángulo tiene los siguientes vértices.

Punto *A* a (2, 6); Punto *B* a (5, 2); Punto *C* a (2, 2)

Dibuja y rotula el triángulo en la cuadrícula.
¿Cuáles son las coordenadas de los Puntos *A* y *C* que se pueden restar para buscar la altura del triángulo?

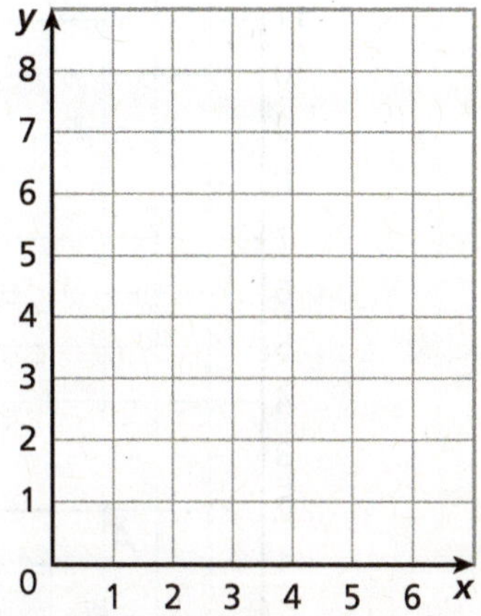

____

2 Busca el área del triángulo rectángulo que dibujaste.

____

Muestra tu trabajo.

3 Busca el área de la siguiente figura.

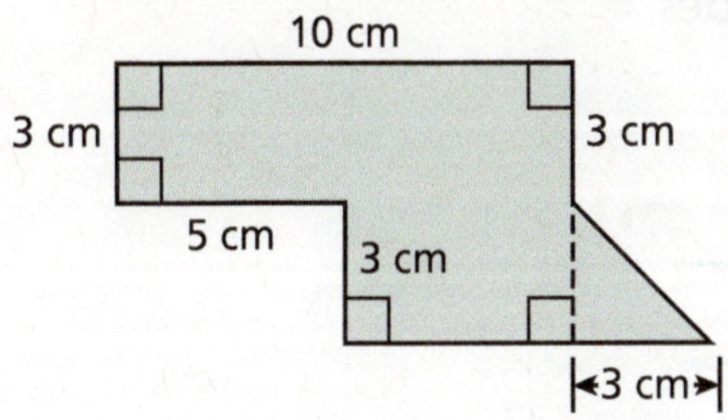

$A =$ ______

4 El piso de una glorieta tiene forma de un pentágono regular. Cada lado del piso mide 12 pies y la altura de uno de los triángulos isósceles en el pentágono regular mide 17 pies aproximadamente. ¿Cuántos pies cuadrados de alfombra se necesitarán para cubrir el piso?

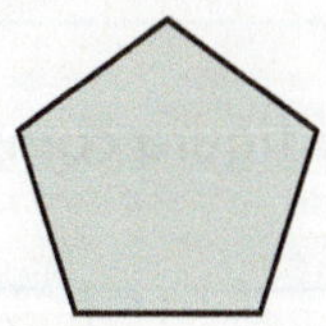

____

5 Un jardín tiene forma de hexágono regular. Cada lado del hexágono mide 10 metros y la altura de uno de los triángulos isósceles en el hexágono mide 5 metros aproximadamente. Según estas medidas, ¿cuál es el área del hexágono?

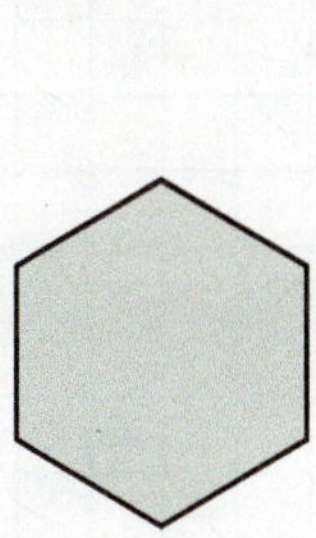

____

Name ______________________ Date ______________________

Utiliza la cuadrícula de coordenadas para las preguntas 1 a 3.

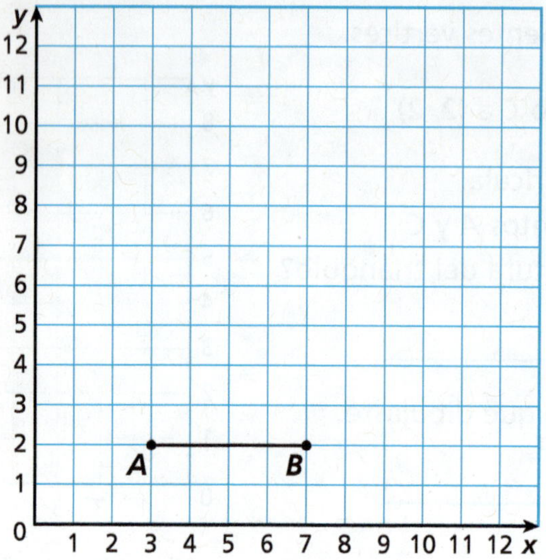

1. Busca la longitud del segmento de recta *AB*. ¿Cómo puedes buscar la longitud del segmento de recta *AB* sin contar los espacios?

____

____

2. Dibuja un punto *C* en la cuadrícula de coordenadas. El triángulo *ABC* debe tener un área de 6 unidades cuadradas.

3. ¿Cuáles son las coordenadas para el punto C?

____

4. Dibuja una figura compleja con un área de 12 unidades cuadradas.

Nombre ______________________ Fecha ______________

1 Elige la unidad correcta para cada medida. Luego, escribe tu respuesta.

unidades lineales	unidades cuadradas	unidades cúbicas

1a. El área de superficie de una mesa se mide en ______________.

1b. El perímetro de un campo cercado se mide en ______________.

1c. Explica tus respuestas. Incluye un esquema en tu explicación.

2 Marca cada enunciado sobre el paralelogramo como Verdadero o Falso.

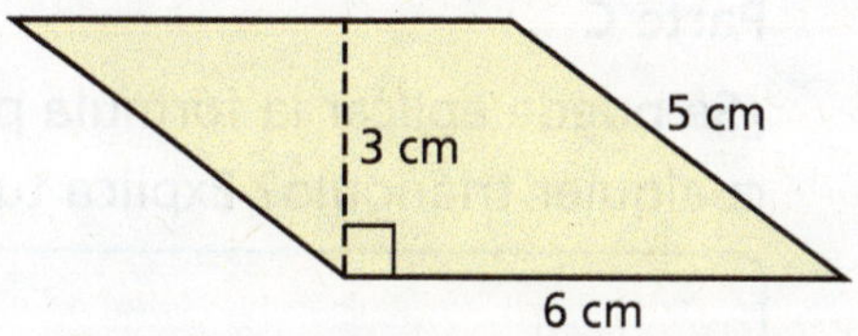

2a. Para calcular el área del paralelogramo, necesitas las longitudes de dos lados, 5 cm y 6 cm.

○ Verdadero ○ Falso

2b. Para calcular el perímetro del paralelogramo, necesitas la base y altura, 6 cm y 3 cm.

○ Verdadero ○ Falso

2c. Para calcular el área del paralelogramo, necesitas la base y altura, 6 cm y 3 cm.

○ Verdadero ○ Falso

2d. Para calcular el perímetro del paralelogramo, necesitas las longitudes de dos lados, 5 cm y 6 cm.

○ Verdadero ○ Falso

Nombre ______________________ Fecha ______________

3 El área de cualquier triángulo es la mitad del área de su paralelogramo correspondiente.

Parte A

Dibuja un diagrama en la siguiente cuadrícula para mostrar por qué el enunciado anterior es verdadero. En tu diagrama, rotula la base *b* y la altura *h*.

Parte B

Explica cómo las fórmulas del área de un paralelogramo y el área de un triángulo se relacionan con tu dibujo.

Parte C

¿Se puede aplicar la fórmula para el área de un triángulo a cualquier triángulo? Explica tu respuesta.

4 Utiliza una resta para buscar la longitud del lado BC del rectángulo *ABCD*. Explica cómo buscaste la longitud.

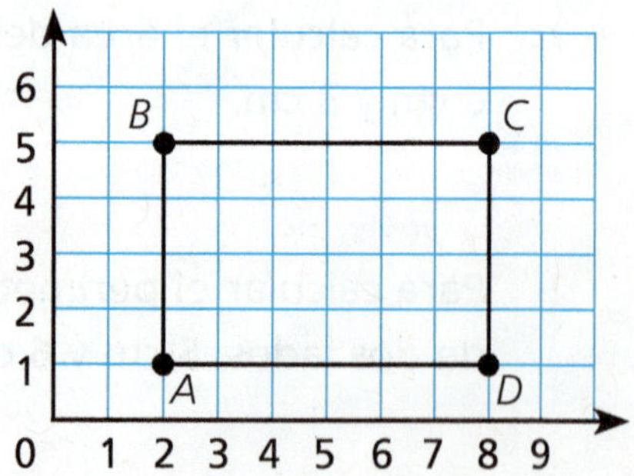

______________ Unidades

Nombre ____________________ Fecha ____________

Elige un número de las fichas con números para mostrar la longitud de cada lado desconocido. Luego, escribe y rotula tu respuesta.

5
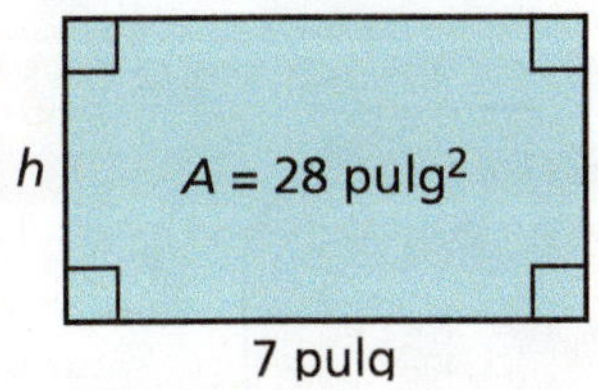

$h =$ ____________

6
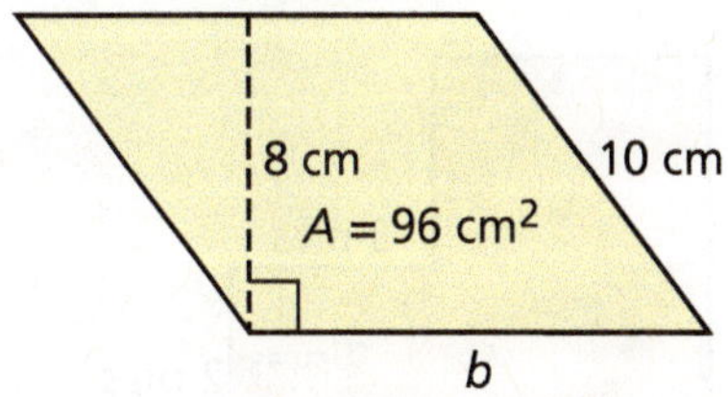

$b =$ ____________

2 | 4 | 6 | 9 | 10 | 12 | 16

Busca el perímetro y área de cada figura.

7
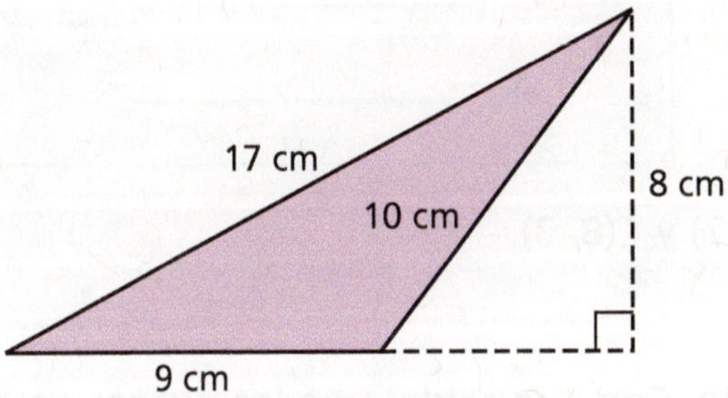

Perímetro	Área
○ 27 cm	○ 36 cm²
○ 35 cm	○ 45 cm²
○ 36 cm	○ 68 cm²
○ 44 cm	○ 72 cm²

8
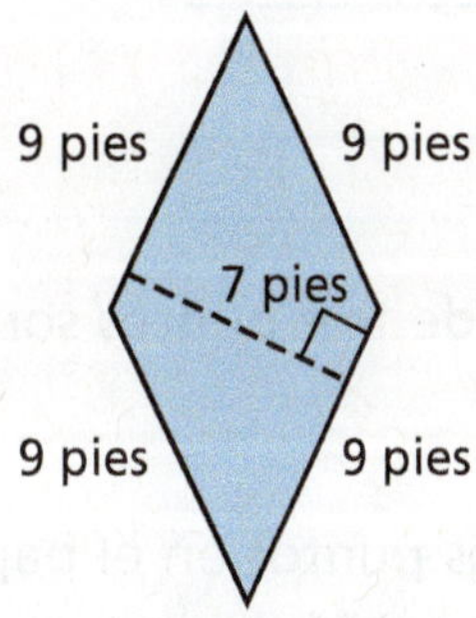

Perímetro	Área
○ 25 pies	○ 31.5 pies²
○ 36 pies	○ 40.5 pies²
○ 34 pies	○ 63 pies²
○ 43 pies	○ 81 pies²

9 El piso de la habitación de Hanh tiene forma de paralelogramo con una base de 4 yardas y una altura de 3 yardas. Quiere cubrir el piso con una alfombra que cuesta $10 por yarda cuadrada. ¿Cuánto costará la alfombra? Muestra tu trabajo.

$ ____________

Nombre ______________________ **Fecha** ____________

Busca el perímetro y área de cada figura.

10

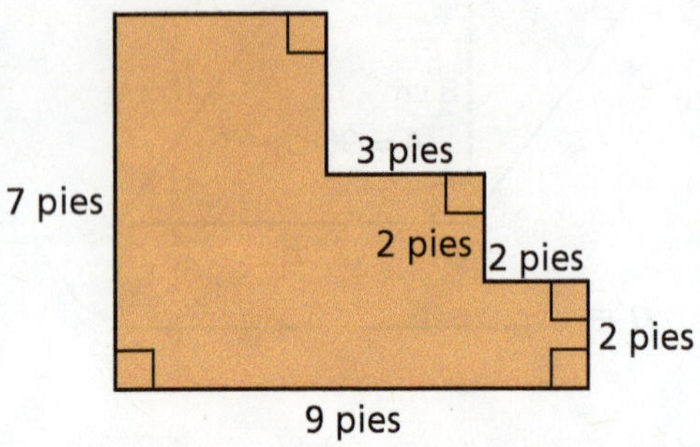

$P =$ ______________

$A =$ ______________

11

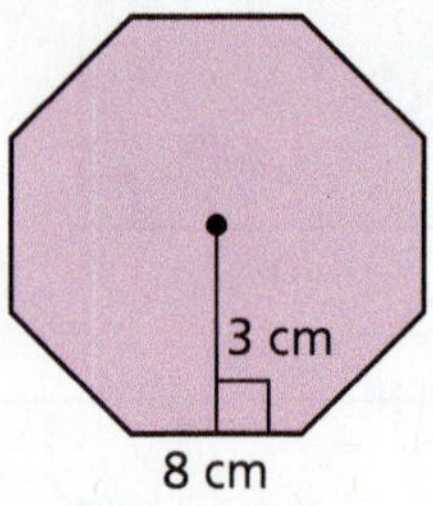

$P =$ ______________

$A =$ ______________

12 Las coordenadas de tres puntos son *A*(2, 3); *B*(11, 7) y *C*(8, 3).

Parte A

Dibuja y rotula los puntos en el papel cuadriculado. Con una regla, une los puntos para formar el polígono *ABC*. Luego, explica cómo se puede utilizar la resta para buscar la longitud de *AC*.

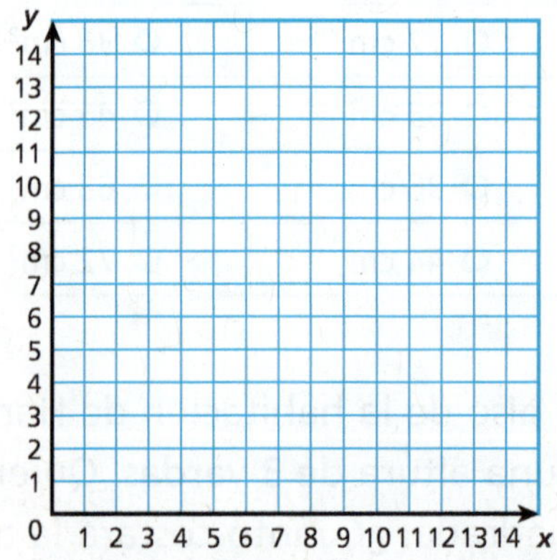

Parte B

La longitud del segmento *AB* redondeada a la unidad más cercana es 10 unidades. La longitud del segmento *BC* es 5 unidades. Busca el perímetro del triángulo redondeado a la unidad más cercana. Busca el área del triángulo. Utiliza la unidad correcta para cada medida. Muestra tu trabajo.

$P =$ ______________ $A =$ ______________

Nombre ______________________ Fecha ______________

13 Un segmento de recta tiene los puntos finales (3, 14) y (3, 22). ¿Cuál de los siguientes enunciados es verdadero?

Ⓐ El segmento tiene una longitud de 8 unidades y es horizontal.

Ⓑ El segmento tiene una longitud de 8 unidades y es vertical.

Ⓒ El segmento tiene una longitud de 18 unidades y es horizontal.

Ⓓ El segmento tiene una longitud de 18 unidades y es vertical.

14 La glorieta en el jardín de Jamal tiene forma de hexágono regular. Cada lado mide 5 pies de longitud. La distancia perpendicular de cada lado con respecto al centro mide 4 pies redondeada al pie más próximo. Jamal quiere colocar una guirnalda de luces alrededor de la glorieta y una alfombra de exterior en el piso.

Escribió las siguientes cuatro expresiones. Busca la correspondencia de cada expresión con la descripción de lo que representa.

$5 + 5 + 5 + 5 + 5 + 5$ •	• la longitud de la guirnalda de luces
$6 \times \frac{1}{2}(5 \times 4)$ •	• el área del piso de la glorieta
60 $pies^2$ •	• el cálculo necesario para buscar el perímetro de la glorieta
30 pies •	• el cálculo para buscar la cantidad de alfombra para cubrir el piso

15 Casey hace afiches cuadrados con perímetros de 8 pies. ¿Cuántos pies cuadrados de cartulina necesitará Casey para hacer 4 afiches? Muestra tu trabajo.

______ $pies^2$

Nombre ______________________ **Fecha** ____________

16 El patio de Cal tiene forma de pentágono regular con un perímetro de 60 pies. La distancia perpendicular de un lado con respecto al centro es 8 pies redondeada al pie entero más cercano. ¿Cuál es el área del patio redondeado al pie cuadrado más cercano? *Muestra tu trabajo.*

______________ pies^2

17 Bonne planta un jardín de flores. Plantará girasoles en la parte sombreada del jardín.

Jardín de flores de Bonne

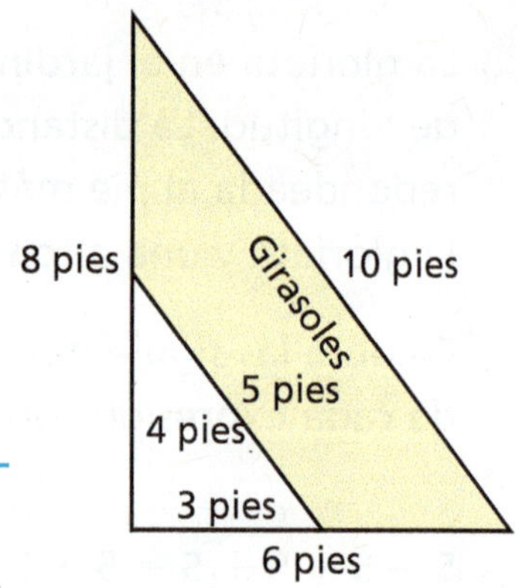

17a. Utiliza los siguientes números para escribir una expresión que represente *A*, el área de la parte sombreada del jardín.

$\frac{1}{2}$	(3)	(8)	–	(6)	$\frac{1}{2}$	(4)

____

17b. Simplifica tu expresión para buscar *A* y explica por qué tu respuesta representa el área de la parte sombreada del jardín.

18 El límite de un campo se marcó con postes en estas coordenadas: $D(0, 2)$; $E(6, 10)$; $F(11, 10)$ y $G(16, 2)$.

18a. Dibuja las ubicaciones de los postes en papel cuadriculado. Con una regla, une los puntos para formar un polígono de cuatro lados.

18b. ¿Cuál es el área del campo? Explica tu respuesta.

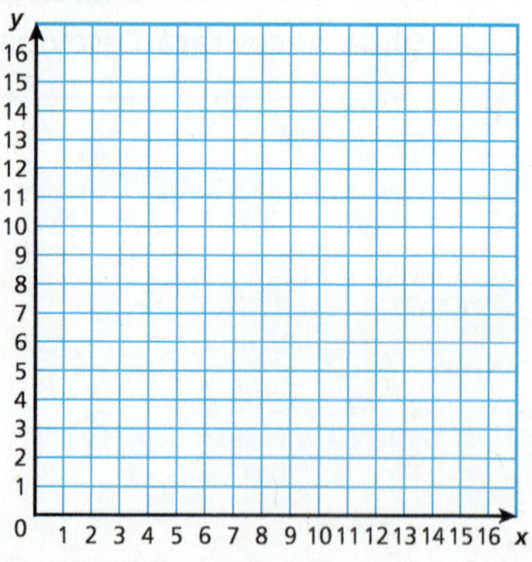

Unidad 2
Tarea de rendimiento

Nombre ______________________ Fecha ______________

Figuras complejas

1 Escribe el nombre y busca el perímetro y área para cada uno de los siguientes polígonos. Cada cuadrado en la cuadrícula representa 1 cm^2.

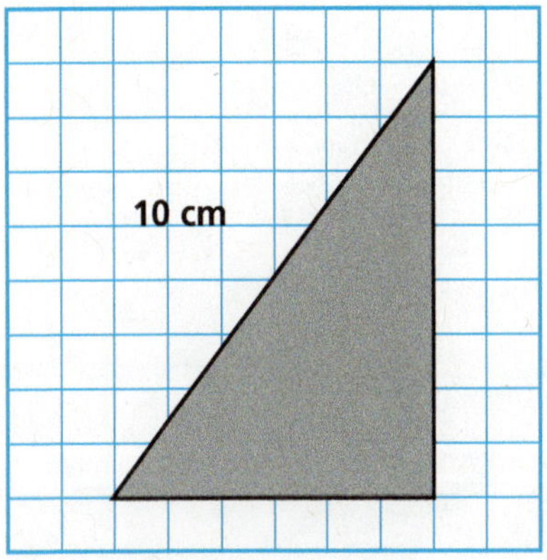

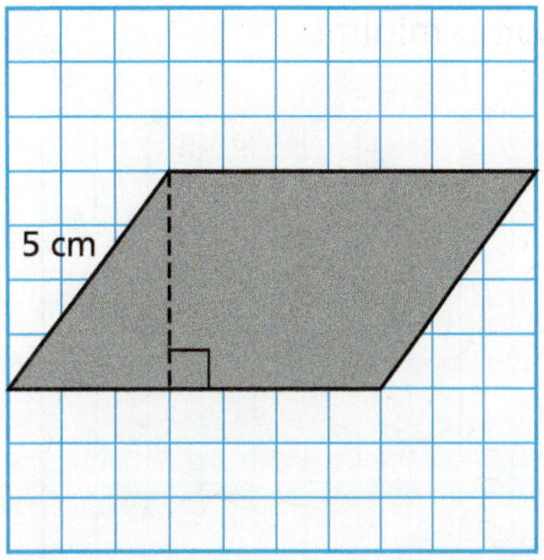

Nombre ______________________ Nombre ______________________

Perímetro ______________________ Perímetro ______________________

Área ______________________ Área ______________________

2 Dibuja un polígono que coincida con la descripción en cada una de las siguientes cuadrículas. Cada cuadrado en la cuadrícula representa 1 cm^2.

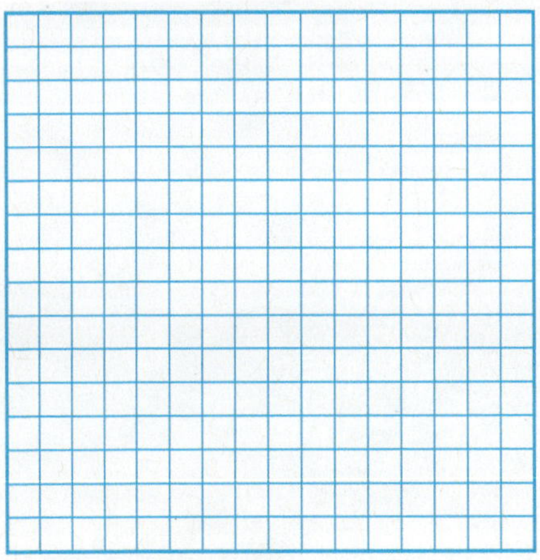

Dibuja un triángulo con un área de 60 cm^2.

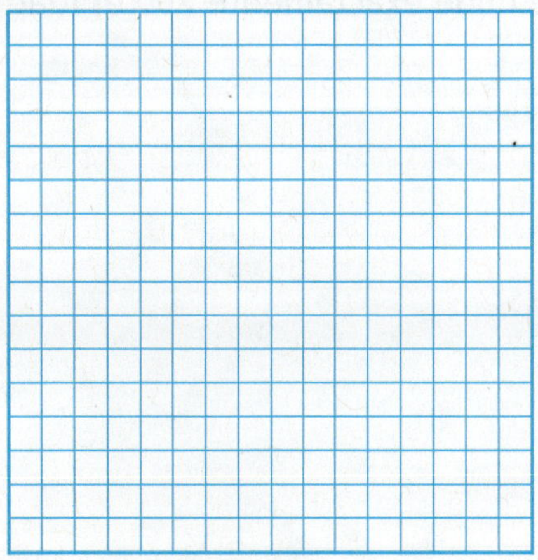

Dibuja un trapecio con un área de 80 cm^2.

Nombre ______________________ Fecha ______________

3 Una figura compleja está compuesta por diferentes polígonos. En la siguiente cuadrícula, dibuja una figura compleja que tenga un área de exactamente 200 unidades cuadradas y tenga

- un triángulo como mínimo.
- un paralelogramo que no sea un rectángulo o cuadrado como mínimo.
- otro polígono como mínimo.

4 Muestra o explica cómo sabes que el área de la figura que dibujaste mide exactamente 200 unidades cuadradas.

Dear Family:

In this unit of *Math Expressions*, your child will focus on division of whole numbers and operations with fractions and decimals. Some of the methods used in this unit are shown below.

Addition and Subtraction of Fractions and Decimals

$$\frac{2}{3} + \frac{4}{5} = \frac{10}{15} + \frac{12}{15} = \frac{22}{15} = 1\frac{7}{15}$$

$$\begin{array}{r} \overset{3\ 10}{1.\cancel{4}\cancel{0}} \\ -\ 0.25 \\ \hline 1.15 \end{array}$$

Equivalent Fractions

Multiply the numerator and denominator by the same number.

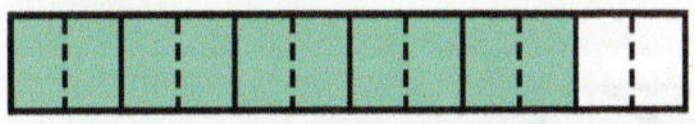

$$\frac{5}{6} = \frac{5 \cdot 2}{6 \cdot 2} = \frac{10}{12}$$

Divide the numerator and denominator by the same number.

$$\frac{10}{12} = \frac{10 \div 2}{12 \div 2} = \frac{5}{6}$$

Multiplication of Fractions and Decimals

Multiply numerators and denominators.

$$\frac{2}{3} \cdot \frac{4}{5} = \frac{2 \cdot 4}{3 \cdot 5} = \frac{8}{15}$$

Count decimal places in the factors to place the decimal point in the product.

$$\underset{\text{2 places}}{0.12} \cdot \underset{\text{1 place}}{0.4} = \underset{\text{3 places}}{0.048}$$

Division of Fractions and Decimals

Multiply by the reciprocal.

$$\frac{2}{5} \div \frac{3}{7} = \frac{2}{5} \cdot \frac{7}{3} = \frac{14}{15}$$

Sometimes you can divide numerators and denominators.

$$\frac{8}{15} \div \frac{2}{3} = \frac{8 \div 2}{15 \div 3} = \frac{4}{5}$$

Make the divisor a whole number by multiplying it and the dividend by the same number.

Here we multiply both by 10.

$$0.2\overline{)0.08} \quad \text{quotient } 0.4$$

Your child will also use estimation strategies, such as rounding and benchmarks, to determine whether answers to whole number, fraction, and decimal problems are reasonable.

If you have any questions or comments, please contact me.

Sincerely,
Your child's teacher

Estimada familia:

En esta unidad de *Expresiones en matemáticas*, su hijo se centrará en la división de números enteros y en operaciones con fracciones y decimales. A continuación se muestran algunos de los métodos usados en esta unidad.

Suma y resta de fracciones y decimales

$$\frac{2}{3} + \frac{4}{5} = \frac{10}{15} + \frac{12}{15} = \frac{22}{15} = 1\frac{7}{15}$$

$$\begin{array}{r} {\scriptstyle 3\ 10} \\ 1.\cancel{4}\cancel{0} \\ -\ 0.25 \\ \hline 1.15 \end{array}$$

Fracciones equivalentes

Multiplicar el numerador y el denominador por el mismo número.

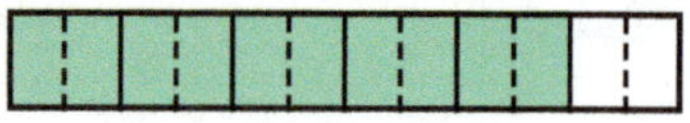

$$\frac{5}{6} = \frac{5 \cdot 2}{6 \cdot 2} = \frac{10}{12}$$

Dividir el numerador y el denominador entre el mismo número.

$$\frac{10}{12} = \frac{10 \div 2}{12 \div 2} = \frac{5}{6}$$

Multiplicación de fracciones y decimales

Multiplicar los numeradores y denominadores.

$$\frac{2}{3} \cdot \frac{4}{5} = \frac{2 \cdot 4}{3 \cdot 5} = \frac{8}{15}$$

Contar los lugares decimales en los factores para colocar el punto decimal en la respuesta.

$$0.12 \cdot 0.4 = 0.048$$

2 lugares — 1 lugar — 3 lugares

División de fracciones y decimales

Multiplicar por el recíproco.

$$\frac{2}{5} \div \frac{3}{7} = \frac{2}{5} \cdot \frac{7}{3} = \frac{14}{15}$$

Algunas veces se pueden dividir los numeradores y denominadores.

$$\frac{8}{15} \div \frac{2}{3} = \frac{8 \div 2}{15 \div 3} = \frac{4}{5}$$

Dividir el divisor y el dividendo entre el mismo número para convertir el divisor en un número entero.

Aquí se multiplican ambos por 10.

$$0.2\overline{)0.08} \quad = 0.4$$

Su hijo también usará estrategias de estimación como el redondeo y los puntos de referencia para determinar si las respuestas a los problemas de números enteros, fracciones y decimales son razonables.

Si tiene preguntas, por favor comuníquese conmigo.

Atentamente,
El maestro de su hijo

punto de referencia	**denominador**
denominador común	**dividendo**
factor común	**divisor**

Número debajo de la barra en una fracción. Indica el número de fracciones unitarias formadas al dividir el entero en partes iguales.

Ejemplo:

En la fracción $\frac{3}{5}$, el denominador es 5.

$\frac{3}{5}$ ← denominador

Representa las 5 fracciones unitarias (los 5 quintos) formadas al dividir el entero en 5 partes iguales.

Punto alusivo empleado para estimar. Los números 0, $\frac{1}{2}$ y 1 son puntos de referencia fraccionarios comunes.

Número que se divide en un problema de división.

Ejemplo:

$56 \div 8 = 7$ $\qquad 8\overline{)56}$ = 7

dividendo: 56

Múltiplo común de dos o más denominadores.

Ejemplo:

15 es un denominador común de $\frac{1}{3}$ y $\frac{2}{5}$.

$\frac{1}{3} = \frac{5}{15} \qquad \frac{2}{5} = \frac{6}{15}$

Por lo tanto,... $\frac{1}{3} + \frac{2}{5} = \frac{5}{15} + \frac{6}{15} = \frac{11}{15}$

Número que divide en un problema de división.

Ejemplo:

$56 \div 8 = 7$ $\qquad 8\overline{)56}$ = 7

divisor: 8

Factor que comparten dos o más números.

Ejemplo:

4 es un factor común de 12 y 20.

fracciones equivalentes	**mínimo común múltiplo**
estimar	**numerador**
operaciones inversas	**cociente**

El menor múltiplo de dos o más números.

Ejemplo:

36 es el mínimo común múltiplo de 9 y 12.

Fracciones que representan el mismo número.

Ejemplo:

$\frac{1}{2}$ y $\frac{3}{6}$ son fracciones equivalentes.

Número sobre la barra en una fracción. Indica el número de fracciones unitarias que representa la fracción.

Ejemplo:

En la fracción $\frac{3}{5}$, el numerador es 3.

$\frac{3}{5}$ ← numerador

El numerador muestra que la fracción representa 3 quintos: $\frac{3}{5} = \frac{1}{5} + \frac{1}{5} + \frac{1}{5}$.

Calcular *aproximadamente* cuánto o *cerca de* qué cantidad, a menudo usando redondeo, números compatibles o números de referencia.

Resultado de una división.

Ejemplo: cociente

$56 \div 8 = 7$ $8\overline{)56}$ = 7

Operaciones que se anulan entre sí. La suma y la resta son operaciones inversas. La multiplicación y la división son operaciones inversas.

Ejemplo:

$5 + 9 = 14$, entonces $14 - 9 = 5$.

$7 \cdot 9 = 63$, entonces $63 \div 9 = 7$.

inverso

residuo

El producto de un número y su inverso es 1. El inverso de la fracción $\frac{a}{b}$ es $\frac{b}{a}$.

Ejemplo:

$\frac{4}{3}$ es el inverso de $\frac{3}{4}$.

$\frac{3}{4} \cdot \frac{4}{3} = 1$ y $\frac{4}{3} \cdot \frac{3}{4} = 1$

Número restante después de dividir un número no divisible exactamente entre el divisor.

Ejemplo:

32 ÷ 6 = 5 R2

El residuo es 2.

Nombre ____________________

Tarjetas de número entero y decimal de código secreto

2,000	0.1
2,000	**0.1**

300	0.03
300	**0.03**

30	1	0.01
30	**1**	**0.01**

2	9	0.4	
2	**9**	**0.4**	**.00**

60	0.002
60	**0.002**

70	0.6
70	**0.6**

Tarjetas de número entero y decimal de código secreto

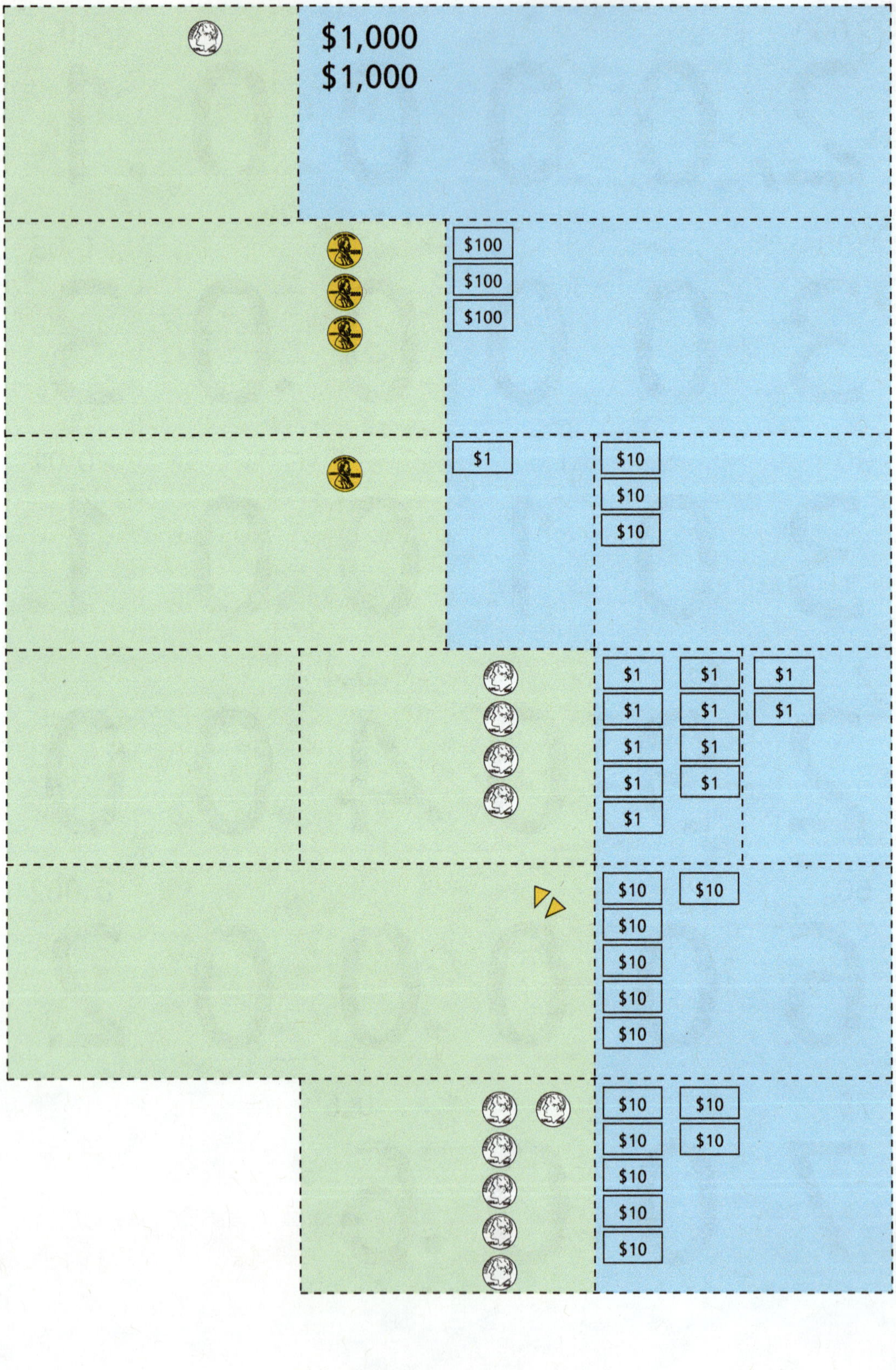

Nombre ______________________________

Analizar y resumir

Rellena los espacios en blanco y comenta cómo se relacionan las partes de cada problema.

Valor posicional

× 10 (más grande) ← → ÷ 10 (más pequeño)

Millares	Centenas	Decenas	UNIDADES	Décimos	Centésimos	Milésimos
1,000.	100.	10.	1.	0.1	0.01	0.001
$\frac{1,000}{1}$	$\frac{100}{1}$	$\frac{10}{1}$	$\frac{1}{1}$	$\frac{1}{10}$	$\frac{1}{100}$	$\frac{1}{1,000}$
\$1,000.00	\$100.00	\$10.00	\$1.00	\$0.10	\$0.01	\$0.001

1 a.

2,000	300	60	1	0 .6	0 .0 3	0.002
2,	3	6	1	.6	3	2

b.

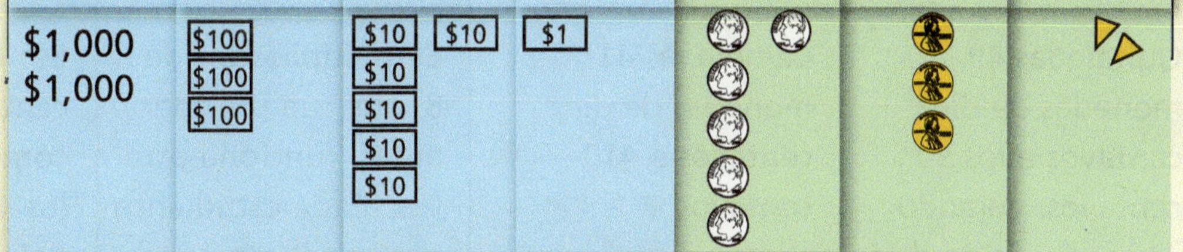

c. 2,361.632 = 2,000 + _____ + _____ + _____ + _____ + _____ + 0.002

2 a. 0 .6 3 2

b. $+ \frac{}{10} + \frac{}{100} + \frac{}{1,000}$

c. $+ \frac{}{1,000} + \frac{}{1,000} + \frac{}{1,000}$

d.

	0	.6	0	0
+	0	.0	3	0
+	0	.0	0	2
	0	.6	3	2

Comentar el significado de la división

Los 49 estudiantes de sexto grado habían recaudado $2,361 para su viaje de clase. ¿Cuánto es eso para cada estudiante?

VOCABULARIO
dividendo
divisor
cociente
residuo

Cuando $2,361 se divide entre 49, cada estudiante recibe $40. Escribe 4 en el lugar de las decenas. **divisor** ↓ 4 49)$2,361.00 ↑ **dividendo**	Lleva los $1,960 que se han compartido, dejando $401 a compartir a continuación. 4 49)$2,361.00 − 196 401	Cada estudiante recibe 8 dólares más. Lleva el reparto de $392. 48 49)$2,361.00 − 196 401 − 392 9	Quedan 9 dólares, que son 90 monedas de diez centavos. Cada estudiante recibe 1 moneda de diez centavos, así que escribimos 1 en el lugar de los décimos. 48.1 49)$2,361.00 − 196 401 − 392 90
Quítale las 49 monedas de diez centavos a los 90 centavos, dejando 41 monedas de diez centavos. 48.1 49)$2,361.00 196 401 − 392 90 − 49 41	Cambia las 41 monedas de diez centavos a 410 centavos 48.1 49)$2,361.00 − 196 401 − 392 90 − 49 410	El multiplicador de 8, que fue utilizado antes, funciona otra vez. Cada estudiante obtiene 8 centavos. 48.18 49)$2,361.00 196 401 − 392 90 − 49 410	Eso hace 392 centavos compartidos de los 410 centavos, dejando 18 centavos. **cociente** → 48.18 49)$2,361.00 − 196 401 − 392 90 − 49 410 − 392 **residuo** → 18

3 Cada estudiante obtiene $________ y hay ________ centavos sobrantes.

Nombre ______________________________

¿Cuál es el error?

Estimados estudiantes de matemáticas,

Solucioné el problema 5,619 ÷ 27 en mi tarea de matemáticas. Tengo 28 R3. Sé que esto no puede ser correcto porque 27 × 28 es aproximadamente igual a 30 • 30, que es 900. ¡No está siquiera cerca de 5,619! ¿Examinarás mi trabajo y me ayudarás a averiguar lo que hice mal?

Tu amigo,
el Pingüino Confundido

```
      28
27)5,619
    54
   ----
    219
    216
   ----
      3
```

4. Escribir una respuesta al Pingüino Confundido.

____

____

____

____

____

____

____

Camino al conocimiento

Práctica de división

Escribe cada respuesta como un cociente con un residuo.

5. $23\overline{)3{,}272}$

6. $18\overline{)7{,}342}$

7. $19\overline{)3{,}812}$

¿Cuál es el error?

Estimados estudiantes de matemáticas:

Hoy realmente estoy teniendo problemas con mi tarea de matemáticas. Tuve que resolver 3,005 ÷ 15. Comencé, pero me quedé atascado. Sé que la respuesta no puede ser 2, pero no sé qué hacer. ¿Me pueden ayudar a encontrar la solución?

Tu amigo,
el Pingüino Confundido

$$\begin{array}{r} 2 \\ 15\overline{)3{,}005} \\ \underline{30} \\ 0 \end{array}$$

8. Escribir una respuesta al Pingüino Confundido.

Resuelve.

9. Doce amigos ganaron $4,250 para pintar una casa. Quieren dividir el dinero equitativamente. ¿Cuánto recibirá cada amigo? ¿Cuántos centavos sobrarán?

Comprobar la comprensión

Explicar cómo se puede comprobar que un cociente sea razonable.

Nombre ____________________

Ajustar el multiplicador de 1

Analiza cada paso de Nate y las soluciones de Caity. Comparte cómo haces ese paso.

Paso 1

Nate	Caity
(90) 6 86)6,123 – 5 16 (pequeño 3 sobre el 1) **Nate dice:** 7 · 90 = 630, que es más que 612, entonces 7 es demasiado grande para el multiplicador. Voy a utilizar 6. 6 · 6 unidades = 36. Escribo las 6 unidades debajo del 2 y el pequeño 3 decenas debajo del 1, para recordar que debo añadirlos. 6 × 8 decenas = 48 decenas, más las 3 decenas = 51 decenas. Tacho el 3 porque ya lo sumé. Así que obtengo 516.	(90) 7 86)6,123 – 6 02 **Caity piensa:** 7 · 90 = 630, que es más que 612, pero 6 · 90 = 540, que dista mucho de 612. 86 es cerca de la mitad entre 80 y 90, así que creo que voy a usar 7. Sé que 7 · 6 unidades = 42. Escribo el 2 y recuerdo que debo sumar las 4 decenas. 7 veces las 8 decenas en 86 es 56 decenas, más las 4 decenas = 60 decenas. Así que tengo 602, que realmente es 602 decenas porque el 7 está en el lugar de las decenas.

Paso 2

Nate	Caity
(90) 6 86)6,123 (desagrupado: 5 10 12) – 5 16 96 **Nate dice:** Necesito desagrupar para restar 516 de 612. Pienso en 612 como 6 centenas, 1 decena y 2 unidades. Desagrupo 1 decena y obtengo 10 unidades y las combino con las 2 unidades para formar 12. Necesito más decenas, así que desagrupo 1 centena para formar 10 decenas. Ahora todos los números de arriba son mayores, por lo que puedo restar. 612 – 516 = 96. Veo que 96 es mayor que 86. Entonces el multiplicador es 7, no 6.	(90) 7 86)6,123 – 6 02 10 **Caity escribe:** 612 – 602 es 10. El multiplicador 7 funcionó porque 10 es menor que 86.

Ajustar el multiplicador de 1 (continuación)

Paso 3 (Caity no tiene ningún paso para que coincida con el paso 3 de Nate.)

Nate	
(90) 7 86)6,123 (reagrupado: 5 10 12; 4) − 6 02 10	**Nate dice:** 7 · 6 unidades es 42, que escribo con un pequeño 4 para añadir más adelante. 7 · 8 decenas = 56 decenas, además de las 4 decenas que ya tenía, es igual a 60 decenas. Así que tengo 602, que realmente es 602 decenas porque el 7 está en el lugar de las decenas. 612 − 602 = 10.

Paso 4

Nate	Caity
(90) 71 86)6,123 (reagrupado: 5 10 12) − 6 02 103 (reagrupado: 9 13) − 86 17 **Respuesta:** 71 R17	(90) 71 86)6,123 − 6 02 103 − 86 17 **Respuesta:** 71 R17
Nate dice: Llevar abajo el 3 para hacer 103. Yo puedo restar solamente un grupo de 86 de los 103. Escribo 1 en el lugar de las unidades del cociente. En 103 hay 10 decenas, entonces reagrupo 1 decena para hacer 13. Resto en cada columna. 103 − 86 = 17. Así, el 17 es el residuo.	**Caity piensa:** Llevar abajo el 3 para hacer 103. Hay sólo 1 grupo de 86 en 103. Escribo 1 en el cociente. Entonces resto 1 · 86 de 103, y la respuesta es 17. Así, el 17 es el residuo.

1 Escribe una ecuación para mostrar a Nate y Caity cómo comprobar sus respuestas.

____

Nombre ______________________________

VOCABULARIO
estimar

Comprobar la razonabilidad

Para verificar la razonabilidad puedes utilizar el cálculo mental y la **estimación**.

Angela tiene 9 cajas para almacenar 2,025 tarjetas de béisbol. Ella divide y encuentra que cada caja tendrá 225 tarjetas. Para comprobar que su respuesta es razonable, utiliza la estimación y el cálculo mental:

$$\begin{array}{r} 225 \\ 9\overline{)2,025} \end{array}$$

"Sé que 1,800 ÷ 9 es 200 y 2,700 ÷ 9 es 300. Como 2,025 está entre 1,800 y 2,700, mi respuesta debe ser entre 200 y 300. Lo es. Por lo tanto, mi respuesta es razonable".

Resuelve. Usa el cálculo mental para comprobar la solución.

2. $5\overline{)1,080}$

3. $6\overline{)1,716}$

4. $8\overline{)2,920}$

Resolver problemas: Comprobar la razonabilidad

Escribe una ecuación y úsala para resolver el problema. Explica cómo sabes que tu respuesta es razonable.

Muestra tu trabajo.

5. Hay 6 estudiantes en cada mesa en la cafetería. Si hay 192 estudiantes sentados en las mesas, ¿cuántas mesas hay en la cafetería?

   Ecuación y respuesta: ______________________________

   Estimación: ______________________________

   ____

   ____

6. Anita pidió 432 camisetas. Las camisetas llegaron en 4 cajas. Cada caja contenía el mismo número de camisetas. ¿Cuántas camisetas había en cada caja?

   Ecuación y respuesta: ______________________________

   Estimación: ______________________________

   ____

   ____

Resolver problemas: Comprobar la razonabilidad (continuación)

Escribe una ecuación para resolver el problema. Utiliza la estimación para mostrar que tu respuesta es razonable.

Muestra tu trabajo.

7 Deana hace collares con perlas de colores. Utilizó 1,920 perlas para 12 collares. ¿Cuántas perlas utilizó para cada collar si todos tienen el mismo número de perlas?

Ecuación y respuesta: ______________________

Estimación: ______________________

8 Ericka gana $1,242 al mes como cajera. Gana $9 la hora. ¿Cuántas horas trabaja ella en un mes?

Ecuación y respuesta: ______________________

Estimación: ______________________

9 Kevin tiene 704 figuras de acción. Decide dividirlas igualmente entre 22 cajas. ¿Cuántas figuritas debe poner Kevin en cada caja?

Ecuación y respuesta: ______________________

Estimación: ______________________

Comprobar la comprensión

Explica cómo el cálculo mental y la estimación pueden utilizarse para comprobar si las respuestas a los problemas de división son razonables.

Nombre ______________________

Resumen de multiplicar por 0.1 y 0.01

Multiplicar por 0.1 es lo mismo que dividir entre 10.

$0.1 \cdot 32.4 = 32.4 \div 10 = 3.24$

Multiplicar un número por 0.1 lo divide en 10 partes y toma 1 parte. Da un número menor. Cada dígito se mueve un lugar a la derecha.

Puedes utilizar esta idea para multiplicar cualquier número de décimos.

Llena los espacios en blanco.

1 **a.** Para encontrar 0.2 • \$32.40, divide \$32.40 en 10 partes y toma __________ de las partes.

0.2 • \$32.40 = (\$32.40 ÷ 10) • __________

b. Para encontrar 6.2 • \$32.40, divide \$32.40 entre __________ partes y toma __________ de esas partes.

6.2 • \$32.40 = (\$32.40 ÷ __________) • __________

Multiplicar por 0.01 es lo mismo que dividir entre 100.

$0.01 \cdot 32.4 = 32.4 \div 100 = 0.324$

Multiplicar un número por 0.01 lo divide en 100 partes y toma 1 parte. Da un número menor. Cada dígito se desplaza dos lugares a la derecha.

Puedes utilizar esta idea para multiplicar cualquier número de centésimos.

2 **a.** Para hallar 0.02 • \$32.40, divide \$32.40 entre __________ partes y toma __________ de esas partes.

0.02 • \$32.40 = (\$32.40 ÷ 100) • __________

b. Para hallar 0.62 • \$32.40, divide \$32.40 entre __________ partes y toma __________ de esas partes.

0.62 • \$32.40 = (\$32.40 ÷ __________) • __________

Regla de multiplicación de decimales

Regla: Ignora los puntos decimales y multiplica. Luego, coloca el punto para que el número de posiciones decimales en el producto sea igual al número total de posiciones decimales en los factores.

Ejemplo

0.4 • 0.02

Ignora los puntos decimales y multiplica: 4 • 2 = 8

Ubica el punto decimal para que haya tres decimales:

0.4 • 0.02 = 0.008

1 posición, 2 posiciones, 3 posiciones

3 Halla cada producto de dos maneras. 1) Usa la regla. 2) Usa el método de dividir en partes de 10 o 100 y luego multiplica por el número de décimas o centésimas. Muestra tu trabajo.

	Usa la regla	Divide en partes y multiplica
a. 0.2 • 0.3	0.06; dos posiciones decimales	(0.3 ÷ 10) • 2 = 0.03 • 2 = 0.06
b. 0.02 • 0.3		
c. 0.2 • 3		
d. 0.02 • 3		
e. 0.2 • 3.3		
f. 0.02 • 3.3		

4 Explica por qué los dos métodos dan el mismo resultado.

Usa cualquiera de los métodos para resolver estos problemas.

5 0.04 • 2 = ______ 6 0.4 • 2 = ______ 7 0.3 • 0.3 = ______ 8 3 • 0.3 = ______

9 0.04 • 6 = ______ 10 0.5 • 7 = ______ 11 0.3 • 0.8 = ______ 12 7 • 0.6 = ______

Comprobar la comprensión

Explica cómo resolviste el Ejercicio 11.

Nombre ____________________

Resumen: Dividir entre 0.1

Dividir entre 0.1 da a un número diez veces el número original.

$79.6 \div 0.1 = 10 \cdot 79.6 = 796$

Dividir entre 0.1 es equivalente a multiplicar por 10, porque hay 10 partes pequeñas (décimas) en cada conjunto.

Comentar y explicar.

1. Dividir entre 0.1 es lo mismo que multiplicar por 10. Comenta el motivo de cada paso numerado.

$$\frac{79.6}{0.1} \underset{(1)}{=} \frac{79.6}{0.1} \cdot 1 \underset{(2)}{=} \frac{79.6}{0.1} \cdot \frac{10}{10} \underset{(3)}{=} \frac{79.6 \cdot 10}{0.1 \cdot 10} \underset{(4)}{=} \frac{796}{1} \underset{(5)}{=} 796$$

2. Multiplicar un problema en formato de división larga por $1 = \frac{10}{10}$ da un problema equivalente con un divisor de número entero.

$0.1\overline{)79.6} \longrightarrow 0.1\overline{)79.6}$ O $0.1\overline{)79.6}$

Completar.

3. El proceso en el ejercicio 2 se puede utilizar para cambiar cualquier divisor decimal a un número entero. Utiliza el método para volver a escribir cada problema con un divisor de número entero.

a. $0.4\overline{)2.7}$ **b.** $72.5\overline{)0.39}$ **c.** $2.7\overline{)9}$ **d.** $6.3\overline{)52}$

4. ¿Qué hace más complicadas las partes c y d del ejercicio 3 que las otras?

____

____

Camino al conocimiento **Dividir.**

5. $0.3\overline{)9}$
6. $0.7\overline{)2.1}$
7. $1.2\overline{)480}$
8. $2.2\overline{)0.88}$
9. $0.5\overline{)100}$
10. $3.2\overline{)96}$
11. $0.9\overline{)10.8}$
12. $0.8\overline{)0.64}$

Resumen: Dividir entre 0.01

Dividir entre 0.01 da a un número diez veces el número original.

$79.6 \div 0.01 = 7{,}960 = 100 \cdot 79.6$

Dividir entre 0.01 es equivalente a multiplicar por 100, porque hay 100 partes pequeñas (décimas) en cada conjunto.

Comentar y explicar.

13 Dividir entre 0.01 es lo mismo que multiplicar por 100. Comenta el motivo de cada paso numerado.

$$\frac{79.6}{0.01} \underset{①}{=} \frac{79.6}{0.01} \cdot 1 \underset{②}{=} \frac{79.6}{0.01} \cdot \frac{100}{100} \underset{③}{=} \frac{79.6 \cdot 100}{0.1 \cdot 100} \underset{④}{=} \frac{7{,}960}{1} \underset{⑤}{=} 7{,}960$$

14 Multiplicar un problema en formato de división larga por $1 = \frac{100}{100}$ da un problema equivalente con un divisor de número entero.

$0.01\overline{)79.6} \longrightarrow 0.01\overline{)79.60}$ O $0.01\overline{)79.60}$

Completar.

15 El proceso en el ejercicio 14 se puede utilizar para cambiar cualquier divisor decimal a un número entero. Utiliza el método para volver a escribir cada problema con un divisor de número entero.

a. $0.04\overline{)2.7}$ b. $7.25\overline{)0.39}$ c. $0.27\overline{)9}$ d. $0.63\overline{)52}$

16 ¿Qué hace que las partes a, c y d del ejercicio 15 sean complicadas?

____

____

Camino al conocimiento **Dividir.**

17 $0.01\overline{)40}$ 18 $0.03\overline{)0.9}$ 19 $0.12\overline{)48}$ 20 $0.07\overline{)0.49}$

21 $3.21\overline{)6.42}$ 22 $0.25\overline{)7.5}$ 23 $0.11\overline{)990}$ 24 $0.04\overline{)0.16}$

Comprobar la comprensión

Explica por qué multiplicar tanto el dividendo como el divisor por 10 no afecta el cociente.

Nombre ____________________

Mayor, igual, o menor

1 Explora qué sucede cuando se multiplica 4 por diferentes números.

Caso 1: Multiplicar 4 por un número mayor que 1.

4 • **1.5** = ______

4 unidades

1.5 unidades | ? unidades cuadradas

¿Es el producto menor que, mayor o igual a 4?

______

Caso 2: Multiplicar 4 por 1.

4 • **1** = ______

4 unidades

1 unidad | ? unidades cuadradas

¿Es el producto menor que, mayor o igual a 4?

______

Caso 3: Multiplicar 4 por un número mayor que 1.

4 • **0.5** = ______

4 unidades

0.5 unidades | ? unidades cuadradas

¿Es el producto menor que, mayor o igual a 4?

______

2 Multiplica 10 por 1, un número mayor que 1 y un número menor que 1. Di cómo se compara cada producto con 10.

______

______

3 Explora qué sucede cuando se multiplica 3 por diferentes números.

Caso 1: Dividir 3 entre un número mayor que 1.

3 ÷ **1.5** = ______

? unidades

1.5 unidades | 3 unidades cuadradas

¿Es el producto menor que, mayor o igual a 3?

______

Caso 2: Dividir 3 entre 1.

3 ÷ **1** = ______

? unidades

1 unidad | 3 unidades cuadradas

¿Es el producto menor que, mayor o igual a 3?

______

Caso 3: Multiplicar 3 por un número mayor que 1.

3 ÷ **0.5** = ______

? unidades

0.5 unidades | 3 unidades cuadradas

¿Es el producto menor que, mayor o igual a 3?

______

4 Multiplicar 12 por 1, un número mayor que 1 y un número menor que 1. Di cómo cada producto se compara con 12.

______

______

Multiplicar o dividir

Para cada problema, decide si tienes que multiplicar o dividir. Luego resuelve.

Muestra tu trabajo.

5 Una foto mide 2.5 pulgadas por 3.5 pulgadas. ¿Cuál es el área de la foto?

____

6 El Sr. Díaz pagó $5.96 por 4 libras de brócoli. ¿Cuál fue el precio por libra?

____

7 El patio trasero de los Washingtons tiene una superficie de 55.48 metros cuadrados. Si la longitud de la yarda es de 7.6 metros, ¿cuál es el ancho?

____

8 En 1976, la gasolina costaba alrededor de $0.36 por galón. El tanque de gasolina del coche que el Sr. Renzi condujo en ese año tenía 22 galones. ¿Cuánto le costaría llenar su tanque de gasolina?

____

9 El área de una cama king es de 42.2 pies cuadrados. Una cama queen es alrededor de 0.8 veces ese tamaño. ¿Cuál es el área aproximada de una cama queen size? Redondea al décimo de pie cuadrado más cercano.

____

10 Una oficina rectangular tiene un área de 125 pies cuadrados. Si la longitud de la oficina es de 9.5 metros, ¿cuál es el ancho? Redondea al décimo de pie más cercano.

____

Nombre ____________________

Mayor o menor

Resuelve.

11 Amber gana $8.50 por hora ayudando a su vecino. Josie gana 1.3 veces tanto como Amber.

¿Josie gana más o menos que Amber?

____

¿Cuánto gana Josie?

____

12 En la noche de la película, el Consejo Estudiantil vende palomitas de maíz en bolsas de 0.75 onzas. Venden 180 onzas en total.

¿Se vendieron más o menos de 180 bolsas?

____

¿Cuántas bolsas se vendieron?

____

13 Los adhesivos con la mascota de la escuela cuestan $1.15. Manuel compró 9 adhesivos.

¿Manuel gastó más o menos de $9?

____

¿Cuánto gastó Manuel?

____

14 Una mesa es de 1.7 metros de largo y 0.8 metros de ancho.

¿Es el área más o menos de 1.7 metros cuadrados?

____

¿Cuál es el área?

____

15 Caleb está utilizando tiras delgadas de madera para la construcción de un marco de fotos. Una de las franjas tiene una anchura de 1.2 centímetros y un área de 24.96 centímetros cuadrados.

¿Es la longitud de la tira más o menos de 24.96 centímetros?

____

¿Cuál es la longitud de la tira?

____

¿Cuál es mayor?

Resolver sin hacer los cálculos.

16 ¿Cuál es mayor, 18 • 76 o 76 ÷ 18? ¿Cómo lo sabes?

17 ¿Cuál es mayor, 0.37 • 45 o 45 ÷ 0.37? ¿Cómo lo sabes?

18 ¿Cuál es mayor, 81 ÷ 12 o 81 ÷ 0.12? ¿Cómo lo sabes?

19 ¿Cuál es mayor, 23 • 67 o 0.23 • 67? ¿Cómo lo sabes?

Nombre ________________________________

¿Cuántos lugares decimales?

Utiliza el hecho de que 39 · 74 = 2,886 para resolver cada problema.

20. $0.39 \cdot 7{,}400 =$ ______
21. $0.39 \cdot 740 =$ ______
22. $0.39 \cdot 74 =$ ______
23. $39 \cdot 7.4 =$ ______
24. $0.74\overline{)2{,}886}$
25. $0.74\overline{)288.6}$
26. $0.74\overline{)28.86}$
27. $74\overline{)288.6}$
28. $3.9 \cdot 740 =$ ______
29. $3.9 \cdot 74 =$ ______
30. $3.9 \cdot 7.4 =$ ______
31. $39 \cdot 0.74 =$ ______
32. $7.4\overline{)2{,}886}$
33. $7.4\overline{)288.6}$
34. $7.4\overline{)28.86}$
35. $74\overline{)28.86}$

Camino al conocimiento **Resuelve.**

36. $0.7 \cdot 0.3 =$ ______
37. $0.06 \cdot 7 =$ ______
38. $8 \cdot 0.4 =$ ______
39. $3.02\overline{)90.6}$
40. $3.2\overline{)2.4}$
41. $0.06\overline{)54}$
42. $0.2\overline{)0.95}$
43. $\begin{array}{r} 0.09 \\ \times \quad 52 \\ \hline \end{array}$
44. $\begin{array}{r} 8.5 \\ \times \ 4.2 \\ \hline \end{array}$
45. $\begin{array}{r} 7.2 \\ \times \ 0.25 \\ \hline \end{array}$
46. $\begin{array}{r} 18 \\ \times \ 0.6 \\ \hline \end{array}$

¿Cuántos lugares decimales? (continuación)

Resuelve.

47 $0.09 \cdot 0.7 =$ ______

48 $50 \cdot 0.5 =$ ______

49 $1.2 \cdot 1.2 =$ ______

50 $0.8\overline{)25.6}$

51 $0.07\overline{)2.45}$

52 $1.2\overline{)0.9}$

53 $0.2\overline{)0.01}$

54 $\begin{array}{r} 0.8 \\ \times\ 6.1 \\ \hline \end{array}$

55 $\begin{array}{r} 0.33 \\ \times\ 29 \\ \hline \end{array}$

56 $\begin{array}{r} 0.46 \\ \times\ 56 \\ \hline \end{array}$

57 $\begin{array}{r} 7.5 \\ \times\ 1.9 \\ \hline \end{array}$

El significado del residuo

Resuelve.

Muestra tu trabajo.

58 Zola tiene 575 perlas. Necesita 32 perlas para hacer un collar. ¿Cuántos collares puede hacer ella?

______

59 En un concierto, una banda ganó $495 por la venta de 36 carteles. ¿Cuánto ganan por cartel?

______

60 El Sr. Perelli había hecho 500 onzas de mermelada de frambuesa. Llenó tantos frascos de 32 onzas con mermelada como pudo. ¿Cuánta mermelada sobra?

______

Comprobar la comprensión

Completa estas oraciones con *mayor* o *menor*.

Cuando multiplicas un número *n* por un número mayor que 1, el producto es ______ que *n*.

Cuando multiplicas un número *n* por un número menor que 1, el producto es ______ que *n*.

Nombre ______________________ Fecha ____________

Multiplica o divide

1. $16\overline{)4,940}$

2. $0.6\overline{)33.54}$

3. 7.15×2.4

Resuelve.

Muestra tu trabajo.

4. Hay 30 estudiantes dirigiéndose a un viaje de campo. Si cada automóvil puede llevar 4 estudiantes, ¿cuántos automóviles necesitan?

____

5. Sofía trabaja 24 horas a la semana como salvavidas.
Ella gana $9.75 por hora.
¿Cuánto gana por semana?

____

Comprobar el conocimiento 1

Nombre ______________________ Fecha ______________

Camino al conocimiento

1. $\begin{array}{r} 0.42 \\ \times\ 15 \\ \hline \end{array}$

2. $\begin{array}{r} 0.73 \\ \times\ 52 \\ \hline \end{array}$

3. $\begin{array}{r} 0.17 \\ \times\ 23 \\ \hline \end{array}$

4. $\begin{array}{r} 0.68 \\ \times\ 11 \\ \hline \end{array}$

5. $\begin{array}{r} 0.35 \\ \times\ 62 \\ \hline \end{array}$

6. $\begin{array}{r} 0.92 \\ \times\ 21 \\ \hline \end{array}$

7. $\begin{array}{r} 0.24 \\ \times\ 64 \\ \hline \end{array}$

8. $\begin{array}{r} 0.87 \\ \times\ 29 \\ \hline \end{array}$

9. $\begin{array}{r} 0.48 \\ \times\ 33 \\ \hline \end{array}$

10. $\begin{array}{r} 0.39 \\ \times\ 24 \\ \hline \end{array}$

11. $\begin{array}{r} 0.41 \\ \times\ 35 \\ \hline \end{array}$

12. $\begin{array}{r} 0.46 \\ \times\ 14 \\ \hline \end{array}$

13. $\begin{array}{r} 0.65 \\ \times\ 28 \\ \hline \end{array}$

14. $\begin{array}{r} 0.28 \\ \times\ 32 \\ \hline \end{array}$

15. $\begin{array}{r} 0.57 \\ \times\ 19 \\ \hline \end{array}$

Nombre ______________________________

Comparación de fracciones unitarias y decimales

La barra en la parte superior representa una sandía entera. A continuación se presentan fracciones unitarias y decimales unitarios al dividir la sandía en partes iguales.

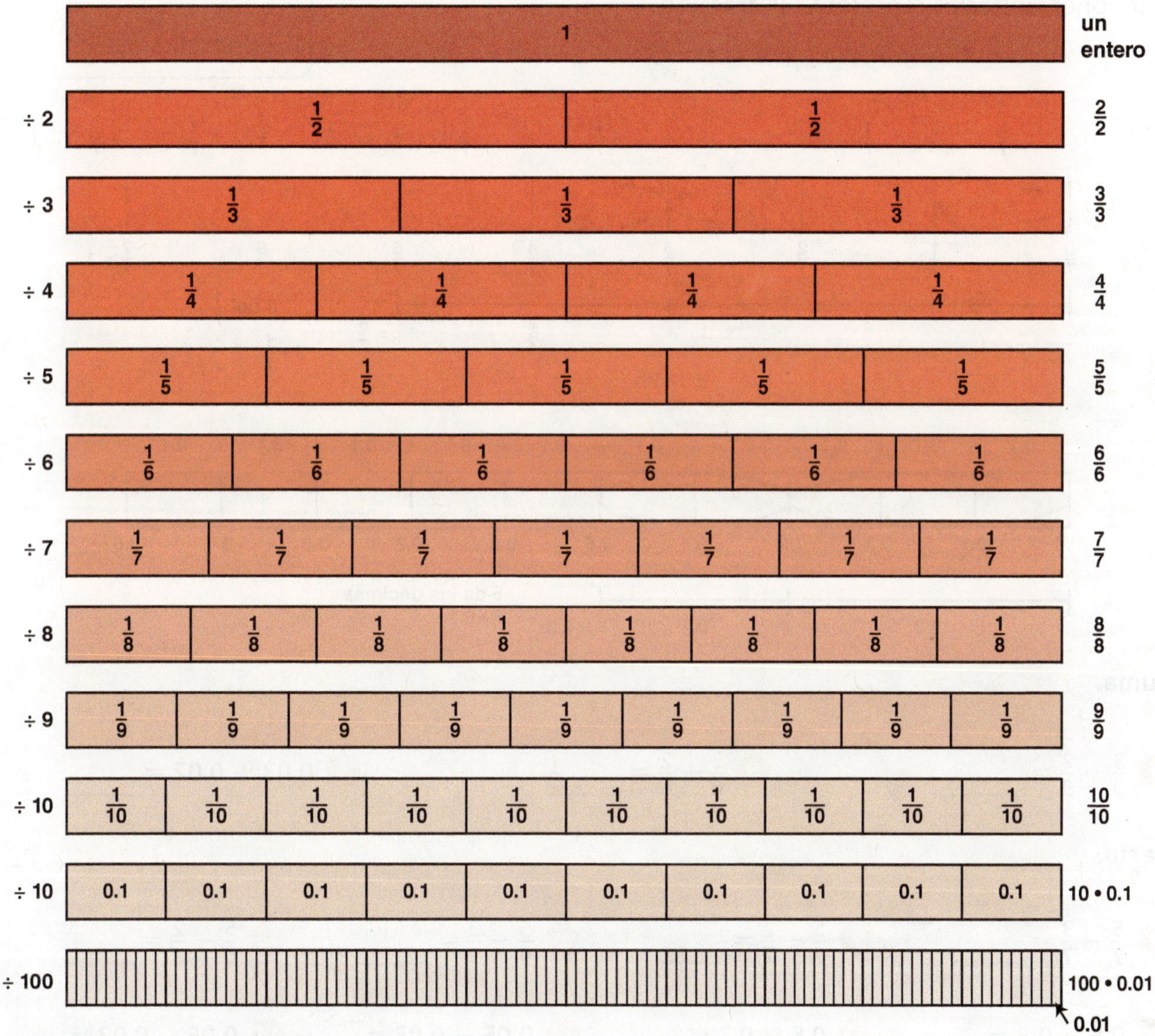

Cuanto mayor sea el número divisor, menor es la fracción unitaria o decimal. El denominador de la fracción y el decimal muestran el divisor. Por lo tanto, un mayor denominador o lugar decimal significa que el entero se divide en partes más pequeñas.

1. 4 > 3, pero $\frac{1}{4}$ ◯ $\frac{1}{3}$

2. 100 > 10, pero 0.01 ◯ 0.1

3. 1,000 > 100, pero 0.001 ◯ 0.01

Camino al conocimiento

Sumar y restar fracciones unitarias y decimales

VOCABULARIO
numerador
denominador común

El **denominador** de una fracción indica el número de partes iguales en que se divide el entero y, por tanto, el número de fracciones unitarias que se realizan. El **numerador** indica cuántas de estas fracciones unitarias representa la fracción.

numerador → n
denominador → d

$\frac{n}{d}$

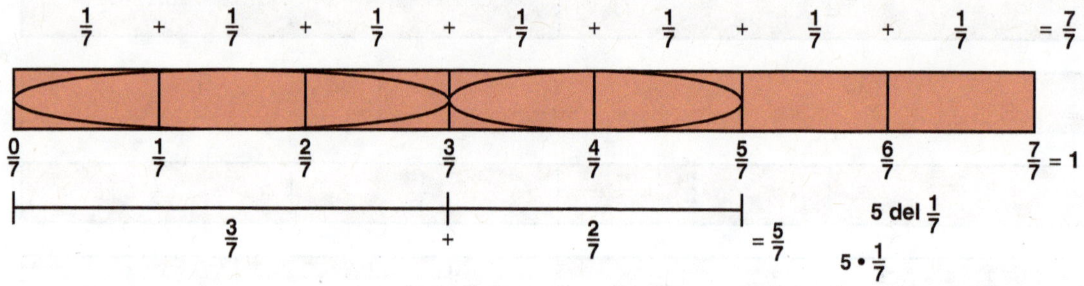

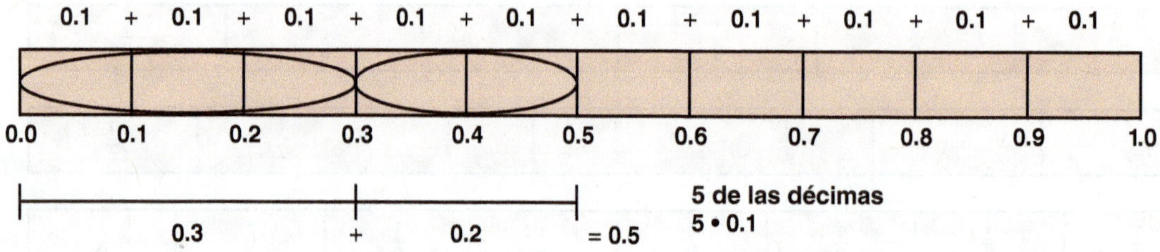

Suma.

4. $\frac{3}{9} + \frac{2}{9} =$ ______
5. $\frac{3}{6} + \frac{2}{6} =$ ______
6. $0.03 + 0.02 =$ ______

Resta.

7. $\frac{5}{7} - \frac{3}{7} =$ ______
8. $\frac{5}{7} - \frac{2}{7} =$ ______
9. $\frac{5}{9} - \frac{3}{9} =$ ______
10. $\frac{5}{6} - \frac{2}{6} =$ ______
11. $0.5 - 0.3 =$ ______
12. $0.5 - 0.2 =$ ______
13. $0.05 - 0.03 =$ ______
14. $0.05 - 0.02 =$ ______

Para sumar o restar fracciones con igual denominador, suma o resta los numeradores.

Para sumar o restar decimales con lugares iguales suma o resta los números en los lugares.

Nombre ______________________________

Hablar de sumar y restar números mixtos

Sumar números mixtos sumando números enteros y fracciones.
Puede que necesites hacer un nuevo grupo después de la suma.

Ejemplo 1 $1\frac{3}{5} + 2\frac{2}{5}$

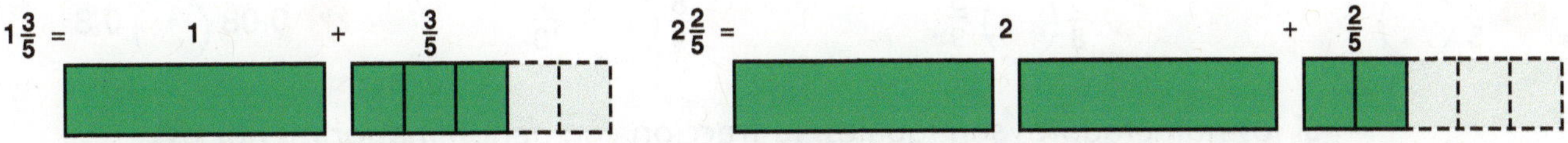

A. $1\frac{3}{5} + 2\frac{2}{5} = 1 + \frac{3}{5} + 2 + \frac{2}{5} = 1 + 2 + \frac{3}{5} + \frac{2}{5} = 3 + \frac{5}{5} = 3 + 1 = 4$

B.
$$\begin{array}{r} 1\frac{3}{5} \\ +\ 2\frac{2}{5} \\ \hline 3\frac{5}{5} \end{array} = 3 + 1 = 4$$

Resta números mixtos al desagrupar un 1 si es necesario.
Luego resta números enteros y resta fracciones.

Ejemplo 2 $2\frac{2}{5} - 1\frac{3}{5}$

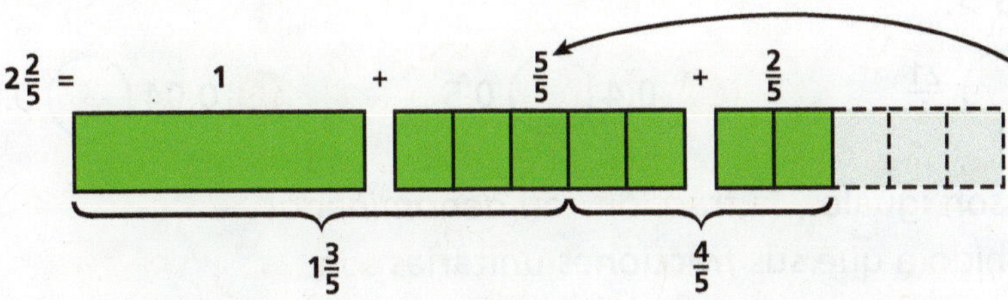

Desagrupación de $1\frac{5}{5}$ por lo que puedes restar $\frac{3}{5}$ de $2\frac{2}{5}$

Método de Suzy

$$2\frac{2}{5} = 1 + \frac{5}{5} + \frac{2}{5}$$
$$-\ 1\frac{3}{5} = 1 + \frac{3}{5}$$
$$\frac{2}{5} + \frac{2}{5} = \frac{4}{5}$$

de $\frac{3}{5}$ a $\frac{5}{5}$ a $\frac{2}{5} + \frac{2}{5} = \frac{4}{5}$.

Cuento de $\frac{3}{5}$ a $\frac{5}{5}$; Eso es $\frac{2}{5}$.

Sumo $\frac{2}{5} + \frac{2}{5}$. Eso es $\frac{4}{5}$.

Método de Ian

$$\begin{array}{r} \overset{1}{\cancel{2}}\overset{\frac{7}{5}}{\cancel{\frac{2}{5}}} \\ -\ 1\frac{3}{5} \\ \hline \frac{4}{5} \end{array}$$

Método de Youngshim

$$2 + \frac{2}{5} = 1 + \frac{7}{5}$$
$$-\ 1 + \frac{3}{5} = 1 + \frac{3}{5}$$
$$0 + \frac{4}{5} = \frac{4}{5}$$

Camino al conocimiento Práctica con fracciones y decimales

Completa cada enunciado con $<$ o $>$.

15 $\frac{1}{5} \bigcirc \frac{1}{4}$ 16 $\frac{1}{8} \bigcirc \frac{1}{9}$ 17 $\frac{2}{5} \bigcirc \frac{2}{7}$ 18 $0.6 \bigcirc 0.06$

19 $\frac{3}{5} \bigcirc \frac{3}{4}$ 20 $\frac{5}{8} \bigcirc \frac{5}{9}$ 21 $\frac{8}{9} \bigcirc \frac{8}{10}$ 22 $0.08 \bigcirc 0.8$

Si los numeradores son iguales, la fracción con *denominador menor* es *mayor* debido a que sus fracciones unitarias son mayores.

Completa cada enunciado con $<$ o $>$.

23 $2\frac{4}{5} \bigcirc 3\frac{1}{5}$ 24 $6\frac{1}{3} \bigcirc 7\frac{1}{2}$ 25 $2.9 \bigcirc 3.01$ 26 $4\frac{3}{7} \bigcirc 4\frac{6}{7}$

Para números mixtos, si los números enteros son diferentes, el número con el mayor número entero es mayor. Si los números enteros son iguales, el número con la mayor parte de fracción o decimal es mayor.

Completa cada enunciado con $<$ o $>$.

27 $\frac{5}{8} \bigcirc \frac{3}{8}$ 28 $\frac{20}{3} \bigcirc \frac{21}{3}$ 29 $0.4 \bigcirc 0.5$ 30 $0.04 \bigcirc 0.05$

Si los numeradores son iguales, la fracción con *denominador menor* es *mayor* debido a que sus fracciones unitarias son mayores.

Suma o resta. Si la respuesta es igual o mayor que 1, escribe la respuesta como un número entero o mixto.

31 $\frac{3}{5} + \frac{4}{5} =$ ______ 32 $\frac{7}{8} - \frac{6}{8} =$ ______ 33 $3\frac{2}{6} + 4\frac{5}{6} =$ ______

34 $6.1 - 2.2$

35 $6\frac{1}{3} - 2\frac{2}{3}$

36 $14.32 - 9.56$

37 $6\frac{2}{7} - 3\frac{5}{7}$

Comprobar la comprensión

Haz un dibujo para mostrar la resta en el ejercicio 35.

Nombre ______________________________

VOCABULARIO
fracciones equivalentes

¿Qué son las fracciones equivalentes?

Cada barra de fracción muestra una fracción equivalente a $\frac{5}{6}$.

$\frac{5}{6}$ 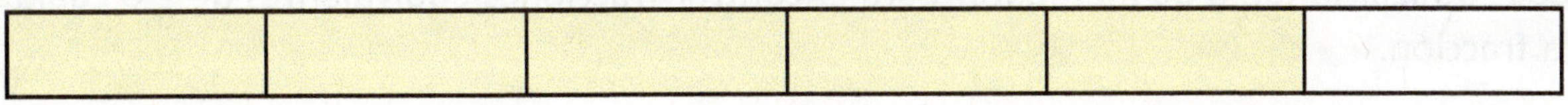

A. Divide cada sexto en dos partes iguales para hacer 10 doceavos.

$\frac{10}{12}$ 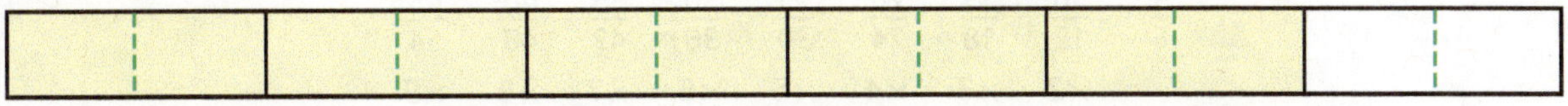

Numéricamente: $\frac{5 \cdot 2}{6 \cdot 2} = \frac{10}{12}$. Tenemos más partes pero más pequeñas.

B. Divide cada sexto en tres partes iguales para hacer 15 dieciochoavos.

$\frac{15}{18}$ 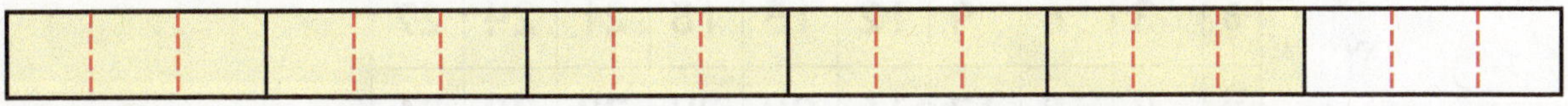

Numéricamente: $\frac{5 \cdot 3}{6 \cdot 3} = \frac{15}{18}$. Tenemos más partes pero más pequeñas.

C. Divide cada sexto en cuatro partes iguales para hacer 20 cuartos.

$\frac{20}{24}$ 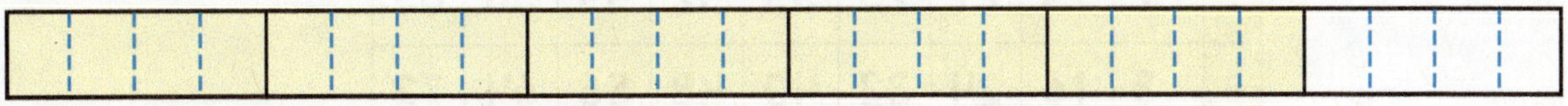

Numéricamente: $\frac{5 \cdot 4}{6 \cdot 4} = \frac{20}{24}$. Tenemos más partes pero más pequeñas.

Puedes hacer fracciones equivalentes al

- Multiplicar para hacer más partes, pero más pequeñas, como en los ejemplos anteriores.
- Dividir para hacer menos piezas, pero más grandes.

Por ejemplo, para simplificar $\frac{10}{12}$, forma grupos de dos doceavas partes para obtener 5 sextos.

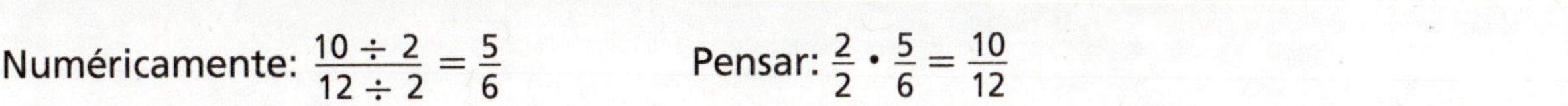

Numéricamente: $\frac{10 \div 2}{12 \div 2} = \frac{5}{6}$ Pensar: $\frac{2}{2} \cdot \frac{5}{6} = \frac{10}{12}$

Ver fracciones equivalentes en las tablas de multiplicar

Puedes utilizar la tabla de multiplicar para encontrar fracciones equivalentes de $\frac{5}{6}$ o cualquier otra fracción.

	×2	×3	×4	×5	×6	×7	×8	×9
$\frac{5}{6}$	$\frac{10}{12}$	$\frac{15}{18}$	$\frac{20}{24}$	$\frac{25}{30}$	$\frac{30}{36}$	$\frac{35}{42}$	$\frac{40}{48}$	$\frac{45}{54}$
	×2	×3	×4	×5	×6	×7	×8	×9

●	1	2	3	4	5	6	7	8	9
1	1	2	3	4	5	6	7	8	9
2	2	4	6	8	10	12	14	16	18
3	3	6	9	12	15	18	21	24	27
4	4	8	12	16	20	24	28	32	36
5	5	10	15	20	25	30	35	40	45
6	6	12	18	24	30	36	42	48	54
7	7	14	21	28	35	42	49	56	63
8	8	16	24	32	40	48	56	64	72
9	9	18	27	36	45	54	63	72	81

Utiliza la tabla de multiplicar para escribir fracciones equivalentes a la fracción dada.

1. $\frac{3}{5}$ = ___ = ___ = ___ = ___ = ___ = ___ = ___ = ___

2. $\frac{4}{7}$ = ___ = ___ = ___ = ___ = ___ = ___ = ___ = ___

Nombre ______________________________

Hallar un denominador común

Ejemplo 1 $\frac{4}{5} + \frac{3}{10}$

Solución de Jo Anne

Miro los denominadores para ver por cuánto tengo que multiplicar

$$\frac{4}{5} + \frac{3}{10} = \frac{4 \cdot 2}{5 \cdot 2} + \frac{3}{10} = \frac{8}{10} + \frac{3}{10} = \frac{11}{10} = 1\frac{1}{10}$$

$\cdot 2$

Solución de Mark:

Veo $5 \cdot 2 = 10$.

$\frac{4 \cdot}{5 \cdot 2} = \frac{\ }{10}$

Así, multiplico 4 y 5 por 2.

$\frac{4 \cdot 2}{5 \cdot 2} = \frac{\ }{10}$

Hallar cuántos décimos.

$\frac{4 \cdot 2}{5 \cdot 2} = \frac{8}{10}$

Ahora puedo sumar.

$\frac{4}{5} + \frac{3}{10} = \frac{8}{10} + \frac{3}{10}$

$= \frac{11}{10} = 1\frac{1}{10}$

Para comparar, sumar o restar dos fracciones cuando el denominador de una es un factor del denominador de la otra, cambiar la fracción con denominador menor a una fracción equivalente que utiliza el mayor denominador.

Ejemplo 2 0.2 + 0.03

Solución de Shauna:

0.2 son dos monedas de diez centavos. Son 20 centavos, así que 0.2 = 0.20.Sumo los lugares iguales.

$$\begin{array}{r} 0.20 \\ +\ 0.03 \\ \hline 0.23 \end{array}$$

Para comparar, sumar o restar decimales con números diferentes de lugares, poner ceros en el final del decimal con menos lugares para hacer que el número de lugares decimales sea igual en los dos números.

Comparar, sumar, o restar. Si la respuesta es igual o mayor que 1, escribe la respuesta como un número entero o mixto.

3. 0.07 ◯ 0.4
4. 0.1 ◯ 0.06
5. $\frac{2}{5}$ ◯ $\frac{8}{15}$
6. $\frac{3}{4}$ ◯ $\frac{8}{12}$
7. $\frac{5}{6} - \frac{11}{24} =$ ____________
8. 0.4 − 0.08 = ____________
9. 0.3 − 0.02 = ____________
10. $\frac{4}{5} + \frac{17}{30} =$ ____________

¿Cuál es el error?

Estimados estudiantes de matemáticas:

Mi amiga Wendy tuvo una fiesta de pizza. Después de la fiesta, tenía $\frac{1}{3}$ de una pizza de queso restante. También tenía $\frac{1}{6}$ de una pizza de pepperoni. Le dije a Wendy que al juntar las porciones, tendrá $\frac{2}{9}$ de una pizza entera. Ella dice que no puede ser correcto.

¿Me puedes ayudar a averiguar mi error? ¿Cuánto tiene Wendy de la pizza entera?

Tu amigo,
el Pingüino Confundido

11 Escribe una respuesta a Pingüino Confundido.

____

____

____

____

____

____

Comprobar la comprensión

Completa la oración.

Para escribir una fracción como una fracción equivalente, puedes ______________ o ______________ el numerador y el denominador por el mismo número.

Nombre ______________________________

VOCABULARIO
factor común
denominador común

Denominadores comunes para otros casos

Caso 1: Denominadores con ningún factor común excepto el 1

$\frac{2}{3} + \frac{5}{4}$

Solución de Virginia: Necesito encontrar un denominador común. 3 • 4 es 12. Por lo tanto, si multiplico el numerador y el denominador de cada fracción por el factor de otro, ambos tendrán el denominador 12.

$$\frac{2 \cdot 4}{3 \cdot 4} + \frac{5 \cdot 3}{4 \cdot 3} = \frac{8}{12} + \frac{15}{12}$$
$$= \frac{23}{12} = 1\frac{11}{12}$$

Suma o resta. Si la respuesta es igual o mayor que 1, escribe la respuesta como un número entero o mixto.

1. $\frac{4}{5} + \frac{2}{3} =$ ______________________________

2. $\frac{3}{5} - \frac{1}{6} =$ ______________________________

Caso 2: Denominadores con un factor común mayor que 1 que no es uno de los números

$\frac{3}{4} + \frac{5}{6}$

Solución de Roger: Pienso en un número que es múltiplo de ambos denominadores. 12 es un múltiplo de 4 y 6. Entonces pienso por qué tengo que multiplicar el denominador de cada fracción para obtener 12. Multiplico el numerador y el denominador por ese número.

$$\frac{3}{4} + \frac{5}{6} = \frac{3 \cdot 3}{4 \cdot 3} + \frac{5 \cdot 2}{6 \cdot 2}$$
$$= \frac{9}{12} + \frac{10}{12}$$
$$= \frac{19}{12} = 1\frac{7}{12}$$

Solución de Serena: Si no puedo pensar en un múltiplo común, simplemente utilizo el método de Virginia y multiplico el numerador y el denominador de cada fracción por el otro factor.

$$\frac{3}{4} + \frac{5}{6} = \frac{18}{24} + \frac{20}{24}$$
$$= \frac{38}{24} = 1\frac{14}{24} = 1\frac{7}{12}$$

Suma o resta. Si la respuesta es igual o mayor que 1, escribe la respuesta como un número entero o mixto.

3. $\frac{5}{6} + \frac{3}{8} =$ ______________________________

4. $\frac{5}{9} - \frac{1}{6} =$ ______________________________

Práctica con denominadores comunes

Completa cada enunciado con < o >.

5 $\frac{5}{6} \bigcirc \frac{7}{9}$

6 $\frac{5}{8} \bigcirc \frac{4}{6}$

7 $\frac{5}{7} \bigcirc \frac{3}{4}$

8 $\frac{3}{5} \bigcirc \frac{2}{3}$

Suma o resta. Si la respuesta es igual o mayor que 1, escribe la respuesta como un número entero o mixto.

9 $\frac{5}{6} + \frac{1}{4} =$ ______

10 $\frac{2}{5} + \frac{4}{7} =$ ______

11 $3\frac{4}{5} + 6\frac{2}{3} =$ ______

12 $4\frac{1}{2} + 2\frac{5}{9} =$ ______

13 $6\frac{7}{10} - 5\frac{7}{8} =$ ______

14 $7\frac{2}{3} - 1\frac{3}{4} =$ ______

15 Una receta requiere $\frac{1}{3}$ de taza de harina. Otra receta requiere $\frac{3}{4}$ de taza de harina.
¿Cuántas tazas de harina necesita para hacer ambas recetas?

______

Comprobar la comprensión

Explica cómo encontrar un denominador común para dos fracciones cuando un denominador es un múltiplo del otro.

Nombre ______________________________

VOCABULARIO
mínimo común múltiplo

Estrategias para denominadores comunes

1 Los denominadores de varios pares de fracciones se muestran a continuación.

4, 8   4, 3   4, 6   5, 10   5, 7   8, 12   6, 8   6, 12   6, 7

Escribe cada par de denominadores al lado del caso que mejor lo describe. Piensa en la estrategia que deseas utilizar para hallar un denominador común del par.

Caso A Un denominador es un factor del otro.	**Caso B** Los denominadores no tienen factores comunes distintos de 1.	**Caso C** Los denominadores tienen un factor común que no es uno de los números y no es 1.
______________	______________	______________

Mínimo común múltiplo

2 El **mínimo común múltiplo (mcm)** de dos números es el menor número que es un múltiplo de ambos números. Halla el mcm de cada par de números.

a. 4, 6 ________   **b.** 4, 10 ________   **c.** 6, 8 ________   **d.** 6, 9 ________

e. 6, 10 ________   **f.** 8, 10 ________   **g.** 8, 12 ________   **h.** 9, 12 ________

i. 10, 12 ________   **j.** 4, 8 ________   **k.** 3, 9 ________   **l.** 5, 9 ________

3 ¿Qué caso representan los pares de la *a* a la *i*? ¿Qué estrategia puedes utilizar para encontrar el mcm?

____

4 ¿Qué caso representan los pares *j* y *k*? ¿Cómo sabes que la respuesta que hallaste es el mcm?

____

5 ¿Qué caso representa el par *l*? ¿Cómo sabes que la respuesta que hallaste es el mcm?

____

El mcm puede ser uno de los denominadores (caso A) o el producto de los denominadores (caso B) o un múltiplo de ambos denominadores (caso C). Siempre podemos utilizar el producto de los denominadores como denominador común.

Resolver problemas del mundo real

Escribe una ecuación y úsala para resolver el problema. Si la respuesta es igual o mayor que 1, escribe la respuesta como un número entero o mixto.

Muestra tu trabajo.

6 En un concurso de salto de rana, la rana que salta más lejos en dos saltos gana. En el segundo salto, tu rana salta $\frac{3}{8}$ de yarda. Ella saltó un total de $\frac{15}{16}$ de yarda. ¿Cuánto fue su primer salto?

____

7 El comité de planificación para una fiesta de clase había comprado 6.5 litros de jugo. Después de la fiesta, tenían 2.75 litros restantes. ¿Cuánto jugo se bebieron en la fiesta de la clase?

____

8 Diana y James están pintando una habitación juntos. Diana pinta $\frac{1}{3}$ de la habitación y James pinta $\frac{1}{4}$ de la habitación. ¿Cuánto de la habitación han pintado?

____

9 Un carpintero corta una pieza de 0.75 metros de largo de un tablero. El resto es 1.5 metros de largo. ¿Cuánto fue el tablero antes de que el carpintero lo cortara?

____

10 Un maestro trajo algunas cuentas coloreadas a clase. Durante la clase, sus estudiantes utilizan $1\frac{2}{9}$ bolsas de cuentas. Sobraron $1\frac{5}{6}$ bolsas. ¿Cuántas bolsas de granos trajo a clase?

____

11 Pedro escribió un acertijo de matemáticas para sus amigos.

Adivina mi número, te diré más:
Réstame de $6\frac{5}{8}$, ¡y tendrás cuatro!

¿Cuál es el número de Pedro?

____

Nombre ______________________

Camino al conocimiento

Mezcla práctica

Suma. Si la respuesta es igual o mayor que 1, escribe la respuesta como un número entero o mixto.

12 $0.04 + 0.1 =$ ________

13 $\frac{2}{3} + 1\frac{2}{9} =$ ________

14 $\frac{3}{7} + \frac{1}{7} =$ ________

15 $\frac{1}{5} + \frac{1}{6} =$ ________

16 $2\frac{3}{10} + 3\frac{1}{4} =$ ________

17 $5.2 + 2.15 =$ ________

Resta. Si la respuesta es igual o mayor que 1, escribe la respuesta como un número entero o mixto.

18 $\frac{2}{3} - \frac{1}{4} =$ ________

19 $1.4 - 0.25 =$ ________

20 $4\frac{2}{5} - 1\frac{3}{10} =$ ________

21 $1\frac{5}{6} - \frac{1}{3} =$ ________

22 $1.37 - 0.4 =$ ________

23 $3\frac{3}{10} - 2\frac{5}{8} =$ ________

24 $\frac{8}{11} - \frac{1}{3} =$ ________

25 $5.6 - 3.04 =$ ________

Estrategias para comparar

Busca patrones en las fracciones y decimales a continuación.

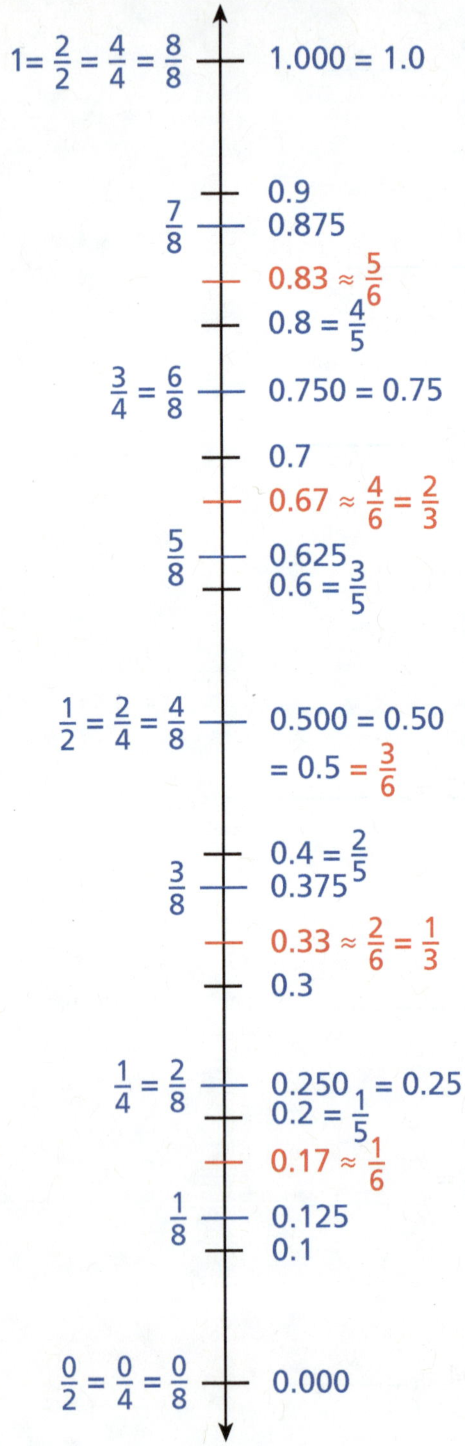

Casos generales para comparar

Caso 1: Igual denominador o número de lugares

La fracción con numerador mayor es mayor. Ignora el punto decimal. El mayor número es mayor.

$\frac{3}{5}$ ◯ $\frac{4}{5}$

$0.7 > 0.5$

Caso 2: Igual numerador o dígitos

La fracción con denominador menor es mayor. El decimal con el dígito al extremo izquierdo que no es cero mayor.

$\frac{6}{9}$ ◯ $\frac{6}{8}$

0.3 ◯ 0.03

Caso 3: Denominadores diferentes

Encuentra fracciones equivalentes con un denominador común para cambiar las fracciones al Caso 1.

$\frac{3}{4}$ ◯ $\frac{2}{3}$

Caso 4: Números mixtos

El número con el mayor número entero es mayor. Si los números enteros son iguales, compara fracciones utilizando los Casos 1 a 3.

$5\frac{1}{8}$ ◯ $2\frac{9}{10}$

$4.7 > 4.07$

Casos especiales para las fracciones

Caso 5: Denominadores son factores de 10 o de 100.

Compara los decimales equivalentes.

$\frac{3}{5}$ ◯ $\frac{4}{10}$

Caso 6: Una fracción $> \frac{1}{2}$. Una fracción $< \frac{1}{2}$.

La fracción $> \frac{1}{2}$ es mayor.

$\frac{5}{8}$ ◯ $\frac{3}{7}$

Utiliza estrategias para comparar.

26. 0.76 ◯ 0.67
27. $\frac{2}{3}$ ◯ $\frac{7}{12}$
28. $1\frac{1}{2}$ ◯ $1\frac{2}{5}$
29. $\frac{5}{8}$ ◯ $\frac{5}{6}$
30. 0.09 ◯ 0.1
31. $\frac{4}{9}$ ◯ $\frac{3}{5}$

Comprobar la comprensión

Completa la oración. Para sumar, restar o comparar fracciones con distinto denominador, halla primero un denominador __________.

Unidad 3
Quiz rápido 2

Nombre ______________________ Fecha __________

Sumar o restar.

1. $\frac{4}{5} - \frac{3}{10} =$ ____________

2. $\frac{2}{3} + \frac{1}{4} =$ ____________

3. $6.7 - 0.85 =$ ____________

4. $9\frac{5}{6} + 3\frac{5}{6} =$ ____________

Resuelve.

Muestra tu trabajo.

5. El jueves, $\frac{3}{4}$ de los estudiantes de la clase de Mario llevaron zapatillas de deporte a la escuela. El viernes, $\frac{7}{10}$ de los estudiantes llevaron zapatillas de deporte. ¿En qué día más estudiantes usaron zapatillas? Explica.

____

____

____

____

____

____

Comprobar el conocimiento 2

Nombre ______________________ **Fecha** ______________

Camino al conocimiento

1. 3.8×8.2

2. 5.3×7.2

3. 7.3×4.3

4. 6.8×1.9

5. 8.1×4.4

6. 3.9×1.6

7. 6.4×3.9

8. 9.8×2.5

9. 8.3×7.4

10. 4.8×1.3

11. 6.6×2.8

12. 9.1×5.4

13. 9.3×8.7

14. 8.9×6.1

15. 7.2×5.6

Nombre ____________________

Multiplicar por fracciones y decimales menores que 1

Ejemplo 1

A. $0.1 \cdot 4 = 0.1(1 + 1 + 1 + 1) = 0.1 + 0.1 + 0.1 + 0.1 = 0.4 = 4 \div 10$

$\frac{1}{10} \cdot 4 = \frac{1}{10}(1 + 1 + 1 + 1) = \frac{1}{10} + \frac{1}{10} + \frac{1}{10} + \frac{1}{10} = \frac{4}{10} = 4 \div 10$

B. $0.2 \cdot 4 = 2 \cdot 0.1 \cdot 4 = 2 \cdot 0.4 = 0.8$ Por lo tanto, $0.2 \cdot 4 = (4 \div 10) \cdot 2$.

$\frac{2}{10} \cdot 4 = 2 \cdot \frac{1}{10} \cdot 4 = 2 \cdot \frac{4}{10} = \frac{8}{10}$ Por lo tanto, $\frac{2}{10} \cdot 4 = (4 \div 10) \cdot 2$.

Ejemplo 2

Recuerda, cualquier número entero puede escribirse como una fracción que tiene un denominador de 1. Por lo tanto, $4 = \frac{4}{1}$ y $w = \frac{w}{1}$.

A. $\frac{1}{d} \cdot w = \frac{1}{d} \cdot \frac{w}{1} = \frac{1 \cdot w}{d \cdot 1} = \frac{w}{d}$

$\frac{1}{3} \cdot 4 = \frac{1}{3} \cdot \frac{4}{1} = \frac{1 \cdot 4}{3 \cdot 1} = \frac{4}{3}$

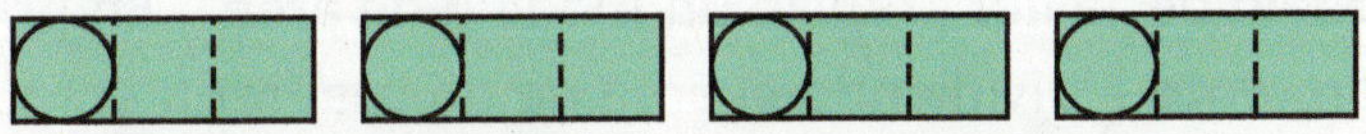

$\frac{1}{3}$ de los 4 rectángulos es $\frac{1}{3} + \frac{1}{3} + \frac{1}{3} + \frac{1}{3} = \frac{4}{3}$.

B. $\frac{n}{d} \cdot w = \frac{n}{d} \cdot \frac{w}{1} = \frac{n \cdot w}{d \cdot 1} = \frac{n \cdot w}{d}$

$\frac{2}{3} \cdot 4 = \frac{2}{3} \cdot \frac{4}{1} = \frac{2 \cdot 4}{3 \cdot 1} = \frac{8}{3}$

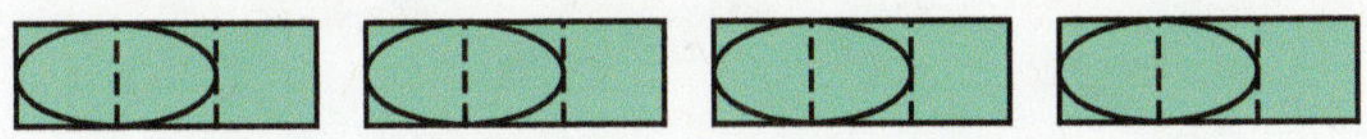

$\frac{2}{3}$ de los 4 rectángulos es $\frac{2}{3} + \frac{2}{3} + \frac{2}{3} + \frac{2}{3} = \frac{8}{3}$.

C. $w \cdot \frac{n}{d} = \frac{w}{1} \cdot \frac{n}{d} = \frac{w \cdot n}{1 \cdot d} = \frac{w \cdot n}{d}$

$4 \cdot \frac{2}{3} = \frac{4}{1} \cdot \frac{2}{3} = \frac{4 \cdot 2}{1 \cdot 3} = \frac{8}{3}$

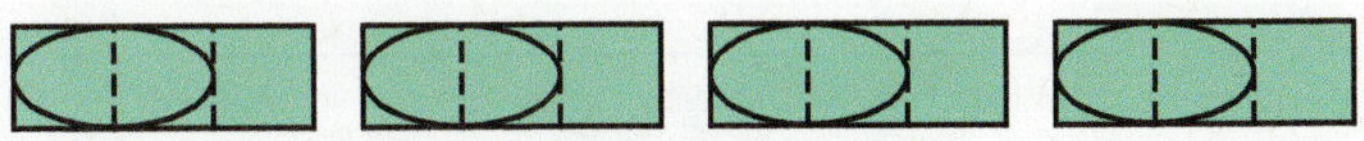

4 grupos de $\frac{2}{3}$ es $\frac{2}{3} + \frac{2}{3} + \frac{2}{3} + \frac{2}{3} = \frac{8}{3}$.

Multiplicar un número *n* por una fracción menor que 1 produce un producto menor que *n* porque se está tomando sólo una parte de *n*.

Multiplicación de fracciones

Ejemplo

$\frac{a}{b} \cdot \frac{c}{d} = \frac{a \cdot c}{b \cdot d}$ $\qquad$ $\frac{2}{3} \cdot \frac{4}{5} = \frac{2 \cdot 4}{3 \cdot 5} = \frac{8}{15}$

Aquí hay dos maneras diferentes de representar el producto de $\frac{2}{3}$ y $\frac{4}{5}$.

Modelo de Ginny "Yo uso una recta numérica". Primero, represento $\frac{4}{5}$ (lazo rojo) y luego separo cada quinto en 3 partes iguales, o tercios (marcas verdes). Esto hace 15 partes iguales en total. Luego tomo $\frac{2}{3}$ de cada quinto (lazos azules), que es $\frac{8}{15}$".

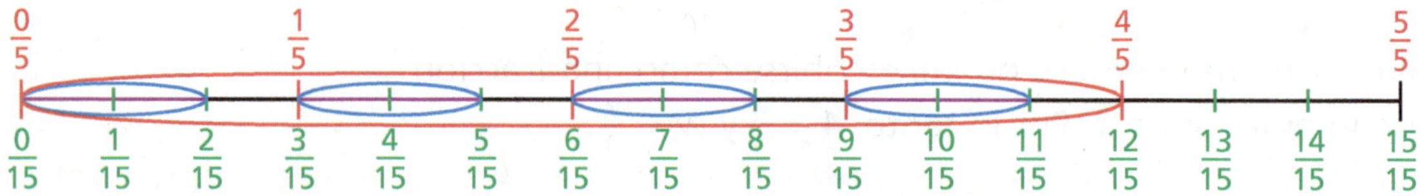

Modelo de Taylor "utilizo un modelo de área". En primer lugar, represento $\frac{4}{5}$ dividiendo el área de un cuadrado en quintos y sombreo 4 de ellos en rojo. Para encontrar $\frac{2}{3}$ de las 4 quintas partes, divido el área en tres partes y sombreo 2 de ellos en azul. Toda el área se divide en quinceavos, y hay 8 quinceavos en los que el sombreado se superpone".

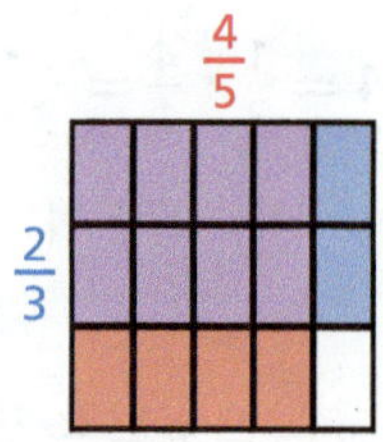

$\frac{2}{3} \cdot \frac{4}{5} = \frac{2 \cdot 4}{3 \cdot 5} = \frac{8}{15}$

1 Explica cómo el modelo de la derecha muestra $\frac{7}{3} \cdot \frac{4}{5}$.

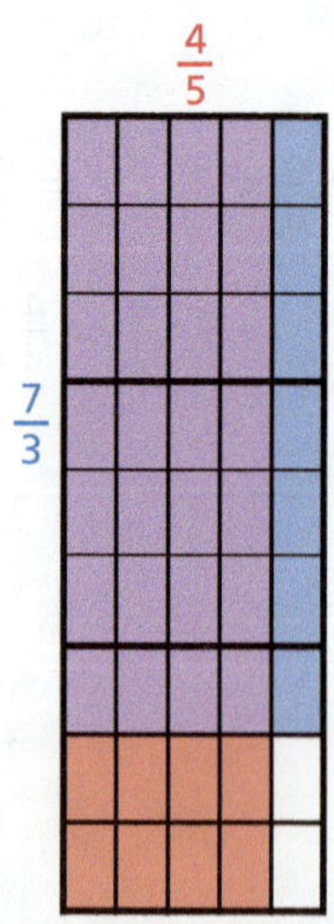

$\frac{7}{3} \cdot \frac{4}{5} = \frac{7 \cdot 4}{3 \cdot 5} = \frac{28}{15} = 1\frac{13}{15}$

Nombre ____________________

Multiplicar en diferentes casos

Multiplica. Si la respuesta es igual o mayor que 1, escribe la respuesta como un número entero o mixto.

2. $\frac{5}{8} \cdot 9 =$ ______
3. $\frac{3}{4} \cdot 6 =$ ______
4. $12 \cdot \frac{5}{6} =$ ______
5. $4 \cdot \frac{2}{7} =$ ______
6. $\frac{3}{5} \cdot \frac{5}{9} =$ ______
7. $\frac{5}{6} \cdot \frac{1}{3} =$ ______
8. $\frac{3}{7} \cdot \frac{1}{8} =$ ______
9. $\frac{1}{2} \cdot \frac{1}{5} =$ ______
10. $\frac{3}{8} \cdot \frac{2}{6} =$ ______

Comenta cómo cada modelo se relaciona con el método escrito para encontrar el producto de $2\frac{3}{5}$ y $4\frac{2}{3}$.

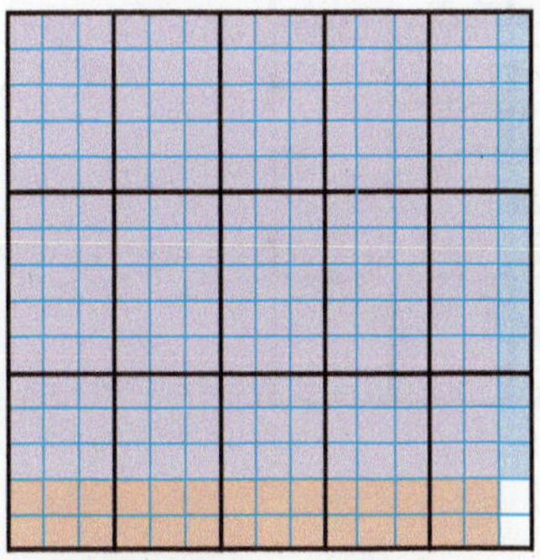

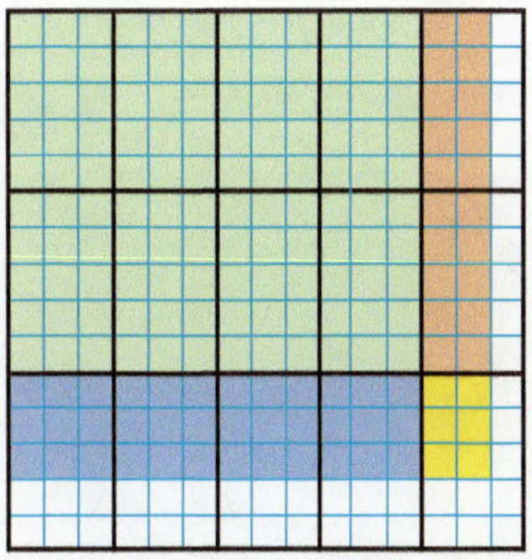

$$2\frac{3}{5} \cdot 4\frac{2}{3}$$
$$= \frac{13}{5} \cdot \frac{14}{3} = 13 \cdot \frac{14}{5} \cdot 3$$
$$= \frac{182}{15} = 12\frac{2}{15}$$

$$2\frac{3}{5} \cdot 4\frac{2}{3} = \left(2 + \frac{3}{5}\right) \cdot \left(4 + \frac{2}{3}\right)$$
$$= (2 \cdot 4) + \left(2 \cdot \frac{2}{3}\right) + \left(\frac{3}{5} \cdot 4\right) + \left(\frac{3}{5} \cdot \frac{2}{3}\right)$$
$$= 8 + \frac{4}{3} + \frac{12}{5} + \frac{6}{15}$$
$$= 8 + \frac{20}{15} + \frac{36}{15} + \frac{6}{15}$$
$$= 8 + \frac{62}{15} = 8 + 4\frac{2}{15} = 12\frac{2}{15}$$

Multiplica.

11. $2\frac{2}{3} \cdot 3\frac{1}{4} =$ ______
12. $3\frac{1}{3} \cdot 4\frac{2}{5} =$ ______
13. $1\frac{2}{7} \cdot 2\frac{3}{8} =$ ______

¿Cuál es el error?

Queridos estudiantes de matemáticas:

¡Estoy plantando un jardín de flores! El espacio que tengo para sembrar es $3\frac{1}{2}$ pies de ancho y $4\frac{1}{2}$ pies de largo. Le dije a mi amiga que el área de mi jardín de flores es $12\frac{1}{4}$ pies cuadrados. Ella dice que yo he cometido un error! ¿Pueden ayudarme a encontrar mi error y el área correcta?

Su amigo,
el Pingüino Confundido

14 Usa este dibujo para explicar el error del Pingüino Confundido. Luego halla el área correcta.

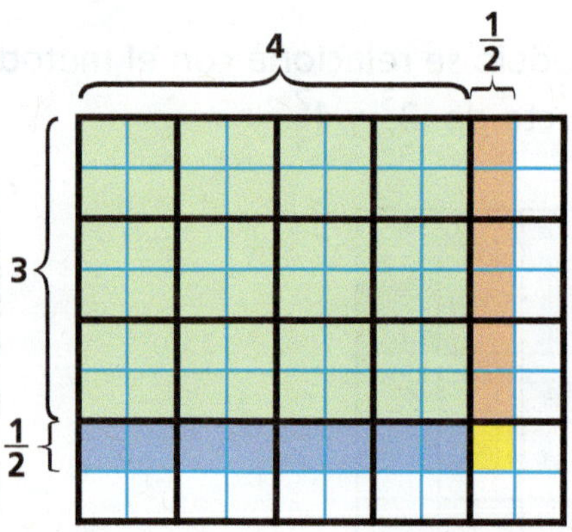

Comprobar la comprensión

Haz un dibujo para mostrar el producto $\frac{2}{3} \cdot \frac{1}{4}$.

Nombre ______________________________

Dividir con fracciones unitarias

Completa los enunciados.

1 Tres amigos dividen igualmente 2 emparedados. ¿Qué parte de un emparedado recibe cada amigo?

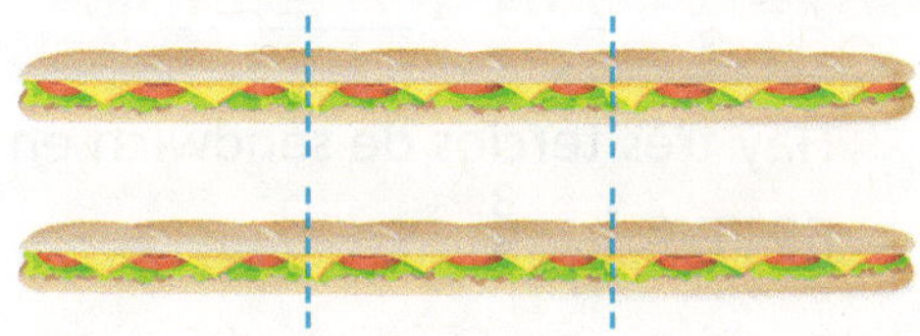

$2 \div 3 = 2 \cdot \frac{1}{3} = \frac{1}{3} + \frac{1}{3} =$ ________

Cada amigo recibe ________ de emparedado.

2 Si los tres amigos dividen igualmente 5 emparedados, ¿qué parte de un emparedado recibirá cada amigo?

$5 \div 3 = 5 \cdot \frac{1}{3}$

$= \frac{1}{3} + \frac{1}{3} + \frac{1}{3} + \frac{1}{3} + \frac{1}{3} =$ ________

Cada amigo recibe ________ de emparedado.

3 Sasha tiene $\frac{1}{3}$ de emparedado. Él lo divide en 2 partes iguales y le da una parte a su hermana. ¿Qué parte de un emparedado recibe su hermana?

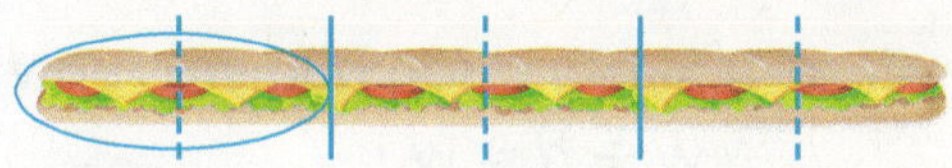

$\frac{1}{3} \div 2 = \frac{1}{3} \cdot \frac{1}{2} =$ ________

Cada hermana recibe ________ de emparedado.

4 Si Sasha había dividido $\frac{1}{3}$ de emparedado en 5 partes iguales, ¿qué parte de un emparedado representaría cada parte?

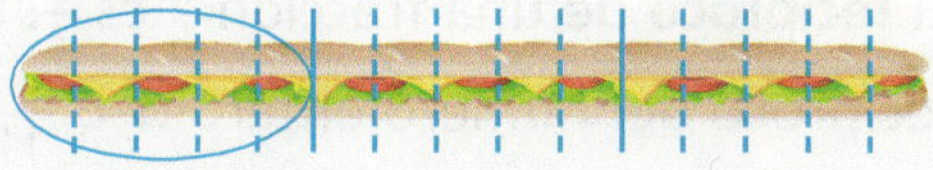

$\frac{1}{3} \div 5 = \frac{1}{3} \cdot \frac{1}{5} =$ ________

Cada parte representa ________ de emparedado.

Dividir con fracciones unitarias (continuación)

VOCABULARIO
recíproco

5 ¿Cuántas porciones de hay en 2 sándwiches?

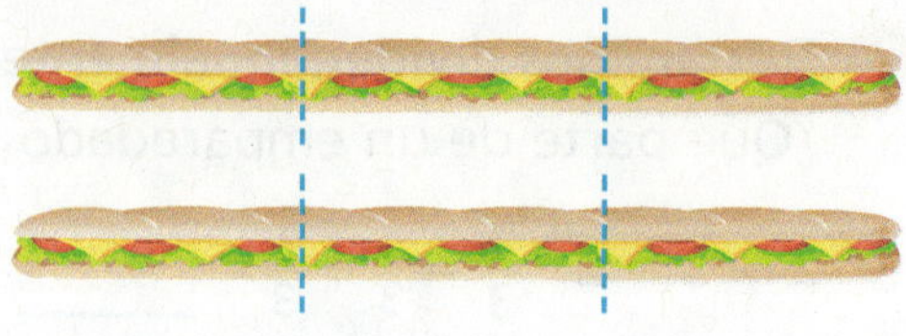

$2 \div \frac{1}{3} = 2 \cdot 3 =$ ________

Hay tres tercios de sándwich en *cada* sándwich porque $1 = \frac{3}{3}$.

Por lo tanto, hay ________ porciones de $\frac{1}{3}$ en total.

6 ¿Cuántas porciones de $\frac{1}{3}$ hay en 5 sándwiches?

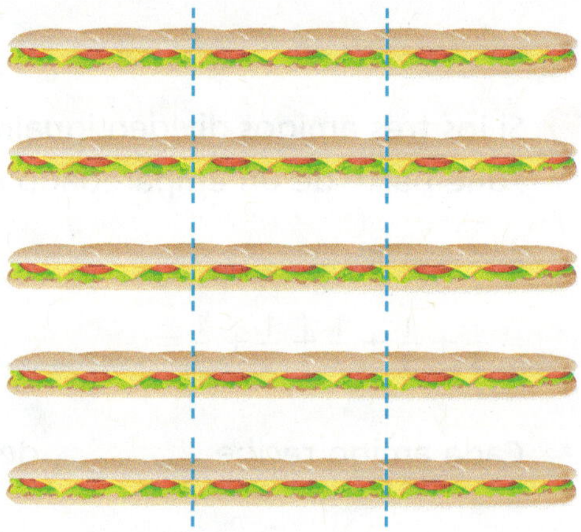

$5 \div \frac{1}{3} = 5 \cdot 3 =$ ________

Hay tres tercios de sándwich en cada sándwich porque $1 = \frac{3}{3}$.

Por lo tanto, hay ________ porciones de $\frac{1}{3}$ en total.

Ya has explorado tres casos de división:

Caso 1: Si w y d son números enteros, y luego $w \div d = w \cdot \frac{1}{d}$.

Caso 2: Si w es un número entero y $\frac{1}{d}$ es una fracción unitaria, luego $\frac{1}{d} \div w = \frac{1}{d} \cdot \frac{1}{w}$.

Case 3: Si w es un número entero y $\frac{1}{d}$ es una fracción unitaria, luego $w \div \frac{1}{d} = w \cdot d$.

El **recíproco** de una fracción $\frac{a}{b}$ es $\frac{b}{a}$. (Por lo tanto, el recíproco del número entero w o $\frac{w}{1}$, es $\frac{1}{w}$.)

Para dividir una fracción unitaria por un número entero o un número entero por una fracción unitaria, multiplica por el recíproco del divisor.

Nombre ______________________

Dividir con fracciones unitarias (continuación)

Escribe el recíproco del divisor para hacer que cada enunciado sea verdadero.

7. $3 \div 4 = 3 \cdot$ ______
8. $10 \div 2 = 10 \cdot$ ______
9. $\frac{1}{6} \div 5 = \frac{1}{6} \cdot$ ______
10. $\frac{1}{3} \div 8 = \frac{1}{3} \cdot$ ______
11. $4 \div \frac{1}{9} = 4 \cdot$ ______
12. $7 \div \frac{1}{2} = 7 \cdot$ ______

Divide en diferentes casos

Divide. Si la respuesta es igual o mayor que 1, escribe la respuesta como un número entero o mixto. Observa el cartel de fracción para ayuda.

13. $5 \div 7 =$ ______
14. $\frac{1}{4} \div 2 =$ ______
15. $8 \div \frac{1}{2} =$ ______
16. $\frac{1}{3} \div 6 =$ ______
17. $9 \div 10 =$ ______
18. $7 \div \frac{1}{9} =$ ______
19. $12 \div \frac{1}{4} =$ ______
20. $\frac{1}{5} \div 5 =$ ______
21. $6 \div 11 =$ ______
22. $\frac{1}{8} \div 12 =$ ______
23. $3 \div 2 =$ ______
24. $9 \div \frac{1}{5} =$ ______
25. $7 \div 3 =$ ______
26. $8 \div \frac{1}{6} =$ ______
27. $\frac{1}{3} \div 9 =$ ______
28. $1 \div 8 =$ ______
29. $\frac{1}{6} \div 3 =$ ______
30. $16 \div 4 =$ ______
31. $\frac{1}{4} \div 11 =$ ______
32. $2 \div \frac{1}{5} =$ ______
33. $6 \div \frac{1}{2} =$ ______

Resolver problemas del mundo real

34 Greenie el saltamontes saltó 3 metros en el tiempo que tardó Tiny la hormiga en arrastrarse $\frac{1}{5}$ de metro. ¿Cuántos veces saltó Greenie la distancia que se arrastró Tiny? Explica tu respuesta.

35 ¿Cuántas veces saltó Greenie la distancia que se arrastró Tiny? Explica tu.

¿Cuál es el error?

Queridos estudiantes de matemáticas:

El problema a continuación fue marcado como incorrecto en mi prueba de matemáticas.

$$\frac{1}{3} \div 4 = \frac{3}{1} \cdot 4 = \frac{3}{1} \cdot \frac{4}{1} = \frac{12}{1} = 12$$

¿Pueden describir mi error y explicar cómo puedo encontrar el cociente correcto? Gracias.

Su amigo
el Pingüino Confundido

36

Comprobar la comprensión

Dibuja un modelo para mostrar $6 \div \frac{1}{2}$.

Nombre ______________________________

¿Es multiplicación o división?

Escribe una ecuación para resolver el problema y predice el tamaño del resultado. Luego resuelve.

1. Sujita hace 6 cuartos de limonada. Su amiga Tess hace $\frac{2}{3}$ esa cantidad de limonada. ¿Cuánta limonada hace Tess? ____________

   ¿Hace Tess menos limonada que Sujita?

   ____

   ____

   Encuentra la cantidad de limonada que hace Tess. ____________

2. Un tractor que sujeta $\frac{1}{7}$ toneladas se utilizará para mover 2 toneladas de tierra. ¿Cuántas veces se llenará el cargador? ____________

   ¿El cargador se llenará más o menos de 2 veces?

   ____

   ____

   ¿Cuántas veces se llenará el cargador? ____________

3. Una artista puede pintar 3 recuadros por hora. Un día, ella pintó por $\frac{1}{2}$ hora. ¿Cuántos recuadros pintó la artista? ____________

   ¿Ella pintará más o menos de 3 recuadros?

   ____

   ____

   Calcula el número de recuadros que la artista pintó. ____________

4. Anthony monta en bicicleta 2 millas. Stephen monta $\frac{1}{3}$ de milla. ¿Cuántas veces la distancia de Stephen monta Anthony? ____________

   ¿Monta Anthony más o menos de dos veces tan lejos como Stephen?

   ____

   ____

   Calcula cuánto monta Anthony. ____________

¿Mayor que o menor que?

Multiplicar por una fracción menor que 1 da una respuesta menor.
Multiplicar por una fracción menor que 1 da una respuesta mayor.

Multiplica o divide. Si la respuesta es igual o mayor que 1, escribe la respuesta como un número entero o mixto.

5. $8 \div 10 =$ ______
6. $4 \cdot \frac{1}{2} =$ ______
7. $\frac{2}{3} \cdot \frac{1}{6} =$ ______
8. $\frac{3}{4} \cdot \frac{3}{4} =$ ______
9. $5 \div \frac{1}{3} =$ ______
10. $\frac{1}{4} \div 7 =$ ______
11. $\frac{5}{3} \cdot \frac{3}{6} =$ ______
12. $7 \div 3 =$ ______
13. $10 \div \frac{1}{5} =$ ______
14. $\frac{5}{8} \cdot \frac{2}{3} =$ ______
15. $\frac{3}{4} \cdot \frac{2}{6} =$ ______
16. $\frac{1}{3} \div 10 =$ ______
17. $3\frac{1}{2} \cdot 5 =$ ______
18. $4 \cdot 1\frac{2}{3} =$ ______
19. $5 \div 4 =$ ______
20. $6 \div \frac{1}{9} =$ ______
21. $3\frac{5}{8} \cdot 2\frac{1}{3} =$ ______
22. $1\frac{2}{5} \cdot 3\frac{1}{3} =$ ______
23. $8 \div 11 =$ ______
24. $\frac{1}{3} \div 6 =$ ______
25. $12 \div \frac{1}{4} =$ ______

Nombre ______________________

Resuelve problemas del mundo real

Resuelve. Si la respuesta es igual o mayor que 1, escribe la respuesta como un número entero o mixto.

Muestra tu trabajo.

26. Para un bocado, los miembros de un club después de la escuela comieron cinco octavos de 24 bagels. ¿Cuántos bagels comió el grupo?

____

27. Una bolsa de semillas se utiliza para sembrar $\frac{1}{4}$ de acre de maíz. ¿Cuántas bolsas de semillas se necesitan para sembrar 10 hectáreas de maíz?

____

28. En un concurso de mirada fija, supongamos que miras fijamente a tu amigo durante 2 minutos sin pestañear. Tu amigo te mira sin pestañear por $\frac{9}{10}$ de ese tiempo. ¿Cuánto tiempo te mira tu amigo?

____

29. Un automóvil viaja 8 millas en 8 minutos. En ese mismo período de tiempo, un perezoso de tres dedos puede viajar $\frac{1}{5}$ de milla. ¿Cuántas veces hizo el automóvil la distancia del perezoso?

____

30. Tres cuartos de un galón de leche permanece en una jarra. Seis amigos quieren compartir la leche equitativamente. ¿Cuánta leche recibe cada amigo?

____

31. Un lote de magdalenas con uvas pasas requiere de $1\frac{1}{4}$ tazas de uvas pasas. ¿Cuántas tazas de uvas pasas se necesitan para $2\frac{1}{2}$ lotes de magdalenas?

____

Práctica con multiplicación y división

Multiplica o divide. Si la respuesta es igual o mayor que 1, escribe la respuesta como un número entero o mixto.

32 $\frac{1}{8} \div 2 =$ ______

33 $9 \div 11 =$ ______

34 $2 \cdot 3\frac{1}{2} =$ ______

35 $\frac{2}{3} \cdot \frac{6}{7} =$ ______

36 $\frac{1}{2} \cdot \frac{5}{8} =$ ______

37 $5 \div \frac{1}{5} =$ ______

38 $\frac{1}{12} \div 6 =$ ______

39 $\frac{8}{9} \cdot 3 =$ ______

40 $\frac{2}{3} \cdot 1\frac{1}{2} =$ ______

41 $\frac{1}{7} \div 3 =$ ______

42 $3 \div \frac{1}{7} =$ ______

43 $\frac{1}{8} \cdot 2 =$ ______

44 $5 \cdot \frac{1}{3} =$ ______

45 $6 \div 5 =$ ______

46 $8 \div \frac{1}{4} =$ ______

Comprobar la comprensión

Dibuja un modelo para representar uno de los problemas en la página 153. Explica cómo el modelo muestra la solución al problema.

Unidad 3
Prueba rápida 3

Nombre ______________________ Fecha ______________

Multiplica o divide

1. $6 \div \frac{1}{10} =$ ____________

2. $\frac{2}{3} \cdot \frac{3}{4} =$ ____________

3. $\frac{1}{2} \div 10 =$ ____________

Resuelve. *Muestra tu trabajo.*

4. Una pieza de queso que pesa $\frac{7}{8}$ de libra se corta en 4 partes iguales. ¿Cuál es el peso en libras de cada parte?

____

5. En una fiesta de pijamas, tres amigos comieron $\frac{5}{8}$ de una pizza. Como refrigerio el día siguiente, los amigos comieron $\frac{1}{2}$ de la pizza sobrante. ¿Qué fracción de la pizza entera no se comieron?

____

Nombre ______________________ Fecha ______________

Camino al conocimiento

1. $\begin{array}{r} 0.25 \\ \times\ 1.3 \\ \hline \end{array}$

2. $\begin{array}{r} 0.63 \\ \times\ 5.2 \\ \hline \end{array}$

3. $\begin{array}{r} 0.37 \\ \times\ 4.3 \\ \hline \end{array}$

4. $\begin{array}{r} 0.77 \\ \times\ 4.3 \\ \hline \end{array}$

5. $\begin{array}{r} 0.63 \\ \times\ 4.1 \\ \hline \end{array}$

6. $\begin{array}{r} 0.49 \\ \times\ 1.8 \\ \hline \end{array}$

7. $\begin{array}{r} 0.24 \\ \times\ 1.1 \\ \hline \end{array}$

8. $\begin{array}{r} 0.63 \\ \times\ 2.5 \\ \hline \end{array}$

9. $\begin{array}{r} 0.81 \\ \times\ 2.7 \\ \hline \end{array}$

10. $\begin{array}{r} 0.23 \\ \times\ 8.7 \\ \hline \end{array}$

11. $\begin{array}{r} 0.17 \\ \times\ 3.6 \\ \hline \end{array}$

12. $\begin{array}{r} 0.52 \\ \times\ 8.3 \\ \hline \end{array}$

13. $\begin{array}{r} 0.16 \\ \times\ 1.4 \\ \hline \end{array}$

14. $\begin{array}{r} 0.11 \\ \times\ 8.6 \\ \hline \end{array}$

15. $\begin{array}{r} 0.93 \\ \times\ 4.7 \\ \hline \end{array}$

Nombre ______________________________

Cómo hallar un factor desconocido

Podemos escribir la división. $\frac{8}{15} \div \frac{2}{3} = n$.

Esto es lo mismo que la multiplicación del factor desconocido $\frac{2}{3} \cdot n = \frac{8}{15}$.

1 En la granja de Gino, hay una zona rectangular en un campo de maíz. Esta sección de bosque tiene $\frac{8}{15}$ millas cuadradas y es de $\frac{2}{3}$ de milla de largo. ¿Qué tan amplia es la sección boscosa?

____

Paso 1
Escribe una ecuación.

$\frac{2}{3} \cdot \frac{?}{?} = \frac{8}{15}$

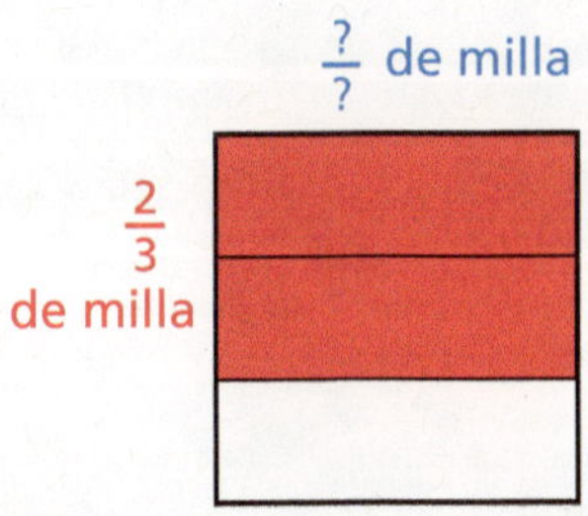

Paso 2
Observa los denominadores.

$\frac{2}{3} \cdot \frac{?}{?} = \frac{8}{15}$

$3 \cdot 5 = 15$

$\frac{?}{?} = \frac{?}{5}$

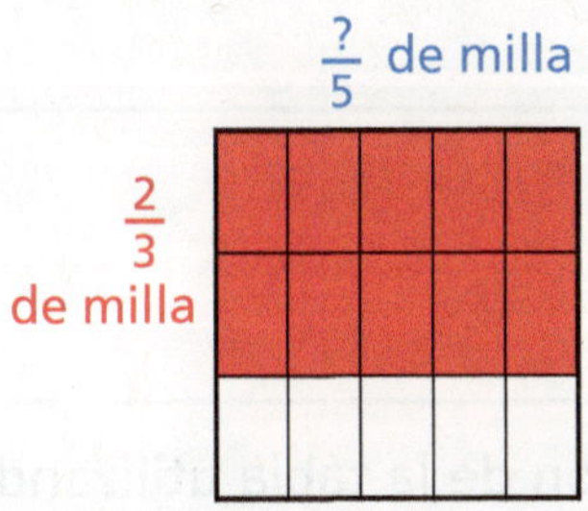

Paso 3
Observa los numeradores.

$\frac{2}{3} \cdot \frac{?}{5} = \frac{8}{15}$

$2 \cdot 4 = 8$

$\frac{?}{5} = \frac{4}{5}$

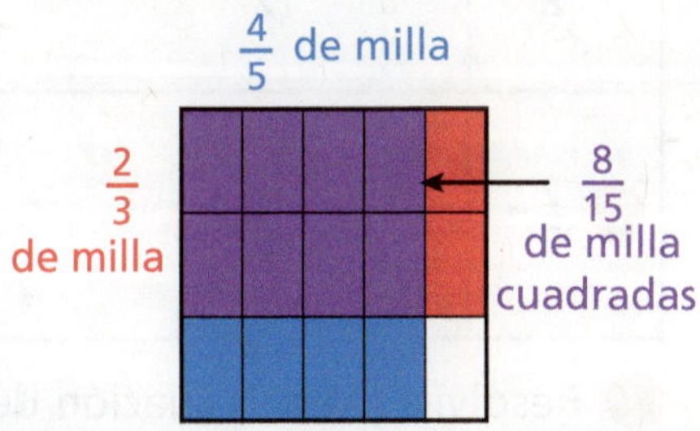

2 Las tazas en un restaurante contienen $\frac{2}{3}$ de taza de chocolate caliente. El restaurante dispone de $\frac{8}{15}$ de taza de chocolate caliente colocado en su pote. ¿Cuántas porciones de $\frac{2}{3}$ de taza hay en el pote?

____

Paso 1 Escribe una ecuación.

$\frac{?}{?} \cdot \frac{2}{3} = \frac{8}{15}$

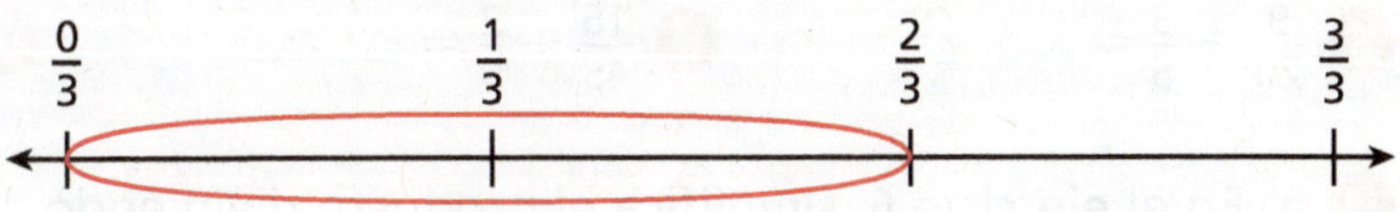

Paso 2 Observa los denominadores.

Divide cada $\frac{1}{3}$ en 5 partes iguales para hacer quinceavos.

$\frac{?}{5} \cdot \frac{2}{3} = \frac{8}{15}$

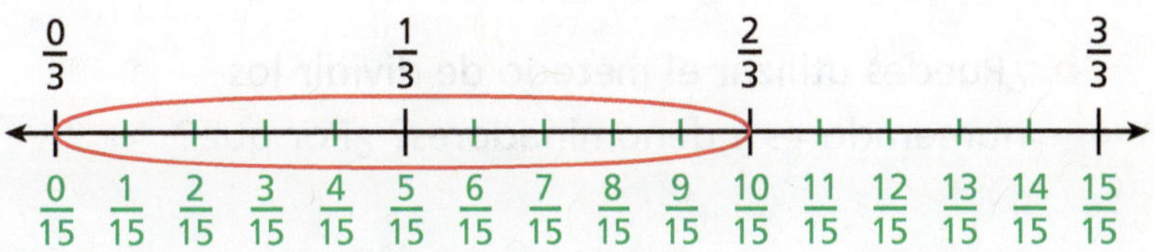

Paso 3 Observa los numeradores.

Toma 4 quinceavos de cada uno de los 2 tercios para hacer $\frac{8}{15}$.

$\frac{4}{5} \cdot \frac{2}{3} = \frac{8}{15}$

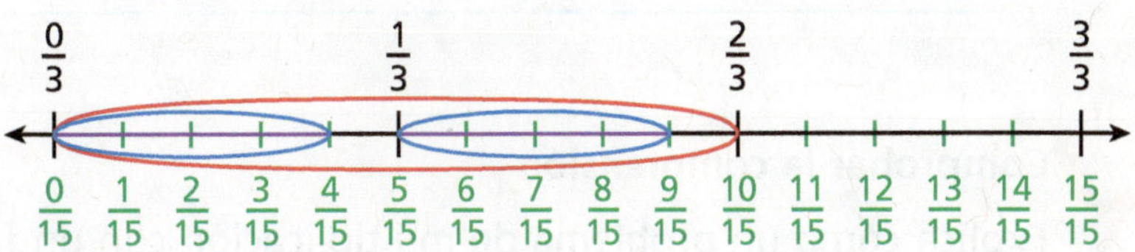

Relacionar la multiplicación y la división

VOCABULARIO:
operaciones inversas

Halla el factor desconocido en cada ecuación de multiplicación. Luego reescribe la multiplicación como una ecuación de división.

Ecuación de multiplicación	Ecuación de división relacionada
3 $\frac{2}{3} \cdot \frac{\square}{\square} = \frac{8}{15}$	$\frac{8}{15} \div \frac{2}{3} = \frac{\square}{\square}$
4 $\frac{5}{7} \cdot \frac{\square}{\square} = \frac{15}{56}$	$\frac{15}{56} \div \frac{5}{7} = \frac{\square}{\square}$
5 $\frac{5}{8} \cdot \frac{\square}{\square} = \frac{20}{72}$	
6 $\frac{2}{5} \cdot \frac{\square}{\square} = \frac{6}{20}$	

La multiplicación y la división son **operaciones inversas** para todos los números enteros, decimales y fracciones. Una operación anula la otra.

$$\frac{2}{5} \cdot \frac{1}{5} \div \frac{1}{5} = \frac{2}{5}$$

7 Resolviste cada ecuación de división de la tabla utilizando el factor desconocido de una ecuación de multiplicación. Otra forma de resolver una ecuación de división es dividir los numeradores y dividir los ______________.

Dividir numeradores y denominadores.

8 $\frac{9}{20} \div \frac{3}{5} =$ ______

9 $\frac{16}{45} \div \frac{2}{9} =$ ______

10 $\frac{6}{45} \div \frac{2}{9} =$ ______

11 **a.** En el ejercicio 6, simplifica el producto dividiendo el numerador y el denominador entre 2.

$\frac{6}{20} = \frac{6 \div 2}{20 \div 2} =$

b. ¿Puedes utilizar el método de dividir los numeradores y denominadores? ¿Por qué?

$\frac{3}{10} \div \frac{2}{5} = \frac{\square}{\square}$

____

____

Comprobar la comprensión

Explica cómo un problema de multiplicación con un factor desconocido se relaciona con un problema de división.

Nombre ______________________________

Amplificar para dividir

$\frac{2}{3} \div \frac{5}{7} = ?$

No podemos dividir el numerador de $\frac{2}{3}$ entre 5 o el denominador entre 7.

Para poder dividir, necesitamos amplificar $\frac{2}{3}$. Para amplificar, la reescribimos como una fracción equivalente tal que los numeradores y los denominadores se dividan igualmente.

Paso 1 $\frac{2}{3} \div \frac{5}{7} = \left(\frac{2}{3} \cdot \frac{5}{5} \cdot \frac{7}{7}\right) \div \frac{5}{7}$

($\frac{2}{3} \cdot 1 \cdot 1$; $\frac{2}{3}$ No simplificado)

Paso 2 $= \frac{2 \cdot 5 \cdot 7}{3 \cdot 5 \cdot 7} \div \frac{5}{7}$

($5 \div 5 = 1$; $7 \div 7 = 1$)

Paso 3 $= \frac{2 \cdot 7}{3 \cdot 5}$

Paso 4 $= \frac{2}{3} \cdot \frac{7}{5}$

1 ¿Cómo se relaciona el número por el que dividiste $\frac{2}{3}$ en el problema de división original con el número por el que multiplicaste $\frac{2}{3}$ en el problema de multiplicación final?

____

____

2 Completa.

Paso 1 $\frac{3}{8} \div \frac{2}{5} = \left(\frac{3}{8} \cdot \frac{2}{2} \cdot \frac{5}{5}\right) \div \frac{2}{5}$

($\frac{3}{8} \cdot 1 \cdot 1$; $\frac{3}{8}$ No simplificado)

Paso 2 $= \frac{3 \cdot 2 \cdot 5}{8 \cdot 2 \cdot 5} \div \frac{2}{5}$

($2 \div 2 =$ ____; $5 \div 5 =$ ____)

Paso 3 $= \frac{3 \cdot 5}{8 \cdot 2}$

Paso 4 $= \frac{3}{8} \cdot \frac{\square}{\square}$

3 Completa.

Paso 1 $\frac{4}{9} \div \frac{3}{8} = \left(\frac{4}{9} \cdot \frac{3}{3} \cdot \frac{8}{8}\right) \div \frac{3}{8}$

($\frac{4}{9} \cdot 1 \cdot 1$; $\frac{4}{9}$ No simplificado)

Paso 2 $= \frac{4 \cdot 3 \cdot 8}{9 \cdot 3 \cdot 8} \div \frac{3}{8}$

($3 \div 3 =$ ____; $8 \div 8 =$ ____)

Paso 3 $= \frac{4 \cdot 8}{9 \cdot 3}$

Paso 4 $= \frac{4}{9} \cdot \frac{\square}{\square}$

Resumen: Al dividir fracciones, amplificar el dividendo y entonces dividir numeradores y denominadores es lo mismo que multiplicar por el recíproco del divisor. Por ejemplo, $\frac{2}{3} \div \frac{5}{7} = \frac{2}{3} \cdot \frac{7}{5}$.

Dividir por cualquier método

Divide dividiendo numeradores y denominadores o multiplicando por el recíproco del divisor. Si la respuesta es igual o mayor que 1, escribe la respuesta como un número entero o mixto.

4 $\frac{1}{10} \div \frac{2}{3}$ ____________________

5 $\frac{15}{12} \div \frac{5}{6}$ ____________________

6 $\frac{2}{3} \div \frac{3}{4}$ ____________________

7 $2\frac{1}{4} \div \frac{3}{4}$ ____________________

8 $\frac{2}{7} \div \frac{3}{4}$ ____________________

9 $\frac{4}{10} \div \frac{4}{5}$ ____________________

10 $\frac{5}{6} \div \frac{4}{5}$ ____________________

11 $1\frac{3}{8} \div \frac{1}{2}$ ____________________

12 $\frac{18}{24} \div \frac{9}{12}$ ____________________

13 $2\frac{1}{4} \div 1\frac{1}{2}$ ____________________

14 Elige un problema de los Ejercicios 4 – 13 que resuelvas dividiendo numeradores y dividiendo denominadores. Resuélvelo de nuevo, pero esta vez multiplica por el recíproco del divisor. ¿Obtuviste la misma respuesta?

____

Los siguientes métodos de división dan la misma respuesta:

Método 1: Dividir numeradores y dividir denominadores.

Método 2: Multiplicar por el recíproco del divisor.

Comprobar la comprensión

Explica cómo puedes decidir si un problema puede ser resuelto dividiendo numeradores y dividiendo denominadores.

Nombre ____________________

Dividir multiplicando por el recíproco

Puedes resolver cualquier problema de división que tenga dos fracciones o una fracción y un número entero multiplicando por el recíproco del divisor.

Sabes que puedes pensar en un problema de división como este:

producto ÷ factor conocido = factor desconocido

Para dividir se multiplica por el recíproco del factor conocido.

Piensa: "Da la vuelta al factor y multiplica".

Estudia los ejemplos y comenta con la clase.

Ejemplo 1

fracción ÷ fracción

$\frac{5}{6} \div \frac{2}{3} = \frac{5}{\cancel{6}_{2}} \cdot \frac{\cancel{3}^{1}}{2} = \frac{5}{4}$ or $1\frac{1}{4}$

Ejemplo 2

número entero ÷ fracción unitaria

$8 \div \frac{1}{4} = \frac{8}{1} \div \frac{1}{4} = \frac{8}{1} \cdot \frac{4}{1} = 32$

Ejemplo 3

fracción unitaria ÷ número entero

$\frac{1}{4} \div 8 = \frac{1}{4} \div \frac{8}{1} = \frac{1}{4} \cdot \frac{1}{8} = \frac{1}{32}$

Ejemplo 4

número entero ÷ fracción

$5 \div \frac{3}{4} = \frac{5}{1} \div \frac{3}{4} = \frac{5}{1} \cdot \frac{4}{3} = \frac{20}{3}$ or $6\frac{2}{3}$

Ejemplo 5

fracción ÷ número entero

$\frac{3}{4} \div 5 = \frac{3}{4} \div \frac{5}{1} = \frac{3}{4} \cdot \frac{1}{5} = \frac{3}{20}$

Ejemplo 6

fracción ÷ fracción unitaria

$\frac{2}{3} \div \frac{1}{12} = \frac{2}{\cancel{3}_{1}} \cdot \frac{\cancel{12}^{4}}{1} = 8$

Ejemplo 7

fracción unitaria ÷ fracción

$\frac{1}{12} \div \frac{2}{3} = \frac{1}{\cancel{12}_{4}} \cdot \frac{\cancel{3}^{1}}{2} = \frac{1}{8}$

Practica dividir fracciones

Divide usando cualquier método. Si la respuesta es igual o mayor que 1, escribe la respuesta como un número entero o mixto.

1. $\frac{3}{4} \div 5$ ________________

2. $\frac{8}{25} \div \frac{4}{5}$ ________________

3. $\frac{3}{4} \div \frac{1}{5}$ ________________

4. $\frac{1}{21} \div \frac{1}{7}$ ________________

5. $3 \div \frac{1}{7}$ ________________

6. $3 \div \frac{4}{7}$ ________________

Resuelve. Si la respuesta es igual o mayor que 1, escribe la respuesta como un número entero o mixto.

Muestra tu trabajo.

7. El vestido de Marilla tenía $1\frac{5}{6}$ yardas de encaje azul alrededor. El vestido de su hermana Ana tenía $\frac{3}{4}$ de yarda de encaje morado alrededor. ¿Cuántas veces es más largo el encaje de Marilla que el encaje de Ana?

   ____

8. La sra. Padilla dividió $\frac{3}{4}$ de litro de jugo de albaricoque en 5 vasos para su familia. ¿Cuánto recibió cada persona?

   ____

9. El jardín de sexto grado de la escuela Sunnyside es $\frac{4}{3}$ de yarda de largo y tiene una superficie de $\frac{8}{9}$ de yarda cuadrada. ¿Cual es el ancho del jardín?

   ____

10. El calabacín amarillo ganador del Premio de Bronwyn es $1\frac{1}{6}$ pies de largo. Eso es $\frac{3}{4}$ del largo de su calabacín verde premiado. ¿Cuál es la longitud del calabacín verde?

    ____

11. Una olla ontiene $5\frac{1}{3}$ tazas de harina de avena. ¿Cuántas porciones de $\frac{3}{4}$ de taza es esto? ¿Cuánto sobrará?

    ____

Comprobar la comprensión

Explica dos métodos que puedas utilizar para dividir una fracción entre una fracción.

Nombre ____

Predice, resuelve y verifica

¿Cada producto o cociente a continuación será mayor o menor que la primera fracción? Encierra en un círculo tu predicción y luego encuentra el producto o cociente real para comprobar tu predicción.

1. $\frac{3}{4} \cdot \frac{6}{5}$ Predice: $> \frac{3}{4}$ ó $< \frac{3}{4}$

   $\frac{3}{4} \cdot \frac{6}{5} =$ ________

2. $\frac{2}{3} \cdot \frac{3}{5}$ Predice: $> \frac{2}{3}$ Ó $< \frac{2}{3}$

   $\frac{2}{3} \cdot \frac{3}{5} =$ ________

3. $\frac{9}{10} \div \frac{6}{5}$ Predice: $> \frac{9}{10}$ ó $< \frac{9}{10}$

   $\frac{9}{10} \div \frac{6}{5} =$ ________

4. $\frac{3}{10} \div \frac{2}{5}$ Predice: $> \frac{3}{10}$ ó $< \frac{3}{10}$

   $\frac{3}{10} \div \frac{2}{5} =$ ________

Resuelve. Si la respuesta es igual o mayor que 1, escribe la respuesta como un número entero o mixto.

5. Cuatro amigos tenían $\frac{3}{4}$ de una pizza. Comieron $\frac{2}{3}$ de ella para el refrigerio. ¿Qué fracción de pizza comieron?

   a. ¿Qué fracción se multiplica por $\frac{3}{4}$? ________

   b. ¿La fracción en la parte a, es mayor o menor que 1? ________

   c. ¿El producto será mayor o menor que $\frac{3}{4}$? ________

   d. ¿Qué fracción de la pizza comieron los amigos? ________

6. Un panadero colocó $4\frac{2}{3}$ tazas de harina de pan en pequeños recipientes de plástico que cada uno tenía una capacidad de $\frac{2}{3}$ de taza. ¿Cuántos recipientes llenó el panadero?

   a. ¿Por que fracción se divide $4\frac{2}{3}$? ________

   b. ¿La fracción en la parte a, es mayor o menor que 1? ________

   c. ¿El cociente será mayor o menor que $4\frac{2}{3}$? ________

   d. ¿Cuántos recipientes llenó el panadero? ________

Problemas del mundo real

Decide si necesitas multiplicar o dividir. Luego resuelve. Si la respuesta es igual o mayor que 1, escribe la respuesta como un número entero o mixto.

Muestra tu trabajo.

7. Todd utiliza $\frac{2}{3}$ de taza de harina de avena para una receta de magdalenas. Para hacer una receta diferente, él necesita sólo $\frac{3}{4}$ de esa cantidad. ¿Qué cantidad de harina de avena requiere la receta diferente?

____

8. Amelia está utilizando una carretilla para mover $1\frac{1}{2}$ yardas cúbicas de tierra. La capacidad de la carretilla es $\frac{1}{6}$ de yarda cúbica. ¿Cuántas cargas de carretillas serán necesarias para mover la tierra?

____

9. Un terreno rectangular mide $\frac{3}{10}$ de milla por $\frac{1}{6}$ de milla. En millas cuadradas, ¿cuál es el área del campo?

____

10. Una botella contiene $\frac{7}{16}$ de galón de limonada. ¿Cuántas tazas, cada una con una capacidad de $\frac{1}{12}$ de galón, se pueden llenar de la botella?

____

11. Carlos recorre la misma ruta cada día. La ruta es de $3\frac{1}{4}$ millas de largo, y él se detiene para descansar cada $\frac{7}{8}$ de milla. ¿Cuántas veces se detiene Carlos a descansar durante su recorrido?

____

12. Anoche Julian necesitó $\frac{5}{12}$ de hora para completar su tarea. Aaliyah necesitó solamente $\frac{4}{5}$ de ese tiempo. ¿Cuántos *minutos* tardó Aaliyah para completar su tarea?

____

Nombre ______________________________

Repasar fracción mixta

Resuelve.

Muestra tu trabajo.

13 La tabla a la derecha utiliza fracciones y números mixtos para representar el peso y los costos de duraznos que se pueden comprar en un puesto de fruta de carretera.

Completa la tabla.

Peso (libras)	Costo (dólares)
$\frac{3}{4}$	
1	$3\frac{3}{5}$
	$4\frac{1}{2}$
$1\frac{5}{8}$	

14 Un triángulo tiene una base de $5\frac{1}{2}$ centímetros y una altura de $2\frac{1}{2}$ centímetros. ¿Cuál es el área del triángulo? Utiliza un número mixto en tu respuesta.

____

15 Quinn sabe que el área de un triángulo es $\frac{1}{18}$ de yarda cuadrada y su base mide $\frac{1}{9}$ de yarda. ¿Cuál es la altura del triángulo?

____

Simplifica antes de multiplicar. Si el producto es igual o mayor que 1, escribe la respuesta como un número entero o mixto.

16 $\frac{14}{8} \cdot \frac{32}{42} =$ __________

17 $\frac{44}{36} \cdot \frac{72}{33} =$ __________

18 $\frac{16}{24} \cdot \frac{15}{28} =$ __________

19 $\frac{14}{25} \cdot \frac{27}{32} \cdot \frac{35}{21} \cdot \frac{64}{8} =$ __________

20 $\frac{32}{18} \cdot \frac{21}{20} \cdot \frac{15}{32} \cdot \frac{8}{49} =$ __________

¿Cuál es el error?

Queridos estudiantes de matemáticas:

Para hallar el producto a la derecha, seguí los siguientes pasos.

$2\frac{1}{3} \cdot 1\frac{3}{7}$

Paso 1: Se multiplican los números enteros. $2 \cdot 1 = 2$

Paso 2: Se multiplican las fracciones. $\frac{1}{\cancel{3}_{1}} \cdot \frac{\cancel{3}^{1}}{7} = \frac{1}{7}$

Paso 3: Se suman los resultados del paso 1 y el paso 2. $2 + \frac{1}{7} = 2\frac{1}{7}$ X

Por favor explica mi error y dime cómo puedo encontrar el producto correcto.

Su amigo,
el Pingüino Confundido

21 ____

____

____

Queridos estudiantes de matemáticas:

Para hallar el cociente a la derecha, seguí los siguientes pasos.

$3\frac{3}{4} \div 1\frac{1}{3}$

Paso 1: Se transforman los números mixtos a fracciones. $3\frac{3}{4} = \frac{15}{4}$ y $1\frac{1}{3} = \frac{4}{3}$

Paso 2: Se multiplican las fracciones. $\frac{\cancel{15}^{5}}{\cancel{4}_{1}} \cdot \frac{\cancel{4}^{1}}{\cancel{3}_{1}} = \frac{5}{1} = 5$ X

Por favor explica mi error y dime cómo puedo encontrar el producto correcto.

Su amigo,
el Pingüino Confundido

22 ____

____

____

Comprobar la comprensión

Completa las oraciones. Multiplicar $\frac{a}{b}$ por una fracción menor que 1 da un producto que es ________________ que $\frac{a}{b}$. Dividir $\frac{a}{b}$ por una fracción menor que 1 da un cociente que es ________________ que $\frac{a}{b}$.

Nombre ______________________________

Revisa operaciones con fracciones y decimales

Para sumar, restar, o comparar fracciones y decimales, usa $1 = \frac{D}{D}$
Para hacer fracciones equivalentes o decimales con el mismo denominador.

$$\frac{2}{3} + \frac{4}{5} = \frac{5}{5} \cdot \frac{2}{3} + \frac{3}{3} \cdot \frac{4}{5} = \frac{10}{15} + \frac{12}{15} = \frac{22}{15}$$

$$0.2 + 0.04 = 0.20 + 0.04 = 0.24$$

$$\frac{2}{10} \cdot \frac{10}{10} = \frac{20}{100}$$

$$\frac{4}{5} - \frac{2}{3} = \frac{3}{3} \cdot \frac{4}{5} - \frac{5}{5} \cdot \frac{2}{3} = \frac{12}{15} - \frac{10}{15} = \frac{2}{15}$$

$$0.2 - 0.04 = 0.20 - 0.04 = 0.16$$

Para multiplicar fracciones, multiplica los numeradores y multiplica los denominadores.

$$\frac{2}{3} \cdot \frac{4}{5} = \frac{8}{15}$$

Para multiplicar decimales, multiplica los números y cuenta los lugares de los decimales en los factores para colocar el punto decimal en el producto.

$$0.2 \cdot 0.4 = 0.08$$

$$\frac{2}{10} \cdot \frac{4}{10} = \frac{8}{100}$$

Para dividir fracciones, divide los numeradores y divide los denominadores o multiplica por el recíproco.

$$\frac{8}{15} \div \frac{2}{3} = \frac{8 \div 2}{15 \div 3} = \frac{4}{5}$$

$$\frac{8}{15} \div \frac{2}{3} = \frac{8}{15} \cdot \frac{3}{2} = \frac{24}{30} \text{ o } \frac{4}{5}$$

Para dividir decimales, sin simplificar $1 = \frac{D}{D}$ haz al divisor un número entero, o mueve los puntos de los decimales el mismo número de lugares.

$$0.08 \div 0.2 = \frac{0.08}{0.2} \cdot \frac{10}{10} = \frac{0.8}{2} = 0.4$$

$$0.2\overline{)0.08} = 0.4$$

Simplifica. Para problemas de fracciones, si la respuesta es igual o mayor que 1, escribe la respuesta como un número entero o mixto.

1. $\frac{3}{4} + \frac{5}{8}$ ____________
2. $\frac{5}{6} \cdot \frac{2}{3}$ ____________
3. $3\frac{7}{8} - \frac{1}{2}$ ____________
4. $7.6 - 1.81$ ____________
5. $2.29 + 0.8$ ____________
6. $5.2 \cdot 1.5$ ____________
7. $1\frac{2}{5} + \frac{7}{8}$ ____________
8. $0.27 \div 0.6$ ____________
9. $\frac{1}{3} + 6\frac{7}{10}$ ____________

Elige la operación

Escribe y resuelve una ecuación. Para problemas de fracciones, si la respuesta es igual o mayor que 1, escribe la respuesta como un número entero o mixto. Explica por qué tu respuesta es razonable.

Muestra tu trabajo.

10 Un equipo puede remar un bote $7\frac{1}{2}$ millas en una hora. ¿Cuánto remarán en 3 horas? ¿Cuánto remarán en $\frac{2}{3}$ de hora?

11 El cachorro de Rafi come $\frac{5}{16}$ de libra de comida cada día. Rafi compra alimento en bolsas de 5 libras. ¿Cuántos días de alimento hay en una bolsa?

12 Marcus tiene práctica de fútbol durante 9 horas cada semana. Luis pasa $\frac{5}{6}$ de ese tiempo practicando fútbol. ¿Cuánto tiempo pasa Luis practicando cada semana?

13 En una competencia de salto largo, Stacey saltó 10 pies, lo cual era 0.75 pies más de lo que Reggie saltó. ¿Cuánto saltó Reggie?

14 La olla de cocina de Theo contiene 0.9 galones. La olla está $\frac{3}{4}$ llena. ¿Cuánta agua hay en la olla?

Nombre ______________________________

VOCABULARIO
punto de referencia

Solución de problemas: Uso de puntos de referencia

Puedes calcular la suma o diferencia de fracciones utilizando los puntos de referencia 0, $\frac{1}{2}$ y 1. Una recta numérica puede ayudarte a determinar a qué referencia se acerca cada fracción.

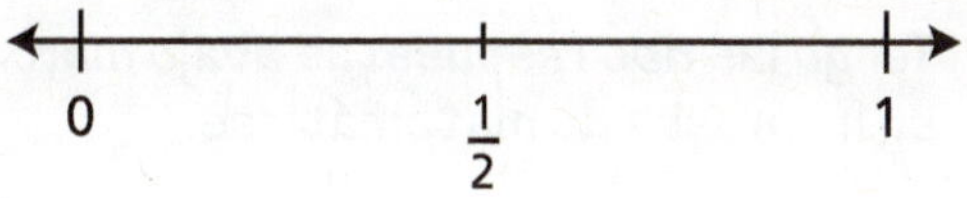

Usa puntos de referencia de 0, $\frac{1}{2}$ y 1 para calcular la suma o diferencia. Luego halla la suma o diferencia real.

15 $\frac{1}{4} + \frac{7}{8}$

Calcula: ______________

Suma: ______________

16 $\frac{7}{16} - \frac{5}{12}$

Calcula: ______________

Suma: ______________

17 $\frac{5}{6} + \frac{9}{10}$

Calcula: ______________

Suma: ______________

18 $5\frac{2}{3} - 3\frac{1}{6}$

Calcula: ______________

Suma: ______________

19 $1\frac{1}{4} + 2\frac{7}{10}$

Calcula: ______________

Suma: ______________

20 $3\frac{3}{8} - 1\frac{3}{16}$

Calcula: ______________

Suma: ______________

Usa puntos de referencia de 0, 0.25, 0.50, 0.75 y 1 para calcular la suma o diferencia. Luego encuentra la suma o diferencia real.

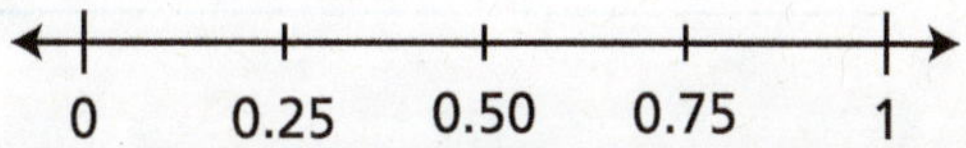

21 0.71 + 0.45 + 0.15

Calcula: ______________

Suma: ______________

22 0.35 + 0.99 + 0.57

Calcula: ______________

Suma: ______________

23 1.09 – 0.66

Calcula: ______________

Suma: ______________

¿Cuál es el error?

Queridos estudiantes de matemáticas,

Tengo las dos respuestas abajo marcadas erróneas en mi prueba de matemáticas.

$2\frac{1}{4} - 1\frac{3}{8} = 1\frac{7}{8}$ $\quad\quad$ $\frac{7}{8} + \frac{2}{5} = \frac{9}{13}$

Mi amiga obtuvo 100% en la prueba. Ella dijo que siempre usa la aproximación para asegurarse de que sus respuestas sean razonables.

¿Puedes explicar cómo podría haber usado la aproximación para comprobar mis respuestas?

Su amigo,
el Pingüino Confundido

24 Escribe una respuesta al Pingüino Confundido.

¿Es la respuesta razonable?

¿Es la respuesta razonable o no razonable? Explica.

25 $\frac{7}{8} - \frac{4}{7} = 1\frac{3}{8}$

26 $3\frac{4}{5} + 7\frac{1}{6} = 9\frac{29}{30}$

27 $\frac{9}{10} - \frac{7}{8} = \frac{1}{40}$

28 $6\frac{5}{6} + 2\frac{3}{4} = 6\frac{1}{12}$

Nombre ______________________________

Resolver problemas: Comprobar la razonabilidad

Escribe una ecuación y resuelve el problema. Explica cómo sabes que tu respuesta es razonable.

Muestra tu trabajo.

29 Liam necesita comprar 640 huevos para un desayuno de fútbol. Si los huevos vienen en cajas de 18, ¿cuántas cajas debería comprar?

Ecuación y respuesta: ______________________________

¿Por qué es la respuesta razonable? ______________________________

____

30 Tran gana $1,233 al mes como cajera. Ella gana $9 la hora. ¿Cuántas horas trabaja en un mes?

Ecuación y respuesta: ______________________________

¿Por qué es la respuesta razonable? ______________________________

____

____

31 Lea corrió $4\frac{1}{4}$ millas el sábado. Esto es $1\frac{3}{4}$ millas más de lo que Kim corrió. ¿Cuánto corrió Kim? Escribe tu respuesta como un número mixto.

Ecuación y respuesta: ______________________________

¿Por qué es la respuesta razonable? ______________________________

____

____

32 Vernon gastó $229.06 en comestibles y pagó por su compra con cinco billetes de $50. ¿Qué cantidad de cambio debería haber recibido?

Ecuación y respuesta: ______________________________

¿Por qué es la respuesta razonable? ______________________________

____

____

Resolver problemas: Comprobar la razonabilidad (continuación)

Escribe una ecuación para resolver el problema. Para problemas de fracciones, escribe la respuesta como un número mixto. Usa la aproximación para mostrar que tu respuesta es razonable.

Muestra tu trabajo.

33. La playa está a $7\frac{1}{3}$ millas de la casa de Tina. Ella camina parte del camino. Luego toma el autobús las $5\frac{7}{10}$ millas restantes. ¿Cuánto camina?

Ecuación y respuesta: ______________________

Calcula: ______________________

____

34. Para prepararse para su primer día de escuela, Jayna gastó un total de \$7.92 en cuadernos. Jayna pagó \$0.99 por cada cuaderno. ¿Cuántos cuadernos compró Jayna?

Ecuación y respuesta: ______________________

Calcula: ______________________

____

35. En un juego de video, Lee completó el primer nivel en 54.32 segundos. Jan completó el primer nivel en 47.81 segundos. ¿Cuánto más rápido fue Jan?

Ecuación y respuesta: ______________________

Calcula: ______________________

____

____

Comprobar la comprensión

Un estudiante obtuvo $2\frac{19}{30}$ millas en la respuesta al problema 33. Explica el error que cometió el estudiante.

Nombre ______________________________

Analiza el mercado de valores

Muchas personas ahorran para la jubilación haciendo inversiones. Un ejemplo de una inversión es comprar acciones en una empresa. Las empresas usan el dinero que reciben por la venta de acciones para gastos de operación. La mayoría de las empresas tiene gastos de operación de millones o miles de millones de dólares.

Cuando compras acciones en una empresa, te conviertes en un accionista, que es un copropietario de la empresa. Las acciones se compran y se venden en la bolsa de valores como la que se muestra a la derecha.

Los siguientes términos y definiciones están relacionados con la compra y venta de acciones.

Dividendo Una porción de las ganancias de una empresa que se paga a los accionistas. Los dividendos a menudo se pagan trimestralmente.

Ventas El número de acciones vendidas ese día.

Alto El precio más alto por acción ese día.

Bajo El precio más bajo por acción ese día.

Último El precio por acción de la última venta del día.

Cambio El aumento o disminución del precio al final del día anterior.

Los precios de las acciones pueden ser dadas como fracciones o decimales.

Nombre	Dividendo	Ventas	Alto	Bajo	Último	Cambio
Alphabet Foods	–	72,500	$6.44	$6.39	$6.44	+$0.02
Colossal Corp.	$0.30	440,000	$14\frac{5}{8}$	$14\frac{1}{4}$	$14\frac{1}{2}$	$-\frac{1}{8}$

Compra de acciones

La tabla a continuación muestra el costo de una acción de dos compañías diferentes.

Nombre de la empresa	Precio lunes	Precio martes	Precio miércoles	Precio jueves	Precio viernes
Exploration Inc	$8\frac{1}{4}$	$8\frac{1}{8}$	$8\frac{5}{8}$	$8\frac{1}{2}$	$8\frac{3}{4}$
Miles of Styles	$12.04	$12.03	$12.05	$12.02	$11.98

1. Supón que compras 125 acciones de cada compañía el lunes. Escribe una ecuación que represente el costo (c) de cada compra en dólares. Luego resuelve cada ecuación.

2. Encuentra el cambio en el precio de una acción de cada empresa durante el tiempo que se muestra a continuación. Escribe + para indicar un aumento en el precio y escribe − para indicar una disminución.

   a. de lunes a martes

   b. de martes a miércoles

   c. de miércoles a jueves

   d. de jueves a viernes

3. Supón que vendes tus 125 acciones el viernes. Calcula la cantidad de dinero que deberías recibir por cada acción. ¿Obtuviste un beneficio o perdiste dinero?

4. Supón que habías comprado 12,500 acciones de cada empresa en lugar de 125. ¿Cómo cambiaría tu beneficio o pérdida para cada acción? Usa una calculadora para ayudarte a decidir.

Unidad 3
Prueba rápida 4

Nombre ________________________ Fecha ____________

Divide.

1. $\frac{5}{6} \div \frac{1}{6} =$

____

2. $\frac{7}{12} \div \frac{3}{4} =$

____

3. $\frac{1}{4} \div \frac{1}{2} =$

____

Resuelve.

Muestra tu trabajo.

4. Una pieza de queso que pesa $\frac{3}{4}$ de libra se corta en pedazos idénticos: cada uno pesa $\frac{1}{8}$ de libra. ¿En cuántos pedazos se corta la pieza de queso?

____

5. Un engranaje que está girando completa una vuelta entera o revolución cada $\frac{1}{10}$ de segundo. ¿Cuántas revoluciones completará el engranaje en $\frac{1}{2}$ segundo?

____

Comprobar el conocimiento 4

Nombre ______________________ Fecha ______________________

Camino al conocimiento

1. $\begin{array}{r} 0.46 \\ \times \ 18 \\ \hline \end{array}$

2. $\begin{array}{r} 2.9 \\ \times \ 6.4 \\ \hline \end{array}$

3. $\begin{array}{r} 0.45 \\ \times \ 6.6 \\ \hline \end{array}$

4. $\begin{array}{r} 4.8 \\ \times \ 2.1 \\ \hline \end{array}$

5. $\begin{array}{r} 0.15 \\ \times \ 19 \\ \hline \end{array}$

6. $\begin{array}{r} 0.87 \\ \times \ 4.1 \\ \hline \end{array}$

7. $\begin{array}{r} 0.16 \\ \times \ 7.7 \\ \hline \end{array}$

8. $\begin{array}{r} 9.4 \\ \times \ 9.6 \\ \hline \end{array}$

9. $\begin{array}{r} 0.79 \\ \times \ 26 \\ \hline \end{array}$

10. $\begin{array}{r} 0.38 \\ \times \ 6.3 \\ \hline \end{array}$

11. $\begin{array}{r} 0.57 \\ \times \ 13 \\ \hline \end{array}$

12. $\begin{array}{r} 5.8 \\ \times \ 4.9 \\ \hline \end{array}$

13. $\begin{array}{r} 0.63 \\ \times \ 88 \\ \hline \end{array}$

14. $\begin{array}{r} 8.4 \\ \times \ 5.6 \\ \hline \end{array}$

15. $\begin{array}{r} 0.97 \\ \times \ 8.2 \\ \hline \end{array}$

Nombre ____________________ Fecha ____________

Selecciona todas las que correspondan.

1. $2\overline{)629}$

   Ⓐ 213

   Ⓑ 314 R1

   Ⓒ 314.5

   Ⓓ 345

2. $25\overline{)2,515}$

   Ⓐ 55

   Ⓑ 95.6

   Ⓒ 100.6

   Ⓓ 100 R15

3. ¿Es el problema a continuación un problema de una multiplicación o de una división? Explica tu respuesta.

   El piso rectangular de un corral tiene un área de 14 pies cuadrados. Una medida del piso es de $3\frac{1}{2}$ pies. ¿Cuál es la otra medida?

4. Selecciona Verdadero o Falso para cada enunciado.

   4a. $0.9 \div 7.5 = 0.12$ ○ Verdadero ○ Falso

   4b. $63.2 \div 8 = 7.8$ ○ Verdadero ○ Falso

   4c. $72.8 \div 5.2 = 1.4$ ○ Verdadero ○ Falso

   4d. $7 \div 0.35 = 20$ ○ Verdadero ○ Falso

 Nombre ____________________ Fecha ____________

5 Sin hacer ningún cálculo, predice si el cociente de 73 ÷ 0.42 será mayor o menor que el producto de 0.42 · 73. Explica tu razonamiento en términos del tamaño de 0.42.

Utiliza los números y el punto decimal (si es necesario) para escribir el producto. Cada ficha puede utilizarse más de una vez.

0	1	2	4
6	7	8	.

6 $\begin{array}{r} 0.4 \\ \times 0.3 \\ \hline \end{array}$ ____________

7 $\begin{array}{r} 0.06 \\ \times 12 \\ \hline \end{array}$ ____________

8 Los pares de fracción en la tabla no son equivalentes. Encuentra el mcm para cada par de fracción. Reescribe cada par como un par de fracción equivalente usando el mcm como denominador.

Par de fracción	$\frac{2}{7}, \frac{1}{3}$	$\frac{5}{12}, \frac{3}{4}$	$\frac{7}{10}, \frac{4}{15}$
mcm			
Par de fracción equivalente	____________	____________	____________

Multiplica. Escribe el producto.

9 $\begin{array}{r} 5.8 \\ \times 2.5 \\ \hline \end{array}$

Producto: ____________

10 $\begin{array}{r} 2.9 \\ \times 0.81 \\ \hline \end{array}$

Producto: ____________

Nombre ______________________ Fecha ______________

Encuentra la suma o diferencia. Selecciona un número de cada columna para hacer que la ecuación sea verdadera.

11 $\frac{3}{8} + \frac{7}{8} = $ ■

número entero	fracción
○ 0	○ $\frac{5}{8}$
○ 1	○ $\frac{4}{5}$
○ 2	○ $\frac{1}{4}$
○ 3	○ $\frac{3}{4}$

12 $\frac{7}{9} + \frac{5}{6} = $ ■

número entero	fracción
○ 0	○ $\frac{3}{7}$
○ 1	○ $\frac{7}{9}$
○ 2	○ $\frac{11}{13}$
○ 3	○ $\frac{11}{18}$

Escribe un número en el recuadro para hacer que la ecuación sea verdadera.

13 $3\frac{2}{5} - \square = 1\frac{1}{2}$

14 $\square - 1.78 = 0.82$

15 George calculó una suma de $\frac{15}{24}$.

¿Cuáles fracciones son equivalentes a $\frac{15}{24}$? Selecciona todas las que correspondan.

Ⓐ $\frac{10}{16}$

Ⓑ $\frac{5}{6}$

Ⓒ $\frac{7}{12}$

Ⓓ $\frac{5}{8}$

Ⓔ $\frac{3}{8}$

Ⓕ $\frac{30}{48}$

Nombre ____________________ Fecha ____________

16 Lee el siguiente problema de división. Luego selecciona Verdadero o Falso para cada enunciado.

$\frac{3}{4} \div 7 = \blacksquare$

16a. Para hallar el cociente, en primer lugar halla un denominador común. ○ Verdadero ○ Falso

16b. El cociente será menor que $\frac{3}{4}$. ○ Verdadero ○ Falso

16c. Se puede simplificar el cociente. ○ Verdadero ○ Falso

Traza una línea para unir cada numerador o denominador que falta con su valor. No utilizarás todas las opciones.

17 $\frac{3}{5} \cdot \frac{\square}{\square} = \frac{6}{35}$

18 $\frac{1}{4} \cdot \frac{\square}{\square} = \frac{3}{20}$

2 | 3 | 4 | 5 | 6 | 7

Elige las expresiones que hacen verdadera la ecuación. Selecciona todas las que correspondan.

19 $\frac{8}{15} \div \frac{4}{5} = \blacksquare$

Ⓐ $\frac{1}{3}$

Ⓑ $\frac{2}{3}$

Ⓒ $\frac{20}{60}$

Ⓓ $\frac{40}{60}$

20 $1\frac{5}{8} \div 1\frac{1}{2} = \blacksquare$

Ⓐ $2\frac{7}{16}$

Ⓑ $\frac{39}{16}$

Ⓒ $\frac{26}{24}$

Ⓓ $1\frac{1}{12}$

Nombre ______________________ Fecha ______________________

21 Seth escribió una expresión que se simplifica a 0.36.

Elige Sí o No para indicar si la expresión tiene un valor de 0.36.

21a. $36 \cdot 0.01$ ○ Sí ○ No

21b. $3.6 \cdot 0.1$ ○ Sí ○ No

21c. $3.6 \div 0.1$ ○ Sí ○ No

21d. $0.036 \div 0.01$ ○ Sí ○ No

22 Darnell tiene dos trozos de tela. El primer trozo es 3.75 cm. de largo. El segundo trozo es $\frac{1}{5}$ del largo del primero.

Parte A

¿Cuál es la longitud total de los trozos? Indica tu respuesta en forma decimal Muestra tu trabajo.

_______ cm

Parte B

Responde la siguiente pregunta sin hacer un cálculo. Explica cómo sabes la respuesta.

¿Si el segundo trozo de Darnell fuera $\frac{1}{3}$ del largo del primero, la longitud total de los trozos sería mayor o menor que la respuesta que encontraste en la parte A?

Nombre ____________________ **Fecha** ____________________

23 Lidia tiene $8\frac{1}{2}$ tazas de jugo para servir.

Parte A

Si cada porción es $\frac{3}{4}$ de taza, ¿cuántas porciones completas puede hacer? ¿Qué cantidad de jugo, si lo hubiera, sobrará? Muestra tu trabajo.

______________ porciones

______________ sobrantes

Parte B

Si ella necesita 15 porciones, ¿cuánto jugo más necesita?

Ⓐ $2\frac{1}{4}$ tazas Ⓑ 3 tazas Ⓒ $2\frac{3}{4}$ tazas Ⓓ 4 tazas

Parte C

Lidia decide hacer que cada porción tenga $\frac{5}{8}$ de taza de jugo. Sin calcular, predice si ella puede hacer más porciones completas o menos porciones completas usando las $8\frac{1}{2}$ tazas de jugo. Explica tu respuesta. Luego confirma tu predicción.

Predice:

Confirma:

24 El perro Skippy de Dana pesa 20.4 libras. En comparación, su gato Bruiser pesa 0.75 tanto como Skippy.

a. ¿Pesa Bruiser más o menos que Skippy? Explica.

b. ¿Cuánto pesa Bruiser?

______________ libras

Nombre ______________________________ **Fecha** ______________

Recetas de todo el mundo

Un día cada primavera, los estudiantes de economía doméstica en la escuela de Eisenhower reúnen recetas de todo el mundo y hacen alimentos para que otros estudiantes los prueben.

Partes de dos recetas que se usaron en el evento de este año se muestran a continuación.

Dal Makhani: India
(rinde 4 porciones)

150 g de lentejas enteras

1.5 L de agua

75 g de frijoles rojos

1.25 cm de jengibre

Huevos a la Florentina: Francia
(rinde 6 porciones)

$\frac{3}{4}$ de cucharadita de caldo de pollo

$1\frac{1}{8}$ tazas de mezcla de crema y leche

$1\frac{1}{2}$ libras de espinaca picada congelada

Resuelve.

1 Los estudiantes se concentraron primero en la receta de Dal Makhani.

- Si los estudiantes duplicaran la cantidad de cada ingrediente en la receta de Dal Makhani, ¿harían al menos 10 porciones?

- Si hacen al menos 10 porciones, ¿cuántas porciones adicionales habría? Si no es así, ¿cuántas porciones adicionales necesitarían? Explica y muestra tu trabajo.

- Si los estudiantes tuviesen una pieza de jengibre de 5 centímetros, ¿cuál es el número máximo de porciones de Dal Makhani que podrían preparar? Explica y muestra tu trabajo.

Nombre ______________________ Fecha ____________

2 Los estudiantes luego dirigieron su atención a la receta de huevos a la florentina.

- Si los estudiantes redujeran a la mitad la cantidad de cada ingrediente en la receta de huevos a la florentina, ¿harían al menos 2 porciones?

- Si hacen al menos 2 porciones, ¿cuántas porciones adicionales habría? Si no es así, ¿cuántas porciones adicionales necesitarían? Explica y muestra tu trabajo.

- Si los estudiantes tuvieran 3 libras de espinaca picada congelada, ¿cuál es el número máximo de porciones de huevos a la florentina que podrían hacer? Explica y muestra tu trabajo.

3 Para el evento, los estudiantes hicieron 10 porciones de Dal Makhani y 2 porciones de huevos a la florentina. Calcular la cantidad de cada ingrediente que fue utilizada.

- Dal Makhani:

______________ g de lentejas enteras

______________ L de agua

______________ g frijol rojo

______________ cm de una pieza de jengibre

- Huevos a la florentina:

______________ cucharadita de caldo de pollo

______________ taza de leche semidescremada

______________ libra de espinaca picada congelada

Dear Family:

In this unit, students are studying the surface area of prisms and pyramids. **Surface area** is the sum of the areas of all the faces of a geometric figure. Your child will make nets to visualize the parts that make up the surface area of a prism or pyramid and learn a systematic approach to finding the total surface area of the solid figure.

Rectangular Prism Net

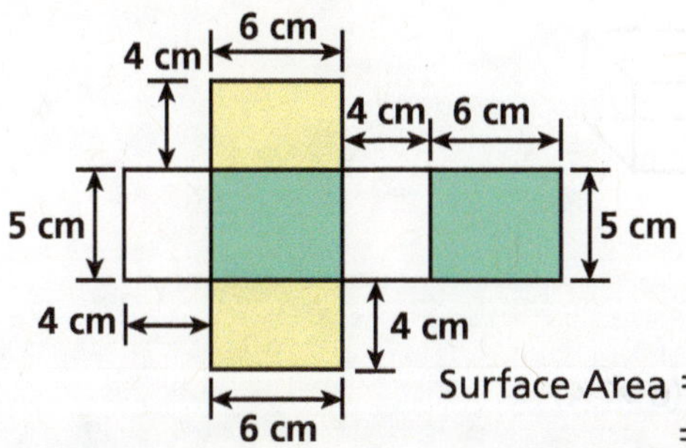

Rectangular Prism

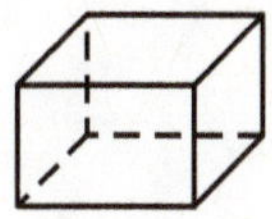

$$\text{Surface Area} = 2(6 \times 5) + 2(4 \times 5) + 2(6 \times 4)$$
$$= 60 + 40 + 48 = 148$$

Surface Area is 148 cm^2

The types of prisms and pyramids that students will be calculating the surface areas for are shown below.

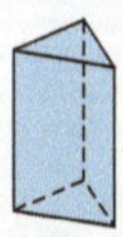
triangular prism

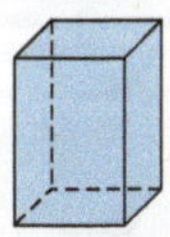
rectangular prism

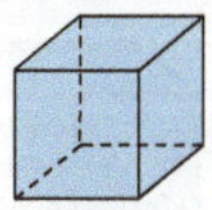
cube

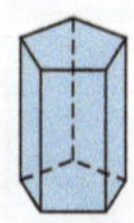
pentagonal prism

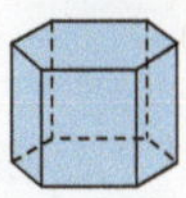
hexagonal prism

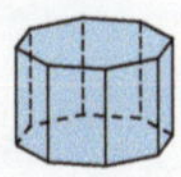
octagonal prism

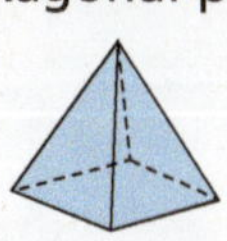
square pyramid

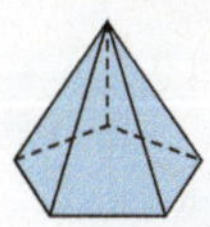
pentagonal pyramid

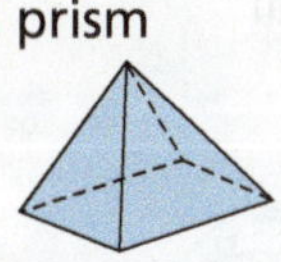
rectangular pyramid

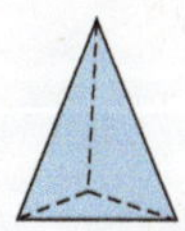
triangular pyramid

Students will also explore real-life applications of surface area.

If you need practice materials or if you have any questions, please contact me.

Sincerely,
Your child's teacher

Estimada familia:

En esta unidad, los estudiantes aprenderán a calcular el área total de los prismas y las pirámides. El **área total** es la suma de las áreas de las caras de una figura geométrica. Su hijo hará plantillas para visualizar las partes que forman el área total de un prisma o una pirámide y aprenderán un método para hallar la superficie total del cuerpo geométrico.

Plantilla de prisma rectangular

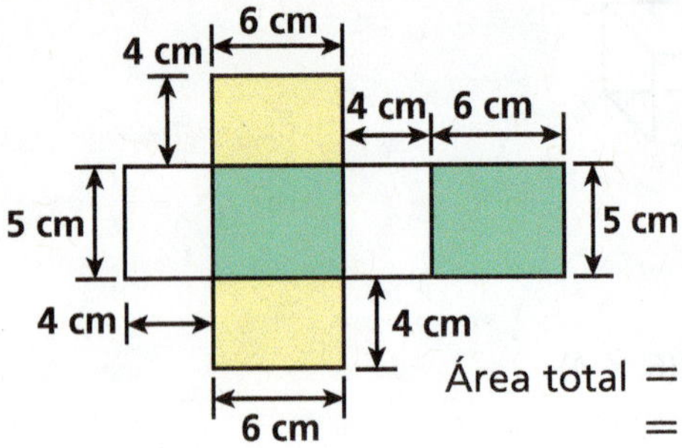

Prisma Rectangular

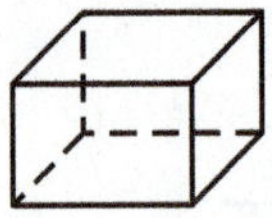

$$\text{Área total} = 2(6 \times 5) + 2(4 \times 5) + 2(6 \times 4)$$
$$= 60 + 40 + 48 = 148$$

El área total es 148 cm^2

Los estudiantes calcularán el área total de los tipos de prismas y pirámides que se muestran abajo.

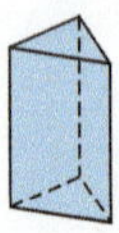
prisma triangular

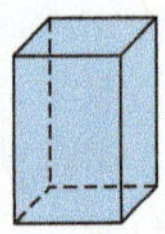
prisma rectangular

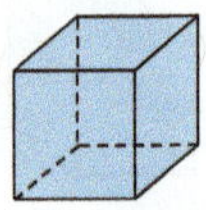
cubo

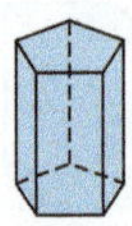
prisma pentagonal

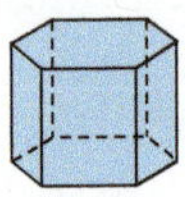
prisma hexagonal

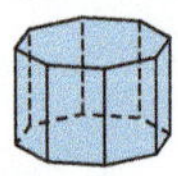
prisma octagonal

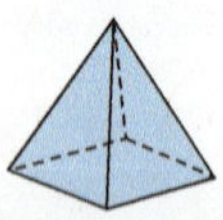
pirámide cuadrangular

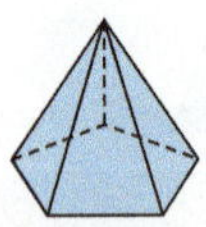
pirámide pentagonal

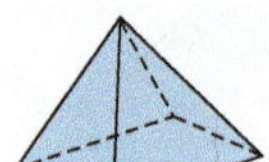
pirámide rectangular

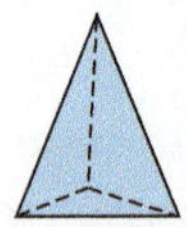
pirámide triangular

Los estudiantes también explorarán situaciones de la vida real en las que se aplica lo que han aprendido acerca del área total.

Si necesita materiales para practicar o si tiene preguntas, por favor comuníquese conmigo.

Sinceramente,
El maestro de su hijo

base de un prisma

arista

base de una pirámide

cara de un prisma

cubo

cara de una pirámide

Segmento de recta donde se unen dos caras en una figura tridimensional.

Ejemplos:

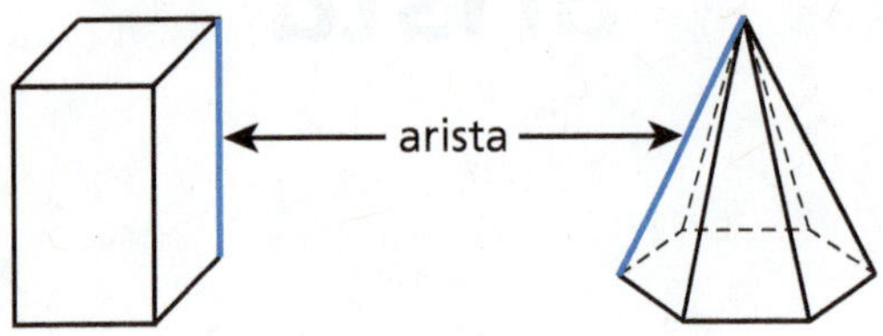

La base es una de las caras congruentes y paralelas.

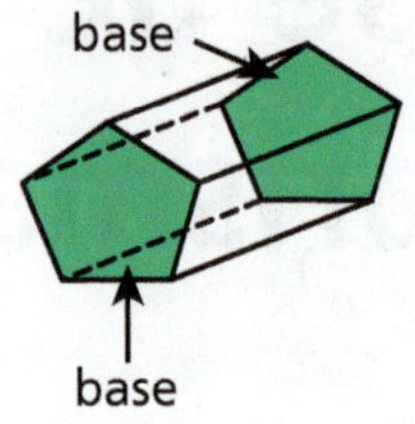

Cualquiera de las superficies planas de un prisma.

Ejemplo:

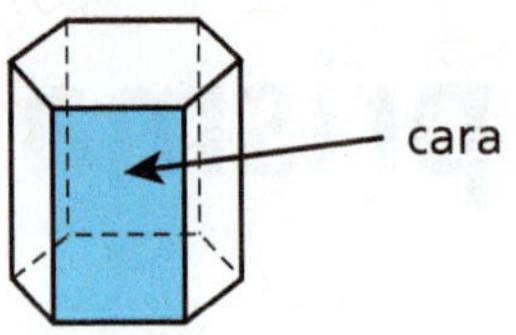

La base es la cara que no toca el vértice de la pirámide.

Cualquiera de las superficies planas de una pirámide.

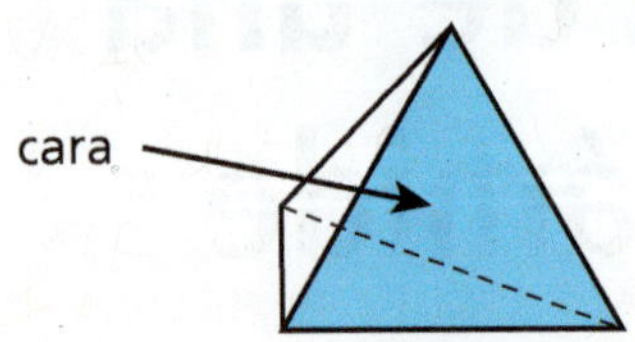

Prisma rectangular con seis caras cuadradas congruentes.

cara lateral	**pirámide**
plantilla	**prisma rectangular**
prisma	**altura oblicua**

Cuerpo geométrico con base poligonal cuyos vértices están unidos en un solo punto.

Ejemplos:

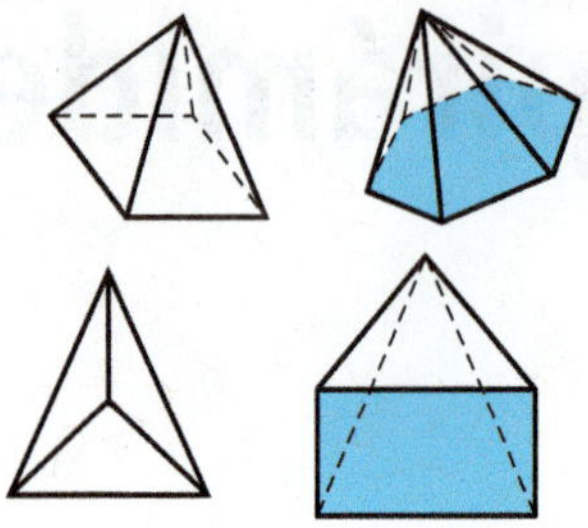

Cara que no es una base. Los prismas tienen caras laterales rectangulares y las pirámides tienen caras laterales triangulares.

Ejemplos:

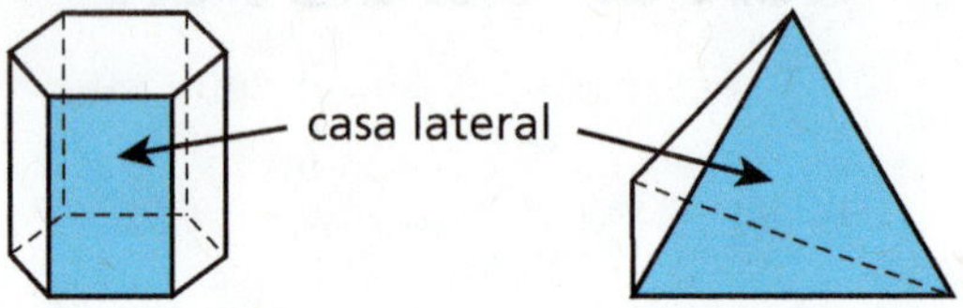

Cuerpo geométrico con dos bases rectangulares congruentes y paralelas.

Ejemplo:

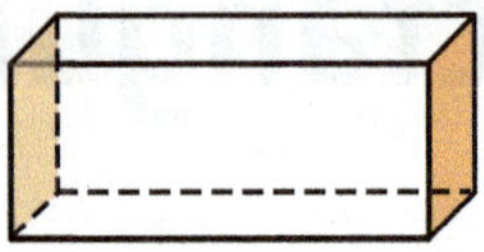

Patrón plano bidimensional que se puede doblar para formar una figura tridimensional.

Ejemplo:

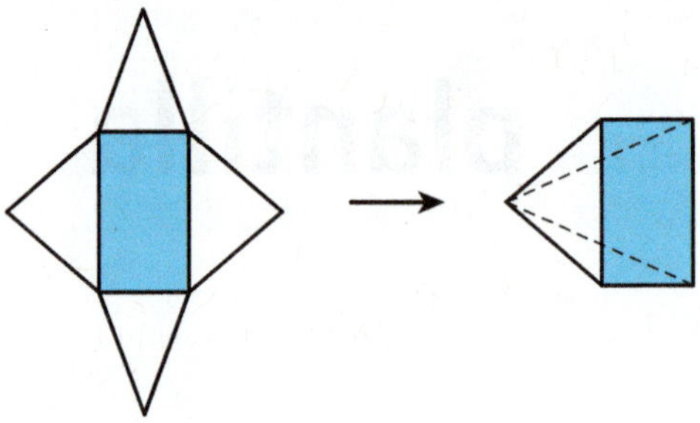

Altura de una cara triangular de una pirámide.

Ejemplo:

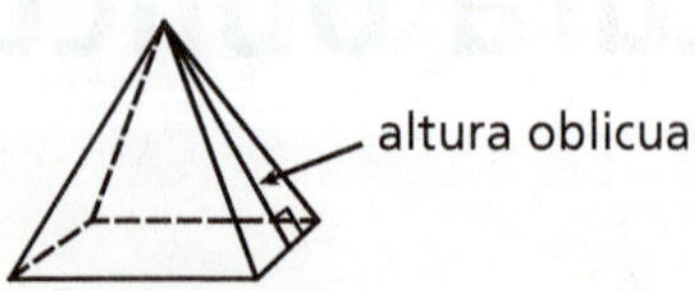

Cuerpo geométrico con dos bases congruentes y paralelas.

Ejemplos:

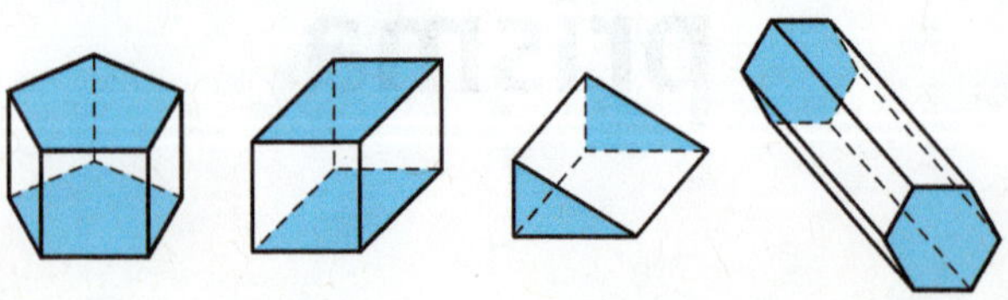

cuerpo geométrico

área de superficie

Figura tridimensional que no es plana.

Ejemplos:

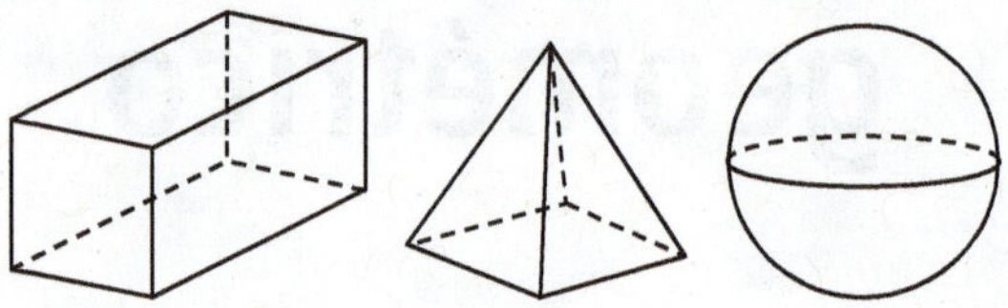

Área total de todas las caras de un cuerpo geométrico.

Nombre ______________________________

VOCABULARIO
plantilla
cuerpo geométrico

Plantilla de un prisma rectangular

Una **plantilla** es un diseño plano bidimensional que puede doblarse para construir una figura tridimensional.

Recorta la plantilla y forma el cuerpo geométrico.

Plantilla de un prisma rectangular (continuación)

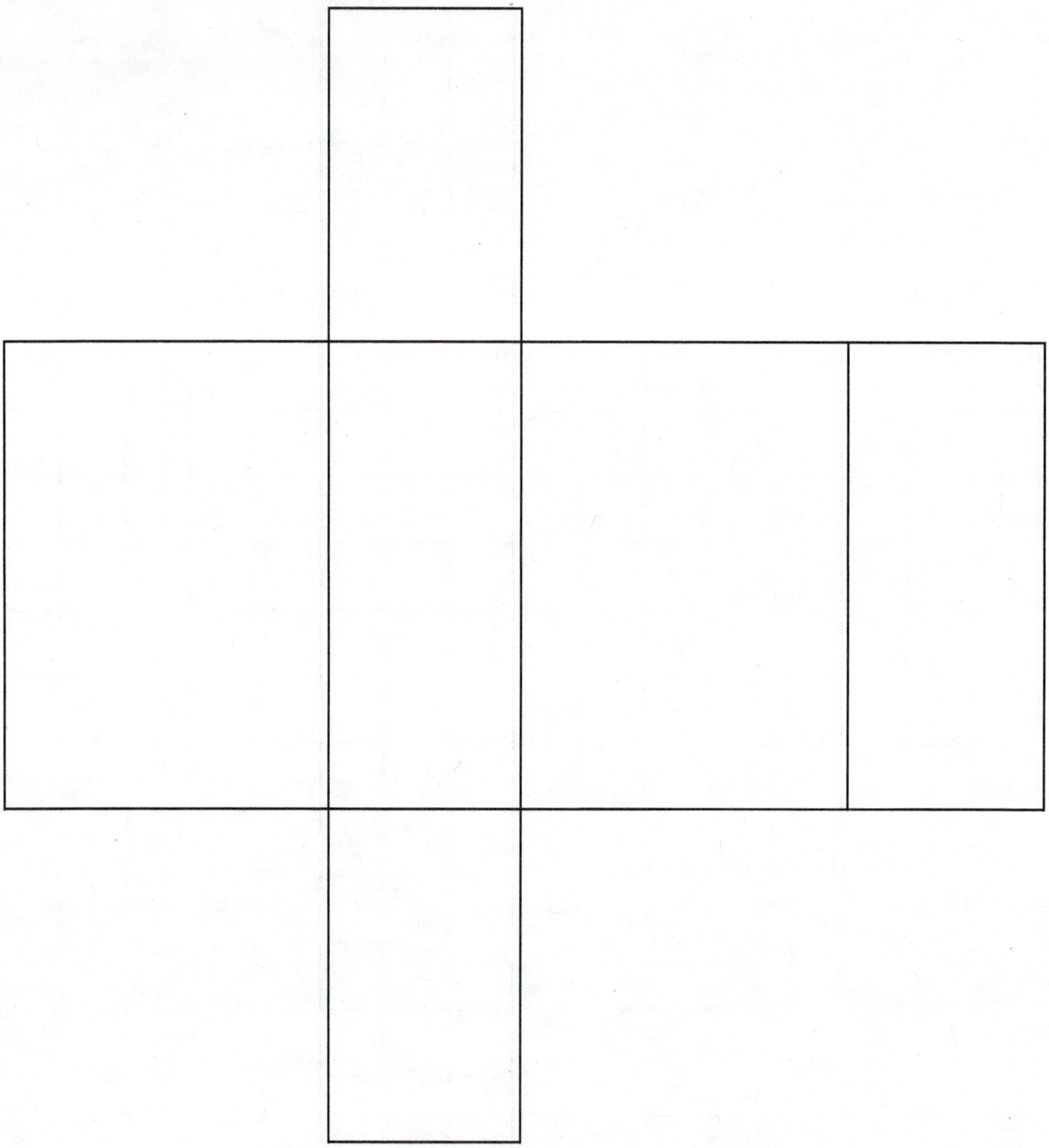

Nombre ______________________

Crear un prisma rectangular a partir de una plantilla

VOCABULARIO
prisma
cara de un prisma
prisma rectangular
base de un prisma
cara lateral
arista

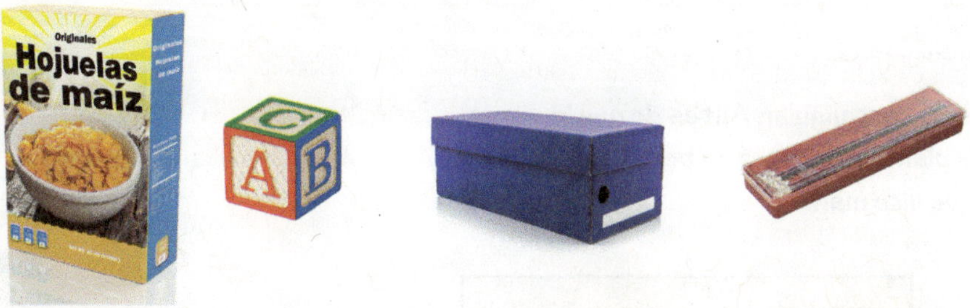

1. Los lados rectangulares planos de un **prisma** se llaman **caras.** El segmento lineal donde se unen dos caras se llama **arista**.

   a. ¿Cuántas caras tiene un **prisma rectangular**? ______________

   b. ¿Cuántas aristas tiene un **prisma rectangular**? ______________

2. Dos de las caras paralelas de un prisma se llaman **bases**. ¿De qué forma son las bases de un prisma rectangular? ______________

3. Las caras que no son bases se llaman **caras laterales**. ¿Qué forma tienen las caras laterales? ______________

Coloca tu prisma rectangular en la misma posición que se muestra en la imagen que se encuentra abajo a la derecha.

Usa tu prisma rectangular para responder las preguntas 4–6.

4. ¿Cuáles son las dimensiones de las bases de tu prisma rectangular?

   ____

5. ¿Cuáles son las dimensiones de las caras laterales?

   ____

   ____

6. Registra las dimensiones del prisma que creaste en la imagen que se encuentra a la derecha.

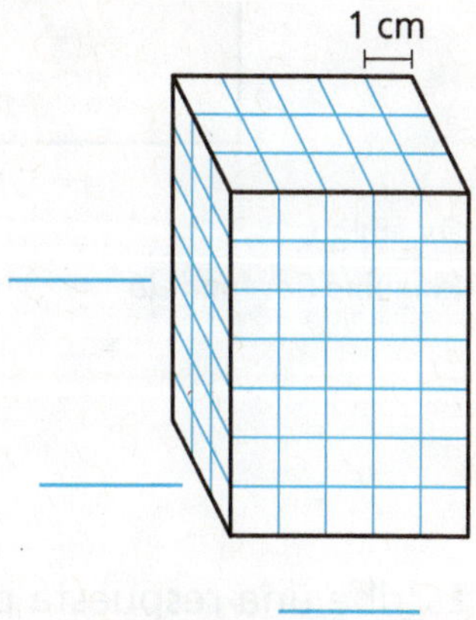

¿Cuál es el error?

Queridos estudiantes de matemáticas:

Hoy hice esta plantilla de un prisma rectangular. Antes de que la dibuje en cartón, ¿podrían decirme si la plantilla formará un prisma rectangular? Si no lo hará, ¿podrían decirme qué hice mal?

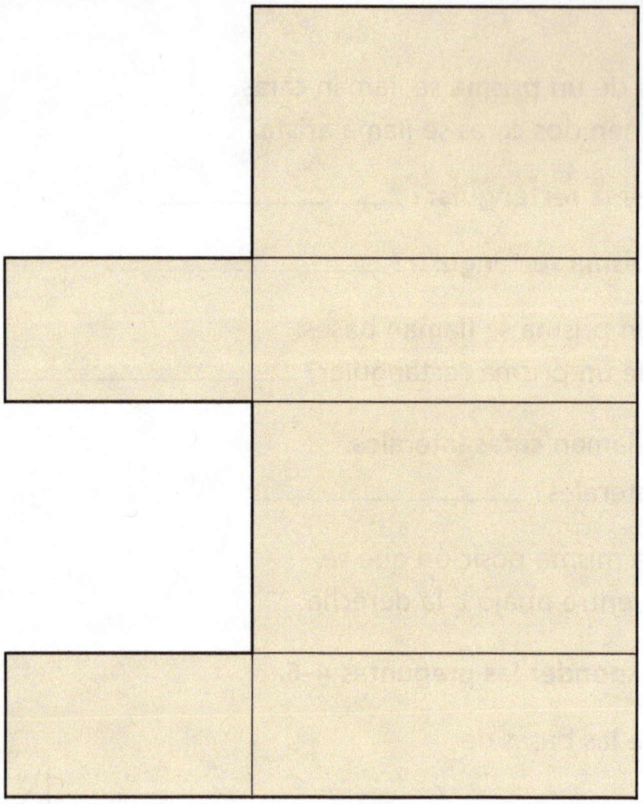

Su amigo,
Pingüino Confundido

7 Escribe una respuesta para el Pingüino Confundido.

Nombre ____________________

Dibujar una plantilla para un prisma rectangular

Dibuja una plantilla para un prisma rectangular. Luego, recórtala y forma un prisma rectangular.

Dibujar una plantilla para un prisma rectangular (continuación)

Nombre ____________________

VOCABULARIO
área de superficie

Hallar el área de superficie mediante plantillas

La plantilla que se encuentra a la izquierda forma el prisma rectangular que se encuentra a la derecha. Completa las dimensiones que faltan. A continuación, halla el **área de superficie** de cada prisma rectangular.

8

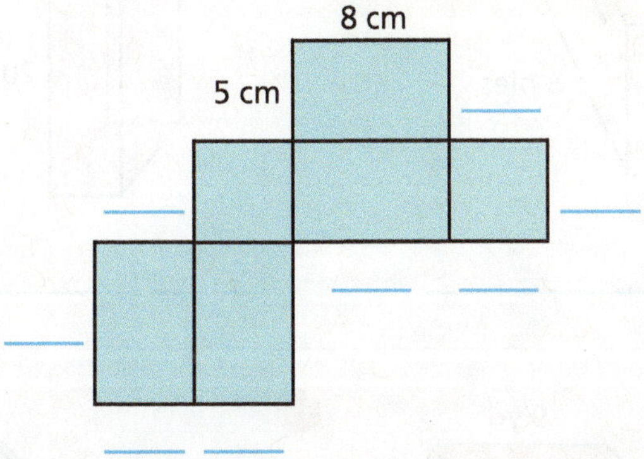

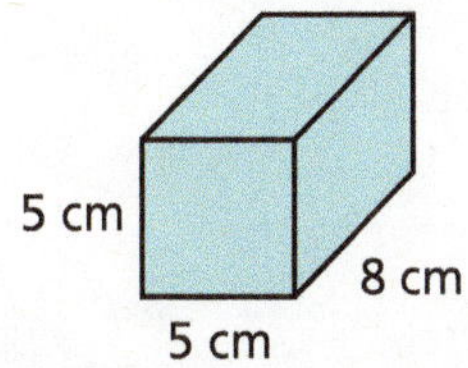

Área de una base cuadrada: ________ Área de una cara rectangular: ________

Área de superficie: ________

9

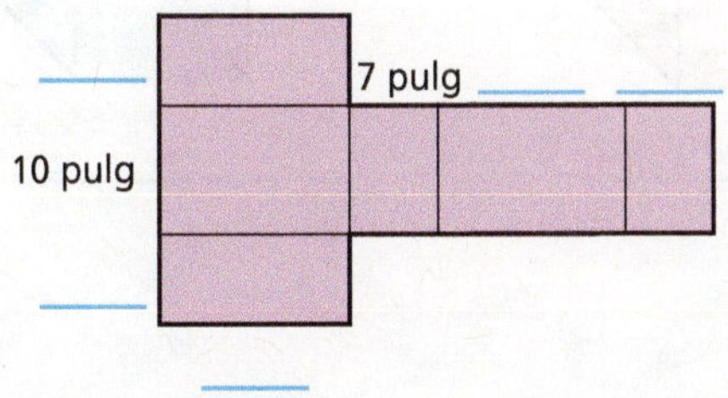

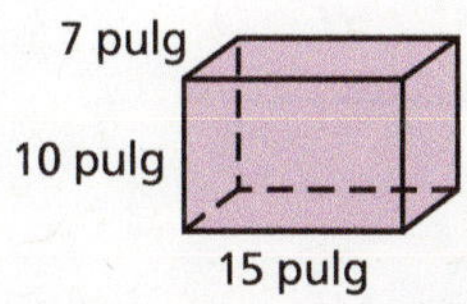

Área de la cara rectangular superior: ________

Área de la cara rectangular lateral: ________

Área de la cara rectangular delantera: ________

Área de superficie: ________

10 ¿Cómo puedes hallar el área de superficie de cualquier prisma rectangular?

____

____

11 Usa el prisma rectangular que se encuentra a la derecha para escribir una expresión que sirva para demostrar la manera en la que se puede hallar el área de superficie de cualquier prisma rectangular.

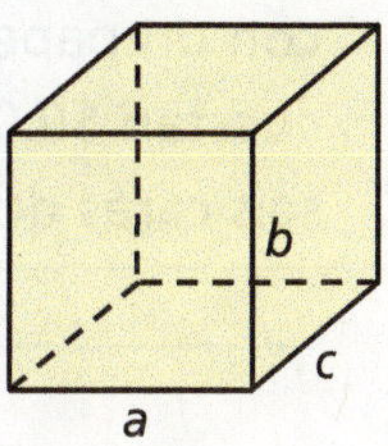

____

Hallar el área de superficie

Halla el área de superficie.

12 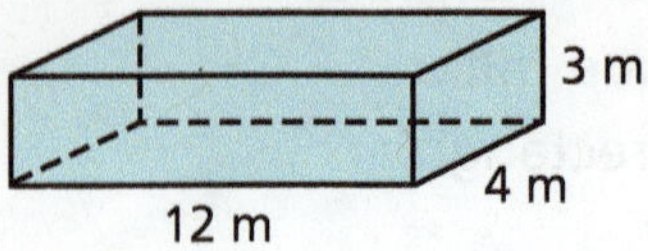

13 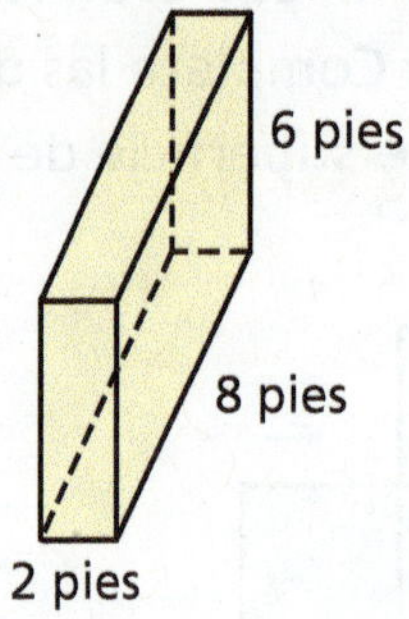

14 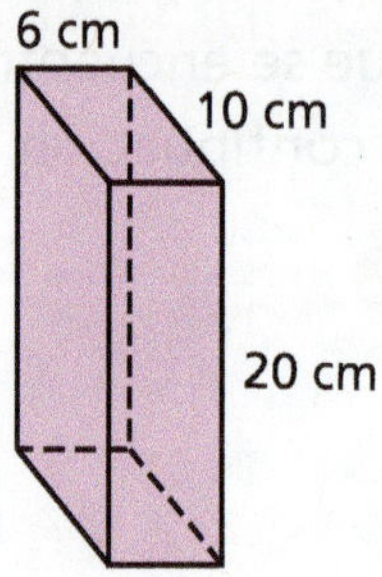

15 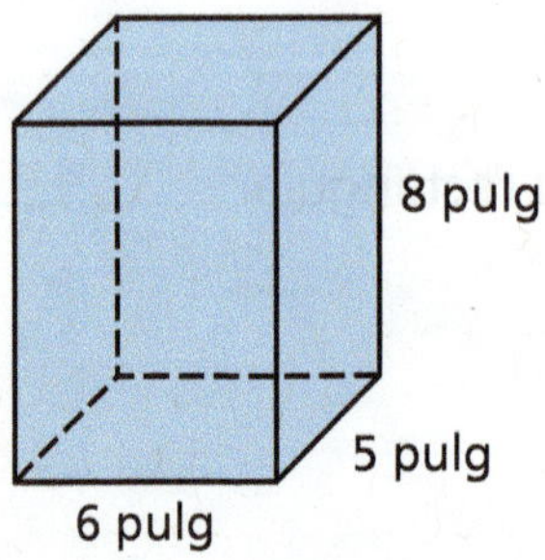

16 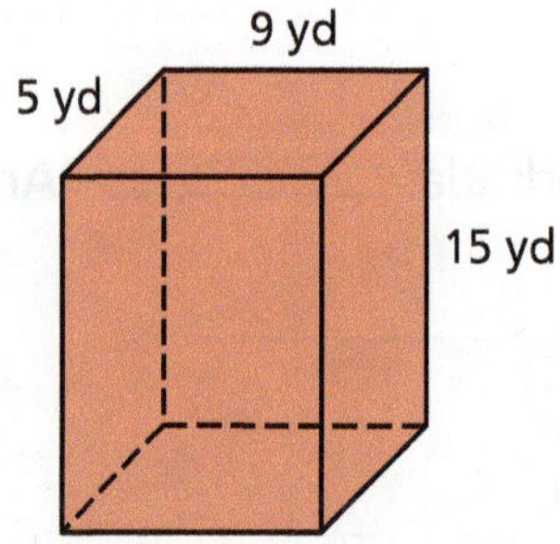

17 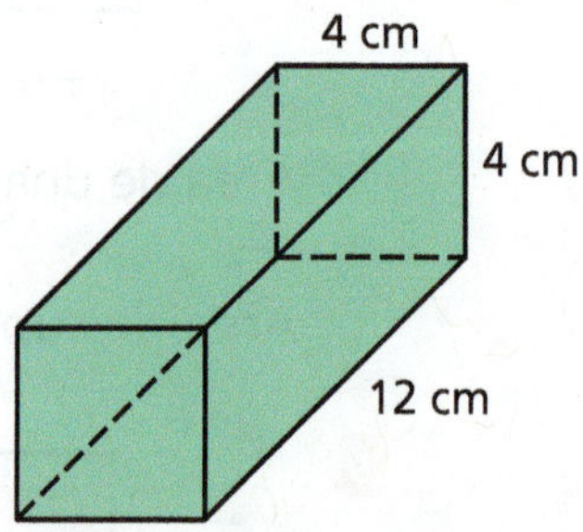

Resuelve.

Muestra tu trabajo

18 Jenna desea pintar un alhajero de madera que mide 8 pulgadas por 6 pulgadas por 3 pulgadas con pintura transparente. La botella de pintura dice que el contenido cubre un área total de 250 pulgadas cuadradas. ¿Tiene suficiente pintura como para cubrir todo el alhajero? Explica.

19 Rico construye una linterna de papel rectangular de 27 cm por 15 cm por 12 cm. Planea cubrir las caras de la linterna con un papel que viene en láminas de 9 cm^2 de área, que cuestan $0.08 cada una. ¿Cuánto dinero le saldrá cubrir las seis caras de la linterna?

Nombre ____________________

Identificar plantillas cúbicas

VOCABULARIO
cubo

Un **cubo** es un prisma rectangular que tiene seis caras cuadradas congruentes.

Coloca una marca de verificación al lado de cada plantilla que formará un cubo. Corrige las demás de modo tal que formen un cubo.

20 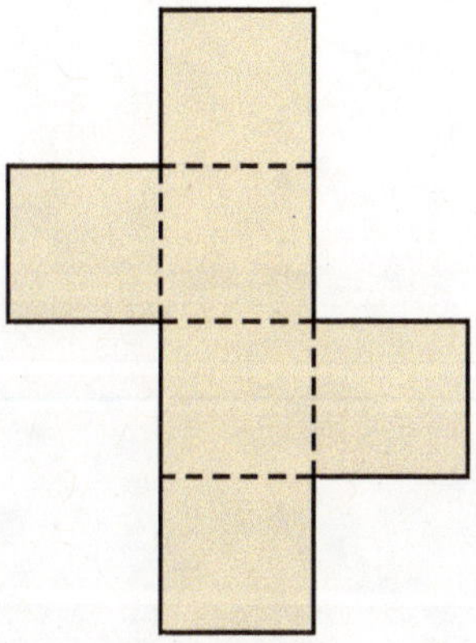

21 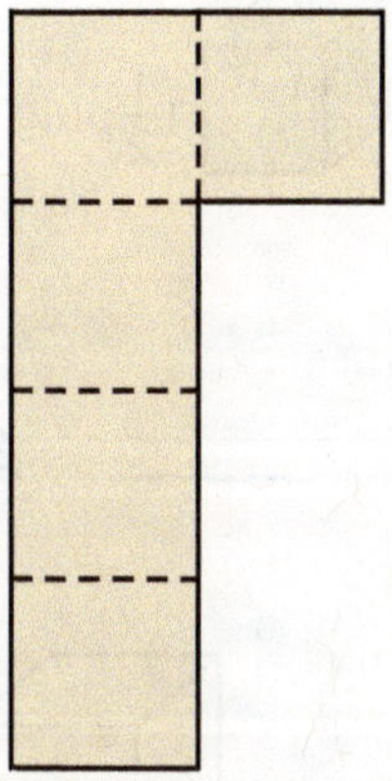

22 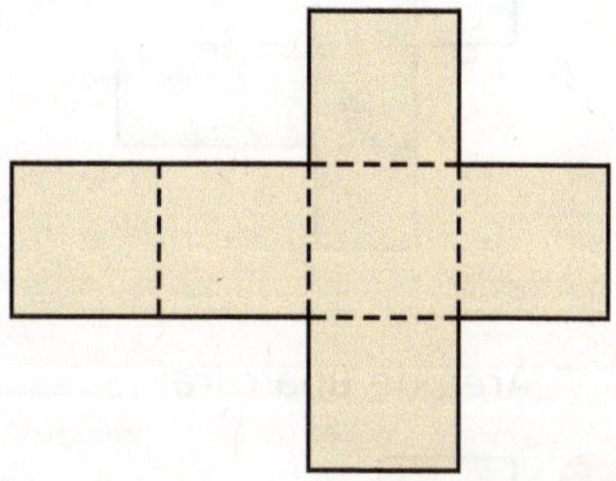

23 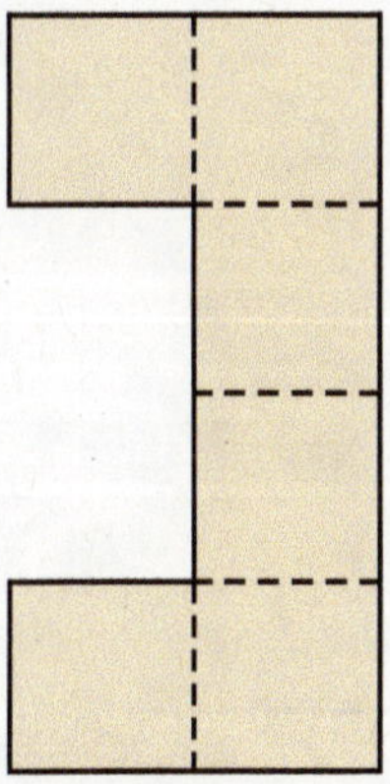

24 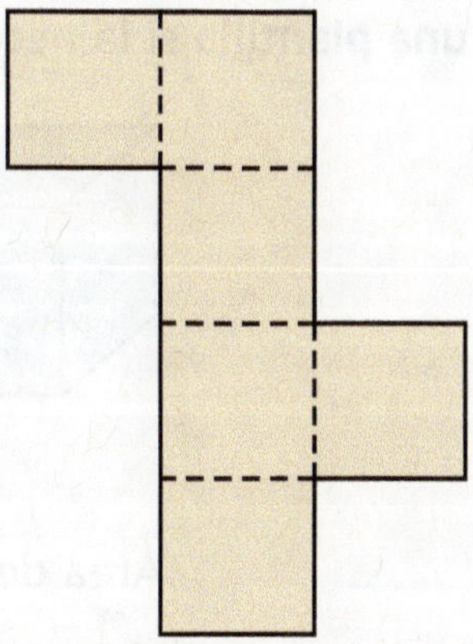

25 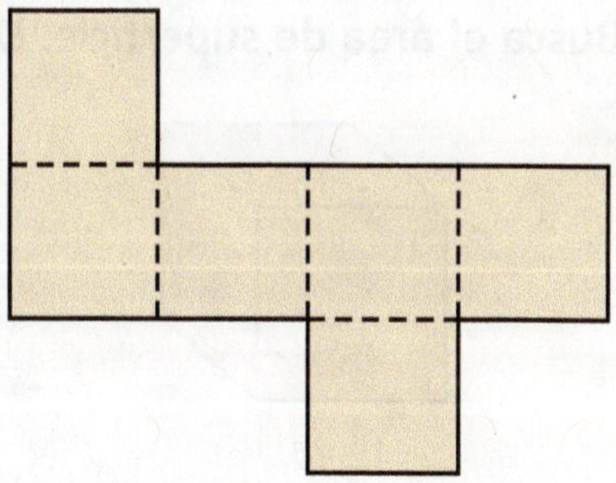

Longitudes de aristas fraccionarias

La plantilla puede usarse para formar un cubo. Completa las dimensiones que faltan. Luego, busca el área de una cara y del área de superficie. Usa números mixtos en tus respuestas.

26

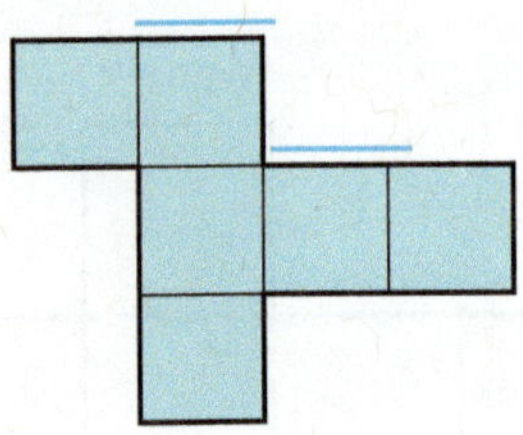

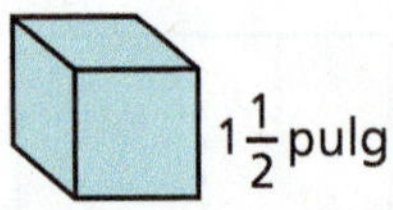

Área de una cara: ______________ Área de superficie: ______________

27

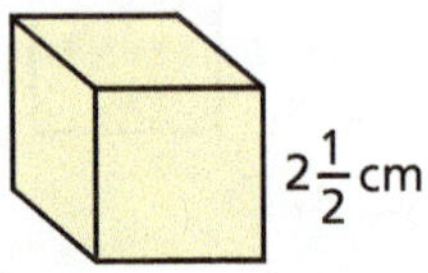

Área de una cara: ______________ Área de superficie: ______________

Busca el área de superficie. Dibuja una plantilla si la necesitas.

28

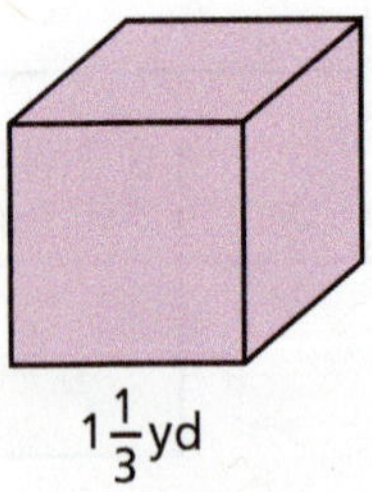

Área de superficie: ______________

29

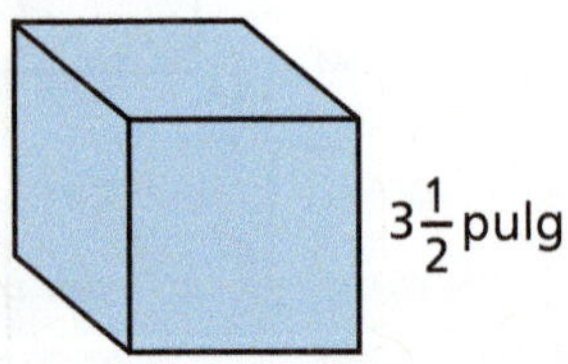

Área de superficie: ______________

30 Usa el cubo que se encuentra a la derecha para escribir una expresión que sirva para demostrar la manera en la que se puede buscar el área de superficie de cualquier cubo.

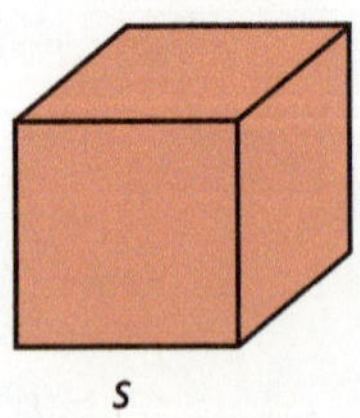

____

Comprobar la comprensión

Dibuja la plantilla de un cubo con una longitud de arista de 2 cm.

Escribe una expresión para su área de superficie. ______________

Nombre ____________________

Crear prismas no rectangulares

Recorta los polígonos que se encuentran en esta página y los rectángulos que se encuentran en la página siguiente para crear prismas no rectangulares.

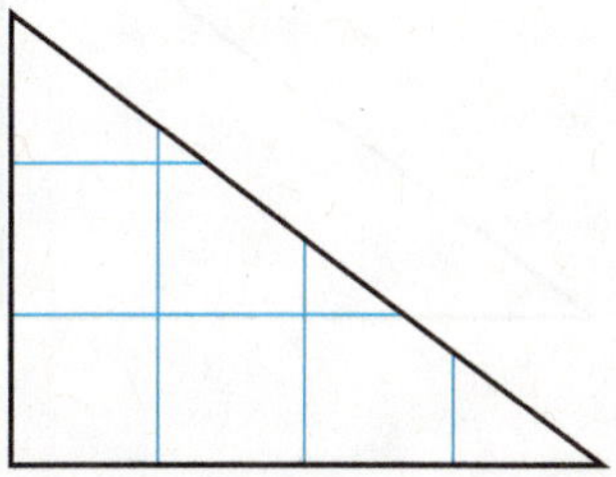

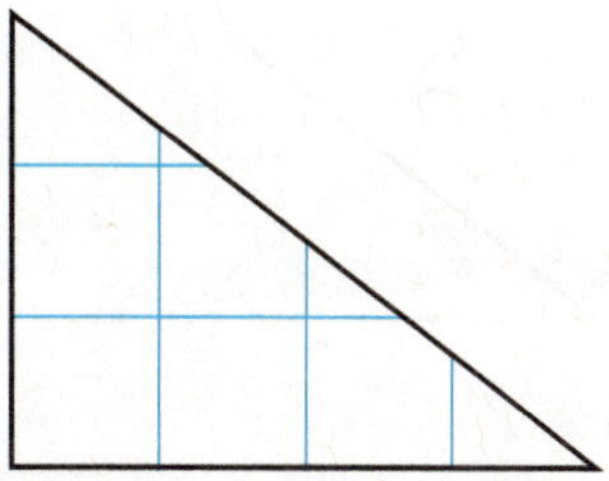

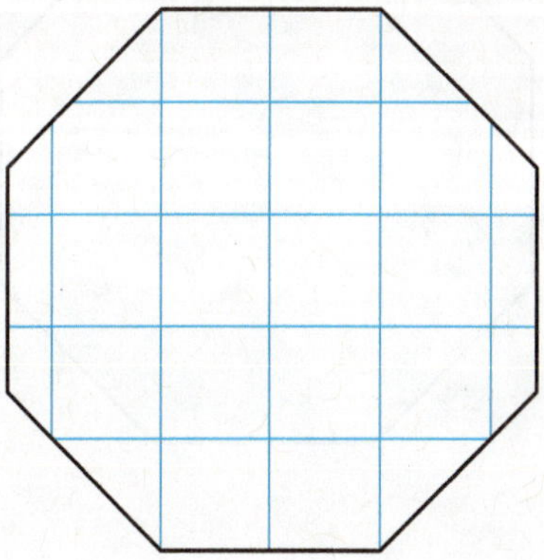

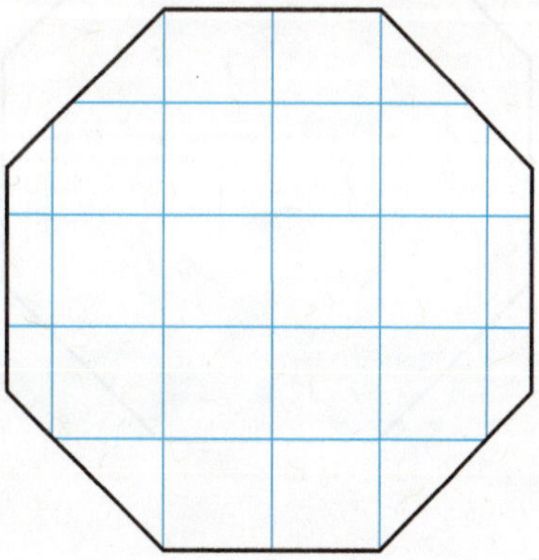

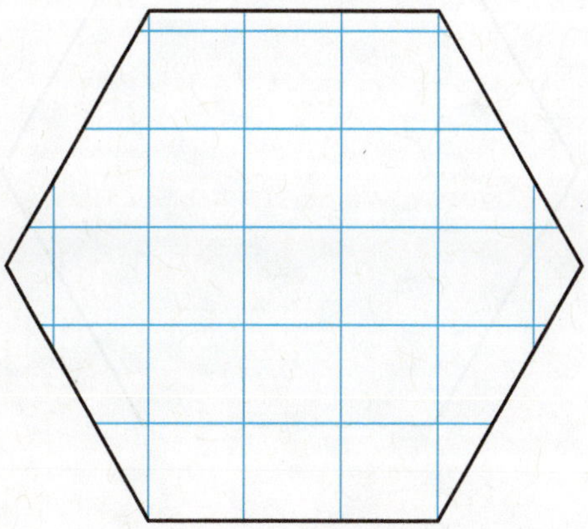

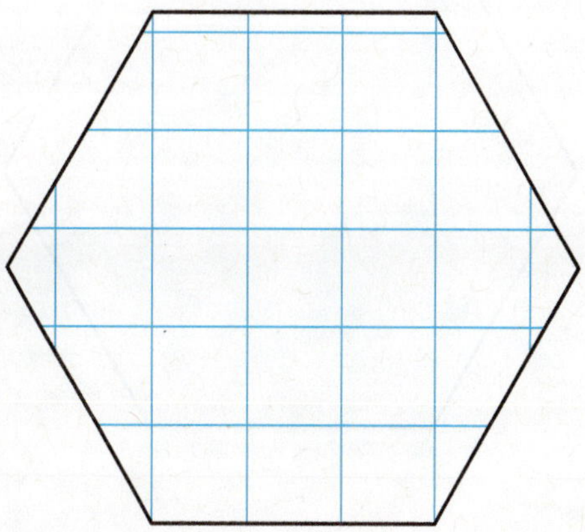

Crear prismas no rectangulares (continuación)

Nombre ______________________________

Crear prismas no rectangulares (continuación)

Recorta cada rectángulo.
Dobla por las líneas punteadas.
Pega los extremos para formar las caras laterales del prisma.

Para un prisma triangular

Para un prisma octagonal

Para un prisma hexagonal

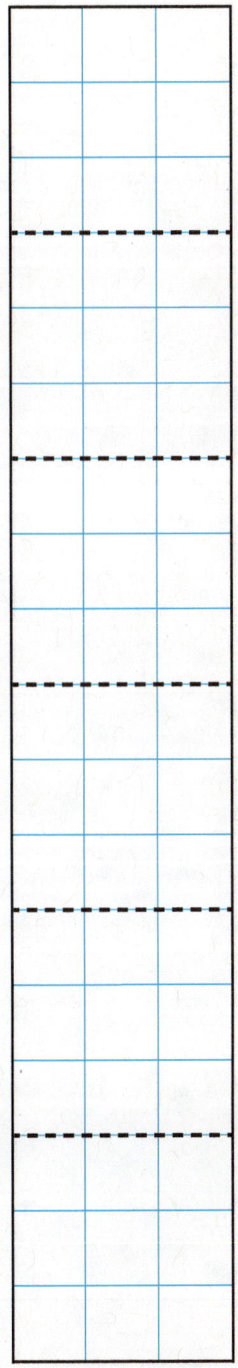

Crear prismas no rectangulares (continuación)

Nombre ______________________________

Dibujar una plantilla para un prisma no rectangular

Dibuja una plantilla para un prisma no rectangular. Luego, recorta la plantilla y forma un prisma no rectangular.

Dibujar una plantilla para un prisma no rectangular (continuación)

Nombre ______________________________

Identificar prismas

Escribe la forma de la base y úsala para nombrar el prisma.

1

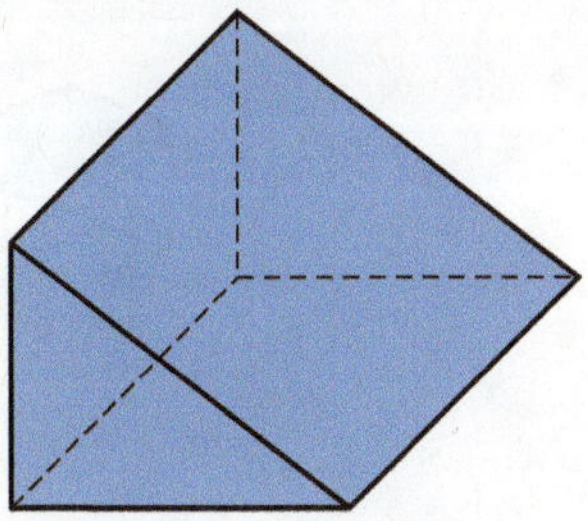

Base: ______________________

Nombre: ______________________

2

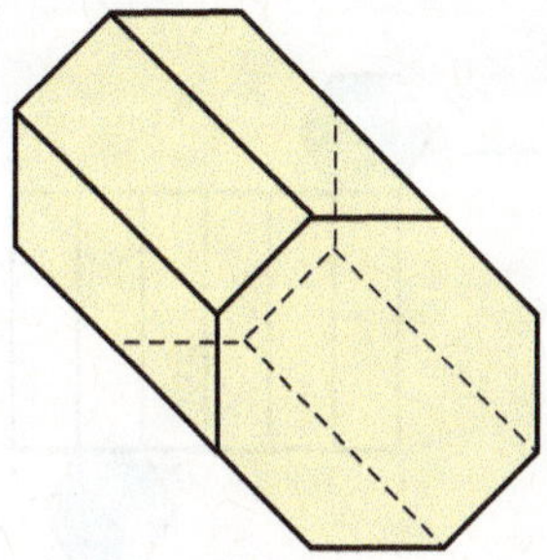

Base: ______________________

Nombre: ______________________

3

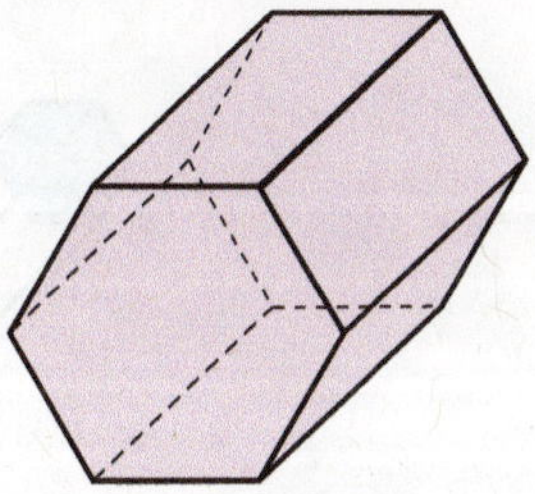

Base: ______________________

Nombre: ______________________

4

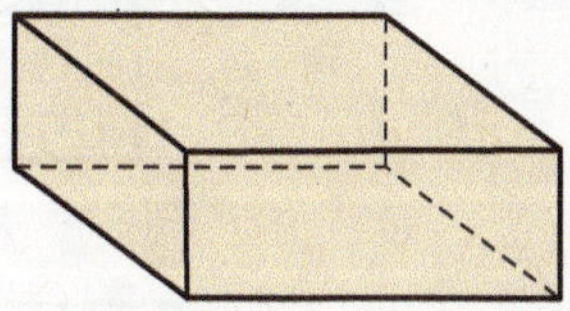

Base: ______________________

Nombre: ______________________

5

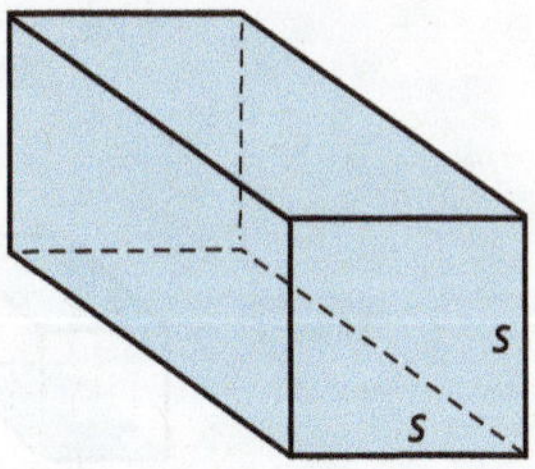

Base: ______________________

Nombre: ______________________

6

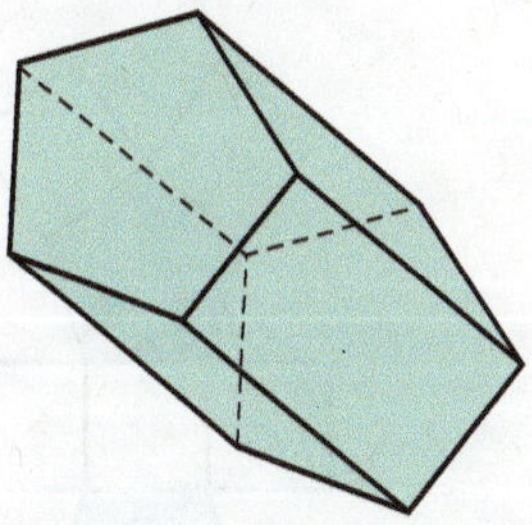

Base: ______________________

Nombre: ______________________

7 ¿Qué observas en cuanto al nombre de la base y el nombre del prisma?

____

8 ¿Cómo se nombra un prisma? ______________________

Haz que las plantillas coincidan con los cuerpos geométricos

Haz que cada plantilla en la primera columna coincida con un cuerpo geométrico en la segunda columna.

9 ________

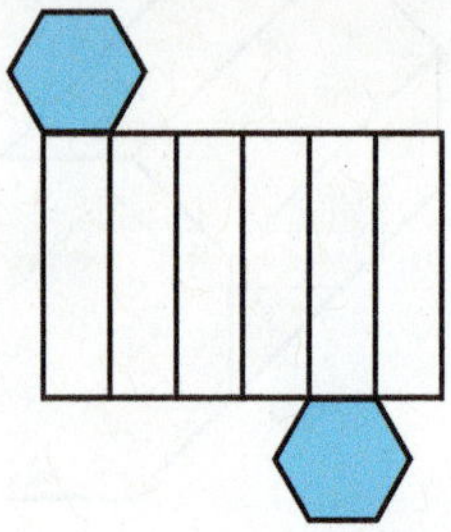

10 ________

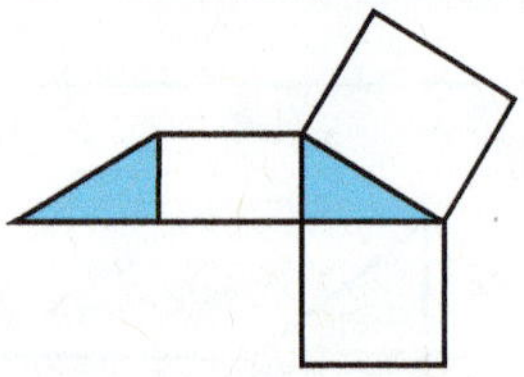

11 ________

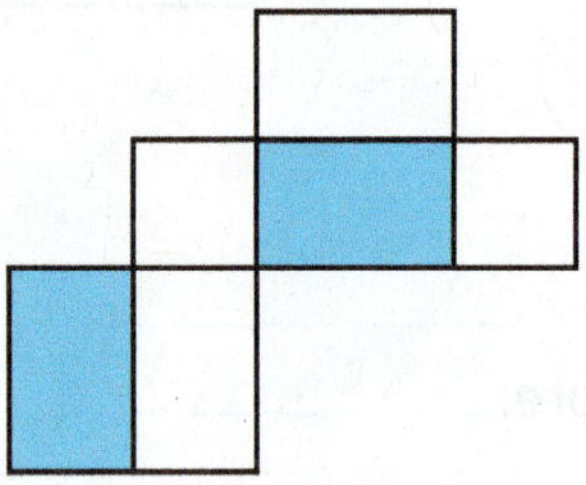

12 ________

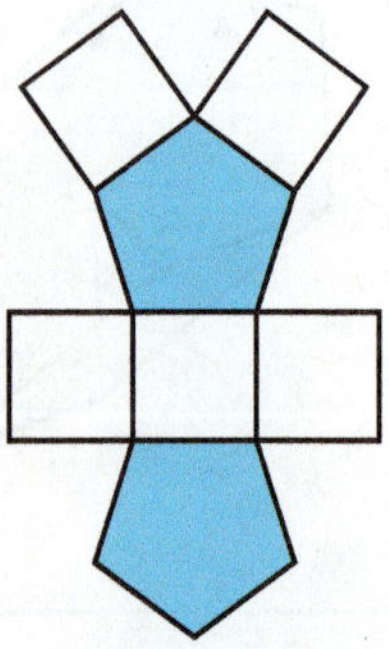

13 ________

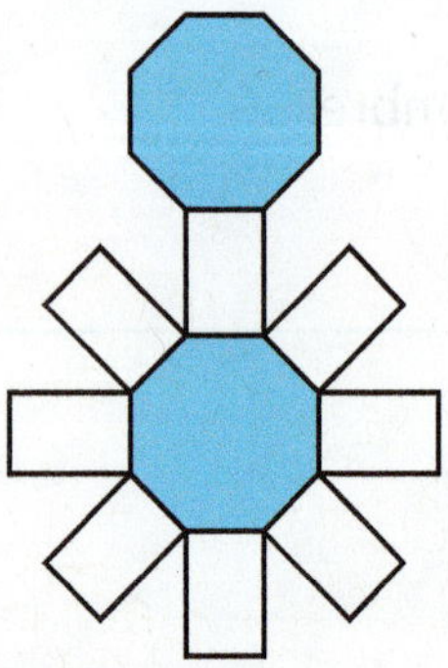

A

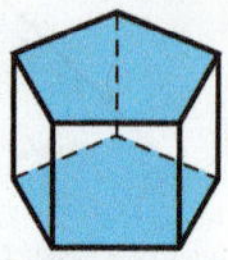

B

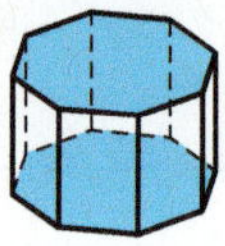

C

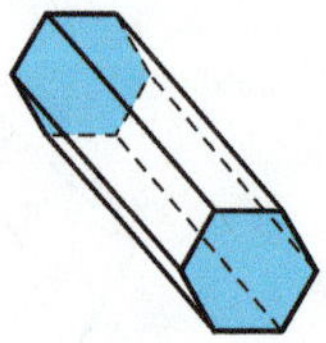

D

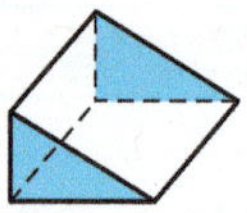

E

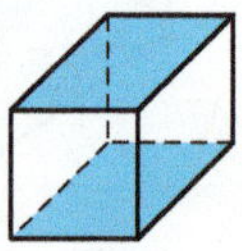

Comprobar la comprensión
Identifica la forma de la base en la plantilla y úsala para nombrar el prisma en los Ejercicios 9–13.

____

____

____

____

____

Nombre ______________________________

¿Cuál es el error?

Queridos estudiantes de matemáticas:

Diseñé una caja para envíos sin que el cartón se superponga en ninguna parte. Según mis resultados, hacer esta caja me llevó 444 $pulg^2$ de cartón. ¿Es eso correcto? Si no lo es, ¿podrían decirme qué hice mal?

Su amigo,
el Pingüino Confundido

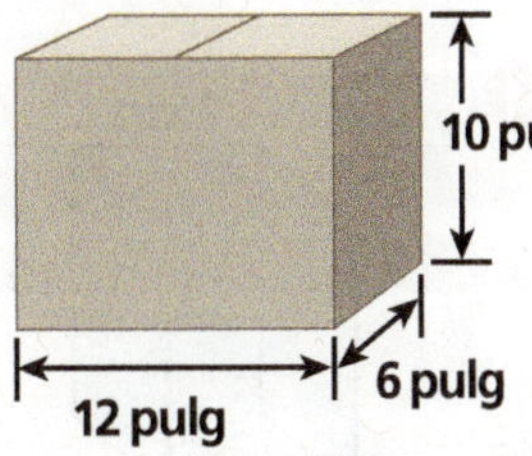

1 Escribe una respuesta para el Pingüino Confundido.

____

____

____

Queridos estudiantes de matemáticas:

Aquí hay otra caja para envíos que inventé sin que el cartón se superponga en ninguna parte. Según mis resultados, hacer esta caja me llevó 240 $pulg^2$ de cartón. ¿Es eso correcto? Si no lo es, ¿podrían decirme qué hice mal?

Su amigo,
el Pingüino Confundido

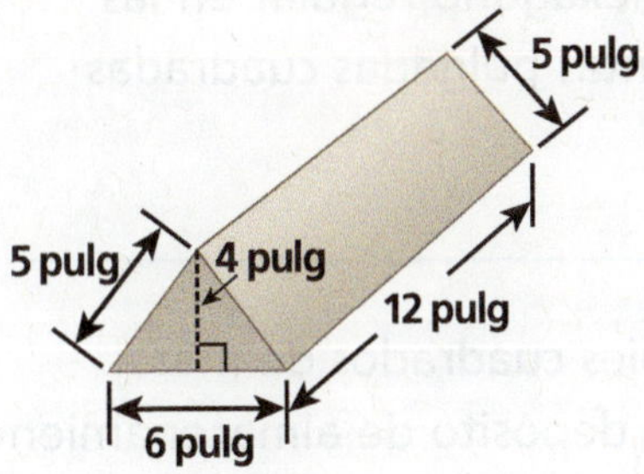

2 Escribe una respuesta para el Pingüino Confundido.

____

____

____

Hallar el área de superficie

Halla el área de superficie.

3 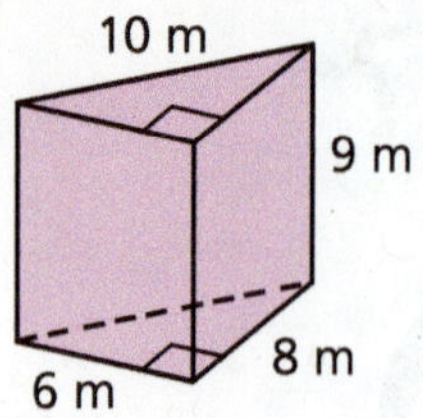

____

4 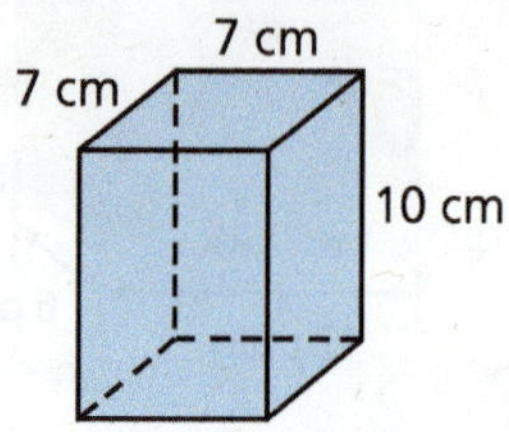

____

5 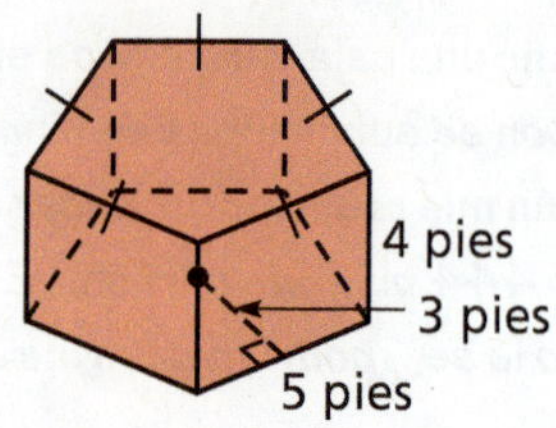

____

Resolver problemas del mundo real

6 Harry y Jaime montaron su tienda de campaña de tela en un viaje de campamento. La tienda tiene cinco superficies. ¿Cuántos pies cuadrados de tela se necesitaron para hacer la tienda de campaña?

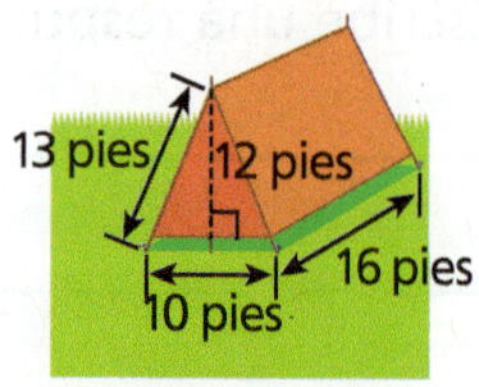

____

7 Rita compró este cubo de almacenamiento para su habitación. ¿Cuántas pulgadas cuadradas de madera se necesitaron para hacer el cubo de almacenamiento?

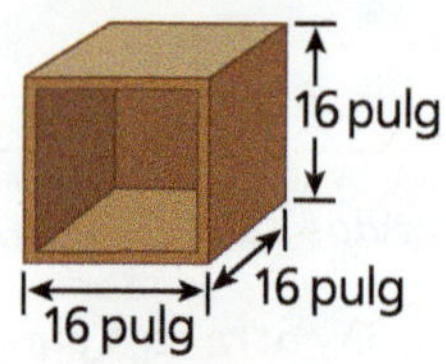

____

8 Erin hizo este alhajero con un hexágono regular en las partes superior e inferior. ¿Cuántas pulgadas cuadradas de cartón usó?

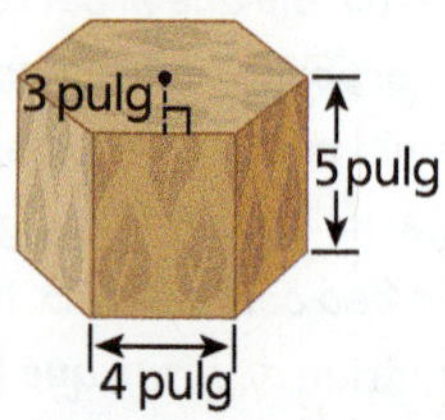

____

9 Daniel necesita saber cuántos pies cuadrados de metal se necesitan para construir este depósito de almacenamiento, incluido el techo. El piso del depósito de almacenamiento será de hormigón. ¿Cuántos pies cuadrados de metal necesita?

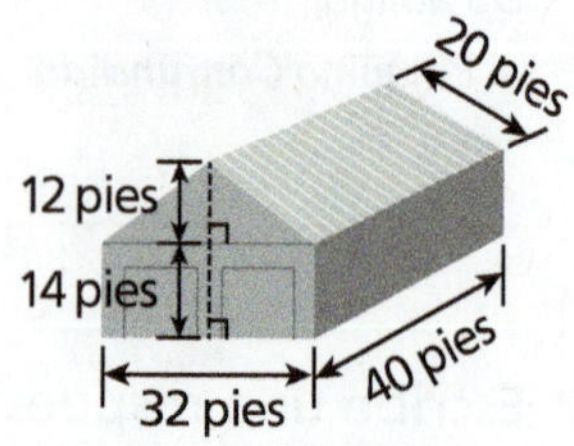

____

Comprobar la comprensión

Busca el área de superficie de un prisma rectangular con una longitud de 18 pulg, un ancho de 11 pulg y una altura de 9 pulg. ______________

Unidad 4
Prueba rápida 1

Nombre ______________________ **Fecha** __________

Nombra el cuerpo geométrico que formará cada plantilla.

1
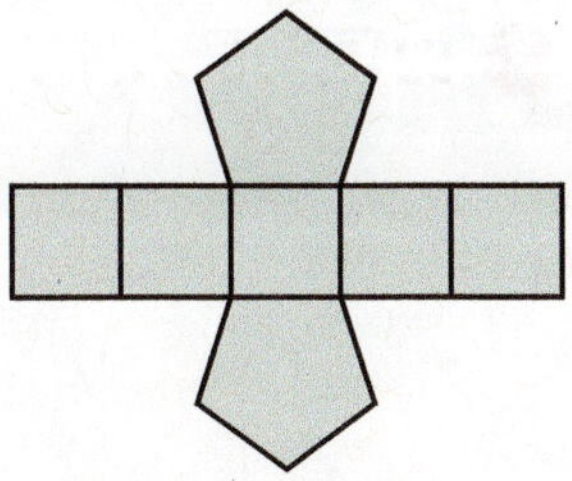

____

2
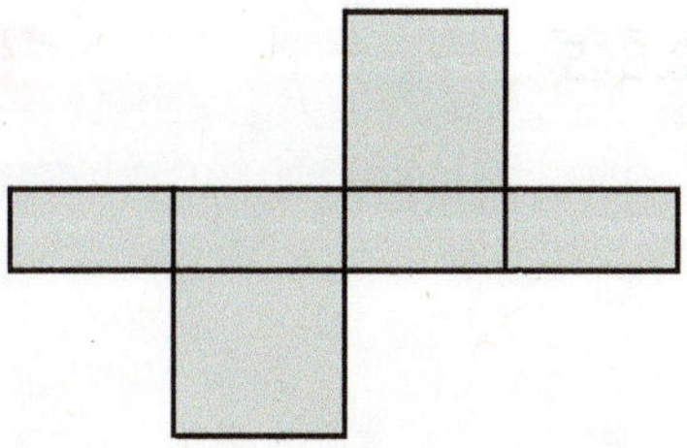

____

Calcula el área de superficie.

3
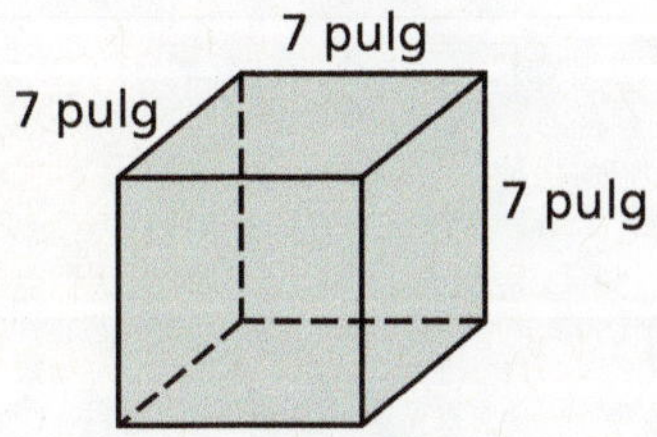

____

4
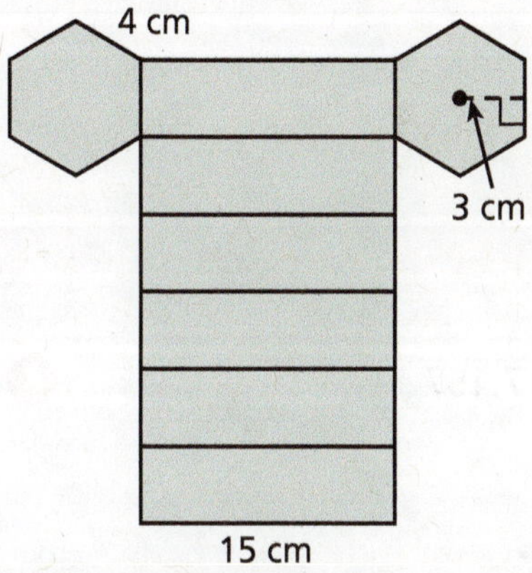

____

Resuelve.

5 La caja de un regalo tiene forma de prisma rectangular. El largo de la caja es 16 cm, su ancho es 6 cm y su altura es 6 cm. Una hoja de papel de envoltorio que mide 20 cm por 20 cm, ¿será suficiente para envolver la caja? Explica.

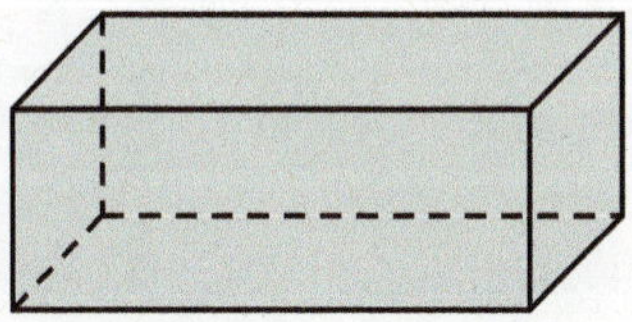

____

____

____

____

____

Comprobar el conocimiento 5

Nombre ____________________ Fecha ____________________

Camino al conocimiento

1. $23\overline{)2,645}$
2. $44\overline{)6,812}$
3. $52\overline{)8,496}$
4. $35\overline{)7,807}$
5. $67\overline{)3,417}$
6. $19\overline{)1,627}$
7. $54\overline{)7,157}$
8. $71\overline{)1,195}$
9. $41\overline{)3,567}$
10. $72\overline{)2,016}$
11. $30\overline{)2,861}$
12. $28\overline{)3,839}$
13. $64\overline{)5,321}$
14. $17\overline{)1,632}$
15. $14\overline{)9,426}$

Nombre ____________________

Crear una pirámide

Recorta la plantilla y forma el cuerpo geométrico.

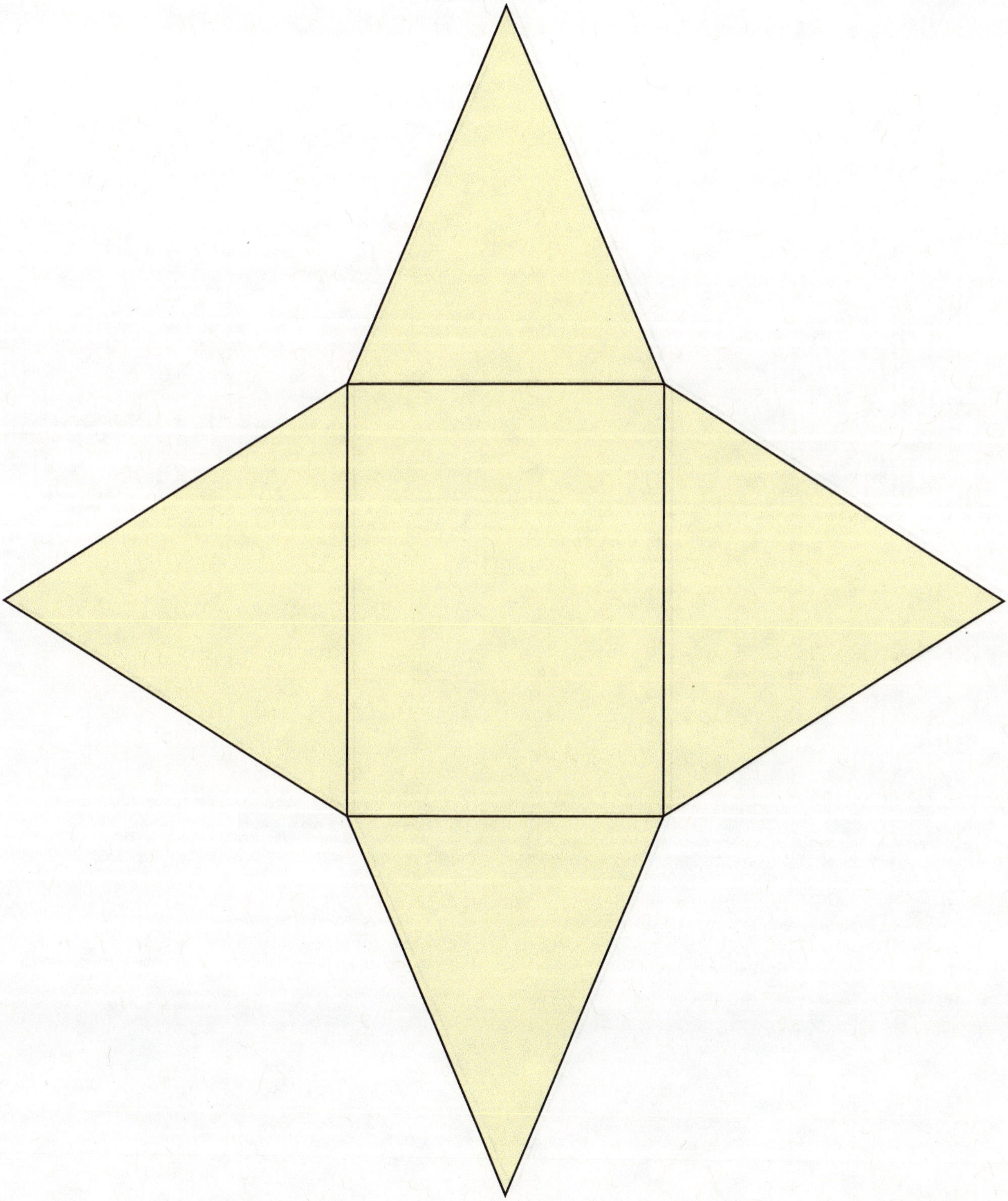

Crear una pirámide (continuación)

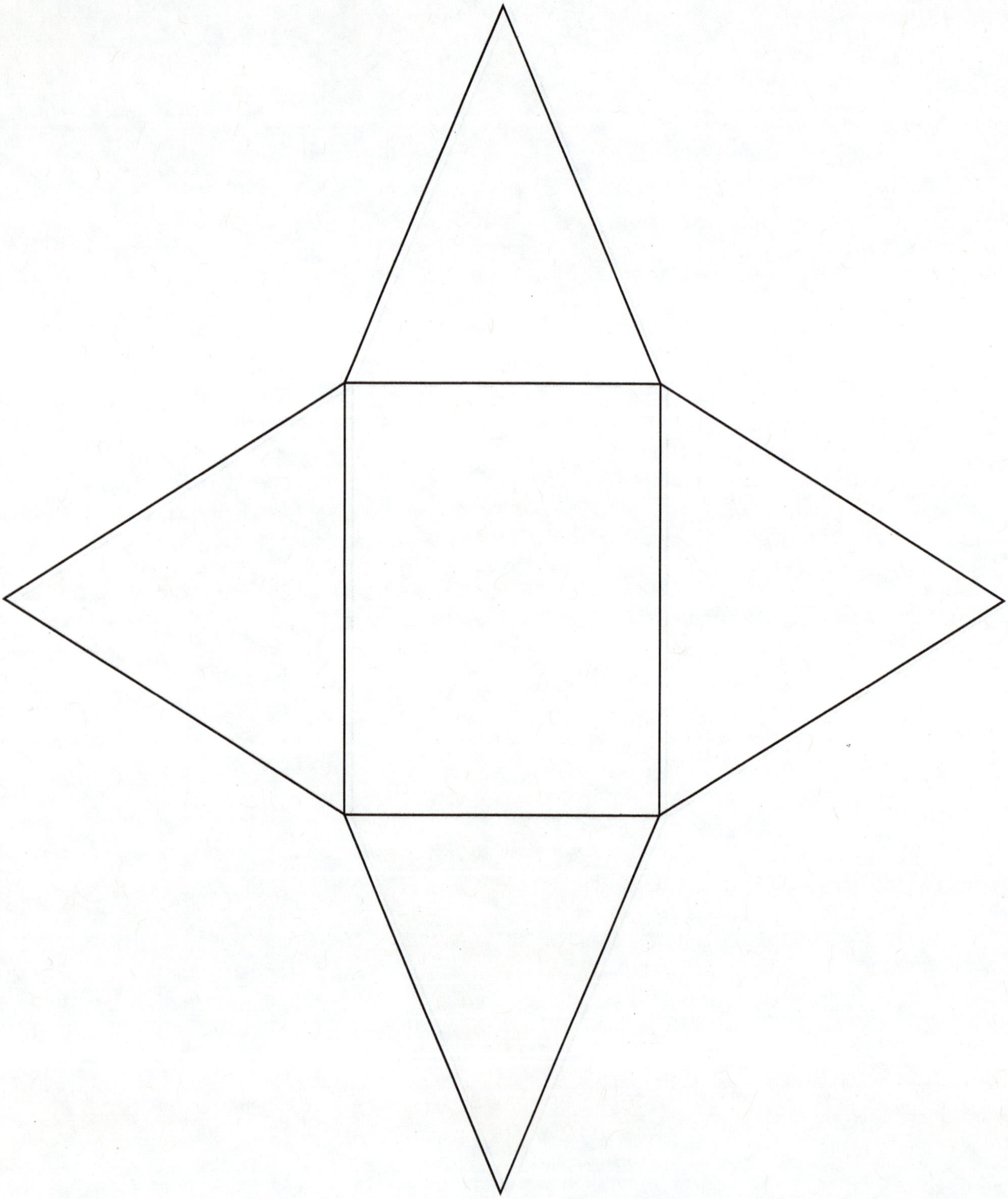

Nombre ______________________________

Crear otra pirámide

Recorta la plantilla y forma el cuerpo geométrico.

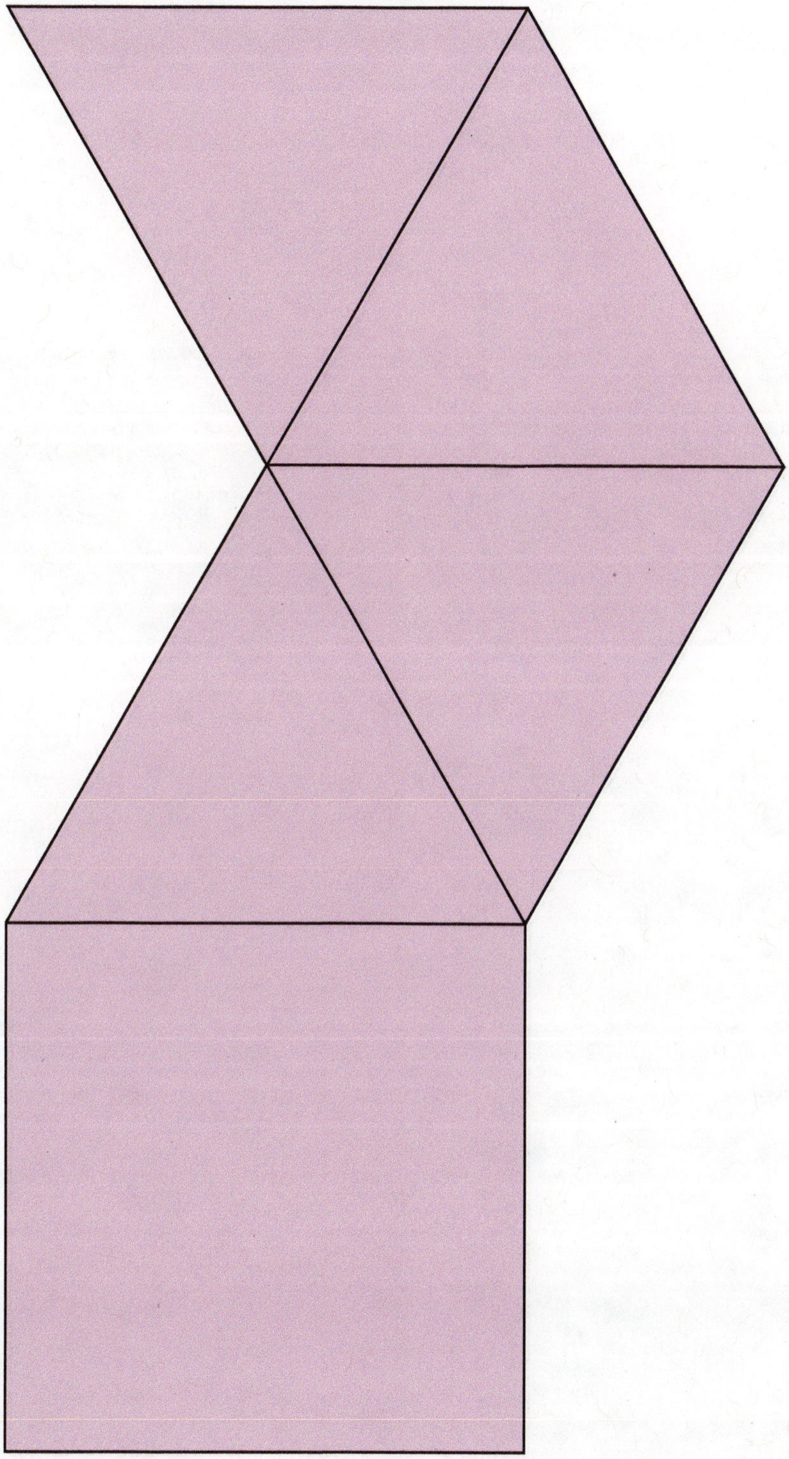

Crear otra pirámide (continuación)

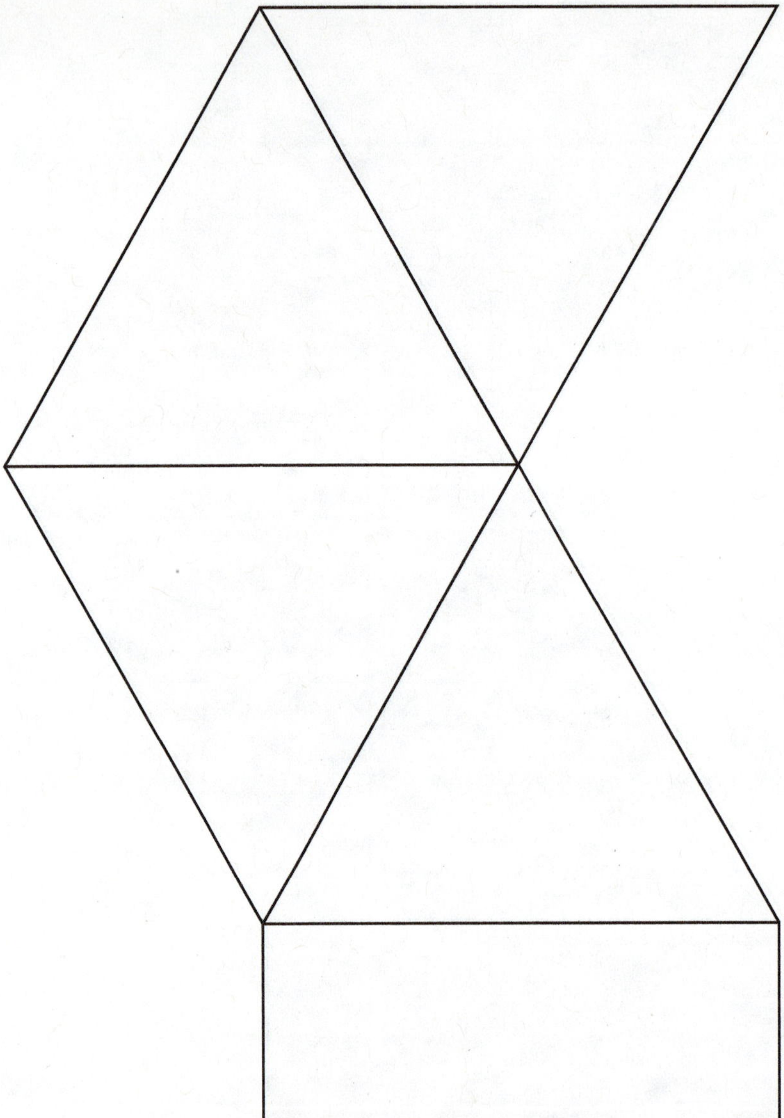

Nombre ______________________________

Dibujar una plantilla para una pirámide cuadrada

Dibuja una plantilla para una pirámide con una base cuadrada. Luego, recorta la plantilla y forma la pirámide.

Dibujar una plantilla para una pirámide (continuación)

Nombre ____________________

Crear pirámides con otras bases

Recorta los polígonos que se encuentran en esta página y los triángulos que se encuentran en la página siguiente para formar pirámides.

Crear pirámides con otras bases (continuación)

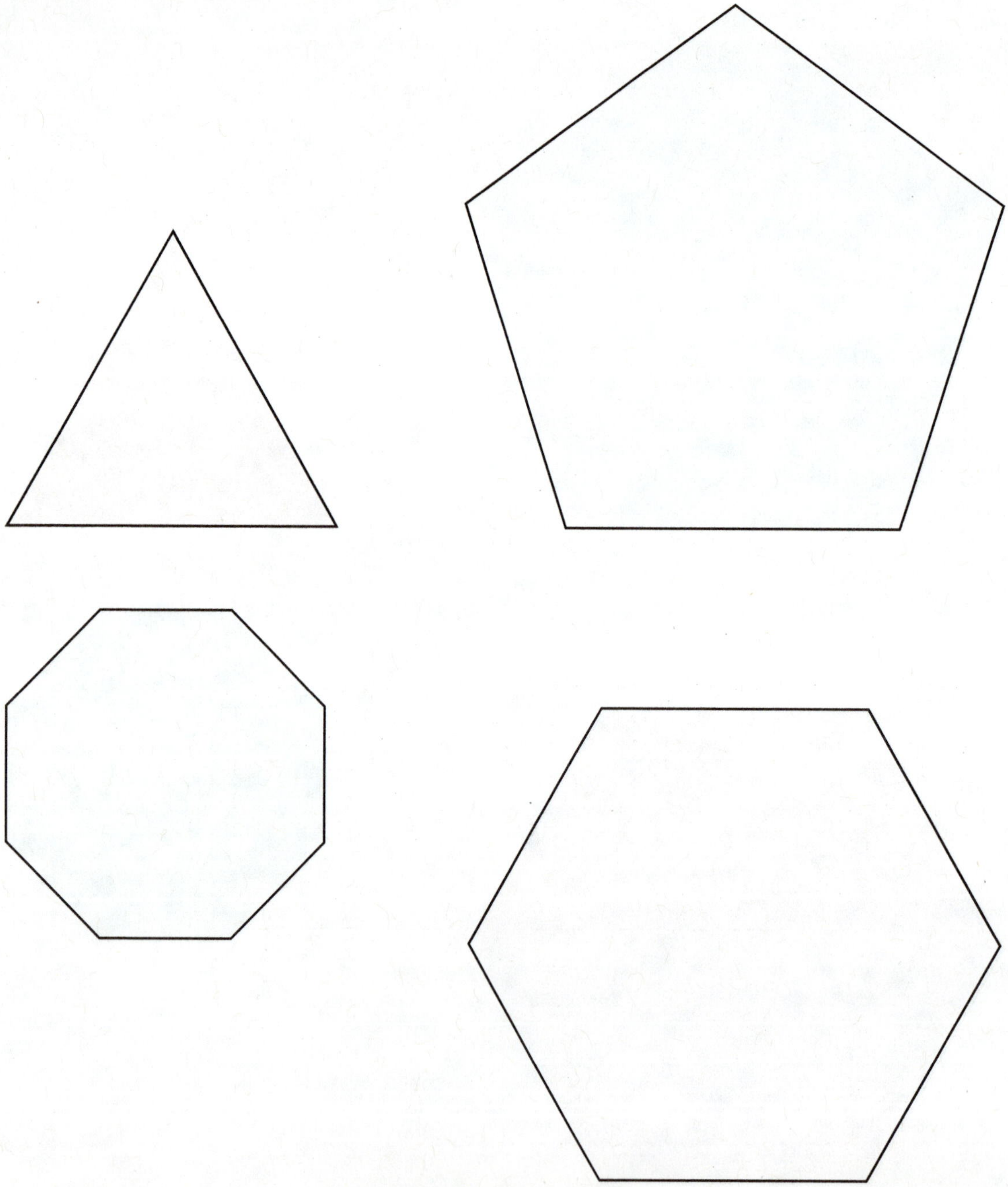

Nombre ______________________________

Crear pirámides con otras bases (continuación)

VOCABULARIO
altura oblicua

Crear pirámides con otras bases (continuación)

Nombre ____________________

VOCABULARIO
pirámide
base de una pirámide
cara de una pirámide

Analizar pirámides

Una **pirámide** es un cuerpo geométrico cuya **base** puede ser cualquier polígono y cuyas otras **caras** son triángulos que se unen en un punto.

Nombra la forma de la base y úsala para nombrar la pirámide.

1.
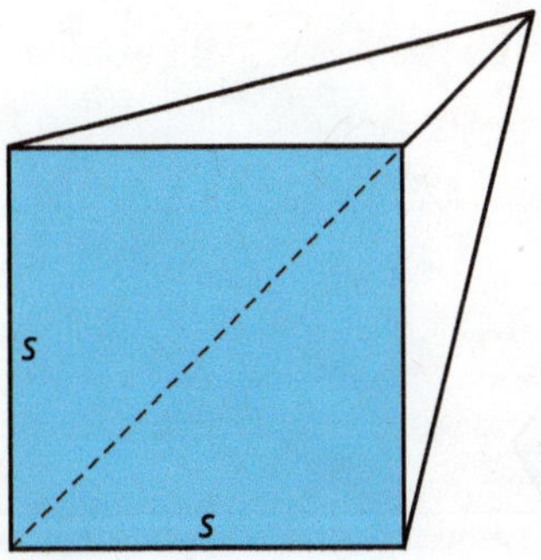

Base: ____________________

Nombre: ____________________

2.
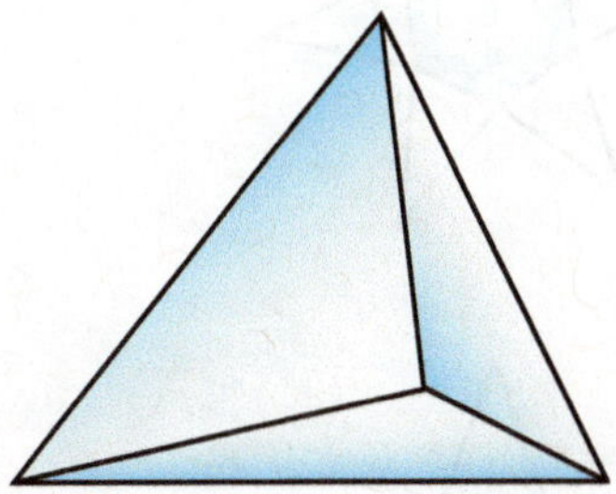

Base: ____________________

Nombre: ____________________

3.
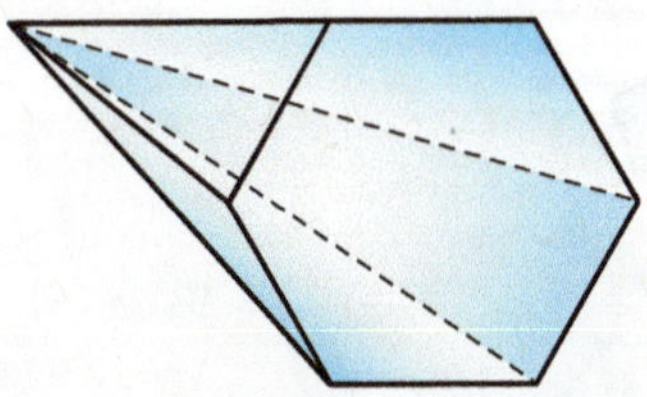

Base: ____________________

Nombre: ____________________

4.
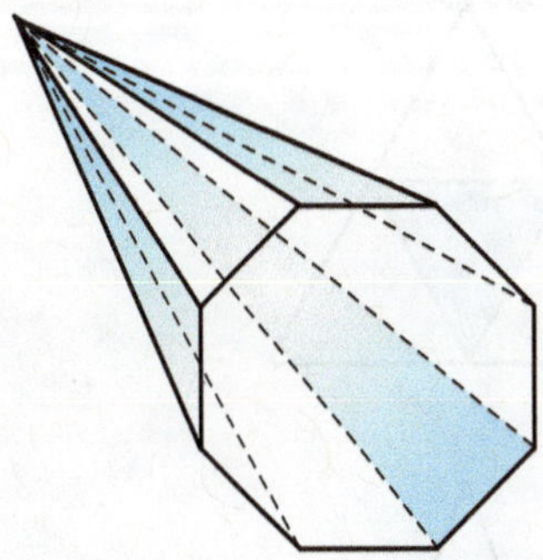

Base: ____________________

Nombre: ____________________

5.
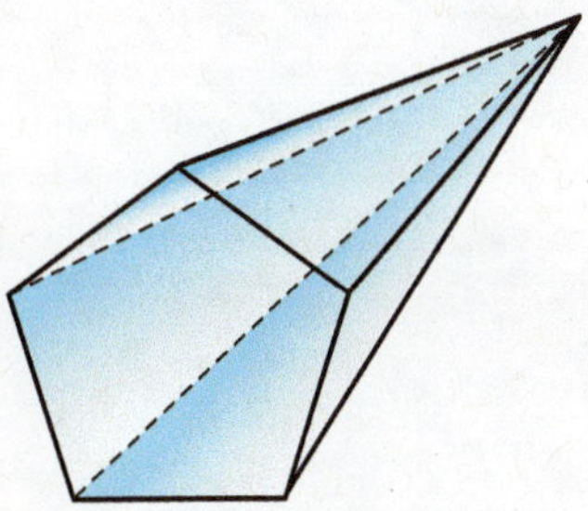

Base: ____________________

Nombre: ____________________

6.
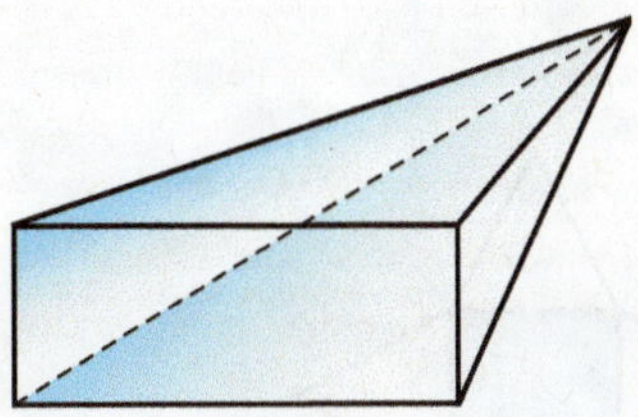

Base: ____________________

Nombre: ____________________

Pirámides y plantillas

Haz que cada plantilla coincida con un cuerpo geométrico.

7 ______

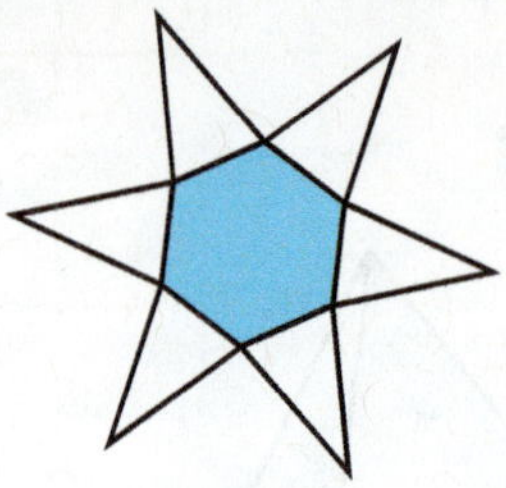

A

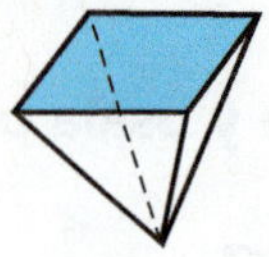

8 ______

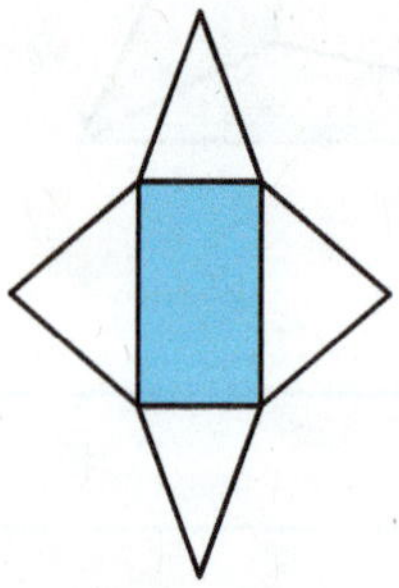

B

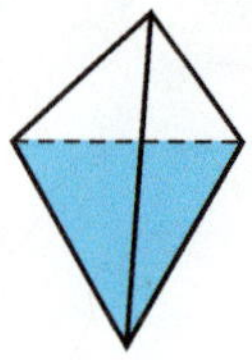

9 ______

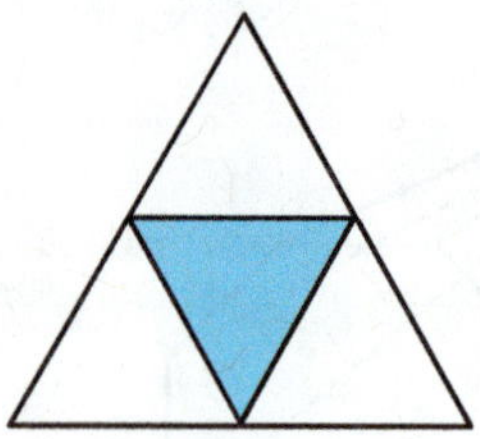

C

10 ______

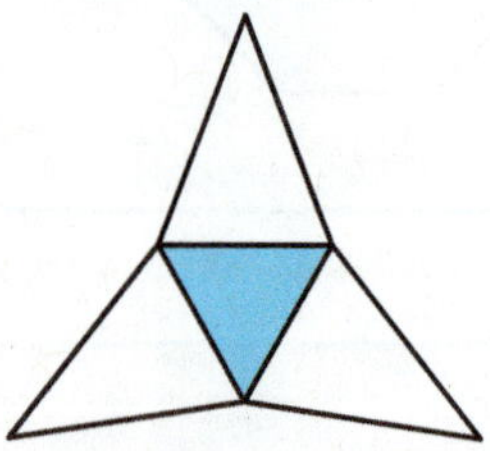

D

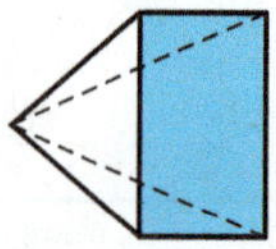

11 ______

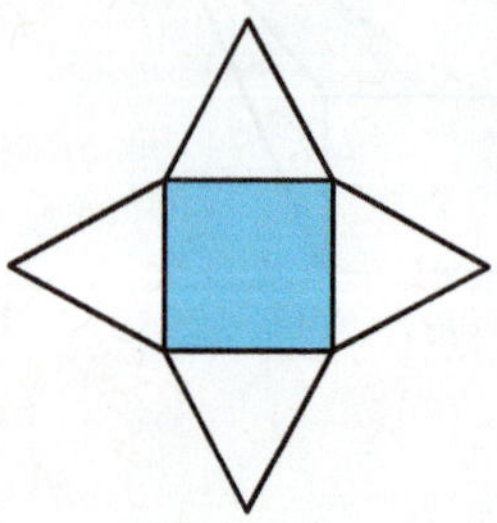

E

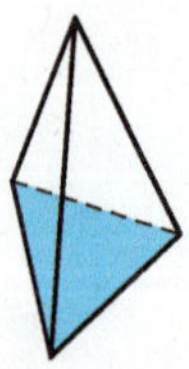

Comprobar la comprensión

Describe las caras de una pirámide pentagonal regular.

Nombre ______________________________

Hallar el área de superficie

Estas plantillas forman pirámides. Halla el área de superficie de cada plantilla.

1

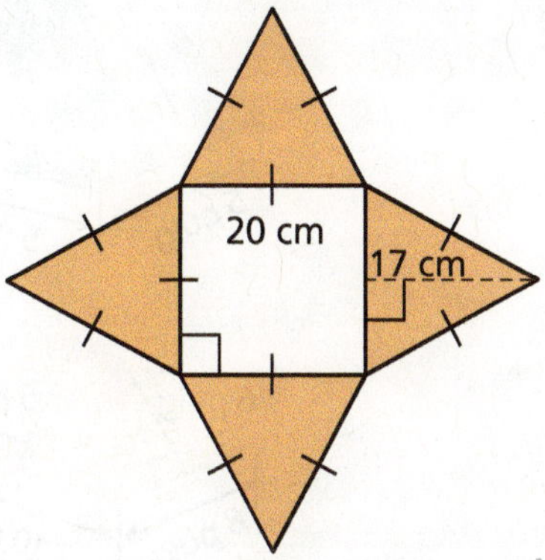

____

2

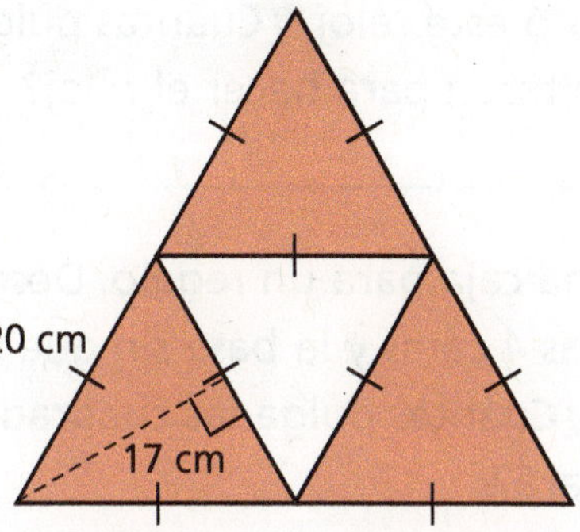

____

3

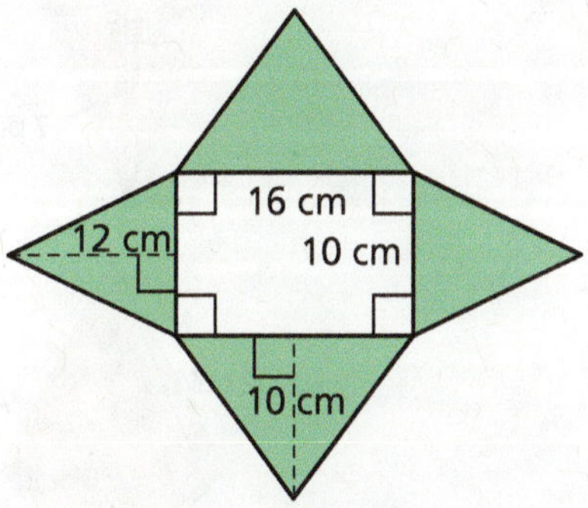

____

4

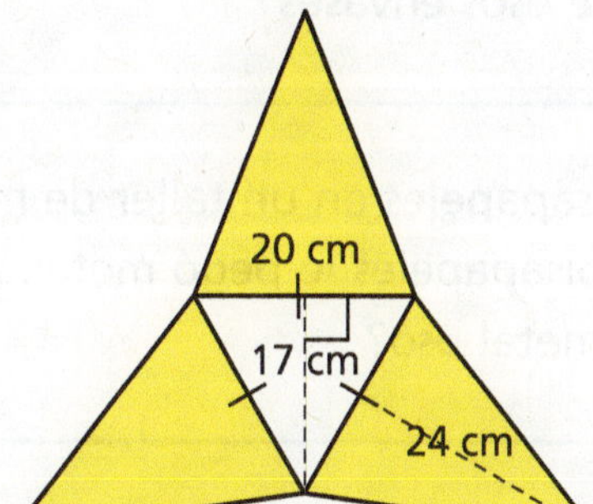

____

Halla el área de superficie de cada pirámide.

5

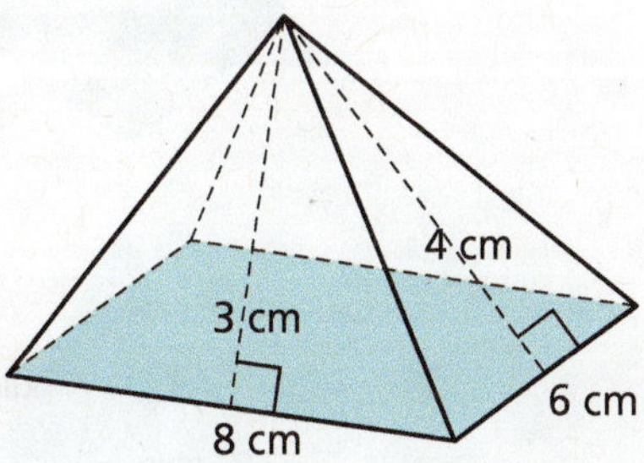

____

6

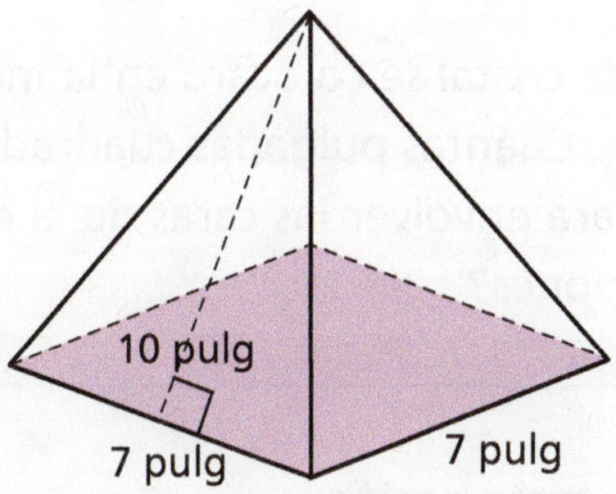

Resolver problemas del mundo real

Resuelve.

7. Marjorie compró este reloj. ¿Cuántas pulgadas cuadradas de vidrio se necesitaron para hacer el reloj?

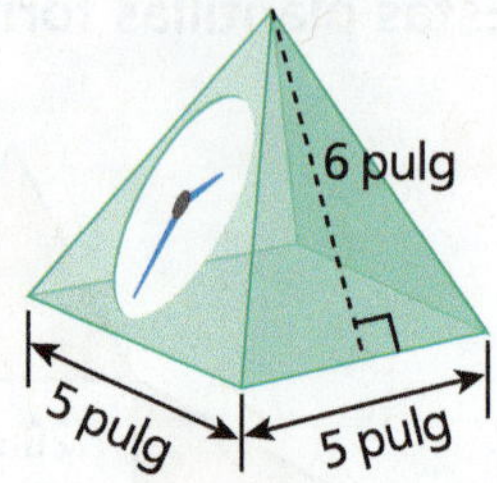

8. Lee compró una caja para un regalo. Desea pegar papel de regalo en las 4 caras y la base sin que se superponga en ningún lugar. ¿Cuántas pulgadas cuadradas de papel de regalo necesitará?

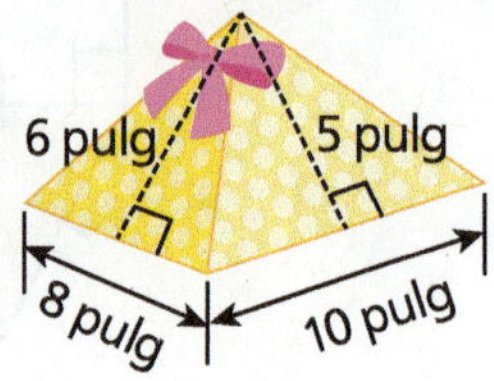

9. Nina hace envases para colocar palomitas de maíz para una fiesta. ¿Cuántas pulgadas cuadradas de cartón se necesitarán para hacer 8 de esos envases?

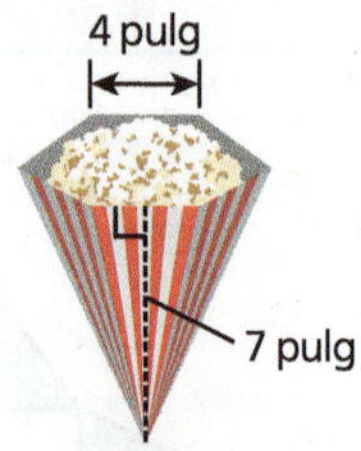

10. Tim hizo un pisapapeles en un taller de manualidades. A cada cara del pisapapeles le pegó metal. ¿Cuántas pulgadas cuadradas de metal usó?

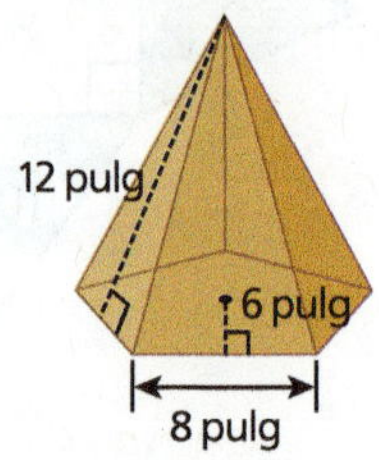

11. Esta cuenta tiene forma de pirámide triangular. Cada cara de esta cuenta tiene un área de superficie de aproximadamente $\frac{1}{2}$ $pulg^2$. ¿Cuántas pulgadas cuadradas se necesitarían para hacer una cubierta ajustada a la cuenta, ignorando cualquier superposición?

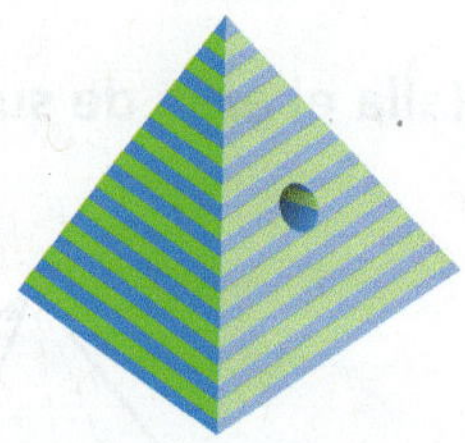

12. La escultura de cristal se colocará en la mesa de bufé de un banquete. ¿Cuántas pulgadas cuadradas de papel se necesitarán para envolver las caras de la escultura de cristal sin superposiciones?

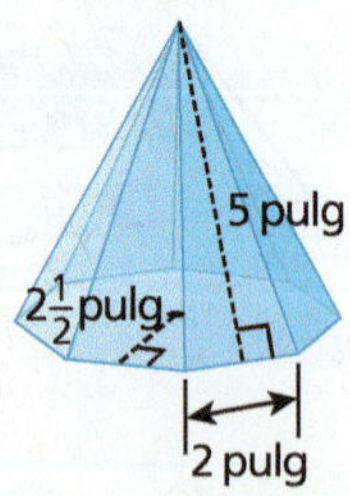

Comprobar la comprensión

Calcula el área de la superficie de las caras laterales de una pirámide cuya base tiene 10 lados congruentes si la arista de la base mide 6 pulg y la altura oblicua de las caras triangulares es 14 pulg __________

Nombre ______________________________

Las plantillas y las canastas de bayas del mercado de granjeros

Tiffany y su familia cultivan bayas y verduras, y las venden en el mercado de granjeros. Estas son las canastas que usan para empacar las bayas.

1. En un papel cuadriculado de un cuarto de pulgada (TRB M19), dibuja la plantilla de una canasta para bayas que tenga las mismas dimensiones que se mencionan anteriormente. Recórtala y usa cinta para formar la canasta para bayas.

Crear un recipiente de transporte

Tiffany desea crear un recipiente de transporte que pueda contener tres canastas de bayas para que los clientes puedan llevarlas sin que las bayas se caigan o se dañen.

2. Pega dos papeles cuadriculados de un cuarto de pulgada (TRB M19) de modo que no quede espacio entre las cuadrículas. Dibuja la plantilla de un recipiente de transporte que pueda contener tres canastas de bayas y tenga la menor área de superficie posible.

3. Usa la plantilla para buscar el área de superficie del recipiente de transporte.

____

4. Recorta la plantilla y forma el recipiente de transporte. Usa las canastas de bayas que creaste para comprobar que entren en el recipiente de transporte.

5. El hermano de Tiffany, Aaron, les hizo dobleces a los recipientes para que sea más fácil apilarlos y transportarlos. Hizo un doblez en cada extremo de las caras delantera y trasera, como se observa a continuación. ¿Es este el mejor ángulo para el doblez? Usa tu recipiente de transporte para probar diferentes ángulos de doblez y decide cuál funciona mejor.

____

____

____

Nombre ______________________ **Fecha** ______________

Nombra el cuerpo geométrico que formará cada plantilla.

1 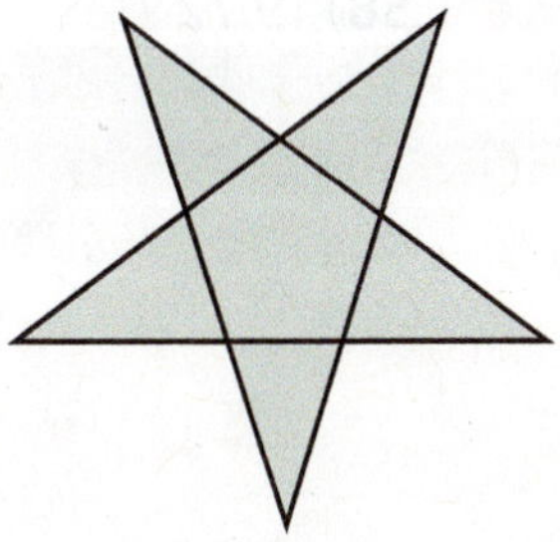

____

2 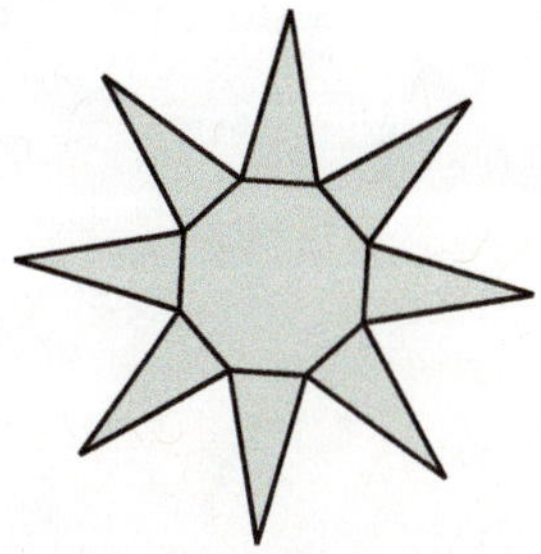

____

Busca el área de la superficie.

3 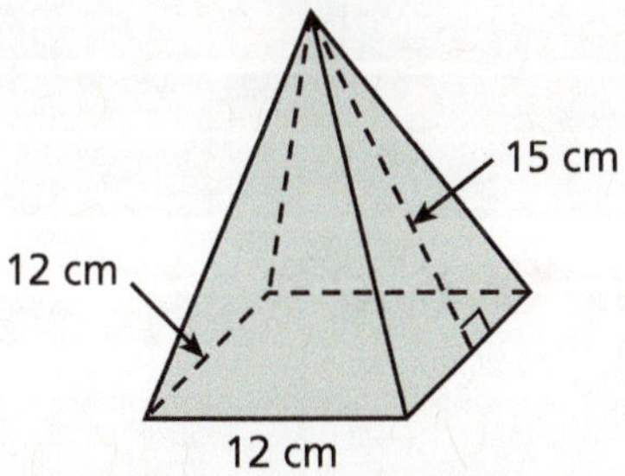

____

4 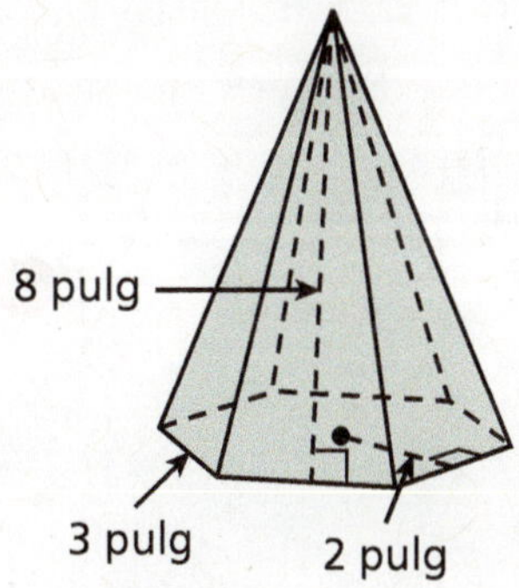

____

Resuelve.

5 Una piedra decorativa, pulida y cortada, tiene forma de pirámide octagonal. Cada una de sus caras triangulares tiene una base de 1.5 pulgadas y una altura de 4 pulgadas. La distancia perpendicular de una arista de la base al centro es de 4 pulgadas. Cuando la piedra se apoya sobre la base en un pedestal para su exhibición, ¿cuál es el área de las caras visibles?

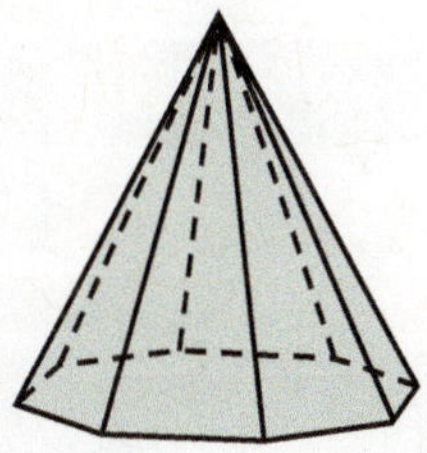

____

Comprobar el conocimiento 6

Nombre ____________________ Fecha ____________________

Camino al conocimiento

1. $17\overline{)20.91}$

2. $61\overline{)25.62}$

3. $58\overline{)19.72}$

4. $76\overline{)85.88}$

5. $31\overline{)47.74}$

6. $12\overline{)43.32}$

7. $22\overline{)91.96}$

8. $49\overline{)41.16}$

9. $35\overline{)27.30}$

10. $72\overline{)88.56}$

11. $21\overline{)51.45}$

12. $91\overline{)88.27}$

13. $26\overline{)62.14}$

14. $18\overline{)92.52}$

15. $36\overline{)23.40}$

Nombre ______________________ Fecha ______________________

1 Identifica las unidades en las que se puede medir el área de superficie. Selecciona todas las que se apliquen.

- (A) pulgadas
- (B) pies cuadrados
- (C) pulgadas cuadradas
- (D) pies
- (E) yardas cuadradas
- (F) yardas

2 ¿Las caras laterales de un prisma recto rectangular siempre son rectángulos? Explica.

3 Para 3a-3d, elige Sí o No para indicar si el cuerpo geométrico tiene caras laterales triangulares.

3a.	prisma rectangular	○ Sí	○ No
3b.	pirámide rectangular	○ Sí	○ No
3c.	prisma triangular	○ Sí	○ No
3d.	pirámide triangular	○ Sí	○ No

4 ¿Cómo sabes la cantidad de caras rectangulares que tendrá un prisma recto no rectangular? Explica.

Nombre ______________________ Fecha ______________

5 Marca la cantidad mínima de áreas de superficie diferentes que se necesitan para calcular el área de superficie de un prisma rectangular que no sea un cubo o prisma cuadrado.

Ⓐ 3

Ⓑ 4

Ⓒ 5

Ⓓ 6

6 La siguiente plantilla corresponde a un prisma rectangular. Las bases se marcaron con la letra B.

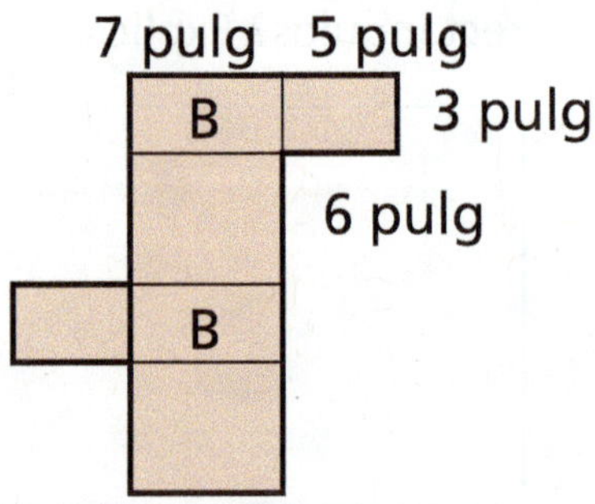

Parte A

Marca los pares de caras laterales congruentes con las etiquetas L1 y L2.

Parte B

Describe la manera en que puedes usar B, L1 y L2 para calcular el área de superficie total del prisma con una cantidad *mínima* de cálculos.

Parte C

Usa el método que describiste anteriormente para calcular el área de superficie (*AS*) del prisma. Rotula tu respuesta.

AS = ______________

Nombre ______________________ Fecha ____________

7 Para 7a-7c, elige Sí o No para indicar si la plantilla formará un cuerpo geométrico.

7a. 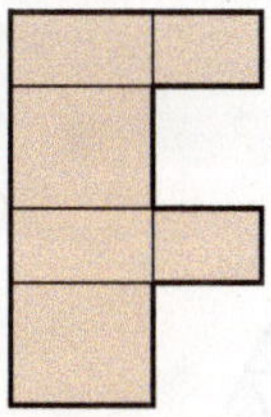

○ Sí ○ No

7b. 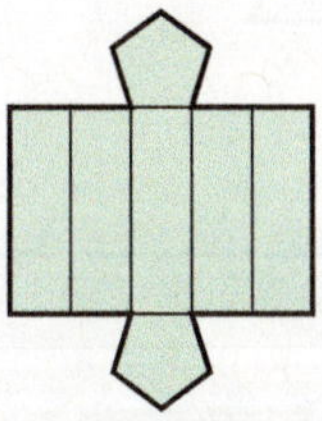

○ Sí ○ No

7c. 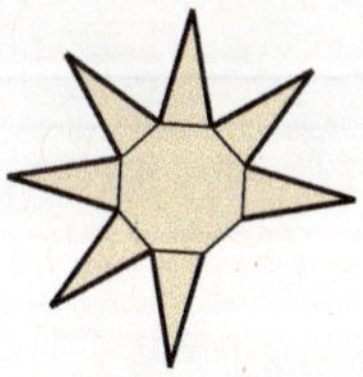

○ Sí ○ No

7d. Si respondiste No para cualquiera de las plantillas anteriores, corrígela para que forme un cuerpo geométrico.

7e. Elige la palabra que haga que la oración sea verdadera.

La Figura 7a formará un [prisma pentagonal / prisma cuadrado / prisma rectangular].

La Figura 7b formará un [prisma pentagonal / prisma octagonal].

La Figura 7c formará un/a [prisma pentagonal / prisma cuadrado / pirámide octagonal].

Nombre ______________________ **Fecha** ______

Para los números 8 y 9, usa la plantilla para buscar el área de superficie total del cuerpo geométrico que representa. Muestra tu trabajo. (Algunas de las medidas dadas se redondean para simplificar los cálculos).

8

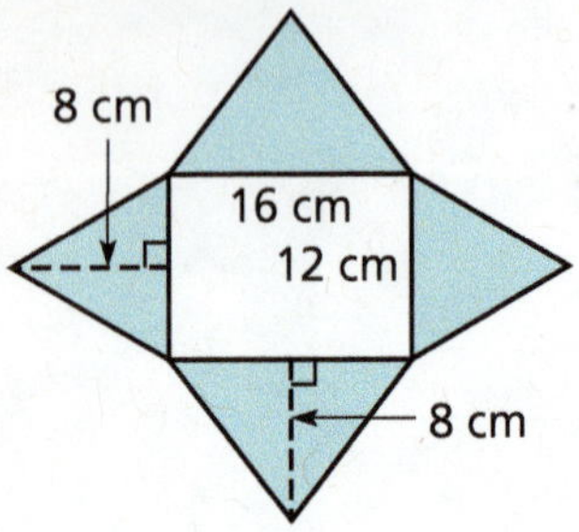

______ cm^2

9

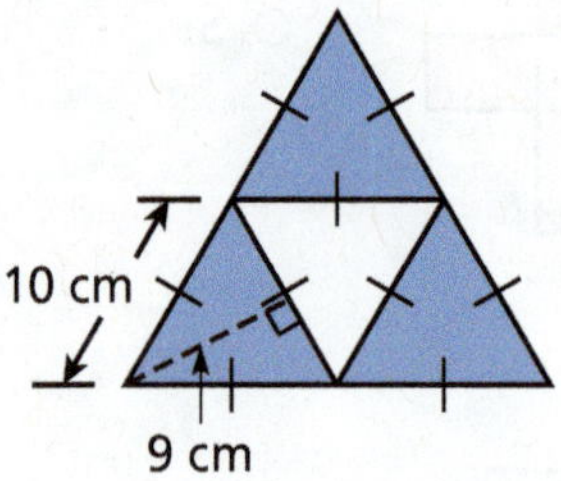

______ cm^2

10 ¿Las caras laterales de una pirámide siempre son triángulos? Explica tu respuesta.

11 Janice calculó que el área de superficie de este prisma es 200 $pulg^2$. Revisa su método y decide si su cálculo es correcto. Explica tu respuesta.

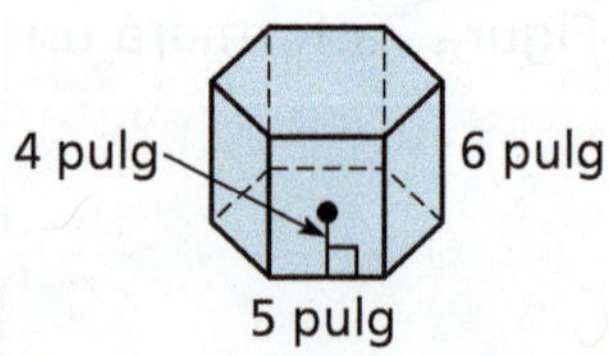

Área de los laterales: $6(5 \cdot 6) = 6 \cdot 30 = 180$

Área de la base: $\frac{1}{2}(5 \cdot 4) = \frac{1}{2}(20) = 10$

A.S. $= 180 + 2(10) = 200$ $pulg^2$

Nombre ______________________ Fecha ______________

12 Un prisma tiene 8 lados rectangulares.

12a. El nombre de este cuerpo geométrico es prisma ______________.

12b. En la siguiente cuadrícula, dibuja una plantilla que pueda corresponder al prisma. Piensa en lo siguiente: ¿Qué es mejor dibujar primero, los laterales o las bases?

13 Dibuja una línea para hacer coincidir cada cuerpo geométrico con su plantilla.

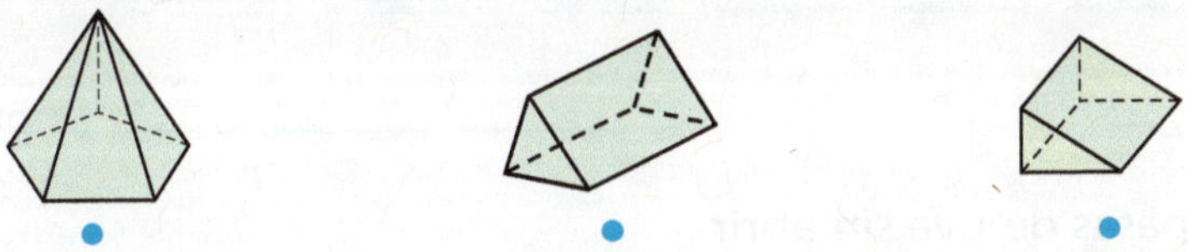

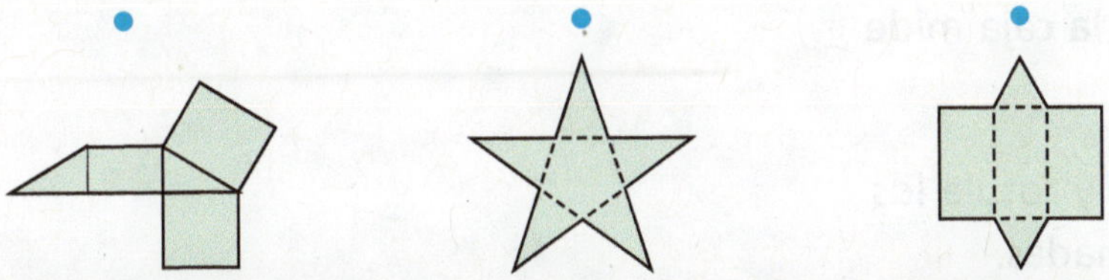

Para los números 14-16, usa los números que aparecen en las fichas numéricas para representar el área de la superficie de cada figura. Puedes usar cada número más de una vez.

65	100	456	480	528	700	800	1,500

14

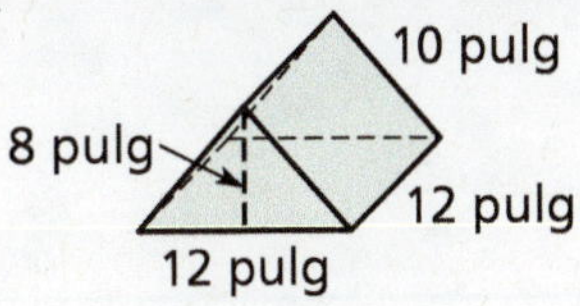

☐ $pulg^2$

15

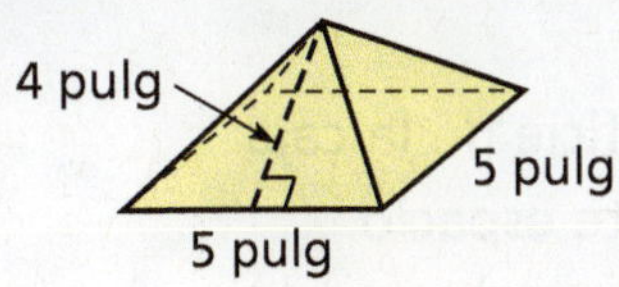

☐ $pulg^2$

16

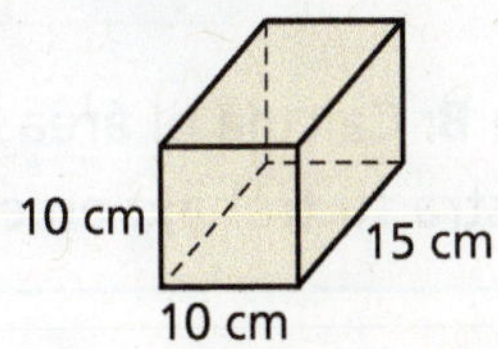

☐ cm^2

Nombre ______________________ Fecha ______________

17 En una clase de matemáticas, los estudiantes construyen pirámides hexagonales de cartón. ¿Cuánto cartón necesitan para construir esta pirámide hexagonal? Muestra tu trabajo.

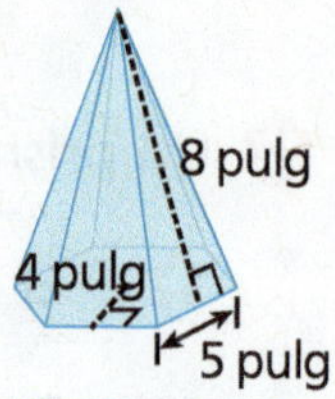

_________ $pulg^2$

18 Ray cubrió una caja con papel morado. La figura muestra las dimensiones de la caja.

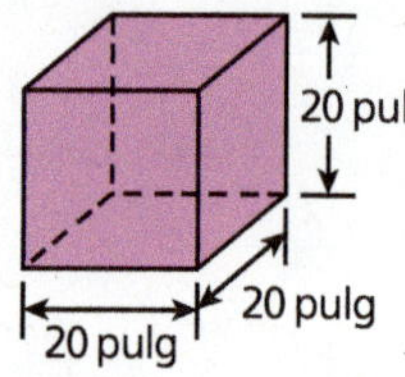

Usa los siguientes números y símbolos para escribir una ecuación que muestre cuánto papel usó. Ignora cualquier superposición. No necesitarás usar todos los números y símbolos.

20	20	4	6	×	÷	×	=	2,600	2,400

_________ $pulg^2$

19 La parte superior de una caja de pasas de uva sin abrir con forma de prisma rectangular mide 4 pulgadas por $1\frac{3}{4}$ pulgadas. La parte trasera de la caja mide 6 pulgadas por 4 pulgadas.

Parte A: Haz un dibujo de la caja y rotula los lados con las medidas proporcionadas.

Parte B: Calcula el área de superficie de la caja. Muestra tu trabajo en el siguiente espacio.

_________ $pulg^2$

Nombre ______________________ Fecha ______________

Área de la superficie de prismas y pirámides

Andy comprará un reloj digital nuevo como regalo para su hermano. Elegirá entre dos relojes que se encuentran en la tienda. El reloj 1 tiene forma de prisma triangular equilátero y el reloj 2 tiene forma de pirámide cuadrada. A continuación se muestran las dimensiones de ambos relojes.

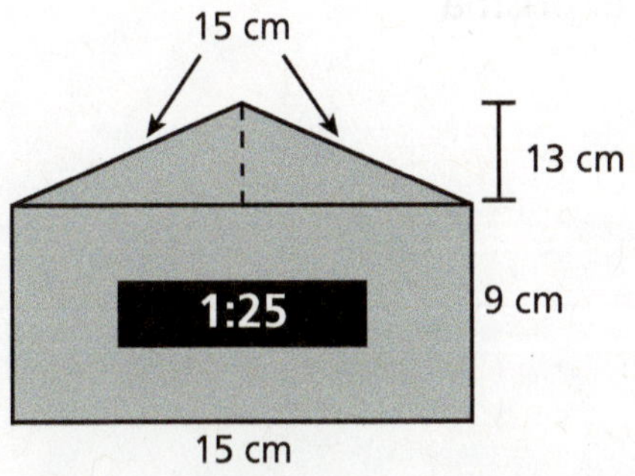

Reloj 1

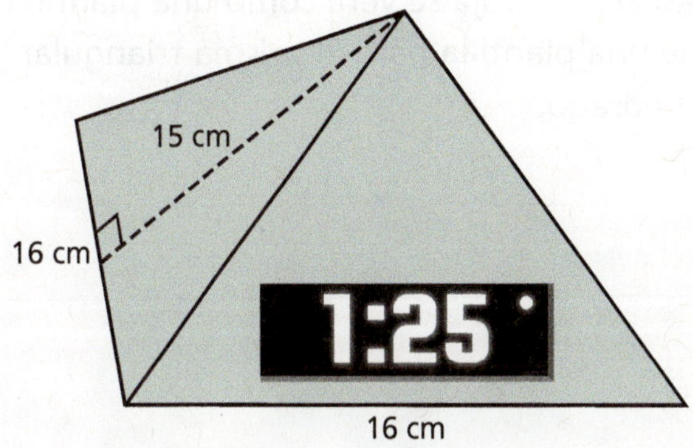

Reloj 2

1. ¿Cuál es el área de superficie total de cada reloj? Muestra o explica los pasos que usaste para buscar las respuestas.

   Reloj 1: ______________ Reloj 2: ______________

2. El visor que muestra la hora en cada reloj es un rectángulo de 8 cm de largo y 3 cm de alto. ¿Cuál es el área del visor que muestra la hora? Muestra tu trabajo.

Nombre ______________________ **Fecha** ____________

3. Andy puede hacer que enchapen en oro cualquiera de los dos relojes. El enchapado en oro cubrirá todo el reloj excepto el visor que muestra la hora. Para cada uno de los relojes, ¿cuál es el área de la superficie que puede enchaparse en oro?

   Reloj 1: ____________ Reloj 2: ____________

4. Abierta, la caja se verá como una plantilla del reloj. Haz un dibujo de una plantilla para el prisma triangular y una para el prisma cuadrado.

5. Andy tiene un trozo cuadrado de papel de envoltorio cuya longitud lateral es 25 centímetros. ¿Es suficiente para cubrir alguno de los dos relojes? Explica.

6. Andy nota que otro reloj en la tienda tiene la misma forma que el reloj con forma de pirámide cuadrada, pero lo duplica en todas sus dimensiones. ¿Cuál es el área de la superficie del reloj de pirámide cuadrada más grande? ¿Cómo se relaciona con el área de la superficie del reloj de pirámide cuadrada más pequeño? Muestra o explica cómo obtuviste la respuesta.

Tabla de medidas

Métrica	Sistema usual
Longitud/área/volumen	
1 milímetro (mm) = 0.001 metro (m) 1 centímetro (cm) = 0.01 metro 1 decímetro (dm) = 0.1 metro 1 decámetro (dam) = 10 metros 1 hectómetro (hm) = 100 metros 1 kilómetro (km) = 1,000 metros 1 hectárea (ha) = 1,000 metros cuadrados (m^2) 1 centímetro cuadrado = 1 cm^2 Unidad métrica para medir área. Es el área de un cuadrado que tiene un centímetro de cada lado. 1 centímetro cúbico = 1 cm^3 Unidad para medir volumen. Es el volumen de un cubo con cada arista de 1 centímetro de largo.	1 pie = 12 pulgadas (pulg) 1 yarda (yd) = 36 pulgadas 1 yarda = 3 pies 1 milla (mi) = 5,280 pies 1 milla = 1,760 yardas 1 acre = 4,840 yardas cuadradas 1 acre = 43,560 pies cuadrados 1 acre = $\frac{1}{640}$ milla cuadrada 1 pulgada cuadrada = 1 $pulg^2$ Unidad del sistema usual para medir área. Es el área de un cuadrado que mide una pulgada de cada lado. 1 pulgada cúbica = 1 $pulg^3$ Unidad para medir volumen. Es el volumen de un cubo con cada arista de 1 pulgada de largo.
Capacidad	
1 mililitro (mL) = 0.001 litro (L) 1 centilitro (cL) = 0.01 litro 1 decilitro (dL) = 0.1 litro 1 decalitro (daL) = 10 litros 1 hectolitro (hL) = 100 litros 1 kilolitro (kL) = 1,000 litros	1 cucharadita (cdta) = $\frac{1}{6}$ onza fluida (oz fl) 1 cucharada (cda) = $\frac{1}{2}$ onza fluida 1 taza (tz) = 8 onzas fluidas 1 pinta (pt) = 2 tazas 1 cuarto (ct) de galón = 2 pintas 1 galón (gal) = 4 cuartos
Masa	**Peso**
1 miligramo (mg) = 0.001 gramo (g) 1 centigramo (cg) = 0.01 gramo 1 decigramo (dg) = 0.1 gramo 1 decagramo (dag) = 10 gramos 1 hectogramo (hg) = 100 gramos 1 kilogramo (kg) = 1,000 gramos 1 tonelada métrica = 1,000 kilogramos	1 libra (lb) = 16 onzas 1 tonelada (T) = 2,000 libras
Volumen/Capacidad/Masa de agua	
1 centímetro cúbico (cm^3) = 1 milímetro = 1 gramo 1,000 centímetros cúbicos = 1 litro = 1 kilogramo	

Tablas de referencias

Tabla de unidades de tiempo

Tiempo	
1 minuto (min) = 60 segundos (seg) 1 hora (h) = 60 minutos 1 día = 24 horas 1 semana = 7 días 1 mes, aproximadamente 30 días 1 año = 12 meses o aproximadamente 52 semanas	1 año = 365 días 1 año bisiesto = 366 días 1 década = 10 años 1 siglo = 100 años 1 milenio = 1,000 años

Tabla de fórmulas

Perímetro

Polígono	$P =$ suma de las longitudes de los lados
Rectángulo	$P = 2(l + a)$ o $P = 2l + 2a$
Cuadrado	$P = 4l$

Área		Área de superficie de un polígono
Paralelogramo	$A = bh$	(informal) $SA =$ suma de las áreas de las caras
Polígono	$A = \frac{1}{2}n \cdot s \cdot h$ o $A = \frac{n}{2} \cdot s \cdot h$	
Rectángulo	$A = lw$ o $A = bh$	
Cuadrado	$A = l^2$	
Trapecio	$A = \frac{1}{2}h\,(b_1 + b_2)$	
Triángulo	$A = \frac{1}{2}bh$	

Volumen de un prisma rectangular

$V = lah$ o $V = Bh$

(donde B es el área de la base del prisma)

Fórmula de distancia

$d = rt$

Propiedades de las operaciones

Propiedad asociativa de la suma	
$(a + b) + c = a + (b + c)$	$(2 + 5) + 3 = 2 + (5 + 3)$
Propiedad conmutativa de la suma	
$a + b = b + a$	$4 + 6 = 6 + 4$
Propiedad de identidad de la suma de 0	
$a + 0 = 0 + a = a$	$3 + 0 = 0 + 3 = 3$
Inverso aditivo	
Para cada a hay $-a$, por lo que $a + (-a) = (-a) + a = 0$. Para $a = 5$, $5 + (-5) = (-5) + 5 = 0$	
Propiedad asociativa de la multiplicación	
$(a \cdot b) \cdot c = a \cdot (b \cdot c)$	$(3 \cdot 5) \cdot 7 = 3 \cdot (5 \cdot 7)$
Propiedad conmutativa de la multiplicación	
$a \cdot b = b \cdot a$	$6 \cdot 3 = 3 \cdot 6$
Propiedad de identidad de la multiplicación de 1	
$a \cdot 1 = 1 \cdot a = a$	$8 \cdot 1 = 1 \cdot 8 = 8$
Inverso multiplicativo	
Para cada $a \neq 0$ hay $\frac{1}{a}$ por lo que $a \cdot \frac{1}{a} = \frac{1}{a} \cdot a = 1$. Para $a = 5$, $5 \cdot \frac{1}{5} = \frac{1}{5} \cdot 5 = 1$.	
Propiedad distributiva de la multiplicación sobre la suma	
$a \cdot (b + c) = (a \cdot b) + (a \cdot c)$	$2 \cdot (4 + 3) = (2 \cdot 4) + (2 \cdot 3)$

Propiedades de igualdad

Propiedad reflexiva de la igualdad	Propiedad simétrica de la igualdad
$a = a$	Si $a = b$, entonces $b = a$.
Propiedad transitiva de la igualdad	**Propiedad aditiva de la igualdad**
Si $a = b$ y $b = c$, entonces $a = c$.	Si $a = b$, entonces $a + c = b + c$.
Propiedad sustractiva de la igualdad	**Propiedad multiplicativa de la igualdad**
Si $a = b$, entonces $a - c = b - c$.	Si $a = b$, entonces $a \cdot c = b \cdot c$.
Propiedad divisora de la igualdad	
Si $a = b$ y $c \neq 0$, entonces $a \div c = b \div c$.	

Tipos de problemas de suma y resta

	Resultado desconocido	Cambio desconocido	Inicio desconocido
Sumar a	En una obra de teatro, 536 personas estaban sentadas cuando la obra comenzó. Luego, 28 personas llegaron tarde. ¿Cuántas personas asistieron a la obra? *Ecuación de situación y solución:* $536 + 28 = t$	Cuando comenzó la obra, había 536 personas sentadas. Algunos llegaron tarde. En total, 564 personas asistieron a la obra. ¿Cuántas personas llegaron tarde? *Ecuación de situación:* $536 + s = 564$ *Ecuación de solución:* $564 - 536 = s$	Algunas personas estaban sentadas cuando comenzó la obra. Luego, 28 personas llegaron tarde. En total, 564 personas asistieron a la obra. ¿Cuántas personas estaban sentadas cuando comenzó la obra? *Ecuación de situación:* $p + 28 = 564$ *Ecuación de solución:* $564 - 28 = p$
Restar de	La Sra. Davis tiene 144 teteras en su tienda. Hoy vendió 9. ¿Cuántas teteras quedan en la tienda? *Ecuación de situación y solución:* $144 - 9 = t$	La Sra. Davis tiene 144 teteras en su tienda. Después de vender algunas hoy, hay 135 teteras en la tienda. ¿Cuántas teteras vendió hoy? *Ecuación de situación:* $144 - p = 135$ *Ecuación de solución:* $144 - 135 = p$	La Sra. Davis tiene algunas teteras en su tienda. Después de vender 9 hoy, le quedan 135 teteras en la tienda. ¿Cuántas teteras había en la tienda al comienzo del día? *Ecuación de situación:* $s - 9 = 135$ *Ecuación de solución:* $135 + 9 = s$

Tipos de problemas de suma y resta

	Total desconocido	Sumando desconocido	Otro sumando desconocido
Agrupar/ Separar	Ana tiene dos cuentas de ahorro. Una tiene \$432 y la otra tiene \$597. ¿Cuánto ha ahorrado Ana en ambas cuentas? *Ecuación de situación y solución:* $432 + 597 = t$	Ana tiene dos cuentas de ahorro. Una tiene \$432. Ahorró \$1029 en ambas cuentas. ¿Cuánto dinero hay en la segunda cuenta de Ana? *Ecuación de situación:* $432 + s = 1029$ *Ecuación de solución:* $1029 - 432 = s$	Ana tiene dos cuentas de ahorro. La segunda tiene \$597. Ahorró \$1029 en ambas cuentas. ¿Cuánto dinero hay en la primera cuenta de Ana? *Ecuación de situación:* $f + 597 = 1029$ *Ecuación de solución:* $1029 - 597 = f$
			Ambos sumandos desconocidos
		Ambos sumandos desconocidos son una extensión productiva de esta situación básica. Dichas situaciones de separación pueden usarse para mostrar todas las descomposiciones de un número dado, como una fracción o una expresión. Las ecuaciones asociadas, que muestran el total a la izquierda del signo igual ayudan a los estudiantes a comprender que el signo = no siempre significa *es igual a* o *da como resultado,* sino que siempre significa *es el mismo número que.*	Ana tiene dos cuentas de ahorro con \$1029 en total en ambas cuentas. ¿Cuáles pueden ser los montos en las dos cuentas? *Ecuación de situación y solución:* $1029 = f + s$

Tipos de problemas de suma y resta (continuación)

	Diferencia desconocida	Mayor desconocido	Menor desconocido
Comparar[1]	Aki recoge 98 manzanas. Sofía recoge 144 manzanas. ¿Cuántas manzanas **más** recoge **Sofía** que Aki? *Ecuación de solución:* $98 + a = 144$ o $144 - 98 = a$	**Lenguaje preciso** Aki recoge 98 manzanas. **Sofía** recoge **46** manzanas **más** que Aki. ¿Cuántas manzanas recoge Sofía? *Ecuación de solución:* $98 + 46 = a$	**Lenguaje preciso** Sofía recoge 144 manzanas. **Aki** recoge **46** manzanas **menos** que Sofía. ¿Cuántas manzanas recoge Aki? *Ecuación de solución:* $144 - 46 = a$ o $46 + a = 144$
	Aki recoge 98 manzanas. Sofía recoge 144 manzanas. ¿Cuántas manzanas **menos** recoge **Aki** que Sofía? *Ecuación de solución:* $98 + a = 144$ o $144 - 98 = a$	**Lenguaje engañoso** Aki recoge 98 manzanas. **Aki** recoge **46** manzanas **menos** que Sofía. ¿Cuántas manzanas recoge Sofía? *Ecuación de solución:* $98 + 46 = a$	**Lenguaje engañoso** Sofía recoge 144 manzanas. **Sofía** recoge **46** manzanas **más** que Aki. ¿Cuántas manzanas recoge Aki? *Ecuación de solución:* $144 - 46 = a$ o $46 + a = 144$

[1]Un enunciado comparativo siempre puede expresarse de dos formas: Una de esas formas usa más y la otra usa menos. El lenguaje engañoso sugiere la operación incorrecta. Por ejemplo, dice *Aki* recoge ***46*** *manzanas* ***menos*** *que Sofía*, pero tienes que ***sumar 46*** a las 98 manzanas de Aki para obtener 144 manzanas.

Tipos de problemas de multiplicación y división

	Producto desconocido	Tamaño del grupo desconocido	Número de grupos desconocido
Grupos iguales	Seth tiene 55 bolsas con 9 manzanas en cada bolsa. ¿Cuántas manzanas tiene Seth en total? *Ecuación de solución:* $55 \cdot 9 = n$	Seth tiene 55 bolsas con el mismo número de manzanas en cada bolsa. En total tiene 495 manzanas. ¿Cuántas manzanas hay en cada bolsa? *Ecuación de situación:* $55 \cdot n = 495$ *Ecuación de solución:* $495 \div 55 = n$	Seth tiene algunas bolsas con manzanas. Cada bolsa tiene 9 manzanas. En total tiene 495 manzanas. ¿Cuántas bolsas con manzanas tiene Seth? *Ecuación de situación:* $n \cdot 9 = 495$ *Ecuación de solución:* $495 \div 9 = n$

Tipos de problemas de multiplicación y división (continuación)

	Producto desconocido	Factor desconocido	Factor desconocido
Matrices[2]	Jenna tiene 2 rollos de estampillas con 100 estampillas en cada rollo. ¿Cuántas estampillas tiene Jenna en total? *Ecuación de solución:* $2 \cdot 100 = s$	Jenna tiene 2 rollos de estampillas con el mismo número de estampillas en cada rollo. Tiene 200 estampillas en total. ¿Cuántas estampillas hay en cada rollo? *Ecuación de solución:* $2 \cdot s = 200$ *Ecuación de solución:* $200 \div 2 = s$	Jenna tiene algunos rollos de estampillas. Hay 100 estampillas en cada rollo. Tiene 200 estampillas en total. ¿Cuántos rollos de estampillas tiene Jenna? *Ecuación de solución:* $r \cdot 100 = 200$ *Ecuación de solución:* $200 \div 100 = r$
Área	Un jardín tiene 12 metros por 15 metros. ¿Cuál es el área del jardín? *Ecuación de solución:* $12 \cdot 15 = a$	La longitud del jardín es de 12 metros. El área del jardín es de 180 metros cuadrados. ¿Cuál es el ancho del jardín? *Ecuación de solución:* $12 \cdot w = 180$ *Ecuación de solución:* $180 \div 12 = w$	El ancho del jardín es de 15 metros. El área del jardín es de 180 metros cuadrados. ¿Cuál es la longitud del jardín? *Ecuación de solución:* $l \cdot 15 = 180$ *Ecuación de solución:* $180 \div 15 = l$
Comparar	Katie recogió $\frac{1}{3}$ veces más flores que Bernardo. Bernardo recogió 21 flores. ¿Cuántas flores recogió Katie? *Ecuación de solución:* $\frac{1}{3} \cdot 21 = k$	Katie recogió $\frac{1}{3}$ veces más flores que Bernardo. Katie recogió 7 flores. ¿Cuántas flores recogió Bernardo? *Ecuación de solución:* $\frac{1}{3} \cdot b = 7$ *Ecuación de solución:* $7 \div \frac{1}{3} = b$	Katie recogió 7 flores. Bernardo recogió 21 flores. ¿Cuántas flores más recogió Katie que Bernardo? *Ecuación de solución:* $m \cdot 21 = 7$ *Ecuación de solución:* $7 \div 21 = m$

[2]Los problemas de matriz también pueden redactarse usando el número de filas y columnas de la matriz: Las manzanas en la ventana de una tienda de alimentos están en 3 filas y 6 columnas. ¿Cuántas manzanas hay?

Nota: Todas las situaciones de división también pueden tener una ecuación de multiplicación como la ecuación de la solución porque se puede resolver la división encontrando el factor desconocido.

El **poder** de las palabras matemáticas

Repaso de palabras

Trabaja con un compañero. Elije una palabra de una unidad actual o una palabra de repaso de una unidad anterior. Usa la palabra para completar una de las actividades que se muestran a la derecha. Luego, pregúntale a tu compañero si tiene alguna modificación que hacerle a tu trabajo o preguntas sobre lo que describiste. Repite la actividad, pero esta vez haz que tu compañero elija una palabra.

Actividades

- Expresa el significado con palabras o gestos.
- Usa la palabra en un enunciado.
- Nombra otra palabra que se relacione de alguna manera con la que elegiste y explica la relación.

Crucigrama

Haz un crucigrama parecido al del ejemplo que se muestra a continuación. Usa palabras de vocabulario de la unidad. También puedes agregar otras palabras relacionadas. Desafía a tu compañero a que resuelva el crucigrama.

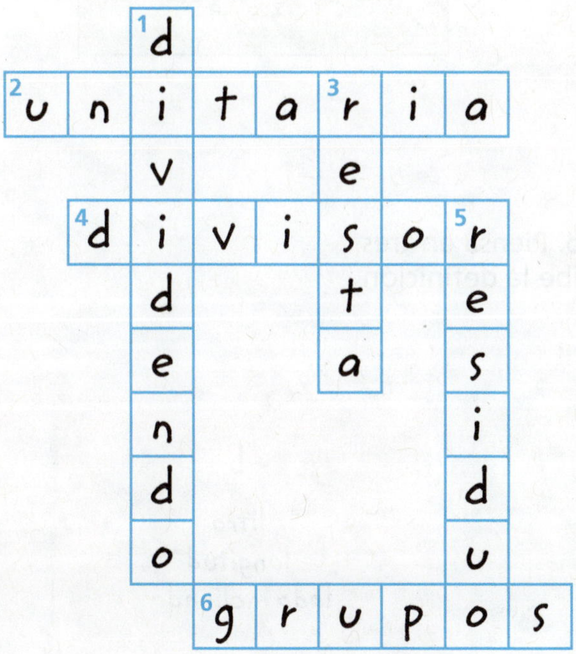

Horizontales

2. Una fracción cuyo numerador es 1 es una fracción _____.
4. Número por el que se divide en una división.
6. Dividir es separar en _____ iguales.

Verticales

1. Número que se divide en una división.
3. Operación usada para hallar la diferencia entre dos números.
5. Parte que queda sin asignar a un grupo en una división.

Tablero de palabras

Con el permiso del maestro, armen un tablero de palabras en su salón de clases. A medida que trabajan con cada lección, escriban las palabras del vocabulario matemático en tarjetas y colóquenlas en el tablero de palabras. Pueden trabajar con un compañero o en un grupo pequeño para elegir una palabra y dar su definición.

Red de palabras

Haz una red de palabras para una palabra o palabras que no entiendas en una unidad. Completa la red con palabras o frases que estén relacionadas con la palabra del vocabulario.

Fracciones equivalentes

- multiplicar o dividir por el mismo número
- mismo valor
- se usa para comparar, agregar o restar fracciones
- $\frac{2}{3} = \frac{6}{9}$

Reto alfabético

Acepta un reto alfabético. Elije tres letras de alfabeto. Piensa en tres palabras del vocabulario para cada letra. Luego, escribe la definición o dibuja un ejemplo para cada palabra.

A	H	L
arista	histograma	litro
altura	hexágono	longitud
área	hectogramo	lado inclinado

Concentración

Escriban las palabras del vocabulario y palabras relacionadas de una unidad en tarjetas. Escriban las definiciones en tarjetas diferentes. Elijan entre 3 y 6 pares de palabras del vocabulario y definiciones. Mezclen los pares. Luego, coloquen las tarjetas hacia abajo en una mesa. Túrnense para dar vuelta dos tarjetas. Si una de las tarjeta es una palabra y la otra es una definición que coincide con la palabra, tomen el par. Continúen hasta unir todas las palabras con sus definiciones correspondientes.

área

La cantidad de superficie cubierta o rodeada por una figura

Diario matemático

A medida que aprendes palabras nuevas, escríbelas en tu Diario matemático. Escribe la definición de la palabra e incluye un dibujo o un ejemplo. A medida que aprendes nueva información sobre la palabra, agrega notas a tu definición.

pirámide octogonal: pirámide con una base que es un octágono y caras triangulares que se juntan en el vértice.

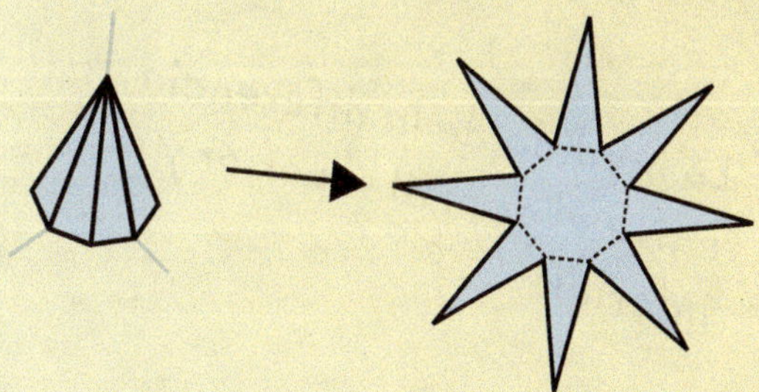

Área de superficie: el área total de todas las caras de un cuerpo geométrico.

¿Cuál es la palabra?

Trabajen juntos para hacer un afiche o una presentación en el tablero de anuncios de las palabras en una unidad. Escriban las definiciones en tarjetas. Mezclen las tarjetas. Trabajen con un compañero y elijan una definición de las tarjetas. Hagan que su compañero señale la palabra en el afiche y que nombre la palabra del vocabulario matemático. Intercambien roles y repitan la actividad.

media	mediana
diagrama de caja	diagrama de puntos
cuartil	brecha
primer cuartil	histograma
tercer cuartil	rango
agrupación	valor atípico
desviación absoluta media	
rango intercuartílico	

A

agrupación
Grupo de valores de datos. Un conjunto de datos puede no tener agrupaciones, una agrupación o más de una agrupación.

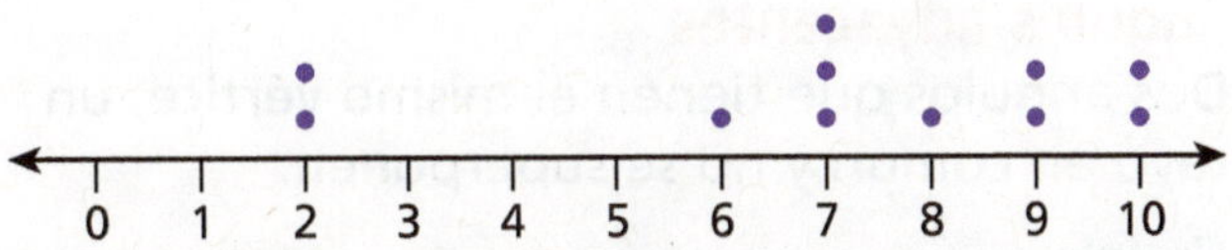

Los datos forman una agrupación del 6 al 10

altura de un paralelogramo
La altura de un paralelogramo es la distancia perpendicular desde la base hasta un vértice que no esté en la base. Para calcular esta distancia quizás se requiera extender la base.

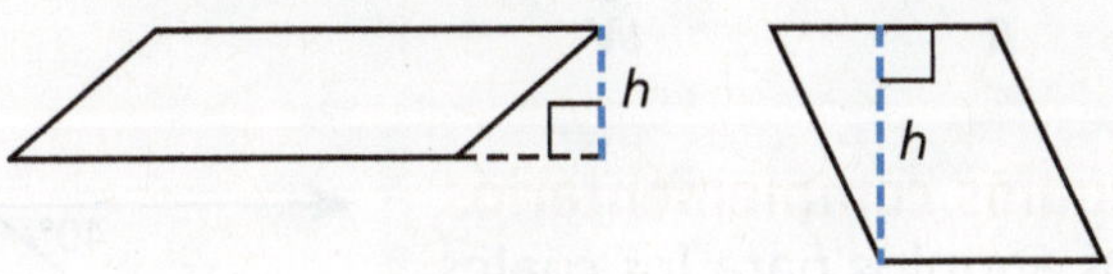

altura de un rectángulo
Cualquier lado de un rectángulo puede ser la altura.

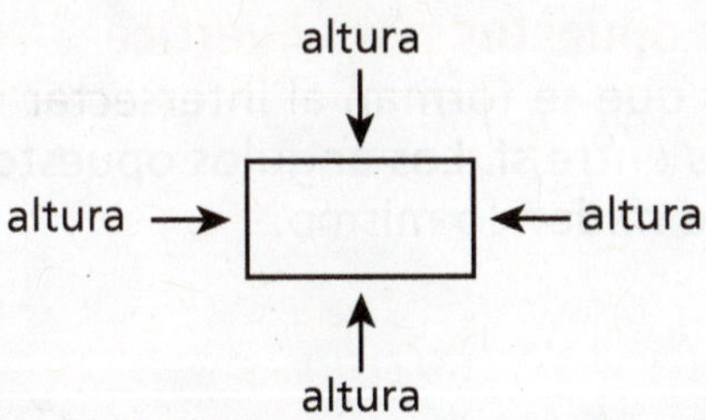

altura de un trapecio
La altura de un trapecio es la distancia perpendicular desde la base hasta un vértice que no esté en la base.

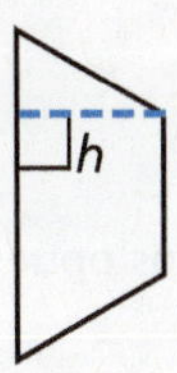

altura de un triángulo
Distancia perpendicular de una base a un vértice que no esté en la base. Para calcular esta distancia quizás se requiera extender la base.

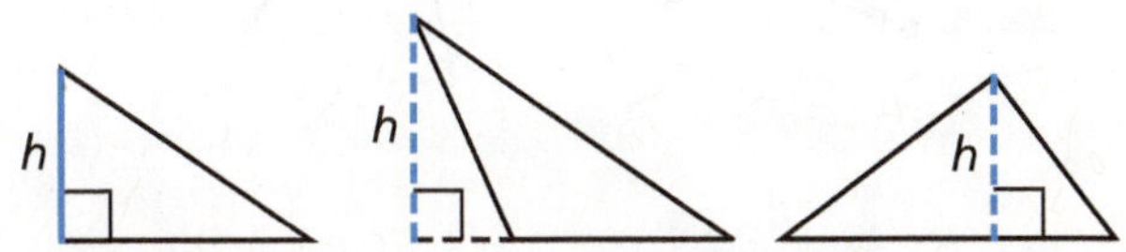

altura oblicua
Altura de una cara triangular de una pirámide.

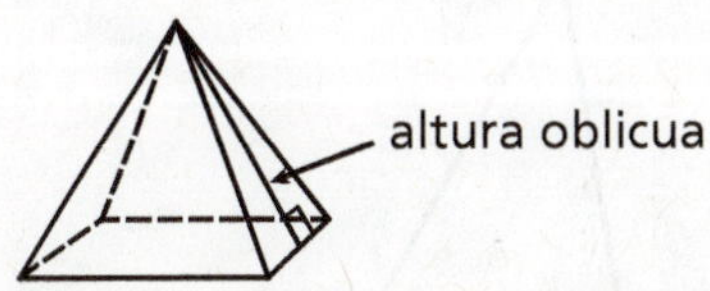

amplificar*
Reescribir una fracción como una fracción equivalente con un numerador y un denominador más grandes.

Ejemplo:
Amplificar $\frac{3}{5}$ multiplicándolo por $\frac{6}{6}$.
$\frac{3}{5} \cdot \frac{6}{6} = \frac{18}{30}$

ángulo
Figura formada por dos rayos con el mismo extremo.

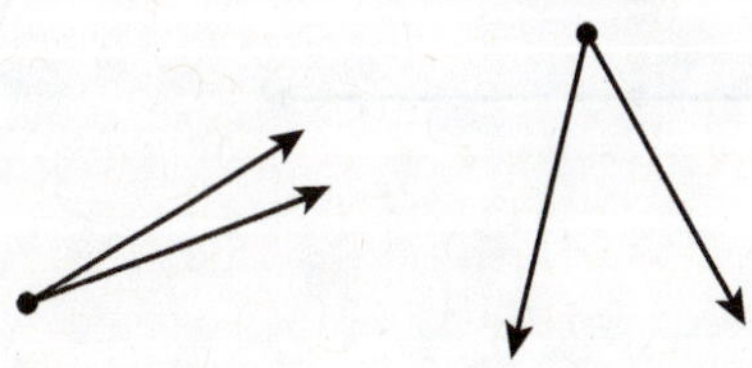

*Término basado en investigaciones escolares desarrollado para *Expresiones en matemáticas*

Glosario

ángulo agudo
Ángulo que mide menos de 90°.

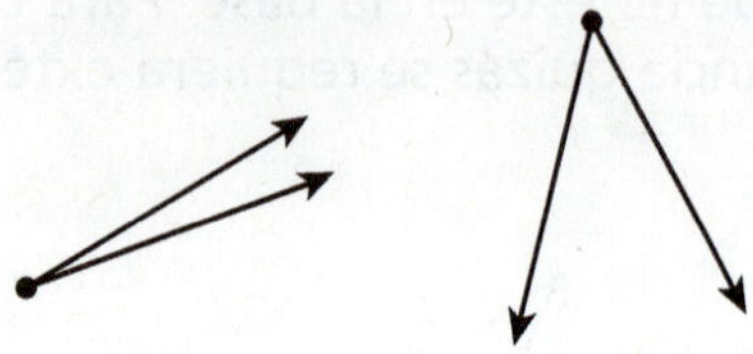

ángulo exterior
Ángulo que se forma por la extensión de uno de los lados de un polígono.

Ejemplo:

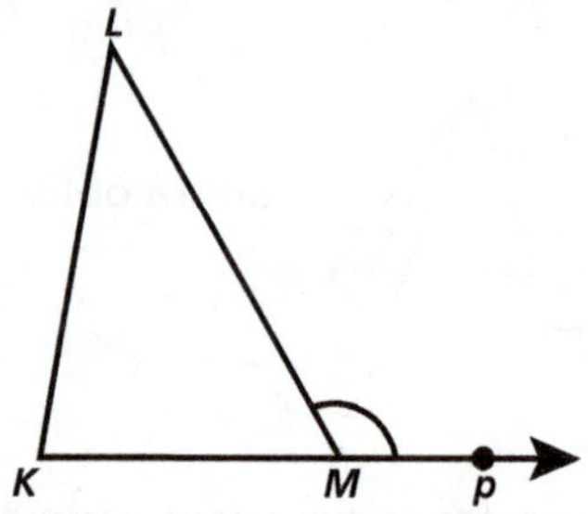

∠*LMP* es un ángulo exterior del triángulo *KLM*.

ángulo interno
Ángulo dentro de un polígono.

∠*K*, ∠*L* y ∠*LMK* son ángulos internos.

ángulo llano
Ángulo que mide 180°. Forma una recta.

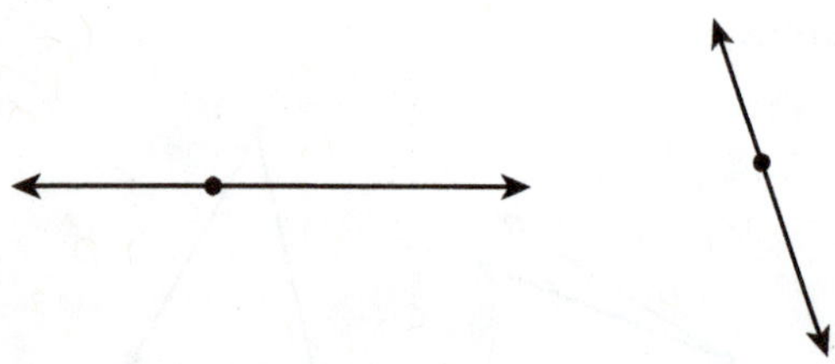

ángulo obtuso
Angulo que mide más de 90° pero menos de 180°.

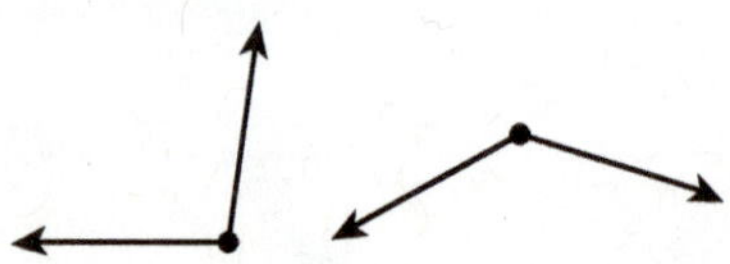

ángulo recto
Ángulo que mide 90°.

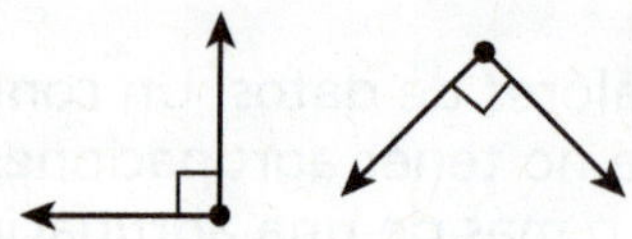

ángulos adyacentes
Dos ángulos que tienen el mismo vértice, un rayo en común y no se superponen.

Ejemplo:

∠*RSW* y ∠*SWT* son ángulos adyacentes.

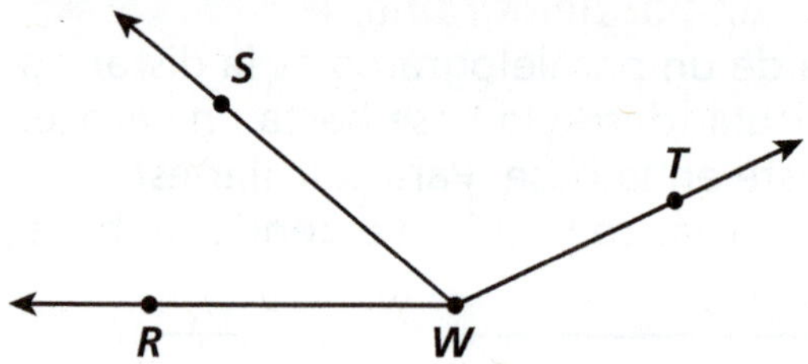

ángulos complementarios
Dos ángulos para los cuales la suma de sus medidas es 90°.

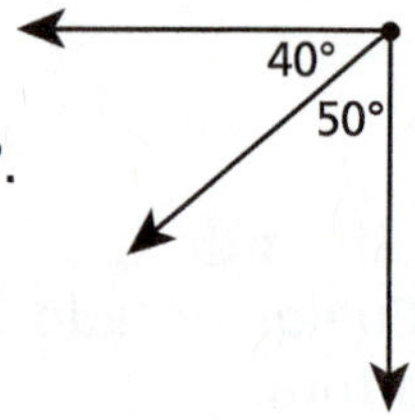

ángulos opuestos por el vértice
Ángulos que se forman al intersectar rectas opuestas entre sí. Los ángulos opuestos por el vértice miden lo mismo.

Ejemplo:

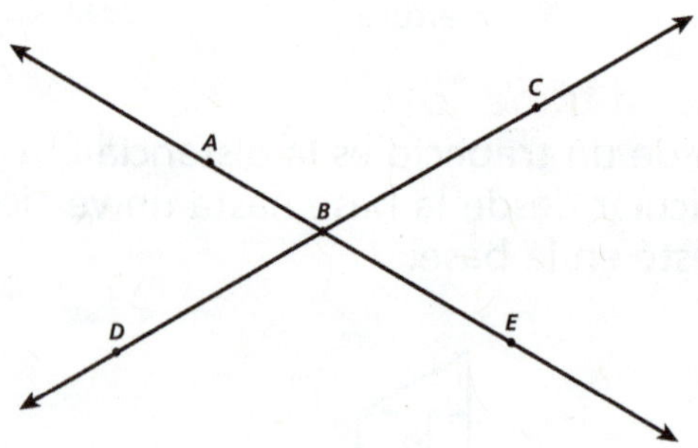

∠*ABC* y ∠*DBE* son ángulos opuestos por el vértice.

ángulos suplementarios
Dos ángulos para los cuales la suma de sus medidas es 180°.

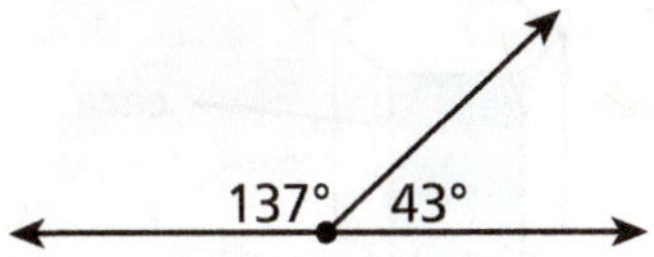

árbol de factores
Manera de escribir los factores de un número para calcular su factorización prima.

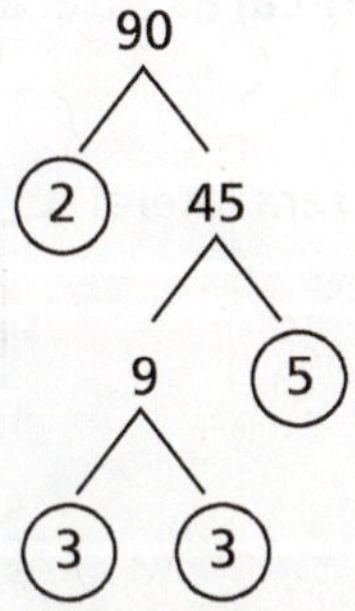

Los factores encerrados están escritos en orden. La factorización prima de 90 es 2 • 3 • 3 • 5.

área
Cantidad de superficie cubierta o rodeada por una figura. El área se mide calculando el número de unidades del mismo tamaño necesarias para cubrir la figura sin brechas ni superposiciones.

área de superficie
El área total de todas las caras de un cuerpo geométrico.

arista
Segmento de recta donde se unen dos caras en una figura tridimensional.

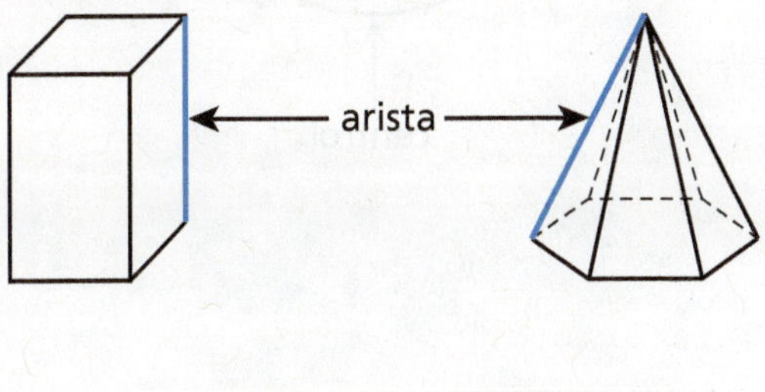

B

base de un paralelogramo
Cualquier lado de un paralelogramo puede ser la base.

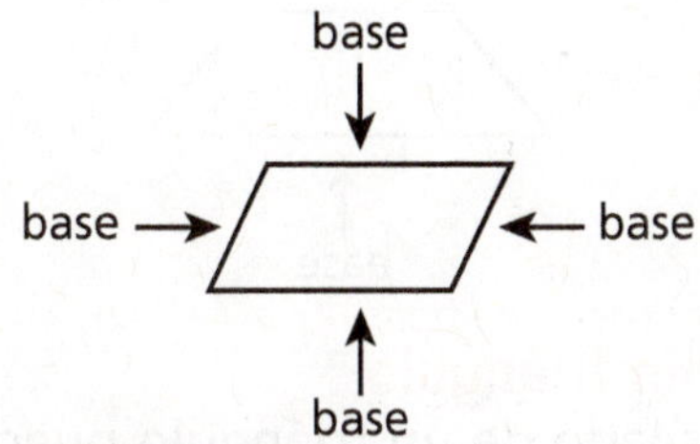

base de una pirámide
La base es la cara que no toca el vértice de la pirámide.

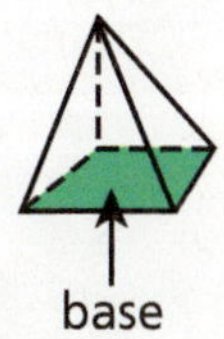

base de un prisma
La base es una de las caras congruentes y paralelas.

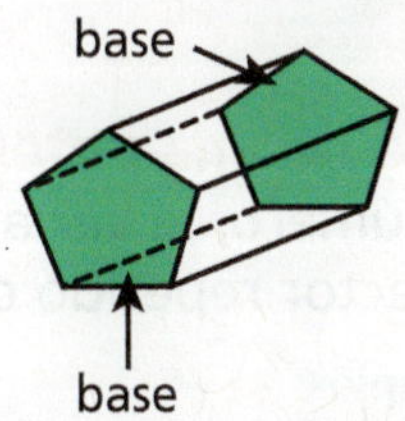

base de un rectángulo
Cualquier lado de un rectángulo puede ser la base.

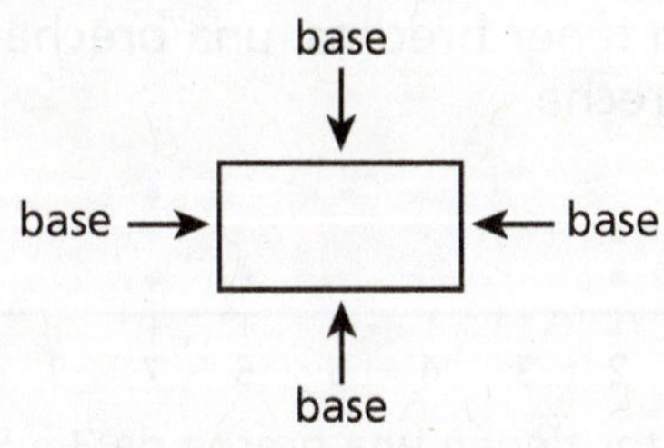

base de un trapecio
Cualquiera de los dos lados paralelos de un trapecio puede ser la base.

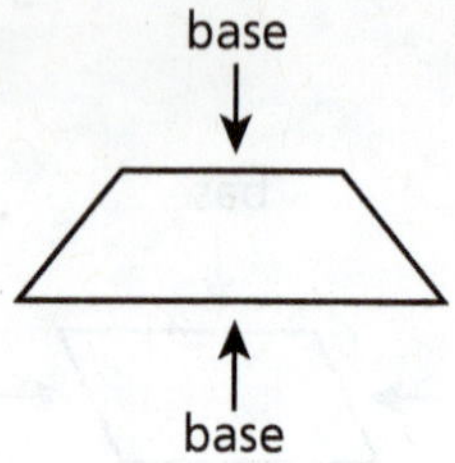

base de un triángulo
Cualquier lado de un triángulo puede ser la base.

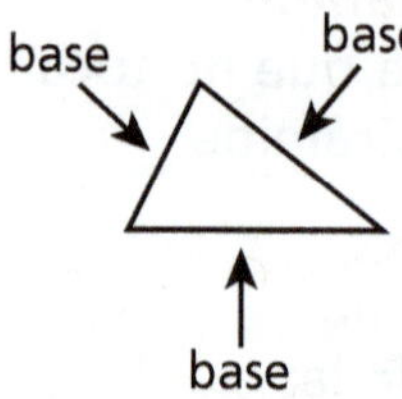

base de una potencia
El número, la variable o la expresión que es el factor repetido de una potencia.

Ejemplos:

4 es la base en la potencia 4^3. a es la base en la potencia a^7.

brecha
Intervalo sin datos. Un conjunto de datos puede no tener brechas, una brecha o más de una brecha.

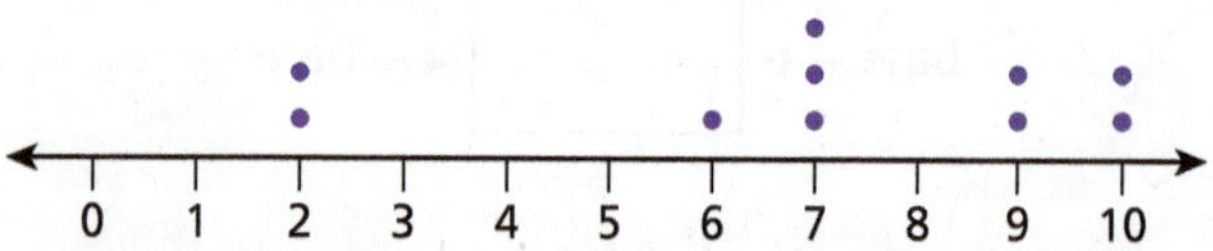

Los datos tienen una brecha de 3 a 5 y a 8.

C

cara de una pirámide
Cualquiera de las superficies planas de una pirámide.

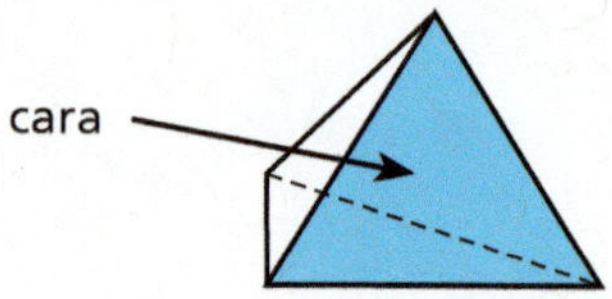

cara de un prisma
Cualquiera de las superficies planas de un prisma.

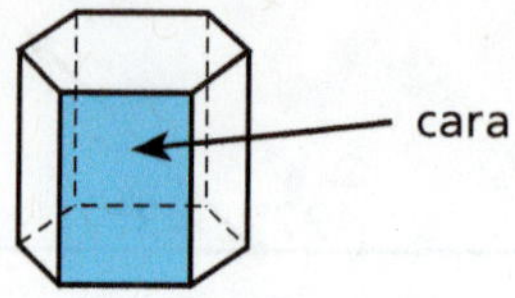

cara lateral
Una cara que no es una base. Los prismas tienen caras laterales rectangulares y las pirámides tienen caras laterales triangulares.

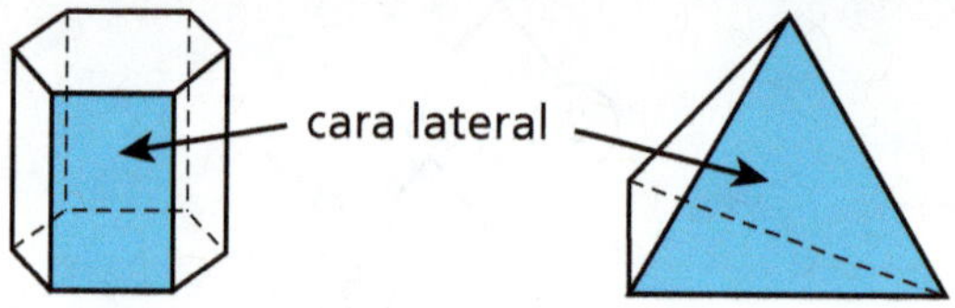

centímetro cuadrado (cm^2)
Unidad de área equivalente al área de un cuadrado con lados que miden un centímetro.

centro de un círculo
El punto que está a la misma distancia desde todos los puntos del círculo.

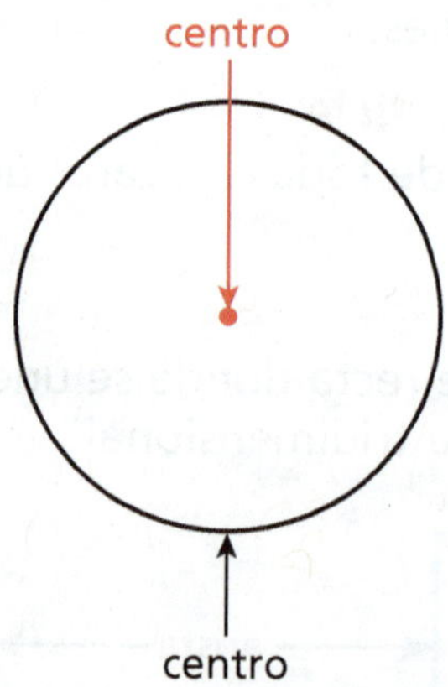

centro de un polígono
Punto dentro de un polígono regular ubicado a la misma distancia desde cada vértice.

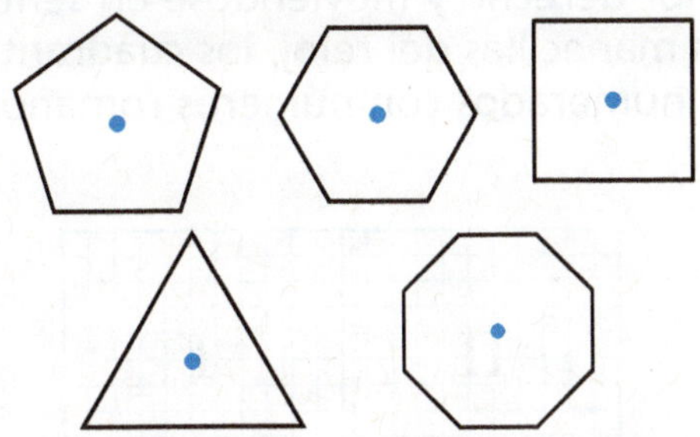

cilindro
Figura tridimensional que tiene dos bases paralelas circulares.

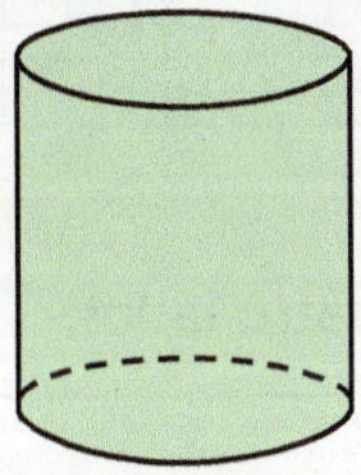

cilindro

circunferencia
La distancia alrededor de un círculo.

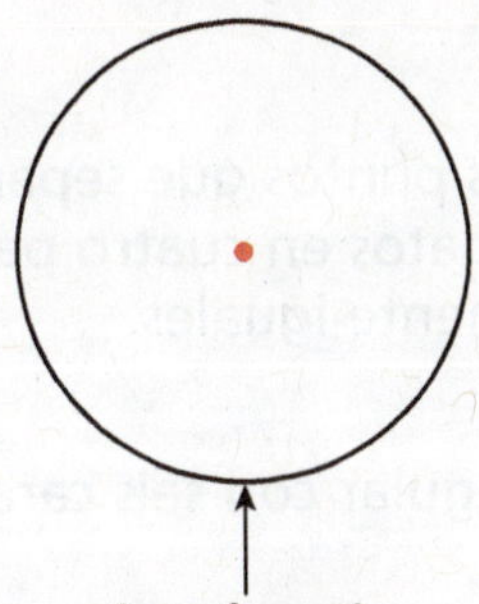

circunferencia

cociente
El resultado de una división.

Ejemplo:

cociente

$56 \div 8 = 7$ $\qquad$ $8\overline{)56}$ con cociente 7

coeficiente
Parte numérica de un término cuando el término es un número multiplicado por una variable o un número multiplicado por un producto de variables.

Ejemplo:
En $5x + 2xy$, 5 es el coeficiente del término $5x$ y 2 es el coeficiente del término $2xy$.

columna
Grupo vertical de celdas en una tabla de datos.

comparación multiplicativa
Forma de comparar dos cantidades usando *determinadas veces la cantidad de* o dos cantidades usando *determinadas veces más*. Una comparación multiplicativa se puede expresar de dos maneras.

Ejemplo:
Cuando se comparan 2 círculos y 6 cuadrados, la comparación puede expresarse de la siguiente manera:

Hay 3 veces la cantidad de cuadrados que de círculos.

o

Hay $\frac{1}{3}$ de veces más círculos que cuadrados.

comparar razones
Para dos razones, establecer si el número en una cantidad de una razón es menor que, mayor que o igual a la misma cantidad en la otra razón cuando el valor de la otra cantidad en las razones es igual.

congruente
Figuras que tienen el mismo tamaño y la misma forma.

Ejemplo:
Las bases de este prisma pentagonal son congruentes.

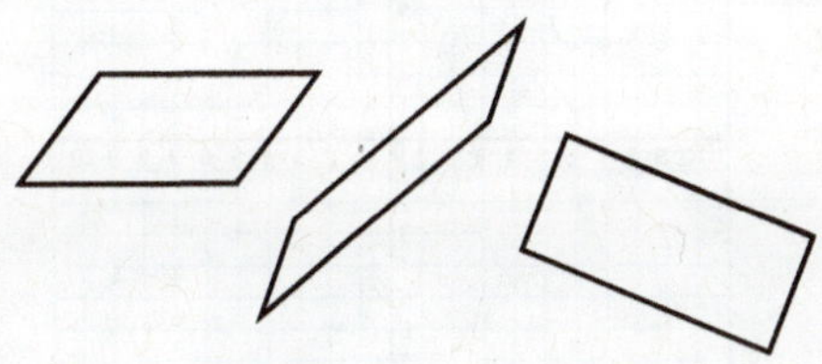

Glosario

conjunto solución de una igualdad
Conjunto de todas las soluciones de una desigualdad.

Ejemplos:
Esta gráfica muestra el conjunto solución de $x > 3$.
Esta gráfica muestra el conjunto solución de $x \geq 3$.

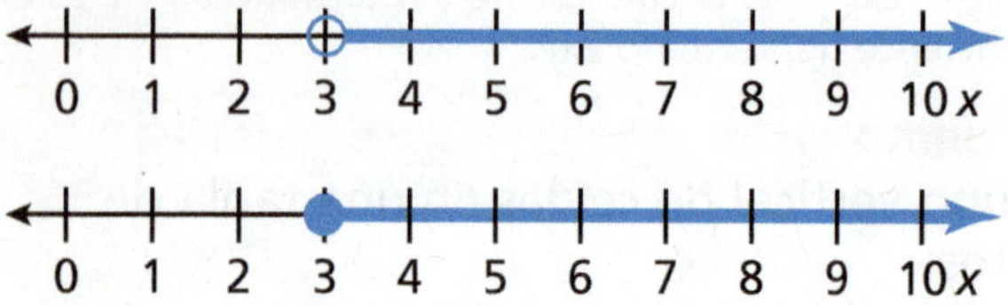

cono
Figura tridimensional que tiene una sola base, que es un círculo.

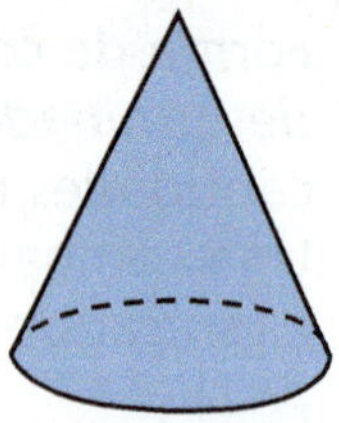
cono

coordenada *x*
Primer número en un par ordenado (x, y).

coordenada *y*
Segundo número en un par ordenado (x, y).

coordenadas
Cada punto del plano de coordenadas corresponde a un par ordenado de números llamados coordenadas.

Ejemplo:
El par ordenado (−7, 3) proporciona las coordenadas que determinan la posición del punto que se muestra en la siguiente gráfica. La primera coordenada, −7, determina la posición horizontal del punto. La segunda coordenada, 3, determina la posición vertical del punto.

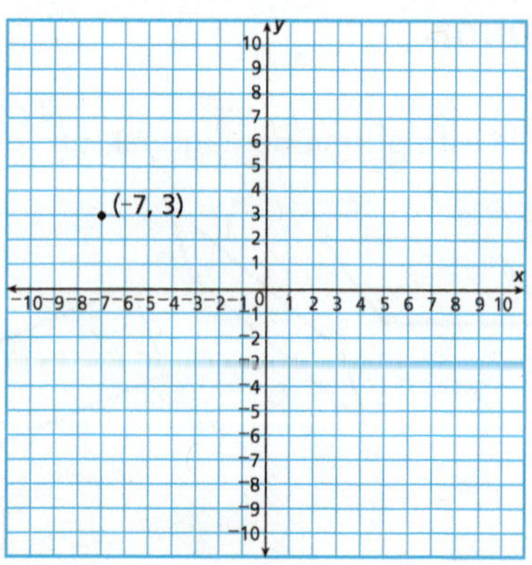

cuadrante
Los ejes *x* e *y* dividen el plano de coordenadas en cuatro regiones llamadas *cuadrantes*. Comenzando en el cuadrante superior derecho *y* moviéndose en sentido de las manecillas del reloj, los cuadrantes están numerados con números romanos I, II, III y IV.

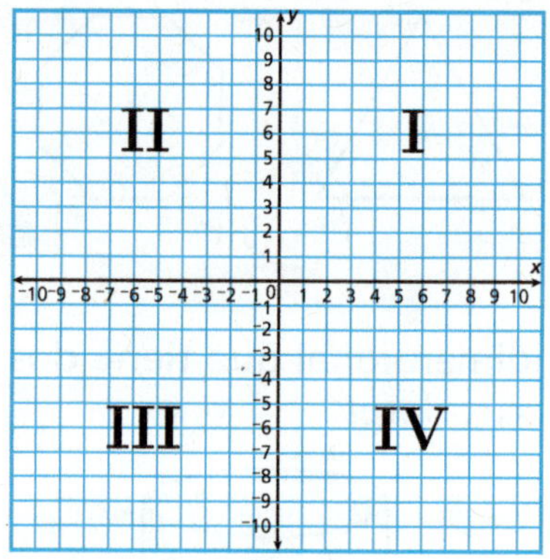

cuadrilátero
Polígono con cuatro lados.

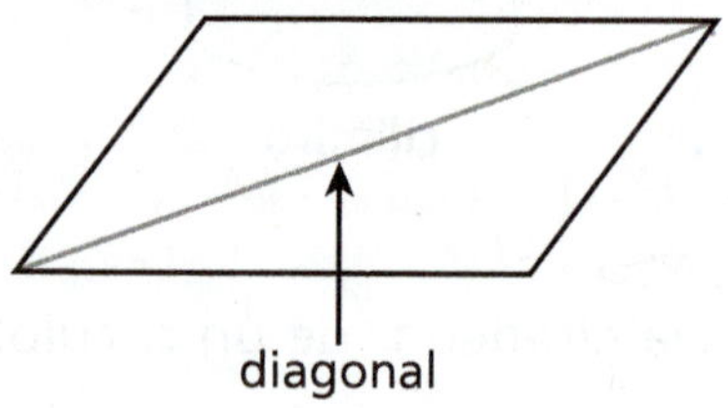

cuartiles
Valores de los puntos que separan un conjunto de datos en cuatro partes aproximadamente iguales.

cubo
Prisma rectangular con seis caras cuadradas congruentes.

cubo de un centímetro
Cubo con aristas de un centímetro.

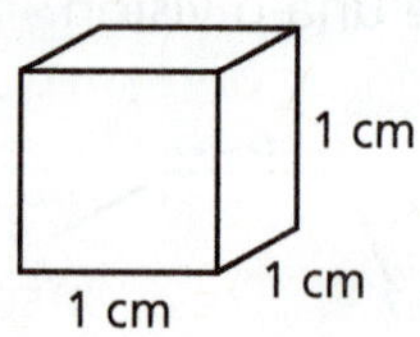

cubo de una pulgada
Cubo con aristas de una pulgada.

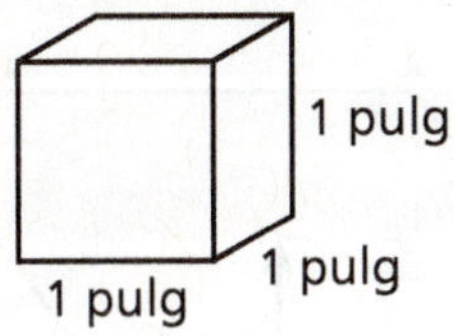

cubo unitario
Cubo con aristas de una unidad.

cuerpo geométrico
Un cuerpo geométrico es una figura tridimensional; no es plano.

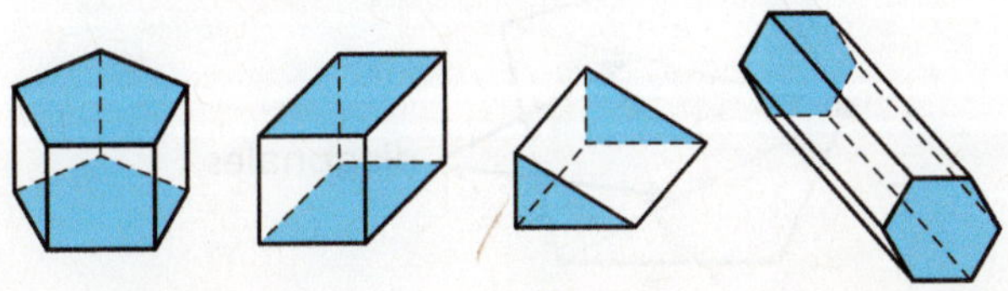

D

datos categóricos
Datos expresados en palabras que representan categorías.

Ejemplo:
Deporte favorito: fútbol americano, fútbol, béisbol, etc.

datos continuos
Datos que representan una acumulación sin interrupciones. Cada punto de datos está relacionado con el punto de datos anterior y posterior a este.

Ejemplo:
Temperatura que se lee durante un período de 24 horas: 45°, 47°, 52°, etc.

datos discretos
En un conjunto de datos discretos, cada número es exacto y no están relacionados entre sí.

Ejemplos:
- El número de personas que visitan la biblioteca todos los días durante un mes.
- El número de libros en cada estantería en la biblioteca.
- El número de estudiantes en cada grado en una escuela.

datos numéricos
Datos que involucran números y cantidades.

Ejemplos:
- El número de estudiantes en cada clase en una escuela.
- La población de una ciudad cada año durante los últimos diez años.

datos simétricos
Distribución de datos que contiene un eje de simetría. La forma de los datos en un lado del eje de simetría es igual a la forma de los datos en el otro lado del eje.

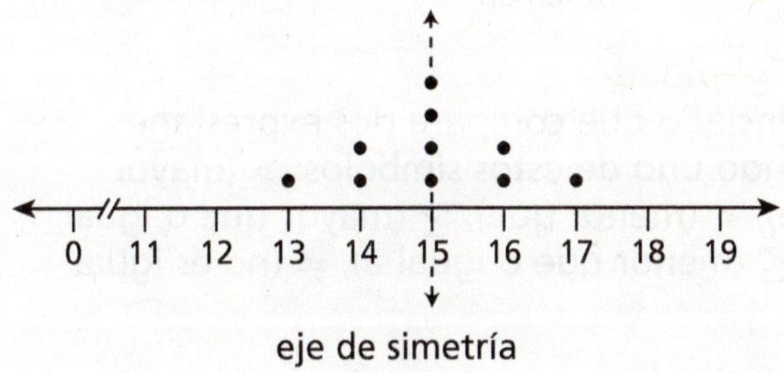

decimal
Número con un punto decimal. Un decimal es otra manera de escribir una fracción. Algunos decimales se llaman fracciones decimales porque representan fracciones con denominadores de 10, 100 y 1,000.

décimos $\frac{1}{10}$ o 0.1

centésimos $\frac{1}{100}$ o 0.01

milésimos $\frac{1}{1,000}$ o 0.001

Ejemplo:
El decimal 9.56 representa $9\frac{56}{100}$.

denominador
Número debajo de la barra en una fracción. Indica el número de fracciones unitarias formadas al dividir el entero en partes iguales.

Ejemplo:
En la fracción $\frac{3}{5}$, el denominador es 5.

$\frac{3}{5}$ ⟵ denominador

Representa las 5 fracciones unitarias (los 5 quintos) formadas al dividir el entero en 5 partes iguales.

Glosario

denominador común
Múltiplo común de dos o más denominadores.

Ejemplo:
15 es denominador común de $\frac{1}{3}$ y $\frac{2}{5}$.
$\frac{1}{3} = \frac{5}{15}$ $\frac{2}{5} = \frac{6}{15}$

Así que, $\frac{1}{3} + \frac{2}{5} = \frac{5}{15} + \frac{6}{15} = \frac{11}{15}$

densidad
Razón entre la masa de un objeto y su volumen.

$$\text{densidad} = \frac{\text{masa}}{\text{volumen}}$$

desigualdad
Enunciado que compara dos expresiones usando uno de estos símbolos: $>$ (mayor que), $<$ (menor que), $\geq$ (mayor que o igual a), $\leq$ (menor que o igual a), $\neq$ (no es igual a).

Ejemplos:
$4 + 7 > 10$
$x - 2 \leq 8$

desviación absoluta media
Medida de variabilidad que muestra la distancia promedio de los valores de datos a la media en un conjunto.

Ejemplo:
La desviación absoluta media es
$(3 + 2 + 2 + 1 + 6) \div 5 = 2.8$.

La media de estos valores es 4

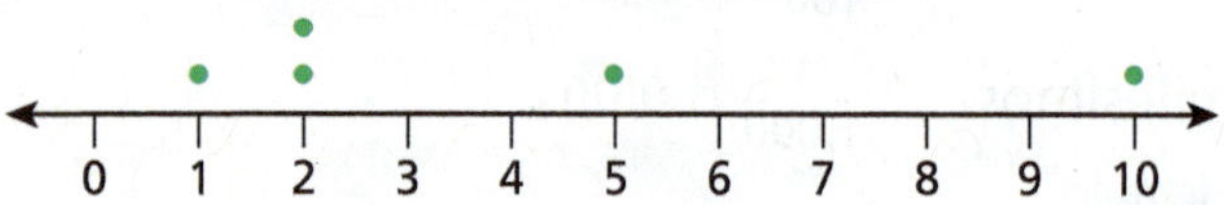

Distancia desde la media

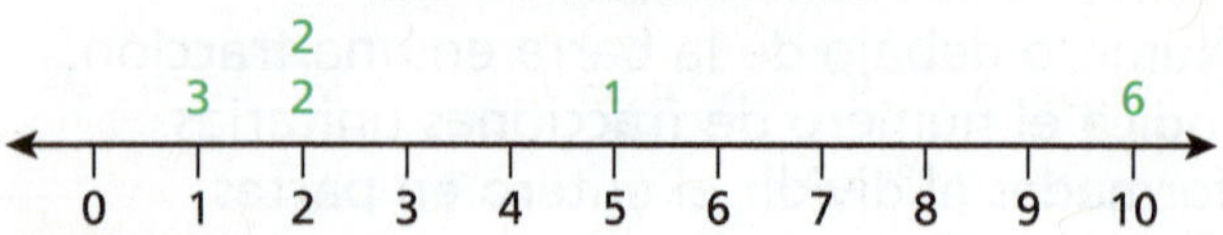

diagonal
Segmento de recta que conecta a dos vértices separados.

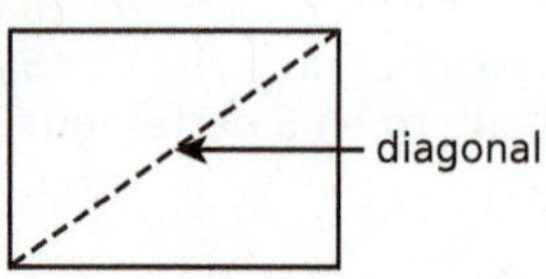

diagonal de un cuadrilátero
Segmento de recta que conecta dos vértices opuestos.

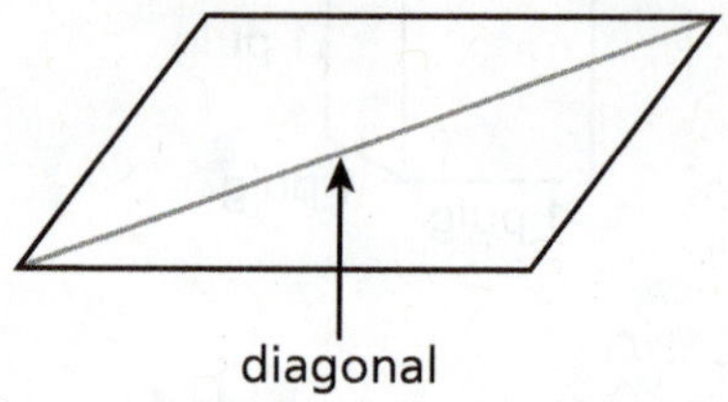

diagonal de un polígono
Segmento de recta que conecta dos vértices de un polígono, pero no es un lado.

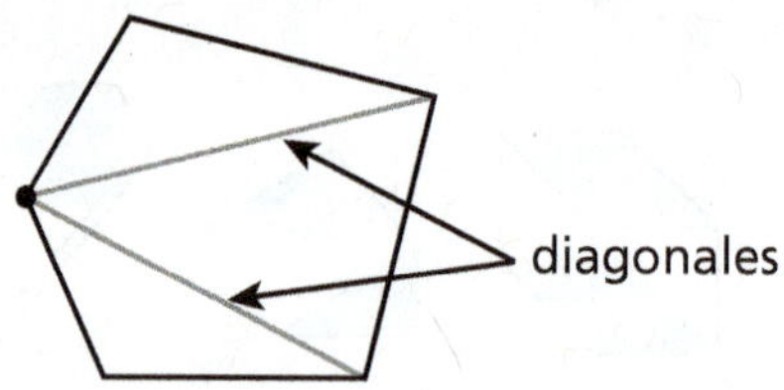

diagrama de caja
Resumen gráfico que muestra la mediana, los cuartiles y los valores máximo y mínimo de un conjunto de datos.

Ejemplo:

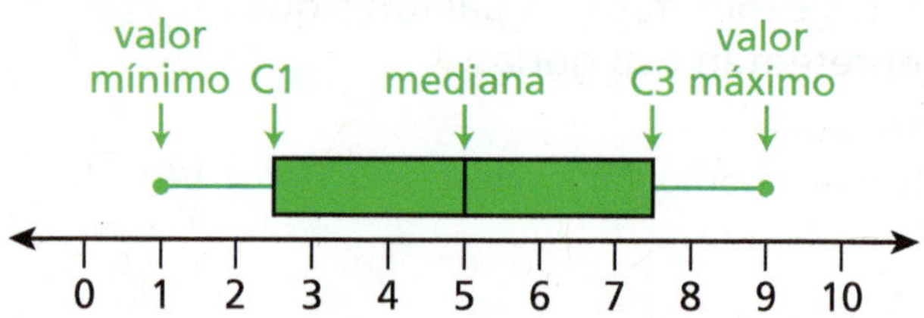

diagrama de cinta
Dibujo que luce como un segmento de cinta usado para ilustrar relaciones numéricas. También se lo llama diagrama de tiras, modelo de barras, tira de fracciones o modelo de longitud.

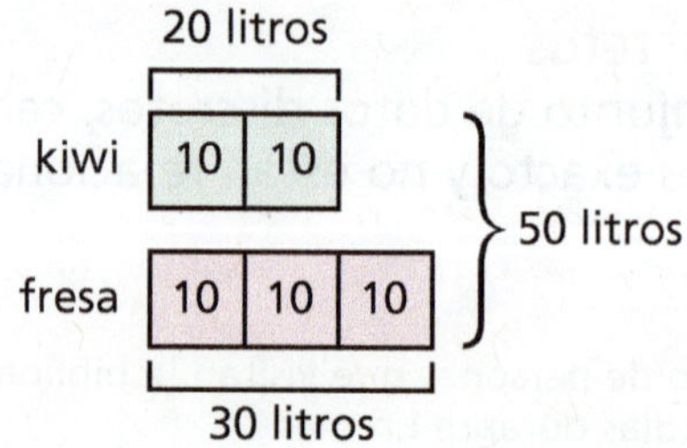

diagrama de puntos
Representación que muestra la frecuencia de datos numéricos. Un diagrama de puntos usa una recta numérica para mostrar con qué frecuencia ocurren los números en un conjunto de datos numéricos.

Ejemplo:

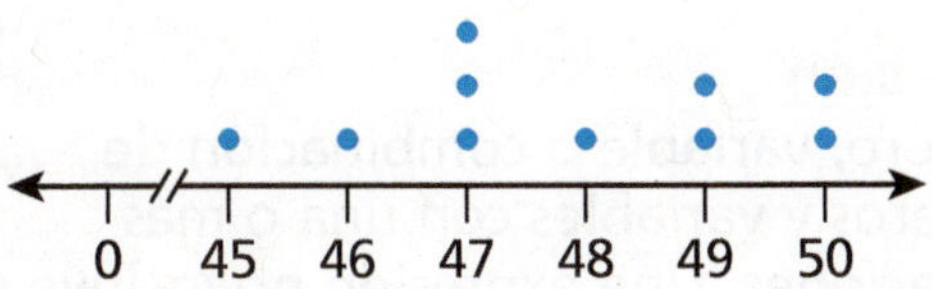

diámetro
La distancia de un círculo a través del centro.

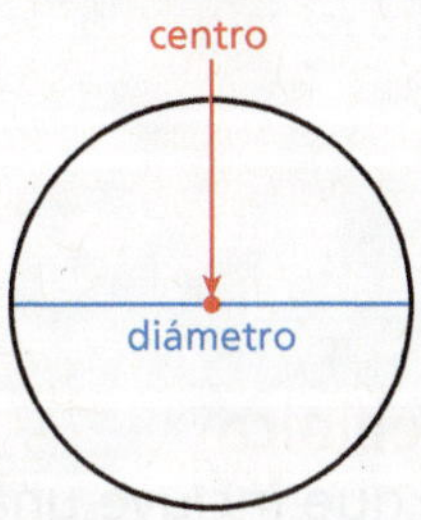

dibujo rápido*
Boceto que resume la situación sin incluir detalles innecesarios.

Ejemplo:
A continuación, se muestra un dibujo rápido del modelo de fichas algebraicas para $3 + 2x$.

dimensiones
La altura, la longitud o el ancho de una figura.

Ejemplos:
Un segmento de recta solo tiene longitud, entonces tiene una sola dimensión.

Un rectángulo tiene longitud y ancho, entonces tiene dos dimensiones.

Un cubo tiene longitud, ancho y altura, entonces tiene tres dimensiones.

dividendo
Número que se divide en un problema de división.

Ejemplo:
$56 \div 8 = 7$ $\quad 8\overline{)56}$ (cociente 7)
dividendo: 56

divisor
Número que divide en un problema de división.

Ejemplo:
$56 \div 8 = 7$ $\quad 8\overline{)56}$ (cociente 7)
divisor: 8

E

ecuación
Enunciado que indica que dos o más expresiones son iguales. El signo de igual (=) separa las dos expresiones iguales en una ecuación.

Ejemplos:
$4 \cdot 2 = 8$
$x + 4 = 10$

ecuación lineal
Ecuación con una gráfica que es una recta.

eje de simetría
Recta que, si una figura se dobla por ella, las dos partes coinciden de forma exacta.

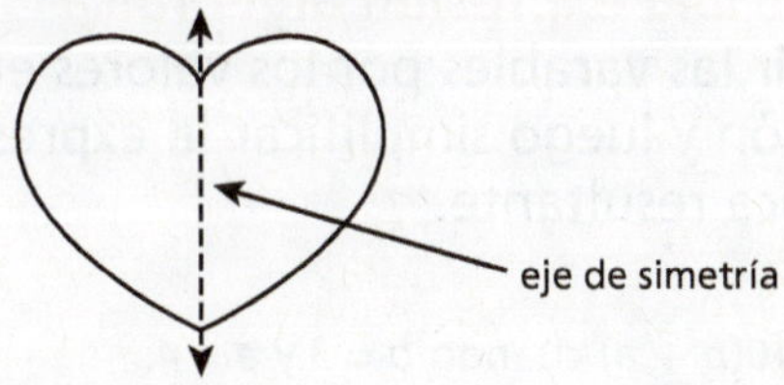

eje *x*
Recta numérica horizontal en el plano de coordenadas.

eje *y*
Recta numérica vertical en el plano de coordenadas.

ensayo
Procedimiento que se puede repetir en un experimento probabilístico.

*Término basado en investigaciones escolares desarrollado para *Expresiones en matemáticas*

enteros
El conjunto de enteros incluye números enteros, sus opuestos y el cero.

equiposible
Todos los resultados de un evento tienen la misma posibilidad de ocurrir.

escala de un modelo
Razón que compara el tamaño del modelo con el tamaño del objeto real.

espacio muestral
Conjunto de todos los resultados posibles de un experimento probabilístico.

estimar
Determinar *aproximadamente* cuántos o *aproximadamente* cuánto, con frecuencia usando redondeo, números compatibles o números de puntos de referencia.

estrategia de tasa unitaria*
Estrategia en la cual se usa una tabla para resolver proporciones.

Ejemplo:
En este ejemplo, la tasa unitaria, $\frac{3}{4}$ o $\frac{3}{4}$ para 1, se usa para resolver la proporción 3:4 = x:5.

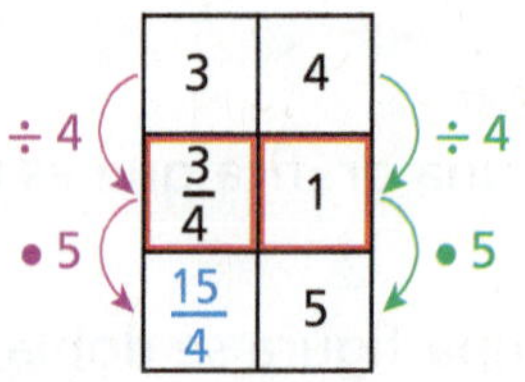

evaluar una expresión algebraica
Sustituir las varables por los valores en una expresión y luego simplificar la expresión numérica resultante.

Ejemplo:
Evaluar $10(b + a)$ cuando $b = 3$ y $a = 4$.
$10(b + a) = 10(3 + 4) = 10 \cdot 7 = 70$

evento
Conjunto de los resultados posibles de un experimento.

experimento
Situación que involucra probabilidad y que produce resultados.

exponente
En una potencia, el número pequeño elevado que indica cuántas veces se usa la base como factor.

Ejemplo:
3 es el exponente en la potencia 4^3.
$4^3 = 4 \cdot 4 \cdot 4 = 64$

expresión
Número, variable o combinación de números y variables con una o más operaciones. Una expresión no incluye un signo de igualdad.

Ejemplos:

n

$x - 9$

$5 \cdot 2^2$

$\frac{1}{2}bh$

expresión algebraica
Una expresión que incluye una o más variables.

Ejemplos:
$10(b + a)$
$7n$
$5x^2 - x$

expresión numérica
Expresión que incluye solo números.

Ejemplos:
$36 - (2 + 9) \cdot 3$
$20 - 8 \div 2$

expresiones equivalentes
Expresiones que siempre tienen el mismo valor.

Ejemplo:
$b + b + b$ y $3b$ son expresiones equivalentes.

F

factor
Uno de dos números o más multiplicados para formar un producto.

Ejemplo:
$12 \cdot 4 = 48$
factor (12) factor (4)

*Término basado en investigaciones escolares desarrollado para *Expresiones en matemáticas*

factor común
Factor que comparten dos o más números.

Ejemplo:
4 es un factor común de 12 y 20.

factor de un número
Número que se divide en partes iguales en el número.

Ejemplo:
Los factores de 18 son 1, 2, 3, 6, 9 y 18.

factorización prima
Expresión de un número como el producto de números primos.

Ejemplo:
La factorización prima de 90 es 2 • 3 • 3 • 5.

figura compleja
Figura que se forma al combinar figuras geométricas simples, como rectángulos y triángulos.

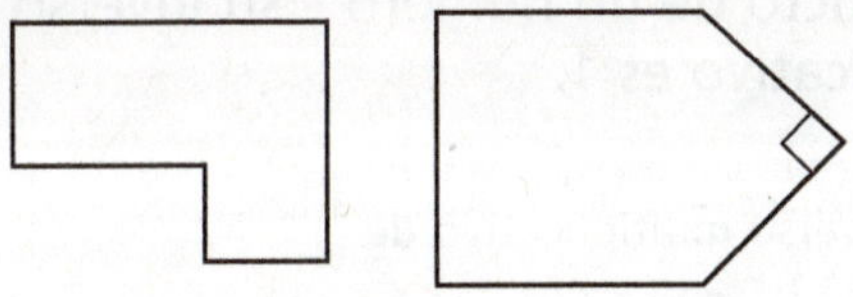

fila
Grupo horizontal de celdas en una tabla de datos.

fórmula de distancia
La distancia (*d*) es el producto de la rapidez (*r*) y el tiempo (*t*).

Ejemplos:
distancia = rapidez • tiempo o $d = rt$

fracción
Número que es la suma de fracciones unitarias Cada una es una parte igual de un conjunto o parte de un entero.

Ejemplo:
$\frac{3}{5} = \frac{1}{5} + \frac{1}{5} + \frac{1}{5}$ o $\frac{3}{5} = 3 \cdot \frac{1}{5}$

fracción impropia
Fracción en la cual el numerador es mayor que o igual al denominador.

Ejemplos:
$\frac{7}{5}$ $\frac{30}{8}$ $\frac{9}{9}$

fracción unitaria
Fracción con 1 en el numerador.

fracciones equivalentes
Fracciones que representan el mismo número.

Ejemplo:
$\frac{1}{2}$ y $\frac{3}{6}$ son fracciones equivalentes.

frecuencia
Número de veces que ocurre un resultado durante un experimento probabilístico.

frecuencia relativa
En un experimento probabilístico, la razón de la frecuencia de un resultado al número total de ensayos.

G

gráfica circular
Gráfica que se usa para representar datos que componen un todo. (También llamada *gráfica de sectores* o *diagrama de torta*).

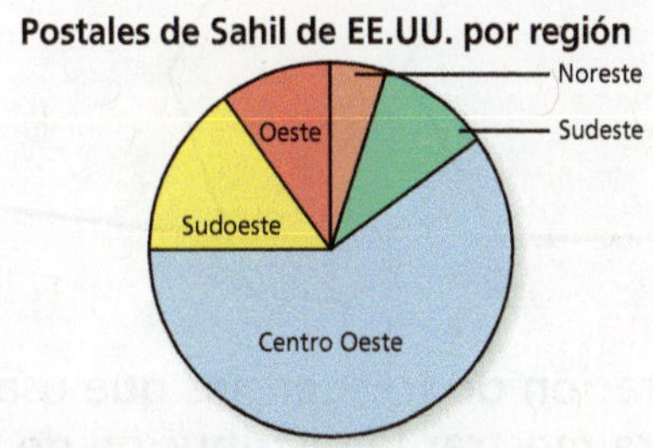

gráfica de barras
Gráfica que usa las longitudes de las barras para representar datos. Las barras pueden ser horizontales o verticales.

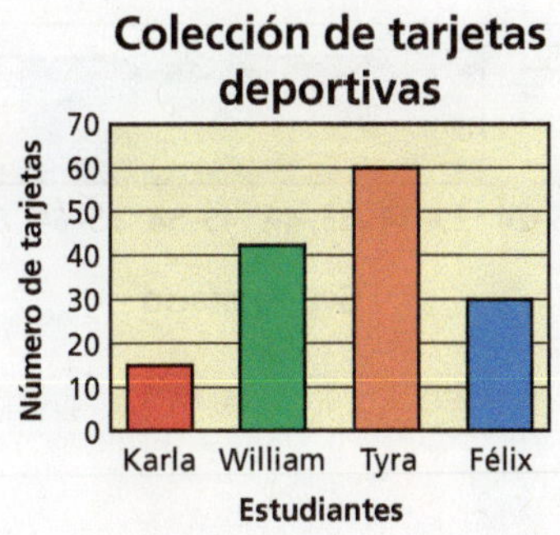

*Término basado en investigaciones escolares desarrollado para *Expresiones en matemáticas*

gráfica lineal
Gráfica que usa una recta para mostrar cambios en los datos.

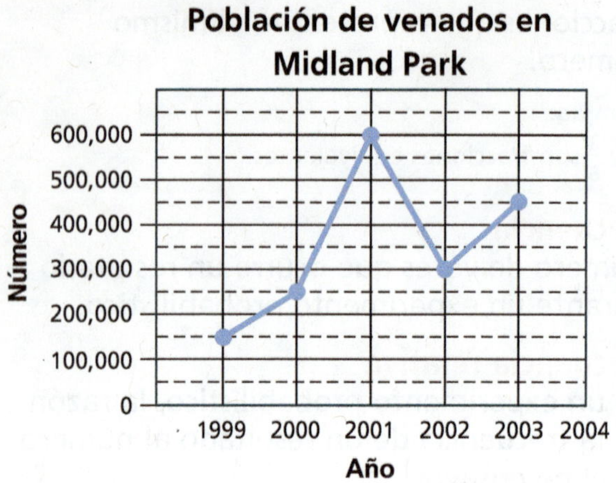

H

hexágono
Polígono con seis lados.

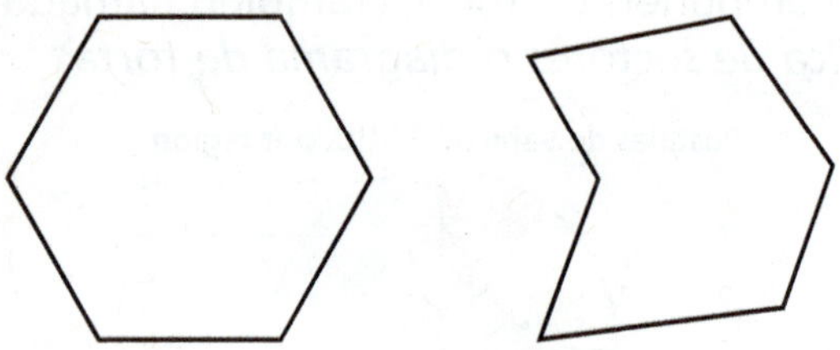

histograma
Representación de frecuencias que usa barras para mostrar la distribución de los datos en un conjunto. Cada barra representa un intervalo o rango de datos.

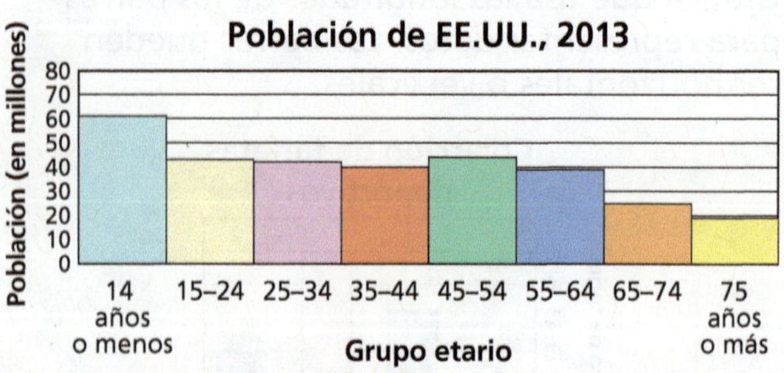

I

infinito
Ilimitado. Un conjunto infinito de números no se puede mostrar en una lista.

Ejemplo:
$x > 3$ tiene un número infinito de soluciones.

intervalo
Rango de números en una representación de frecuencias como un histograma. Algunas veces también se le llama *casilla*.

inverso
El producto de un número y su inverso es 1.

Ejemplo:
$\frac{4}{3}$ es el inverso de $\frac{3}{4}$.
$\frac{3}{4} \cdot \frac{4}{3} = 1$ y $\frac{4}{3} \cdot \frac{3}{4} = 1$

inverso multiplicativo
El producto de un número y su inverso multiplicativo es 1.

Ejemplo:
6 es el inverso multiplicativo de $\frac{1}{6}$.
$6 \cdot \frac{1}{6} = 1$ y $\frac{1}{6} \cdot 6 = 1$.

L

longitud unitaria
Distancia entre las marcas de verificación de una recta numérica.

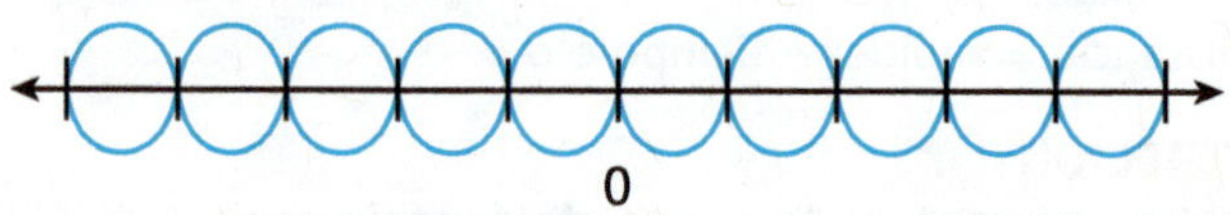

M

masa
Cantidad de materia en un objeto. Las unidades métricas más comunes de masa son kilogramos, gramos y miligramos.

máximo común divisor (MCD)

Mayor de los factores que comparten dos o más números.

Ejemplo:
15 es el MCD de 30 y 45.

media

Número único que resume todos los valores en un conjunto de datos numéricos. La media es una medida de tendencia central que muestra cuál sería el valor común si todos los valores fuesen iguales. La media se calcula al sumar todos los valores de datos y dividir la suma entre el número de valores.

{8 3 1 9 14} ← Un conjunto de datos numéricos.

$8 + 3 + 1 + 9 + 14 = 35$ ← Suma.

$35 \div 5 = 7$ ← Divide. La media de los datos es 7.

mediana

Número único que resume el centro de un conjunto de datos numéricos. La mediana es el número intermedio o la media de los dos números intermedios, cuando los datos se han ordenado de menor a mayor o de mayor a menor. Después de calcular la mediana, una mitad de los números restantes en el conjunto será menor que la mediana y la otra mitad será mayor.

Ejemplos:

2 5 7 11 20 — mediana = 7

39 26 24 3 — mediana = 25

mínimo común múltiplo (mcm)

Número menor que es múltiplo de dos o más números.

Ejemplo:
36 es el mínimo común múltiplo de 9 y 12.

moda

Número o categoría que ocurre con mayor frecuencia en un conjunto de datos. Un conjunto de datos puede no tener modas, tener una moda o más de una moda. La moda suele usarse para describir datos categóricos.

multiplicación cruzada

Método que se usa para resolver proporciones basado en el hecho de que en una proporción los productos cruzados son iguales.

Ejemplo:
$\frac{10}{15} = \frac{18}{27}$ es una proporción. Los productos cruzados son iguales.

$$\frac{10}{15} = \frac{18}{27}$$

$$18 \cdot 15 = 10 \cdot 27$$

múltiplo

Producto de un número dado y un número de conteo.

Ejemplo:
3, 6, 9, 12 y así sucesivamente son múltiplos de 3.

múltiplo común

Número que es múltiplo de dos o más números.

Ejemplo:
24 es múltiplo común de 8 y 6.

N

numerador

Número sobre la barra en una fracción. Indica el número de fracciones unitarias que representa la fracción.

Ejemplo:
En la fracción $\frac{3}{5}$, el numerador es 3.

$\frac{3}{5}$ ← numerador

El numerador muestra que la fracción representa 3 quintos: $\frac{3}{5} = \frac{1}{5} + \frac{1}{5} + \frac{1}{5}$.

número compuesto
Número entero mayor que 1 que tiene factores que no son el 1 y sí mismo.

Ejemplo:
8 es un número compuesto porque sus factores son 1, 2, 4 y 8.

número irracional
Número que no se puede escribir como la razón de dos enteros.

número mixto
Número representado por un número entero y una fracción.

Ejemplo:
$2\frac{1}{5}$ es un número mixto.
Significa $2 + \frac{1}{5}$.

número racional
Cualquier número que se puede expresar como fracción $\frac{a}{b}$, donde a y b son enteros y $b \neq 0$.

números negativos
Los números negativos están a la izquierda del cero en una recta numérica horizontal o debajo del cero en una recta numérica vertical.

números positivos
Los números positivos están a la derecha del cero en una recta numérica horizontal y por encima del cero en una recta numérica vertical.

O

octágono
Polígono con ocho lados.

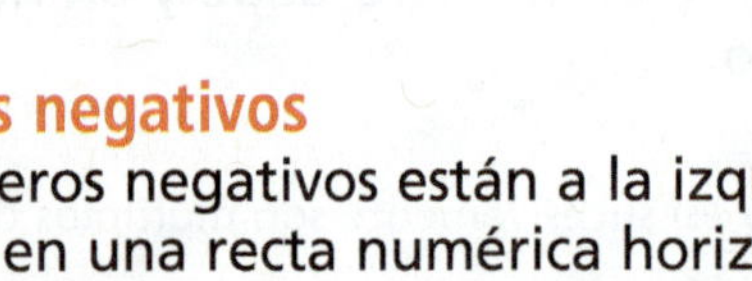

operaciones inversas
Operaciones que se anulan entre sí. La suma y la resta son operaciones inversas. La multiplicación y la división son operaciones inversas.

Ejemplos:
$5 + 9 = 14$, entonces $14 - 9 = 5$. $7 \cdot 9 = 63$, entonces $63 \div 9 = 7$.

opuestos
Dos números son opuestos si están a la misma distancia del cero en una recta numérica, pero en direcciones opuestas.

Ejemplos:
-5 y 5
12 y -12

orden de las operaciones
Regla que establece el orden en el cual se deben realizar las operaciones en una expresión:

1. Realiza las operaciones dentro del paréntesis.
2. Simplifica potencias.
3. Multiplica y divide de izquierda a derecha.
4. Suma y resta de izquierda a derecha.

origen
El origen de una recta numérica es el punto en 0. El punto de intersección de los ejes x e y se llama el origen del plano de coordenadas.

P

par ordenado
(Ver también **coordenadas**) Dos números dentro de un paréntesis con una coma entre ellos. Los pares ordenados pueden representar puntos en el plano de coordenadas y se escriben como *(x, y)*.

Ejemplos:
(5, 3) es un par ordenado, donde x = 5 y y = 3.

paralelogramo
Un cuadrilátero en el que ambos pares de lados opuestos son paralelos y los ángulos opuestos son congruentes.

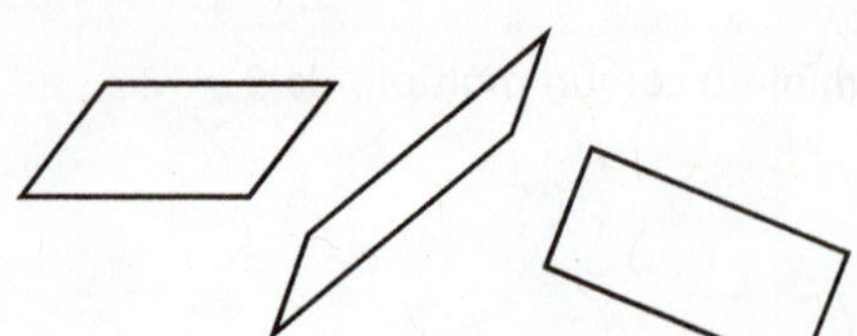

paralelogramo relacionado*

Paralelogramo con la misma base y altura que su rectángulo o triángulo relacionado.

Ejemplos:

rectángulo y paralelogramo relacionado

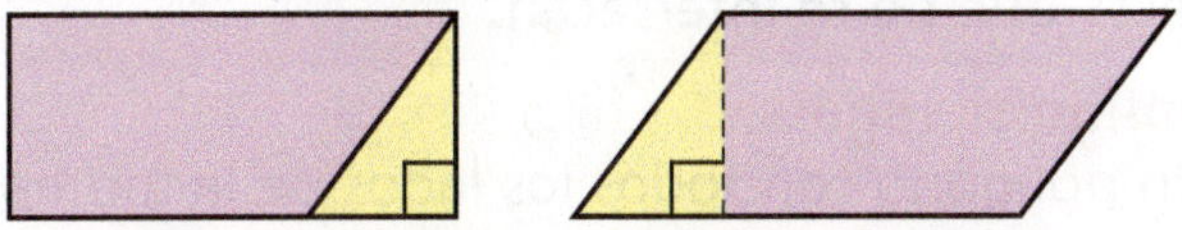

triángulo y paralelogramo relacionado

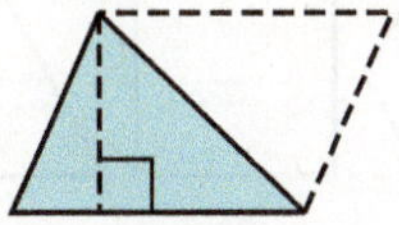

pentágono

Polígono con cinco lados.

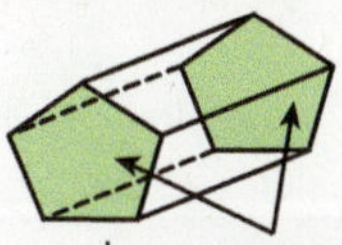

perpendicular

Rectas, segmentos de rectas o rayos son perpendiculares si forman un ángulo recto. Un ángulo recto tiene una medida igual a 90°.

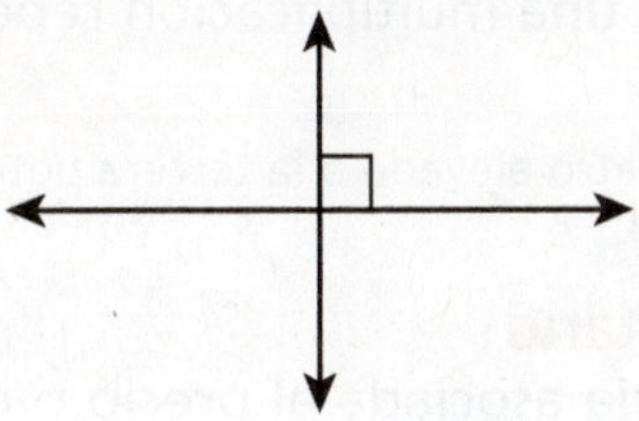

pi (π)

Valor de la razón de la circunferencia de un círculo a su diámetro. Su valor aproximado es 3.14 o $\frac{22}{7}$.

pico

Valor (o valores) que aparecen con mayor frecuencia. Un conjunto de datos puede no tener picos, tener un pico o más de un pico.

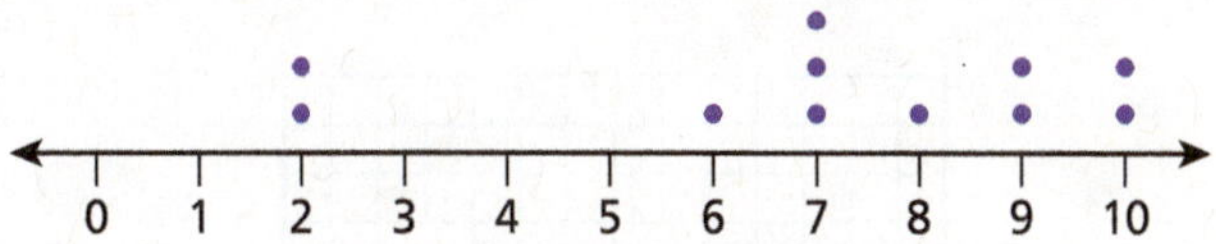

Los datos tienen el pico en 7

pirámide

Cuerpo geométrico con base poligonal cuyos vértices están unidos en un solo punto.

plano de coordenadas (cuatro cuadrantes)

Plano formado por dos rectas numéricas perpendiculares que se intersecan en el 0 de cada recta. El plano de coordenadas está dividido en cuatro cuadrantes por los ejes *x* e *y*.

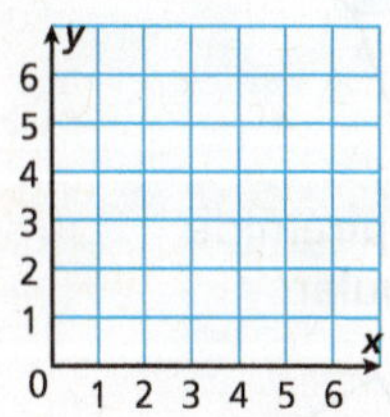

*Término basado en investigaciones escolares desarrollado para *Expresiones en matemáticas*

plano de coordenadas (primer cuadrante)

Plano formado por un par de rectas numéricas perpendiculares que se intersecan en el 0 de cada recta numérica. Las rectas numéricas perpendiculares se llaman ejes. El plano de coordenadas está dividido en cuatro cuadrantes por los ejes *x* e *y*.

A continuación, se encuentra el primer cuadrante del plano de coordenadas.

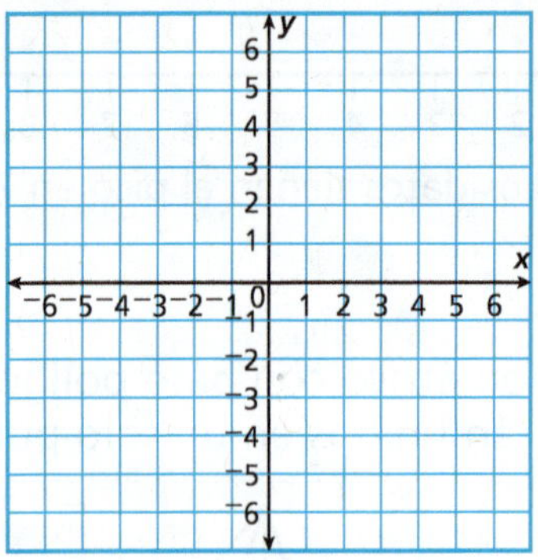

plantilla

Patrón plano bidimensional que se puede doblar para formar una figura tridimensional.

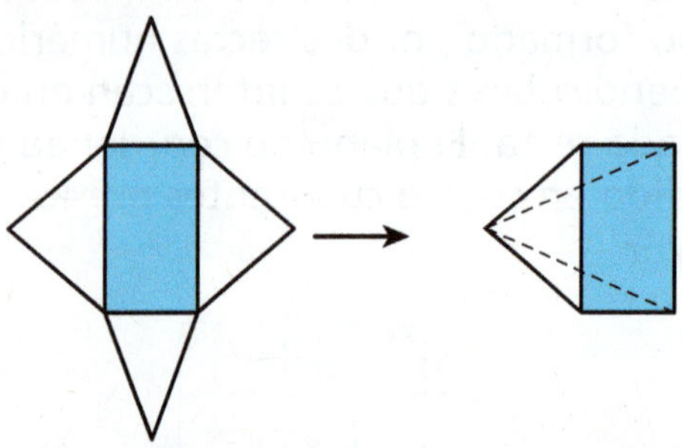

plantilla de pirámide rectangular — pirámide rectangular

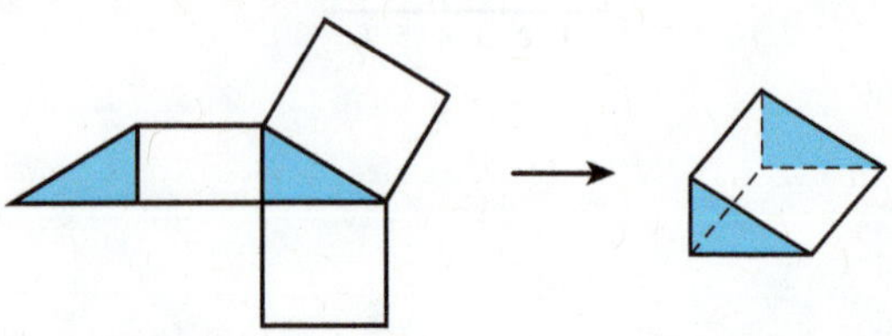

plantilla de prisma triangular — prisma triangular

perímetro

Distancia alrededor de una figura. Es la cantidad total de unidades de longitud del mismo tamaño necesarias para formar los lados sin brechas ni superposiciones.

poco probable

Descripción de un evento que tiene mayor posibilidad de que no ocurra.

polígono

Figura cerrada formada por segmentos de recta que no se intersecan.

polígono regular

Un polígono con todos los lados de la misma longitud.

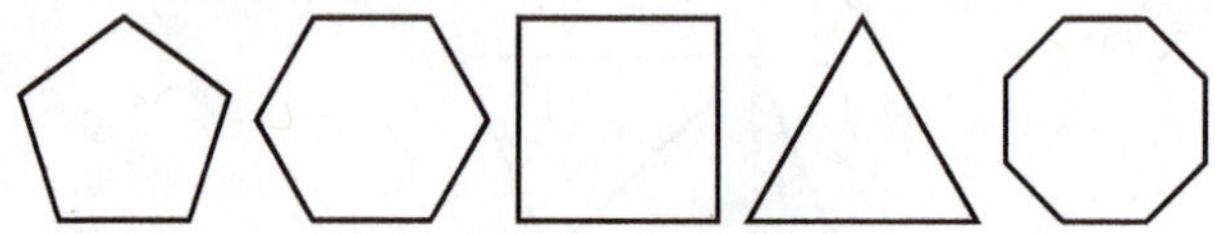

porcentaje (%)

Cantidad de cada cien o por cien.

Ejemplos:

$34\% = \frac{34}{100}$

$124\% = \frac{124}{100}$

posibilidad

Descripción de la posibilidad de que ocurra un evento.

potencia

Expresión que incluye un exponente y representa una multiplicación repetida.

Ejemplo:

4^3 (se lee "cuatro elevado a la tercera potencia") y significa $4 \cdot 4 \cdot 4$.

precio unitario

Tasa unitaria asociada al precio o costo.

Ejemplo:

4 dólares por libra

primer cuartil (C1)

Número intermedio o media de los dos números intermedios de la mitad inferior de un conjunto de datos.

Ejemplo:

1 2 3 4 5 6 7 8 9 10 11 12

↑ primer cuartil (entre 3 y 4) ↑ mediana (entre 6 y 7)

Entonces, C1 = 3.5.

primo relativo
Dos números son primos relativos si su máximo común divisor (MCD) es 1.

Ejemplo:
6 y 35 son primos relativos.

prisma
Cuerpo geométrico con dos bases congruentes y paralelas.

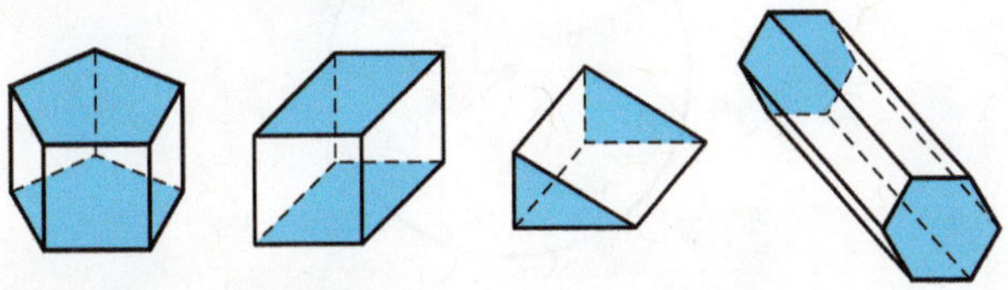

prisma rectangular
Cuerpo geométrico con dos bases rectangulares congruentes y paralelas.

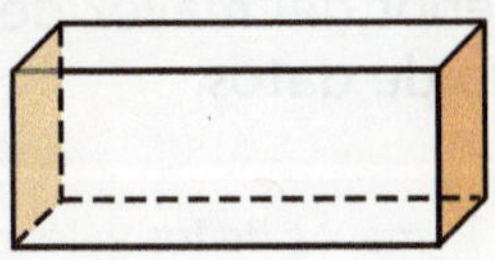

probabilidad
Número del 0 al 1 inclusive que describe la posibilidad de que ocurra un evento.

probabilidad experimental
Frecuencia relativa de un resultado en un experimento probabilístico.

probabilidad teórica
En un experimento probabilístico, la razón del tamaño del evento al tamaño del espacio muestral.

probable
Descripción de un evento que tiene más posibilidad de que sí ocurra.

producto
Resultado de una multiplicación.

Ejemplo:
$12 \cdot 4 = \mathbf{48}$

producto

propiedad asociativa de la multiplicación
Propiedad que establece que el cambio de agrupación de los factores no cambia su producto. Para cualquier número a, b y c, $(a \cdot b) \cdot c = a \cdot (b \cdot c)$.

Ejemplo:
$(9 \cdot 15) \cdot 20 = 9 \cdot (15 \cdot 20)$

propiedad asociativa de la suma
Propiedad que establece que el cambio de agrupación de los sumandos no cambia su suma. Para cualquier número a, b y c, $(a + b) + c = a + (b + c)$.

Ejemplo:
$(7 + 8) + 2 = 7 + (8 + 2)$

propiedad conmutativa de la suma
Propiedad que establece que cambiar el orden de los sumandos no altera su suma. Para cualquier número a y b,
$a + b = b + a$.

Ejemplo:
$18 + 21 = 21 + 18$

propiedad conmutativa de la multiplicación
Propiedad que establece que cambiar el orden de los factores no altera su producto. Para cualquier número a y b, $a \cdot b = b \cdot a$.

Ejemplo:
$36 \cdot 3 \_ 4 = \frac{3}{4} \cdot 36$

propiedad distributiva
Propiedad que permite distribuir un factor a los términos de una suma o diferencia o extraer un factor común de los términos de una suma o diferencia. Para cualquier número a, b y c $(a \cdot b) \cdot c = a \cdot (b \cdot c)$.

Ejemplos:
Distribuir un factor:

$6(x - 2) = 6 \cdot x - 6 \cdot 2 = 6x - 12$

Extraer un factor:

$4y + 8 = 4 \cdot y + 4 \cdot 2 = 4(y + 2)$

proporción
Ecuación que indica que dos razones son iguales.

punto de referencia
Punto de referencia para realizar cálculos. Los números 0, $\frac{1}{2}$ y 1 son puntos de referencia fraccionarios comunes.

punto reflejado
Un punto dado y su punto reflejado son imágenes especulares sobre el eje x o el eje y del plano de coordenadas.

Ejemplos:

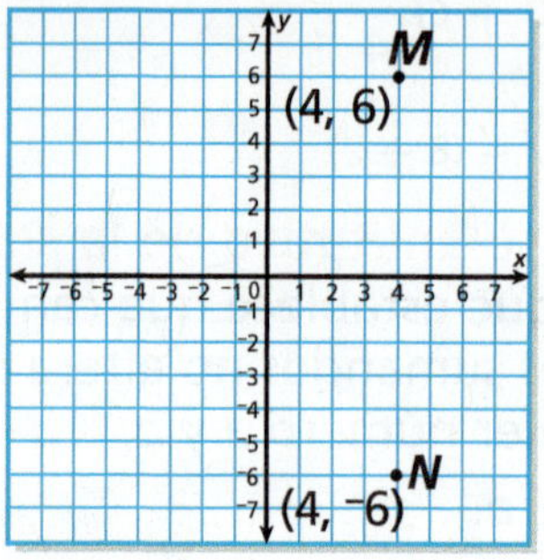

El punto *N* es una reflexión del punto *M* sobre el eje *x*.

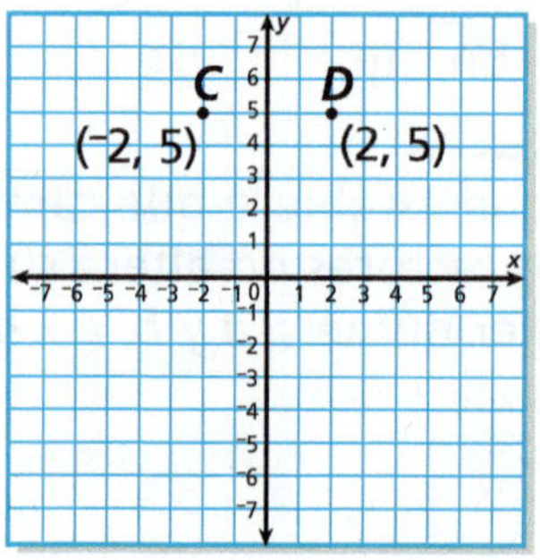

El punto *C* es una reflexión del punto *D* sobre el eje *y*.

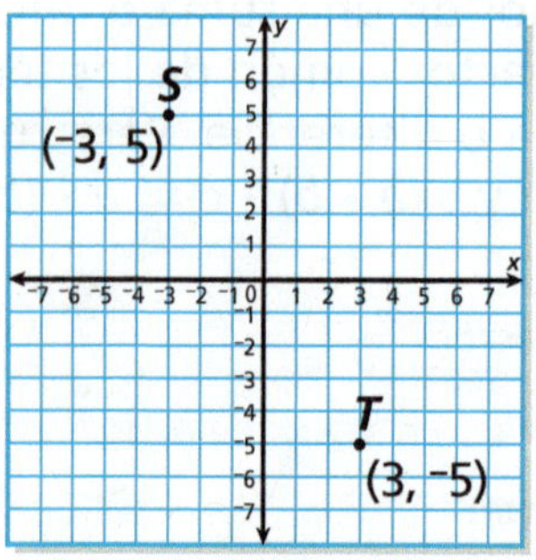

El punto *T* es una reflexión del punto *S* en el eje *y*, y luego en el eje *x*.

R

radio
La distancia desde el centro de un círculo hasta cualquier punto del círculo. El radio de un círculo es un medio de su diámetro.

rango
Número único que resume la variabilidad de los datos en un conjunto. El rango se calcula restando el menor del mayor de los números en un conjunto de datos.

Ejemplo:

{5 2 16 10} ← El mayor de los valores en este conjunto es 16. El menor valor es 2.

16 − 2 = 14 ← Resta. El rango de los datos es 14.

rango intercuartílico (RIC)
Medida de la diferencia entre el cuartil superior y el inferior. El RIC es una manera de describir la dispersión o variabilidad de los datos en un conjunto.

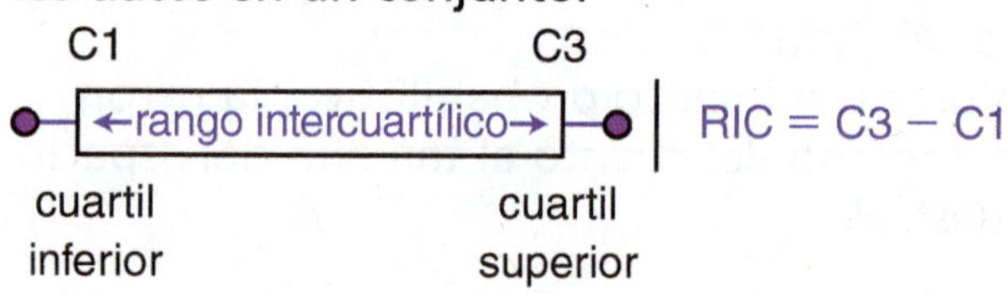

rayo
Parte de una recta que tiene un extremo y se extiende indefinidamente en una dirección. El punto se llama extremo del rayo.

Ejemplo:

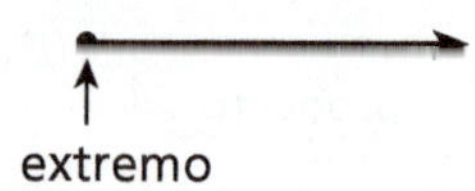

razón
Dos cantidades están en la razón a a b si por cada unidad a de la primera cantidad hay b unidades de la segunda.

razón básica
Razón en su mínima expresión.

Ejemplos:

La razón básica para $\frac{25}{30}$ es $\frac{5}{6}$.

La razón básica para $\frac{12}{24}$ es $\frac{1}{2}$.

razones equivalentes
Razones que representan la misma comparación. Las razones equivalentes tienen la misma razón básica.

recta numérica
Recta que usa puntos para representar la distancia y la dirección desde el cero de los enteros y otros números racionales.

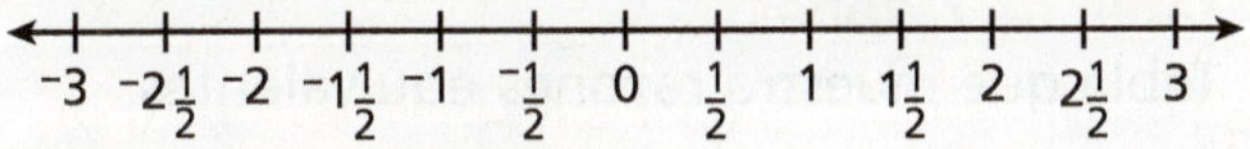

recta numérica doble
Diagrama con dos rectas numéricas que muestra cómo dos cantidades se relacionan entre sí.

Ejemplos:

La siguiente recta numérica doble muestra cómo se relacionan la distancia y el tiempo para una persona que camina a una tasa de 3 pies por segundo.

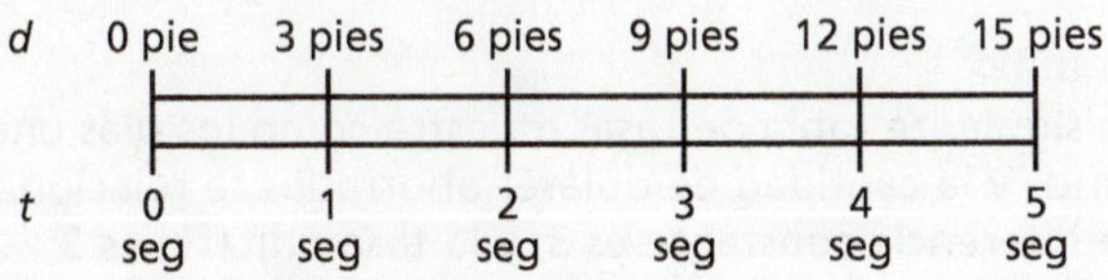

rectángulo relacionado*
Rectángulo con la misma base y altura que su paralelogramo relacionado. Rectángulo con la misma base y altura o la mitad de la altura o la base de su triángulo relacionado.

Ejemplos:

paralelogramo y rectángulos

relacionados triángulos y rectángulos relacionados

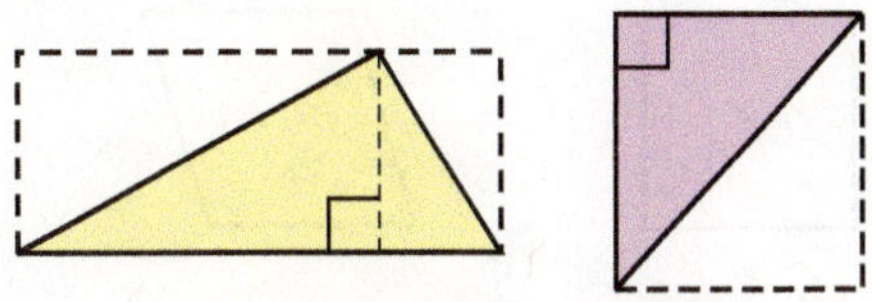

misma base y altura

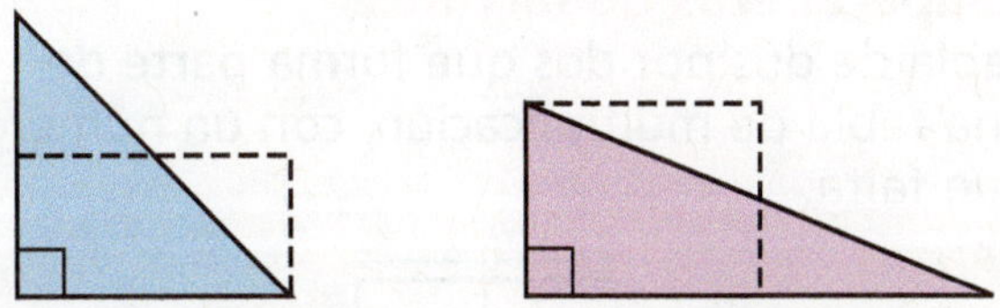

misma base, mitad de la altura

misma altura, mitad de la base

rectas secantes
Dos rectas que se unen en un punto.

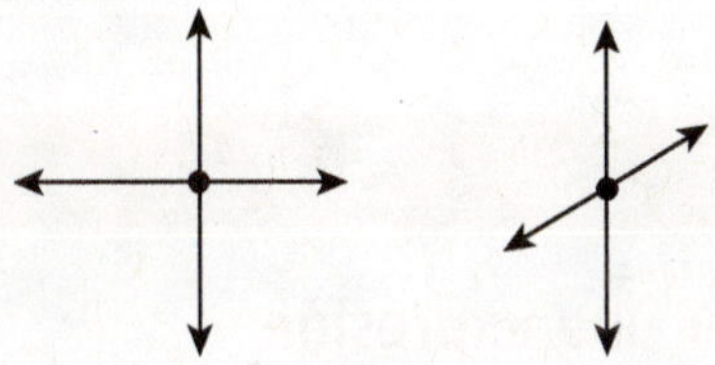

residuo
Número restante después de dividir un número no divisible exactamente entre el divisor.

Ejemplo:

$32 \div 6 = 5$ R2

El residuo es 2.

resolución de una proporción
Calcular el número desconocido en una proporción cuando se desconoce uno de los cuatro números en la proporción.

resolver
Calcular la solución de una ecuación o una desigualdad.

*Término basado en investigaciones escolares desarrollado para *Expresiones en matemáticas*

resultados
Los resultados posibles de un experimento probabilístico.

rombo
Un paralelogramo con todos los lados de la misma longitud.

rompecabezas de factores*
Tabla de dos por dos que forma parte de una tabla de multiplicación, con un número que falta.

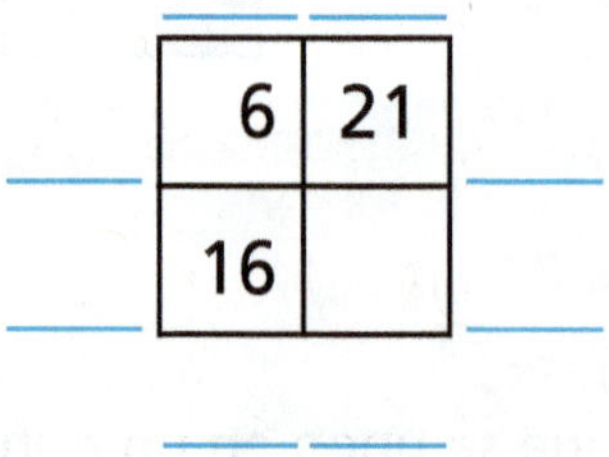

S

simplificar una expresión
Combinar todos los términos semejantes en la expresión.

Ejemplo:
Simplificar $3x + 5 + x + 2$.

$3x + 5 + x + 2 = 4x + 7$

simplificar una fracción
Dividir el numerador y el denominador entre un factor común para formar una fracción equivalente que está compuesta por menos fracciones unitarias, pero que son más grandes.

Ejemplo:
Simplificar $\frac{5}{10}$ dividiendo el numerador y el denominador entre 5.

$$\frac{5 \div 5}{10 \div 5} = \frac{1}{2}$$

solución de una desigualdad
En una desigualdad con una sola variable, número que puede sustituir a la variable para que el enunciado sea verdadero.

Ejemplo:
$x = 10$ es la solución de

$x + 3 < 20$ porque $10 + 3 < 20$ es verdadero.

solución de una ecuación
En una ecuación con una sola variable, número que puede sustituir a la variable para que el enunciado sea verdadero.

Ejemplo:
$x = 4$ es la solución de

$3x + 1 = 13$ porque $3(4) + 1 = 13$ es verdadero.

T

tabla de razones
Tabla que muestra razones equivalentes.

tabla de tasas
Tabla de dos columnas que muestra la cantidad de unidades de la primera columna y el valor asociado a cada número dado de unidades en la segunda columna. Cuando las unidades se ordenan como números de conteo consecutivo, los valores de la segunda columna mostrarán una diferencia constante; esta diferencia constante es la tasa unitaria.

Ejemplo:
La siguiente tabla de tasas muestra cómo los días unitarios y la cantidad de dólares ahorrados se relacionan. La diferencia constante es 3, y la tasa unitaria es 3 dólares por día.

Cantidad de días	Dólares ahorrados
1	3
2	6
3	9
4	12

*Término basado en investigaciones escolares desarrollado para *Expresiones en matemáticas*

Tabla de tasas vinculadas*
Dos tablas de tasas vinculadas para formar una tabla de razones.

	Noreen	Tim
Días	3	5
1	3	5
2	6	10
3	9	15
4	12	20
5	15	25
6	18	30
7	21	35

tasa
Razón especial en la cual las cantidades se pueden describir con diferentes unidades (como dólares o libras).

tasa constante
En una tabla de tasas en la cual las unidades son números enteros consecutivos, la diferencia constante de los valores que se muestran en la segunda columna. También es el valor en la segunda columna cuando la cantidad de unidades es igual a 1.

tasa unitaria
Valor asociado con 1 unidad.

Ejemplos:

5 millas por hora

3 dólares por semana

2 manzanas por día

tercer cuartil (C3)
Número intermedio o media de los dos números intermedios de la mitad superior de un conjunto de datos.

Ejemplo:

1 2 3 4 5 6 7 8 9 10 11 12

↑ mediana (entre 6 y 7) ↑ cuartil (entre 9 y 10)

Entonces, C3 = 9.5.

término
Los términos son partes de una expresión que se suman o se restan.

Ejemplo:

4, $3b$ y $b2$ son términos de la expresión $4 + 3b + b2$.

términos semejantes
Términos con las mismas variables elevadas a las mismas potencias. Los términos numéricos son términos semejantes, incluso si no tienen variables.

Ejemplo:

En $6 + 2x + 1 + x$, 6 y 1 son términos semejantes y $2x$ y x son términos semejantes.

teselado
Un patrón de figuras cerradas que cubren por completo una superficie sin brechas ni superposiciones.

Ejemplo:

tiempo transcurrido
Cantidad de tiempo entre un tiempo inicial y un tiempo final.

transportador
Herramienta que se usa para medir ángulos.

trapecio
Un cuadrilátero con exactamente un par de lados paralelos.

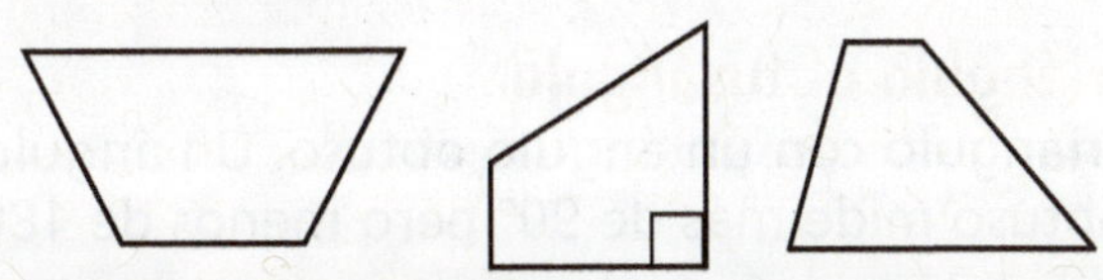

triángulo acutángulo
Triángulo con tres ángulos agudos. Un ángulo agudo tiene una medida mayor que 0° y menor que 90°.

*Término basado en investigaciones escolares desarrollado para *Expresiones en matemáticas*

triángulo de tasa unitaria*

Cuando una situación de tasa se grafica en el plano de coordenadas, el triángulo de tasa unitaria es un triángulo rectángulo con una base igual a 1 y una altura igual a la tasa unitaria. El tercer lado del triángulo es parte de la recta que representa la situación de tasa.

Ejemplo:

En los triángulos de tasa unitaria en esta gráfica, la base es 1 y la altura es 3. La tasa unitaria es 3.

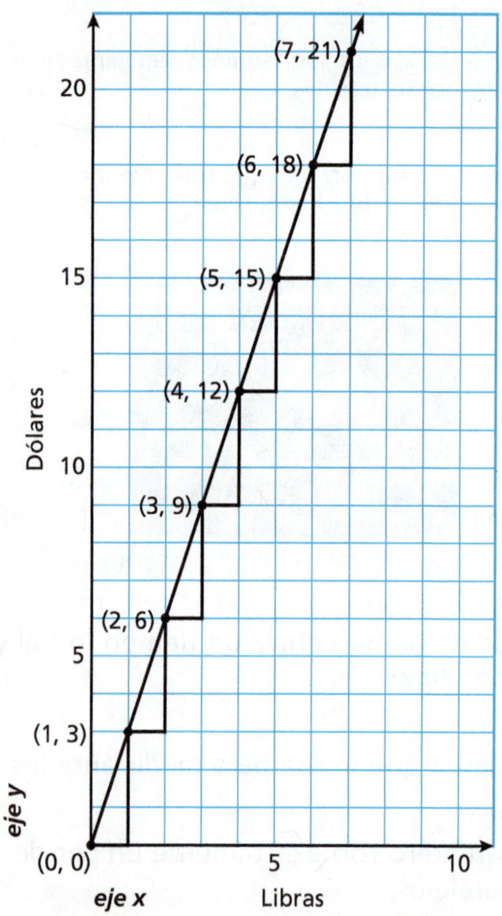

triángulo obtusángulo

Triángulo con un ángulo obtuso. Un ángulo obtuso mide más de 90° pero menos de 180°.

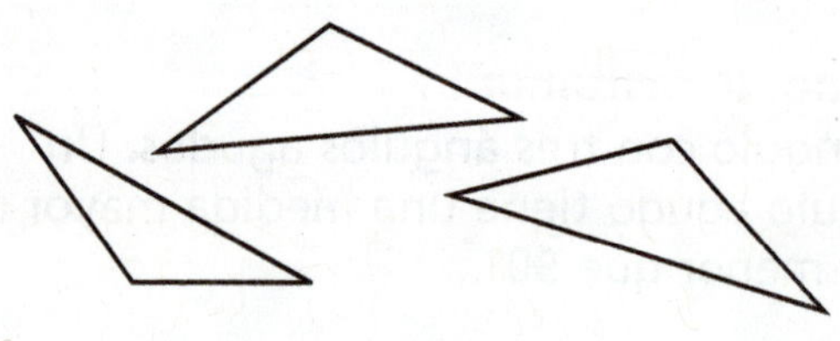

triángulo rectángulo

Triángulo con un ángulo recto. Un ángulo recto tiene una medida igual a 90°.

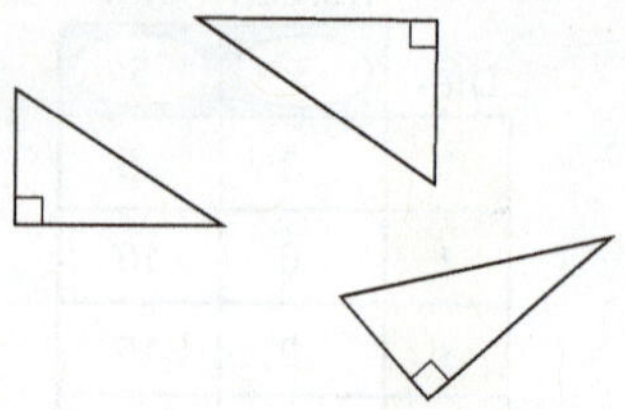

U

unidad cuadrada (unidad²)

Unidad de área igual al área de un cuadrado con lados que miden una unidad.

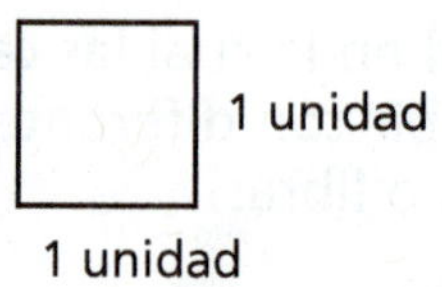

unidad cúbica (unidad³)

Unidad para medir volumen. Es el volumen de un cubo con aristas que miden 1 unidad de largo.

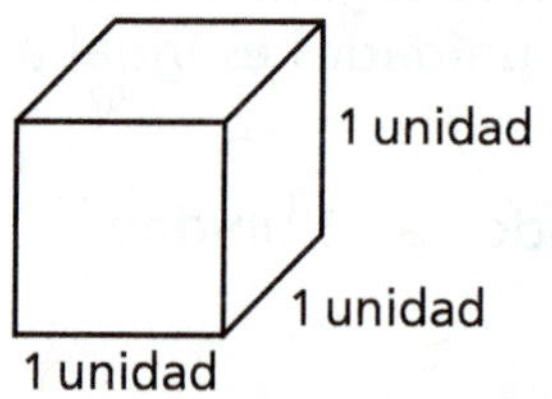

*Término basado en investigaciones escolares desarrollado para *Expresiones en matemáticas*

V

valor absoluto
Medida de la distancia a la que está un número del cero en una recta numérica.

valor atípico
Valor extremo o distante. Un conjunto de datos puede no tener valores atípicos, tener un valor atípico o más de un valor atípico.

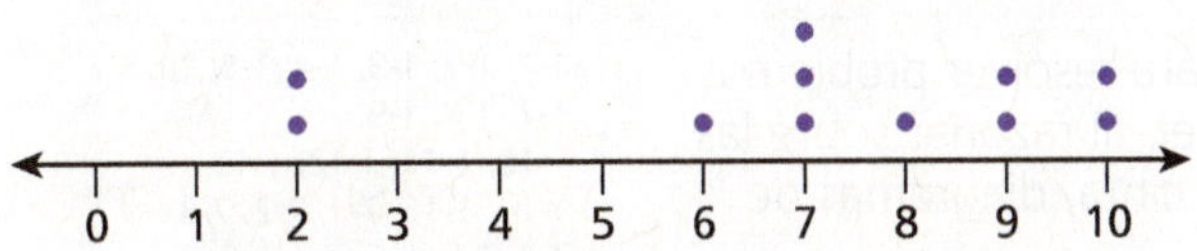

Los valores en 2 son valores atípicos.

variable
Letra o símbolo que se usa para representar un número desconocido o una cantidad que varía.

Ejemplo:
$y = 2x$

x e y son variables.

variable dependiente
Variable cuyo valor depende del valor de la otra variable en una relación entre dos variables.

Ejemplo:
El costo de la gasolina, *c*, depende del número de galones comprados, *g*. El costo, *c*, es la variable dependiente.

variable independiente
Variable cuyo valor influye en los valores de las demás variables en una relación entre dos variables.

Ejemplo:
El costo de la gasolina, *c*, depende del número de galones comprados, *g*. El número de galones comprados, *g*, es la variable independiente.

vértice
Punto común a dos lados de un ángulo o polígono o tres aristas de un cuerpo geométrico. El punto de una pirámide.

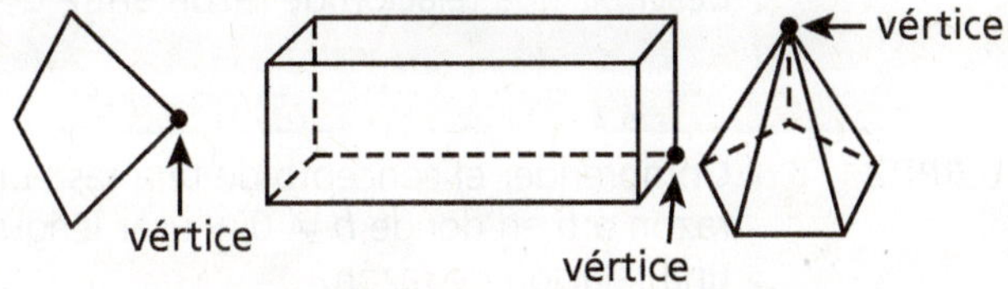

vértice de un ángulo
Extremo que comparten los dos rayos que forman un ángulo.

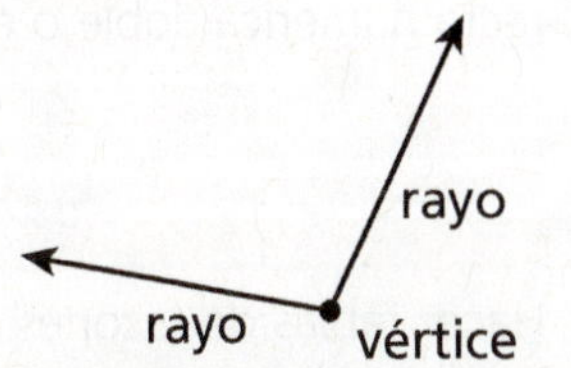

volumen
Cantidad de espacio ocupado por un cuerpo geométrico. El volumen se mide en unidades cúbicas.

volumen líquido
Medida de cuánto puede contener un envase. También se llama *capacidad*.

6.RPP Razón, proporción y porcentaje		
6.RPP.1	Comprender el concepto de una razón y usar lenguaje de razón para describir una relación de razón entre dos cantidades.	1-8, 1-9, 1-10, 1-11, 1-12, 1-13, 1-14, 1-15, 7-1, 7-2, 7-3, 7-5, 7-6, 7-7, 7-14
6.RPP.2	Comprender el concepto de una tasa unitaria *a*/*b* asociada con una razón *a*:*b* en donde $b \neq 0$, y usar lenguaje de razón en el contexto de una relación de razón.	1-3, 1-4, 1-5, 1-6, 1.7, 1-8, 7-2, 7-3, 7-6
6.RPP.3	Usar el razonamiento sobre razones y tasas para resolver problemas del mundo real y problemas matemáticos, p. ej. al razonar sobre las tablas de razones equivalentes, diagramas de cinta, diagramas de recta numérica doble o ecuaciones.	1-1, 1-2, 1-3, 1-4, 1-5, 1-6, 1-7, 1-8, 1-9, 1-10, 1-11, 1-12, 1-13, 1-14, 1-15, 7-1, 7-2, 7-3, 7-4, 7-5, 7-6, 7-7, 7-8, 7-9, 7-10, 7-11, 7-12, 7-13 , 8-14, 8-15, 8-16
6.RPP.3.a	Hacer tablas de razones equivalentes relacionando cantidades con medidas de número entero, encontrar valores que faltan en las tablas y graficar los pares de valores en un plano de coordenadas. Usar tablas para comparar razones.	1-1, 1-2, 1-3, 1-4, 1-5, 1-6, 1-7, 1-8, 1-9, 1-10, 1-11, 1-12, 1-13, 1-14, 1-15, 7-1, 7-2, 7-3, 7-7
6.RPP.3.b	Resolver problemas de tasa unitaria incluidos aquellos con precio unitario y velocidad constante.	1-6, 1-7, 7-2, 7-3, 7-4, 7-5, 7-6, 7-7
6.RPP.3.c	Encontrar un porcentaje de una cantidad como una tasa por 100 (p. ej. 30% de una cantidad significa 30/100 veces la cantidad); resolver problemas que impliquen encontrar un entero partiendo de una parte y un porcentaje.	7-8, 7-9, 7-10, 7-11, 7-12, 7-14
6.RPP.3.d	Utilizar el razonamiento sobre razones para convertir unidades de medida; manipular y transformar unidades apropiadamente cuando se multiplican o dividen cantidades.	7-12, 7-13
6.RPP.4	Resolver problemas sobre densidad, la masa de un objeto por unidad de volumen.	6-1

6. NEF Números enteros y fracciones		
6.WFI.1	Interpretar y encontrar cocientes de fracciones (ejemplo: interpretar cocientes como proporción o como medida). Resolver problemas que impliquen dividir una fracción por una fracción y usar modelos de fracción y ecuaciones para representar la situación.	3-10, 3-11, 3-12, 3-13, 3-14, 3-15, 3-16, 3-17, 3-18
6.WFI.2	Dividir correctamente números de varios dígitos con el algoritmo estándar.	3-1, 3-2
6.WFI.3	Sumar, restar, multiplicar y dividir correctamente decimales de varios dígitos con el algoritmo estándar para cada operación.	3-3, 3-4, 3-5, 3-6, 3-7, 3-8, 3-9, 3-10, 3-11, 3-12, 3-13, 3-14, 3-15, 3-16, 3-17, 3-18
6.WFI.4	Encontrar el máximo común divisor de dos números enteros menores o iguales a 100 y el mínimo común múltiplo de dos números enteros menores o iguales a 12. Utilizar la propiedad distributiva para expresar una suma de dos números enteros del 1 al 100 con un factor común como múltiplo de una suma de dos números enteros sin factor común.	1-13, 3-7, 3-8, 3-9, 3-10, 5-8, 5-9 , 5-19, 5-20
6.WFI.4.a	Expresar un número entero usando la factorización prima con y sin exponentes.	5-19, 5-20
6.WFI.4.b	Usar la factorización prima para encontrar el máximo común divisor de dos números enteros y el mínimo común múltiplo de dos números enteros.	5-19, 5-20
6.WFI.4.c	Aplicar los conceptos de la teoría numérica, incluida la factorización prima y los números primos entre sí a la solución de problemas.	5-19, 5-20
6.WFI.5	Reconocer que los números positivos y negativos se pueden usar en conjunto para representar cantidades con valores opuestos o que están en direcciones opuestas (ejemplo: la distancia por encima o por debajo del nivel del mar, las temperaturas por encima o por debajo de 0, una carga eléctrica positiva o negativa, o crédito y débito). Dadas ciertas cantidades en contextos del mundo real, representarlas con números positivos y negativos, y explicar el significado de cero en cada contexto.	9-1, 9-3, 9-7, 9-8
6.WFI.6	Reconocer un número racional como un punto en una recta numérica. Usar números negativos para representar puntos en una recta numérica y pares ordenados (con coordenadas negativas) para representar puntos en un plano de coordenadas basándose en el conocimiento de grados anteriores.	9-2, 9-3, 9-4, 9-5, 9-6
6.WFI.6.a	Understand Entender que los números con signos opuestos son números que están en lados opuestos del cero en la recta numérica y comprender que el opuesto del opuesto de un *número* es ese número (ejemplo: $-(-5) = 5$) y que el opuesto de 0 es 0 (es su propio opuesto).	9-2, 9-3, 9-5

6.WFI.6.b	Reconocer que los signos de los números en un par ordenado representan una ubicación en el plano de coordenadas; dados dos pares ordenados, comprender que, si la única diferencia está en los signos, las ubicaciones de los puntos representan las reflexiones en uno o ambos ejes.	9-4, 9-7, 9-8
6.WFI.6.c	Buscar y localizar números enteros y otros números racionales en una recta numérica vertical u horizontal y buscar y localizar números enteros y otros números racionales en los cuatro cuadrantes del plano de coordenadas.	1-15, 2-9, 9-2, 9-3, 9-4, 9-5, 9-7, 9-8
6.WFI.7	Saber ordenar los números racionales y entender el significado del *valor absoluto* de un número racional.	9-3, 9-6, 9-8
6.WFI.7.a	Interpretar las desigualdades como la posición relativa de dos valores en una recta numérica (ejemplo: 5 > −6 porque 5 se ubica a la derecha de −6 en una recta numérica).	9-3, 9-6
6.WFI.7.b	Dados ciertos enunciados de orden para números racionales en situaciones del mundo real, escribir, interpretar y explicar los enunciados.	9-3, 9-6
6.WFI.7.c	Reconocer que el valor absoluto de un número racional es su distancia con respecto al cero en una recta numérica. Dado un número positivo o negativo en una situación del mundo real, comprender que el valor absoluto de un número puede interpretarse como la magnitud del número.	9-3, 9-6
6.WFI.7.d	Comprender la diferencia entre las comparaciones de un valor absoluto y los enunciados sobre el orden.	9-3, 9-6
6.WFI.8	Graficar los puntos en los cuatro cuadrantes del plano de coordenadas para resolver problemas del mundo real y otros problemas matemáticos. Usar el valor absoluto y las coordenadas para averiguar la distancia que hay entre puntos que comparten la misma primera coordenada o la misma segunda coordenada.	9-4, 9-7, 9-8
6.WFI.9	Estimar soluciones a problemas con números enteros, fracciones y decimales y usar las estimaciones para evaluar la razonabilidad de los resultados en el contexto del problema.	3-17

6.AQR Álgebra y razonamiento cuantitativo		
6.AQR.1	Evaluar expresiones numéricas, incluidas aquellas con valor absoluto y exponentes de números enteros.	5-2, 5-4, 5-7, 5-9
6.AQR.2	Escribir, leer y evaluar expresiones (que pueden incluir valores absolutos) en las que las letras representan números.	2-1, 2-2, 2-3, 2-4, 2-5, 2-6, 2-7, 2-8, 2-9, 2-10, 4-1, 4-2, 4-3, 4-5, 4-6, 5-1, 5-2, 5-3, 5-4, 5-5, 5-6, 5-7, 5-8, 5-9, 5-16, 5-17, 6-1, 6-2, 6-3, 6-4, 6-5, 6-6
6.AQR.2.a	Escribir expresiones que describan operaciones numéricas usando letras que representen cantidades desconocidas.	5-2, 5-3, 5-8, 5-9, 5-14
6.AQR.2.b	Usar vocabulario matemático para identificar partes de una expresión (ejemplo: suma, producto, cociente, factor, término, coeficiente); comprender que una o más partes de una expresión pueden representarse como una sola entidad (ejemplo: $27 \div 7$ es una sola entidad y el cociente de dos términos).	5-1, 5-3, 5-4, 5-5, 5-6, 5-7, 5-8
6.AQR.2.c	Dados ciertos valores para variables, evaluar las expresiones que contengan esas variables, incluidas las expresiones que derivan de fórmulas que se aplican a problemas del mundo real. Usar el *orden de las operaciones* para cálculos, incluidas las operaciones con exponentes de números enteros, que no usan paréntesis para indicar un orden específico.	2-1, 2-2, 2-3, 2-4, 2-5, 2-6, 2-7, 2-8, 2-9, 2-10, 4-1, 4-2, 4-3, 4-5, 4-6, 5-1, 5-2, 5-4, 5-9, 6-1, 6-2, 6-3, 6-4, 6-5, 6-6
6.AQR.3	Escribir expresiones equivalentes usando las propiedades de las operaciones.	2-6, 5-7, 5-8, 5-9, 5-16, 5-17
6.AQR.4	Identificar dos expresiones como equivalentes si nombran al mismo número sin importan qué valores se sustituyan en las expresiones.	2-6, 5-4, 5-6, 5-7, 5-8, 5-9
6.AQR.5	Reconocer que responder a la pregunta *¿Qué valores de un conjunto dado de valores (si los hay) hacen que una ecuación o desigualdad sea verdadera?* es un proceso dentro de la resolución de una ecuación o desigualdad. Sustituir valores por variables para decidir qué números en un conjunto particular hacen que una ecuación o desigualdad sea verdadera.	5-15, 5-16, 5-17
6.AQR.6	Resolver problemas del mundo real u otros problemas matemáticos escribiendo expresiones en las que se utilizan variables para representar números. Reconocer que las variables pueden representar números desconocidos o cualquier número de un grupo particular dependiendo del contexto.	1-6, 2-10, 4-6, 5-9, 5-10, 5-11, 5-12, 5-13, 5-14, 5-15, 5-16, 5-17, 5-18, 7-2, 7-4, 7-5, 7-9, 7-10, 7-11, 7-12, 7-13, 7-14
6.AQR.7	Resolver problemas del mundo real u otros problemas matemáticos mediante la resolución de ecuaciones de una variable (de tipo $x + p = q$ y $px = q$) y desigualdades.	5-16, 5-17, 5-18, 7-4, 7-5, 7-9, 7-10, 7-11, 7-12, 7-13, 7-14

6.AQR Álgebra y razonamiento cuantitativo		
6.AQR.8	Usar desigualdades del tipo $x > c$ o $x < c$ para representar una restricción o condición en los problemas del mundo real y los problemas matemáticos. Comprender que hay infinitas soluciones a las desigualdades del tipo $x > c$ o $x < c$ y representar soluciones de esas desigualdades en rectas numéricas.	5-14, 5-15, 5-16, 5-17
6.AQR.9	Representar dos cantidades de una situación del mundo real que cambien una en relación con la otra usando variables. Escribir una ecuación que describa una cantidad, que es la variable dependiente, en términos de otra cantidad, que es la variable independiente. Usar gráficos y tablas para interpretar la relación entre las variables dependiente e independiente y relacionar las partes de las gráficas o tablas con las partes de la ecuación.	5-10, 5-11, 5-12, 5-13, 5-18, 7-14

6.GAV Geometría, área y volumen		
6.GAV.1	Buscar el área de triángulos rectángulos, otros triángulos, cuadriláteros especiales y polígonos formando rectángulos o descomponiendo en triángulos y otros cuadriláteros especiales; aplicar estas técnicas en el contexto de la resolución de problemas del mundo real y matemáticos. Explorar los números cuadrados a través del área.	2-1, 2-2, 2-3, 2-4, 2-5, 2-6, 2-7, 2-8, 2-9, 2-10, 4-1, 4-2, 4-3, 4-4, 4-5, 4-6, 5-5, 6-1, 6-3, 6-4, 6-5, 6-6, 7-12
6.GAV.2	Averiguar el volumen de un prisma rectangular recto con longitudes de arista fraccionarias al llenarlo de cubos unitarios de las longitudes de arista fraccionarias correspondientes y demostrar que el volumen es igual al que se obtendría al multiplicar las longitudes de las aristas del prisma. Aplicar las fórmulas $V = lah$ y $V = Bh$ para averiguar los volúmenes de prismas rectos rectangulares con longitudes de arista fraccionarias en el contexto de la resolución de problemas del mundo real y matemáticos. Explorar los números cúbicos mediante el volumen.	6-1, 6-2, 6-3, 6-4, 6-5, 6-6
6.GAV.3	Una vez dadas las coordenadas de los vértices del polígono, dibujar esos polígonos en el plano de coordenadas. Encontrar la longitud de un lado del polígono que une puntos con la misma primera coordenada o la misma segunda coordenada. Usar estas habilidades para resolver problemas del mundo real y problemas matemáticos.	2-9, 9-7
6.GAV.4	Representar figuras tridimensionales (prismas, pirámides, cilindros y conos) con plantillas. Utilizar plantillas de prismas y pirámides para buscar el área de superficie de estas figuras. Aplicar estas técnicas en el contexto de la resolución de problemas del mundo real y matemáticos.	4-1, 4-2, 4-4, 4-5, 4-6, 5-5, 6-1, 6-5, 6-13, 6-14, 7-12
6.GAV.5	Calcular el perímetro y el área de figuras irregulares en una cuadrícula cuando no pueden descomponerse en figuras comunes y usar las unidades correctas, como cm y cm^2.	2-9
6.GAV.6	Calcular pesos, capacidades y medidas geométricas usando puntos de referencia en los sistemas métricos con unidades apropiadas.	7-13
6.GAV.7	Usar las relaciones entre el radio, el diámetro, y el centro de un círculo para encontrar su circunferencia y área.	6-11, 6-12, 6-13, 6-14, 8-13
6.GAV.8	Resolver problemas del mundo real y problemas matemáticos que tengan medidas de círculos.	6-11, 6-12, 6-13, 6-14
6.GAV.9	Leer e interpretar gráficas circulares.	6-10, 6-11
6.GAV.10	Resolver problemas usando las relaciones entre los ángulos formados por rectas secantes.	6-7
6.GAV.11	Determinar la medida desconocida del ángulo en un triángulo usando el hecho de que la suma de los ángulos internos de un triángulo es 180°. Usar modelos de triángulos para ilustrar este hecho.	6-8
6.GAV.12	Desarrollar y usar fórmulas para las sumas de los ángulos internos de los polígonos al descomponerlos en triángulos.	6-9

6.DAP Análisis de datos y probabilidad		
6.DAP.1	Comprender que una pregunta estadística anticipa y espera variabilidad en la recolección de datos para responder a la pregunta.	8-1, 8-11, 8-12
6.DAP.2	Reconocer que la distribución de un conjunto de datos obtenidos como respuesta a una pregunta estadística puede describirse por su centro, su distribución y su forma general.	8-3, 8-4, 8-5, 8-6, 8-7, 8-8, 8-9, 8-10, 8-11, 8-12
6.DAP.3	Entender que una medida del centro es un número único que describe un conjunto de datos numéricos al resumir todos sus valores, mientras que una medida de la variación de un conjunto de datos numéricos es un número único que describe la forma en que varían los valores en un conjunto.	8-3, 8-4, 8-5, 8-6, 8-7, 8-8, 8-9, 8-10, 8-11, 8-12
6.DAP.4	Usar diagramas en una recta numérica, como diagramas de puntos, histogramas y diagramas de caja, para representar y mostrar datos numéricos.	8-1, 8-2, 8-5, 8-6, 8-7, 8-8, 8-9, 8-10, 8-11, 8-12
6.DAP.5	Usar procesos estadísticos para resumir conjuntos de datos numéricos.	8-1, 8-2, 8-3, 8-4, 8-5, 8-6, 8-7, 8-8, 8-9, 8-10, 8-11, 8-12
6.DAP.5.a	Contar y registrar el número de observaciones.	8-1, 8-2, 8-11, 8-12
6.DAP.5.b	Describir el atributo que es el tema de la encuesta, diciendo el método y las unidades de medida.	8-12
6.DAP.5.c	Determinar las medidas cuantitativas del centro (mediana y/o media) y la variabilidad (rango intercuartílico y/o desviación absoluta media) e informar y explicar cualquier patrón general en los datos y cualquier desviación llamativa del patrón general según la naturaleza y el método de la encuesta.	8-3, 8-4, 8-5, 8-6, 8-7, 8-8, 8-9, 8-10, 8-11, 8-12
6.DAP.5.d	Interpretar los datos y el método de recolección de datos para describir qué medidas del centro y variabilidad describen mejor la forma de los datos.	8-6, 8-10, 8-11, 8-12
6.DAP.6	Comparar la media, la mediana, la moda y el rango de dos conjuntos de datos.	8-4, 8-6, 8-7
6.DAP.7	Determinar el espacio muestral (conjunto de resultados posibles) para un experimento dado y determinar qué miembros del mismo espacio muestral se relacionan con ciertos eventos. El espacio muestral puede determinarse por el uso de diagramas de árbol, tablas o representaciones pictóricas.	8-13, 8-16
6.DAP.8	Determinar la probabilidad de un evento usando la razón entre el tamaño del evento y el tamaño del espacio muestral; representar las probabilidades como porcentajes, fracciones y decimales entre 0 y 1 inclusive. Comprender que las probabilidades miden la posibilidad.	8-14, 8-15, 8-16

6.GAV Geometría, área y volumen		
6.DAP.9	Realizar experimentos para situaciones en las que se conocen las probabilidades, comparar las frecuencias relativas resultantes con las probabilidades conocidas; saber que puede haber diferencias.	8-15, 8-16
6.DAP.10	Calcular probabilidades experimentales de experimentos; representarlas como porcentajes, fracciones y decimales entre 0 y 1 inclusive. Usar probabilidades experimentales para hacer predicciones cuando no se conocen las probabilidades reales.	8-16

PPM Prácticas y procesos matemáticos

PPM1	
Resolución de problemas	1-1, 1-3, 1-6, 1-7, 1-10, 1-11, 1-15, 2-1, 2-2, 2-3, 2-5, 2-6, 2-7, 2-9, 2-10, 3-1, 3-2, 3-3, 3-5, 3-7, 3-9, 3-10, 3-12, 3-13, 3-15, 3-16, 3-17, 3-18, 4-1, 4-2, 4-4, 4-6, 5-3, 5-5, 5-6, 5-7, 5-8, 5-9, 5-10, 5-11, 5-12, 5-13, 5-14, 5-15, 5-16, 5-17, 5-18, 5-19, 5-20, 6-1, 6-2, 6-3, 6-4, 6-5, 6-9, 6-10, 6-11, 6-12, 7-1, 7-2, 7-3, 7-4, 7-5, 7-6, 7-7, 7-8, 7-9, 7-10, 7-12, 7-13, 7-14, 8-1, 8-4, 8-6, 8-7, 8-8, 8-9, 8-12, 8-13, 8-16, 9-3, 9-4, 9-6, 9-7, 9-8
PPM2	
Razonamiento abstracto y cuantitativo	1-3, 1-4, 1-9, 1-10, 1-11, 1-12, 1-15, 2-1, 2-9, 2-10, 3-1, 3-2, 3-3, 3-4, 3-5, 3-6, 3-9, 3-10, 3-13, 3-14, 3-16, 3-17, 3-18, 4-5, 4-6, 5-1, 5-2, 5-3, 5-4, 5-5, 5-6, 5-7, 5-8, 5-9, 5-10, 5-11, 5-14, 5-15, 5-16, 5-17, 5-18, 6-1, 6-2, 6-6, 7-2, 7-3, 7-6, 7-8, 7-10, 7-14, 8-2, 8-4, 8-5, 8-8, 8-9, 8-10, 8-12, 8-13, 8-14, 8-15, 9-1, 9-2, 9-4, 9-5, 9-8
PPM3	
Usar y evaluar el razonamiento lógico	1-1, 1-2, 1-3, 1-4, 1-5, 1-6, 1-7, 1-8, 1-9, 1-10, 1-11, 1-12, 1-13, 1-14, 1-15, 2-1, 2-2, 2-3, 2-4, 2-5, 2-6, 2-7, 2-8, 2-9, 2-10, 3-1, 3-2, 3-3, 3-4, 3-5, 3-6, 3-7, 3-8, 3-9, 3-10, 3-11, 3-12, 3-13, 3-14, 3-15, 3-16, 3-17, 3-18, 4-1, 4-2, 4-3, 4-4, 4-5, 4-6, 5-1, 5-2, 5-3, 5-4, 5-5, 5-6, 5-7, 5-8, 5-9, 5-10, 5-11, 5-12, 5-13, 5-14, 5-15, 5-16, 5-17, 5-18, 5-19, 5-20, 6-1, 6-2, 6-3, 6-4, 6-5, 6-6, 6-7, 6-8, 6-9, 6-10, 6-11, 6-12, 6-13, 6-14, 7-1, 7-2, 7-3, 7-4, 7-5, 7-6, 7-7, 7-8, 7-9, 7-10, 7-11, 7-12, 7-13, 7-14, 8-1, 8-2, 8-3, 8-4, 8-5, 8-6, 8-7, 8-8, 8-9, 8-10, 8-11, 8-12, 8-13, 8-14, 8-15, 8-16, 9-1, 9-2, 9-3, 9-4, 9-5, 9-6, 9-7, 9-8
PPM4	
Modelos matemáticos	1-5, 1-6, 1-7, 1-8, 1-9, 1-10, 1-12, 1-15, 2-1, 2-2, 2-3, 2-4, 2-5, 2-6, 2-7, 2-8, 2-9, 2-10, 3-1, 3-5, 3-7, 3-10, 3-13, 3-18, 4-1, 4-2, 4-4, 4-6, 5-2, 5-3, 5-4, 5-5, 5-6, 5-7, 5-8, 5-9, 5-11, 5-12, 5-13, 5-14, 5-15, 5-16, 5-17, 5-18, 5-19, 6-1, 6-2, 6-3, 6-4, 6-5, 6-6, 6-7, 6-8, 6-9, 6-13, 6-14, 7-1, 7-3, 7-4, 7-5, 7-8, 7-9, 7-10, 7-12, 7-14, 8-2, 8-3, 8-5, 8-6, 8-7, 8-8, 8-9, 8-10, 8-11, 8-12, 8-13, 8-15, 8-16, 9-2, 9-3, 9-4, 9-5, 9-6, 9-7, 9-8

PPM5	
Usar herramientas matemáticas	1-1, 1-3, 1-6, 1-7, 1-9, 1-10, 1-15, 2-1, 2-2, 2-3, 2-4, 2-5, 2-6, 2-7, 2-8, 2-9, 2-10, 3-1, 3-7, 3-18, 4-1, 4-2, 4-4, 4-6, 5-2, 5-4, 5-13, 5-16, 5-17, 5-18, 6-1, 6-2, 6-3, 6-6, 6-7, 6-11, 7-1, 7-3, 7-14, 8-2, 8-3, 8-8, 8-11, 8-12, 8-13, 8-14, 8-15, 8-16, 9-3, 9-4, 9-5, 9-6, 9-7, 9-8
PPM6	
Usar lenguaje matemático preciso	1-1, 1-2, 1-3, 1-4, 1-5, 1-6, 1-7, 1-8, 1-9, 1-10, 1-11, 1-12, 1-13, 1-14, 1-15, 2-1, 2-2, 2-3, 2-4, 2-5, 2-6, 2-7, 2-8, 2-9, 2-10, 3-1, 3-2, 3-3, 3-4, 3-5, 3-6, 3-7, 3-8, 3-9, 3-10, 3-11, 3-12, 3-13, 3-14, 3-15, 3-16, 3-17, 3-18, 4-1, 4-2, 4-3, 4-4, 4-5, 4-6, 5-1, 5-2, 5-3, 5-4, 5-5, 5-7, 5-8, 5-9, 5-10, 5-11, 5-12, 5-13, 5-14, 5-15, 5-16, 5-17, 5-18, 5-19, 5-20, 6-1, 6-2, 6-3, 6-4, 6-5, 6-6, 6-7, 6-8, 6-9, 6-10, 6-11, 6-12, 6-13, 6-14, 7-1, 7-2, 7-3, 7-4, 7-5, 7-6, 7-7, 7-8, 7-9, 7-10, 7-11, 7-12, 7-13, 7-14, 8-1, 8-2, 8-3, 8-4, 8-5, 8-6, 8-7, 8-8, 8-9, 8-10, 8-11, 8-12, 8-13, 8-14, 8-15, 8-16, 9-1, 9-2, 9-3, 9-4, 9-5, 9-6, 9-7, 9-8
PPM7	
Ver estructura	1-1, 1-3, 1-4, 1-6, 1-7, 1-8, 1-10, 1-11, 1-15, 2-1, 2-2, 2-3, 2-6, 2-8, 2-9, 2-10, 3-4, 3-10, 3-13, 3-17, 3-18, 4-4, 4-6, 5-1, 5-4, 5-5, 5-8, 5-9, 5-13, 5-14, 5-16, 5-17, 5-18, 6-1, 6-2, 6-6, 6-7, 6-8, 6-9, 6-10, 6-11, 6-13, 6-14, 7-1, 7-2, 7-3, 7-4, 7-6, 7-11, 7-14, 8-6, 8-8, 8-12, 8-13, 8-14, 8-15, 8-16, 9-1, 9-3, 9-7, 9-8
PPM8	
Generalizar	1-1, 1-3, 1-4, 1-15, 2-1, 2-2, 2-3, 2-4, 2-6, 2-8, 2-9, 2-10, 3-1, 3-3, 3-4, 3-5, 3-6, 3-10, 3-11, 3-12, 3-14, 3-15, 3-16, 3-18, 4-2, 4-4, 4-6, 5-5, 5-7, 5-8, 5-11, 5-16, 5-17, 5-18, 6-2, 6-6, 6-7, 6-8, 6-9, 6-11, 7-1, 7-2, 7-8, 7-10, 7-11, 7-12, 7-14, 8-1, 8-2, 8-3, 8-6, 8-8, 8-9, 8-11, 8-12, 8-13, 8-14, 8-15, 9-3, 9-4, 9-5, 9-6, 9-7, 9-8

Índice

A

B

C

D

E

F

Índice

R

U

V

Sé un ilustrador

Ilustrador: Josh Brill

¿Alguna vez intentaste usar figuras para dibujar animales como el tucán de la portada?

Durante los últimos 10 años, Josh ha estado usando figuras geométricas para diseñar los animales que dibuja. Su idea es mostrar dibujos simples y colorearlos para que sean atractivos.

Agrégale algo de color al tucán que dibujó Josh. Luego trata de dibujar un gato, un perro u otro animal, usando las figuras de abajo.

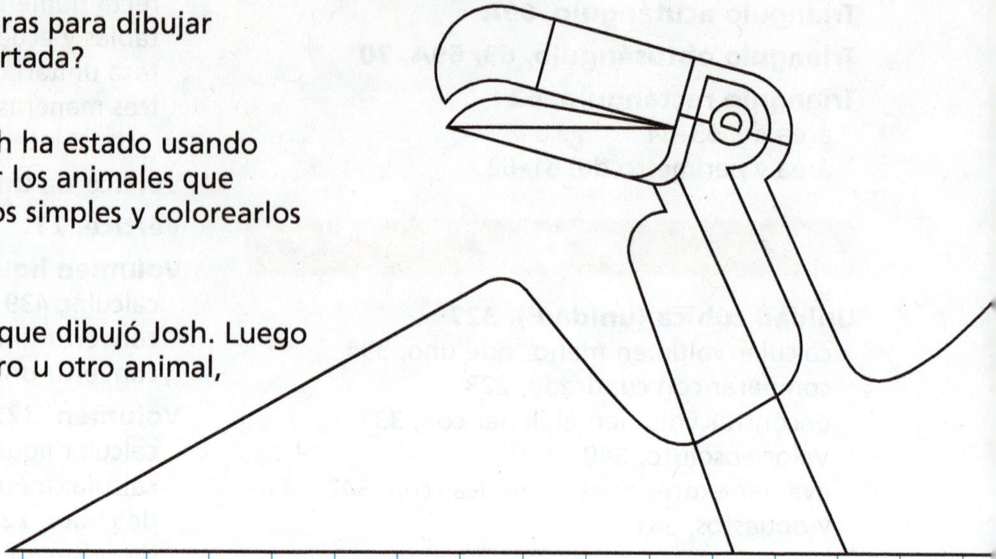

Kit de figuras

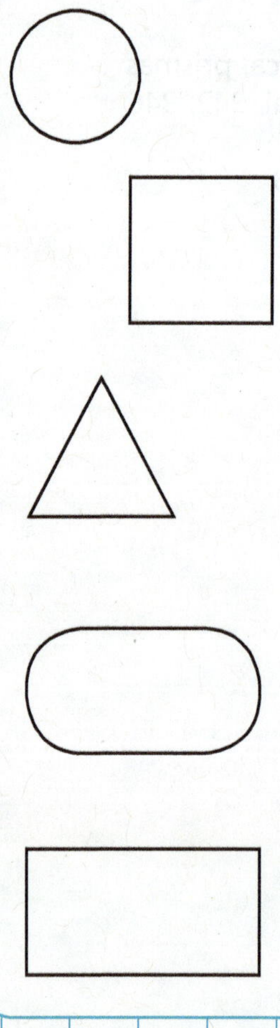